AF347127

# STATUTS
ET
# PRIVILEGES
DU CORPS DES MARCHANDS
# ORFEVRES-JOYAILLIERS
DE LA VILLE DE PARIS,

*RECUEILLIS*

DES TEXTES DE TOUS LES EDITS, ORDONNANCES, Déclarations, Lettres Patentes, Arrêts, Reglemens & autres Titres, anciens & modernes, qui constituent les Prérogatives & la Police de l'Etat d'Orfévrerie-Joyaillerie en cette Ville :

*ET JUSTIFIEZ*

PAR LES AUTORITEZ MEMES DES TITRES ORIGINAUX dont les Articles sont formez : Avec de courtes Observations sur l'origine, les motifs & l'esprit de chaque Disposition ; pour l'usage particulier du Corps, & le bien de son Administration.

*Par* PIERRE LE ROY, *ancien Garde de l'Orfévrerie-Joyaillerie de Paris.*

*E'TANT EN CHARGE,*

NICOLAS MARCAULT, *Gr. Garde.* ✥ A. FRANÇOIS GROUVELLE.
LEONOR LAGNEAU, *ancien Echevin.* ✥ JEAN-PIERRE LE ROY.
MICHEL COLAS. ✥ RICHARD JARRY.

*Et ayant* CHARLES LEVESQUE, *Consul, pour Doyen.*

A PARIS,
De l'Imprimerie de PAULUS-DU-MESNIL, Imprimeur-Libraire, ruë Sainte Croix en la Cité.

M. DCC. XXXIV.

# PREFACE.

I. DE tous les Corps de Communauté que nous voyons établis dans un ſi bel ordre à Paris, & qui partagent entr'eux l'exercice des Arts & du Commerce en cette grande Ville, on peut dire que celui de l'ORFE'VRERIE-JOYAILLERIE a été de tout tems un des mieux reglez & des plus ſoigneuſement policez. Car ce Corps ayant pour objet la fabrique & le trafic des plus précieuſes Marchandiſes, il a auſſi toujours été veillé du côté de l'Autorité publique avec une attention proportionnée à l'importance de cet Objet. Et de-là nous vient ce grand nombre de Reglemens anciens & modernes de toute eſpece; Edits, Déclarations, Ordonnances, Arrêts & autres Titres, dont les diverſes Diſpoſitions concédent, amplifient & fixent ſes Privileges & Exemptions; établiſſent, corrigent & perfectionnent les differentes parties de ſa Police, & reglent juſques aux moindres Points de ſa Diſcipline dans un détail ſurprenant.

II. Des Titres ſi intereſſans pour nous autres Orfévres, puiſqu'ils conſtituent notre Etat, & qu'ils en preſcrivent ſi ſcrupuleuſement toutes les Loix, ont auſſi été recueillis & conſervez avec ſoin dans les Archives de notre Maiſon commune à meſure qu'ils ont été publiez, principalement depuis plus de quatre cens ans : Et c'eſt à ce Dépôt que nous devons recourir ſi nous voulons nous inſtruire à fond de tout ce qui concerne nos Prérogatives & nos Devoirs. Mais autant qu'il ſeroit utile de puiſer dans cette ſource, autant eſt-il difficile de le faire commodément. La multitude & la diverſité des Enſeignemens qui s'y trouvent ; l'exceſſive longueur de la plûpart des Pieces ; les matieres étrangeres qu'elles contiennent & qui ne nous intereſſent pas également ; & ſur tout, les frequentes contradictions qui ſe rencontrent entre un Titre & l'autre, par les changemens ſucceſſivement ſurvenus dans leurs Diſpoſitions, ſont autant d'obſtacles qui rendent l'étude de tant d'Originaux ennuyeuſe & rebutante.

III. Une Compilation abregée de tous ces Reglemens, & ſoigneuſement débaraſſée de ce qui eſt hors d'uſage ou étranger au Sujet, ne pourroit donc manquer d'être utile ; je ne dis pas ſeulement aux Particuliers du Corps qui y trouveroient plus commodément leurs Devoirs raſſemblez, mais principalement aux Gardes, leſquels étant chargez du ſoin des Affaires communes, doivent avoir des connoiſſances plus préciſes, & d'une étendue proportionnée aux diverſes fonctions de leur Adminiſtration. Car il faut avouer que c'eſt un travail en effet, très-rebutant pour eux, que d'être ainſi obligez de feuilleter à toute occaſion tant de vieux Parchemins, pour y demêler les Autoritez qu'il faut employer lorſqu'il s'agit de défendre ou de maintenir les Droits, ou la Police du Corps.

IV. On a cru ſans doute, faciliter ce travail & en applanir les difficultez en 1688, par l'impreſſion d'un gros Volume *in Quarto* de près de 1200 pages, que nous avons ſous le Titre de *Recueil des Ordonnances* &ç. de notre Orfévrerie. Mais l'experience fait voir que cet Imprimé n'apporte guéres plus de facilité pour la recherche des Matieres, que ſi l'on avoit affaire aux Manuſcrits mêmes. Sans parler des fautes d'Impreſſion qui y fourmillent, la plûpart des Pieces n'ont aucun Sommaire qui donne le précis de ce qu'elles contiennent ; & toutes y ſont portées dans toute leur longueur, c'eſt-à-dire, avec tout ce qu'elles ont d'inutile par rapport à nous. Une bonne Table des Matieres pourroit ſervir à débrouiller ce cahos, mais on l'a négligée, & il eſt augmenté par un bon nombre de Pieces, qui pour ne rien dire de plus, ne ſervent qu'à enfler le Volume; tandis qu'on y en a obmis de très-importantes. D'ailleurs les differentes Diſpoſitions, ſoit de notre Police, ſoit de nos Privileges, ſont mêlées & confuſément preſentées dans ce Recueil, ſans que les Editeurs ayent pris ſoin d'y mettre la moindre Note pour diſtinguer ce qui eſt maintenant en vigueur d'avec ce qui n'eſt plus d'uſage. De ſorte que, dans cette confuſion, & ſans un examen préliminaire à cet égard, on courreroit riſque de fonder aujourd'hui ſur une Autorité qui auroit été, ou corrigée en partie, ou même totalement abrogée depuis long-tems.

V. Ce n'étoit donc pas proprement un Recueil de

Pieces, tel que cet Imprimé, qu'il auroit fallu ; mais ſeulement une Compilation plus ſimple, moins confuſe & mieux digerée : Et ce ne fut qu'en 1723 que les Gardes de l'Orfévrerie ſongérent à ſe la procurer. Pour y réuſſir nous crûmes ; je dis nous, parce que je me trouvois pour lors en Charge ; nous crûmes qu'avant toutes choſes il falloit revoir generalement tous les Titres, Chartes, Regiſtres ou Cartulaires, & autres Enſeignemens autentiques qui pourroient ſe trouver dans nos Archives, & même ailleurs ; & en extraire correctement tous les Textes formels qui nous regardent : Enſuite examiner ces Extraits pour n'en prendre que les Diſpoſitions qui ont actuellement force de Statut dans le Corps ; puis en conſervant fidellement le ſens, même les termes, autant que le vieux langage des anciens Titres le pourroit permettre, compoſer de ces Materiaux ainſi triez une ſuite d'Articles clairs & concis en forme de Statuts, leſquels contiendroient tout ce qui conſtitue les Privileges & Prérogatives de notre Corps, & tout ce qui établit ſa Police, ſa Diſcipline & ſes divers Uſages : Mais nous convînmes ſur tout, qu'il falloit auſſi tranſcrire ſous chacun des Articles, les Textes mêmes dont ils ſeroient formez, pour en juſtifier l'exactitude.

VI. Ce deſſein ainſi conçû, nous conclûmes qu'il falloit inceſſamment le faire exécuter. Mais lorſqu'il fut queſtion de choiſir pour cela quelque Perſonne habile & verſée en ces Matieres, aucun de mes Collegues ne crut devoir consentir que nos Titres sortîssent de la Maison commune. Tous furent d'avis qu'aux risques de réussir moins parfaitement, ce qui ne pouvoit manquer d'arriver, il valoit mieux que l'un de nous travaillât à la Collection projettée: Et sans assez examiner lequel des Six s'en tireroit le mieux, ils s'avisérent de me choisir, uniquement parce que la fonction que j'exerçois dans l'Administration sembloit me laisser un peu plus de loisir qu'aux autres. Et ce fut ainsi que je me vis chargé de l'Ouvrage du monde le plus sec de sa nature, & dautant plus disgracieux d'ailleurs par rapport au travail, que pour produire peut-être une vingtaine de Feuilles, il ne s'agissoit pas moins que de débrouiller un tas immense de Titres anciens & modernes, successivement accumulez depuis plusieurs siécles: Mais il fallut se soumettre.

VII. Je ne le fis toutefois, qu'à condition que la Collection étant achevée de mon mieux, elle seroit verifiée sur les Originaux, soigneusement examinée, corrigée & reconnuë fidelle; premierement, par des Sujets choisis d'entre les anciens Gardes & nommez à cet effet avec les Gardes en Charge: & ensuite par l'Assemblée generale des Anciens; afin d'en purger les fautes que j'aurois pû y laisser par ignorance ou inadvertance, & que l'Ouvrage fût censé être plus celui de la Compagnie que le mien. Or, c'est ce qui passa tout d'une voix: Mais comme un travail peu satisfaisant, est d'ordinaire long à achever, sur tout quand il faut d'ailleurs qu'il soit exact, celui-ci ne fut fini qu'au commencement du mois de Mars 1724.

VIII. Dès le 9 du même mois, les Anciens assemblez nommérent six d'entr'eux pour l'examiner conjointement avec les Gardes, & pour en faire leur Rapport à la prochaine Assemblée. Elle se tint le 10 Avril suivant, où les Députez dîrent qu'ayant vacqué à la confrontation de certains Articles au nombre de cent quarante-cinq, sur les Textes des Titres dont ils sont formez, & redigez en forme de Statuts pour l'utilité particuliere du Corps & le bien de son Administration, ils les avoient trouvez tous fidellement exprimez; & qu'au moyen de quelques legeres corrections qu'ils y avoient faites, ils les croyoient en état d'être jugez tels par la Compagnie: Ce qu'elle fit par une Conclusion signée de tous, après avoir lû & examiné de nouveau chacun des Articles, en les conférant avec leurs Autoritez qui y sont jointes.

IX. Telles fûrent les mesures que nous prîmes pour la Rédaction des Articles dont il s'agit; mais sur lesquels il est important de faire quelques Observations. Ce ne sont, comme l'on voit, que de simples Assertions, dans lesquelles nous avons seulement prétendu rassembler en peu de mots, & exprimer en stile convenable sur chaque Point, ce qui se trouve contenu, ou d'une maniere plus diffuse dans les Titres, ou dispersé par parties dans plusieurs, & souvent énoncé en un François peu intelligible aujourd'hui. D'où il s'ensuit que ces Articles n'ayant nulle autorité par eux-mêmes, n'en peuvent avoir qu'autant qu'ils sont exactement conformes aux Extraits des Titres qui les accompagnent,

pagnent, & dont *ils* ſont formez. Et au cas que quelques-uns n'en rendîſſent pas rigoureuſement le vrai ſens, ils doivent dès-là demeurer ſans aucune conſideration. Car en les rédigeant tous, nous ne nous ſommes propoſez autre choſe, ſinon ſeulement de mettre ſous les yeux une Expoſition nette & conciſe de nos Reglemens, à l'aide de laquelle on pût voir dans l'inſtant à quoi s'en tenir ſur chacun des Points de Police ou de Privilege, qui concernent notre Etat: Sauf à agir ou procéder dans l'occaſion ſur l'autorité même des Titres, dont les Extraits ſont raſſemblez ſous chaque Article.

X. On doit obſerver de plus, qu'encore que le Droit du Corps ſoit actuellement conteſté à l'égard de certains Articles de notre Collection, ils y ſont néanmoins énoncez purement & ſimplement, ſans faire aucune mention des Inſtances pendantes à ce ſujet; & nous les donnons comme ayant toute leur force & vertu: parce qu'ils doivent être cenſez l'avoir, juſqu'à ce que le contraire ſoit jugé, s'il doit l'être. Et enfin, nous avertirons encore, que parmi les differens Devoirs qui ſont preſcrits à nos Orfévres, tant pour l'exercice de leur Art, que pour celui de leur Commerce, ils n'y trouveront point ceux auſquels ils ſont tenus par rapport à la Ferme des Droits de Marque ou de Contrôle ſur l'or & l'argent; attendu que ces ſortes de Devoirs n'appartenant point au Fait d'Orfévrerie, ni à ſa Police, n'ont point dû avoir place dans la Collection des Statuts de notre Etat.

XI. Ayant donc ainsi rédigé cette Collection, & par-là satisfait, en quelque maniere, à ce que l'on avoit exigé de moi, j'en demeurai-là pour lors; & étant sorti de Charge ensuite, je ne pensai nullement que je dûsse retoucher un jour ce petit Ouvrage. C'est néanmoins ce que je viens de faire cette année 1734, en le mettant dans l'état auquel on le voit ici. Mais les différences qu'on y trouvera ne changent absolument rien à la substance des choses. Il n'auroit pas même été possible de le faire quand j'en aurois eû la pensée; puisqu'on ne peut parler autrement que les Reglemens. Si donc j'ai ajouté, même retranché quelque chose, ou donné une autre distribution aux Articles, ce n'a été que pour rendre l'Ouvrage encore plus exact, plus instructif, & d'un usage plus commode.

XII. Ce sont plusieurs Articles mieux dévelopez qu'ils n'étoient, & plus détaillez, sur divers Points de Police, & principalement de Privilege, au moyen d'un bon nombre d'Autoritez importantes qui nous étoient échappées d'abord, & qui fortifient dautant plus les preuves de tous ces Articles. C'en est d'autres, ou qui se répetoient inutilement, ou qui ne s'étant pas trouvez également soutenus d'Autoritez suffisantes en chacune de leurs parties, sont réduits à moins de Chefs, pour ne rien laisser de foible ou d'inutile; mais dont le retranchement, sans aucune consequence pour le fond, est avantageusement remplacé par de nouvelles Dispositions que nous fournissent des Reglemens notables survenus depuis la Collection, & que je n'ay pas dû negliger.

XIII. J'ai conſideré encore, qu'il ne nous ſuffiſoit pas de connoître ſeulement l'écorce, je veux dire le Texte nud de nos Reglemens, tel que nous l'avions donné d'abord; & qu'il ſeroit ſans comparaiſon plus utile d'y joindre quelques éclairciſſemens, comme j'ai fait en mettant de courtes Obſervations hiſtoriques ſur l'origine, les motifs & l'eſprit de chaque Diſpoſition, avec les raiſons des divers changemens qui y ſont ſurvenus; afin de découvrir plus aiſément par ce moyen, la liaiſon étroite que ces Reglemens particuliers ont avec la Police generale, & comment ils concourent, plus ou moins tous, à l'Ordre public. Car de telles connoiſſances conviennent, ſurtout à ceux qui adminiſtrent le Corps: Mais j'ai affecté d'être très-court dans ces Remarques; & ſi quelques-unes ſont un peu plus étendues, on s'appercevra facilement que je ne pouvois pas me reſſerrer davantage.

XIV. J'ai cru enfin, que pour répandre encore plus de jour ſur tout l'Ouvrage, les Articles y devoient être diſtribuez dans un ordre plus méthodique, & qu'il ne falloit négliger aucun des autres moyens qui peuvent d'ailleurs en rendre l'uſage plus commode. C'eſt dans cette vûe que j'ai rangé tous les Articles ſous une ſuite de Titres ou Chapitres diviſez ſelon l'ordre naturel des Matieres; que j'ai mis à chaque Article un petit Sommaire indicatif de ce qu'il contient; que toutes les Autoritez ſont citées, non-ſeulement ſelon les Imprimez qui s'en trouvent, mais en indiquant de plus, les ſources où leurs Originaux se conservent, ou des Copies en forme; & que j'ai mis une Table des Sommaires à l'entrée de l'Ouvrage, outre celle des Matieres qui est fort ample à la fin.

XV. Telle est donc aujourd'hui la Collection de nos Statuts; c'est-à-dire, ce Recueil d'Articles formez des Textes de tous les Titres qui composent le Corps de nos Statuts & Privileges. On fera au reste, de cette espece de Code de l'Orfévrerie sommairement expliqué, tel jugement & tel usage qu'on avisera bon être. Je m'en rapporte aux Personnes plus éclairées. Tout ce que je puis dire avec quelque confiance, c'est que j'y ay apporté toute l'exactitude dont je suis capable dans l'énoncé des Autoritez & des Faits; n'avançant jamais rien sans citer mes garans, jusques dans les moindres Remarques: Et qu'après avoir travaillé pour m'instruire premierement moi-même de tout ce qui concerne les Reglemens de notre Etat, je n'ai eû d'autre vûe en écrivant, sinon de me rendre utile à mes Confreres.

# SOMMAIRES DES TITRES ET DES ARTICLES.

## TITRE PREMIER.

### Du Corps en general, & de ses principaux Privileges.

## TITRE II.

### Des Apprentifs.



## TITRE III.

### Des Compagnons.

## TITRE IV.

### Des Aspirans à la Maitrise.



## TITRE V.

### De la Reception.



## TITRE VI.

### Des Devoirs des Maîtres & Marchands Orfévres-Joyailliers dans la profession de leur Art.

---

## TITRE VII.

### Des Devoirs des Maîtres & Marchands Orféures-Joyailliers dans l'Exercice de leur Commerce.



---

## TITRE VIII.

### Du Privilege & des Devoirs des Veuves de Maîtres & Marchands Orféures-Joyailliers.



ART.

## TITRE IX.

### De l'Election des Maîtres & Gardes de l'Orfévrerie, & de leur Serment à la Police.



## TITRE X.

### Du Serment des Maîtres & Gardes à la Cour des Monoyes; & de ce qui concerne les nouveaux Poinçons de Contremarque, &c.



## TITRE XI.

### Des Essais & de la Contre-marque des Ouvrages d'or & d'argent par les Gardes, dans la Maison commune.

## TITRE XII.

### De la Visite & Inspection des Maîtres & Gardes de l'Orfévrerie-Joyaillerie de Paris.



## TITRE XIII.

### Des Reglemens de l'Orfévrerie à l'égard de ceux qui ne sont point Orféves.

## TITRE XIV.

### Des Aydes à Gardes, & de leurs Fonctions & Devoirs.

## TITRE XV.

### Des Rapports faits en Justice par les Maîtres & Gardes de l'Orfévrerie.



## TITRE XVI. & DERNIER.

### Du Compte annuel des Gardes sortans de Charge.



Fin des Sommaires des Titres & des Articles.

STATUTS

# STATUTS ET PRIVILEGES DU CORPS DES MARCHANDS ORFEVRES-JOYAILLIERS DE LA VILLE DE PARIS.

## TITRE PREMIER.

*Du Corps en general, & de ses principaux Privileges.*

### ARTICLE PREMIER.

*Nul exercice de l'Etat d'Orfévrerie - Joyaillerie dans Paris sans Maîtrise en Corps de Communauté.*

L'ART & Commerce ou Etat d'Orfévrerie-Joyaillerie à Paris, sera & demeurera Juré en cette Ville : & en consequence, ne pourra y être exercé que par des Maîtres & Marchands ayant serment en Justice à cet effet, & formant ensemble un Corps de Communauté policé, & successivement administré par des Chefs élus d'entr'eux, sous le titre de MAISTRES ET GARDES.

## *AUTORITEZ.*

L'érection de la Profession d'Orfévre en Corps policé ou Etat Juré dans Paris, est si ancienne, que le titre primordial en vertu duquel ce Privilege a pû être concedé, ne se trouve plus. Les plus anciens qui se soient conservez, supposent cette érection comme déja faite & comme subsistante d'ancienneté. Tels sont certains Articles écrits sous le Regne de S. Louis vers l'an 1260, par Etienne Boileau, Prevôt de Paris, lorsque ce Magistrat travailloit à établir un meilleur ordre dans la Police des Arts & du Commerce de cette Ville. Il les rédigea en forme de Statuts, dressez uniquement sur les Usages qui se pratiquoient actuellement & de tems immemorial chez nos Orfévres, par une Tradition conservée jusque-là sans écriture; mais qui n'en étoient pas moins avouez de l'Autorité publique, comme l'étoient alors la Coutume de Paris & les autres Coutumes locales qui ne furent écrites que long-tems après. Or, ces Articles ainsi rédigez, font voir par les Usages ou anciennes Coutumes qu'ils transmettent, que les Orfévres de Paris formoient pour lors & d'ancienneté un Corps policé, jouissant même d'Exemptions assez distinguées: Que ce Corps avoit son administration formée; qu'il falloit y être Reçû; se conformer à ses Coutumes, & faire serment de les garder, pour pouvoir licitement exercer l'Etat d'Orfévrerie à Paris, comme il paroît par les extraits qui suivent.

*Statuts rédigez en 1260, sur les anciennes Coutumes non-écrites du Corps des Orfévres de Paris.* ART. I. Il est à Paris Orfévre qui veult, " & qui faire le fçeit, pour [vû] " qu'il euvre aus Uz & aus Coustumes " du Mestier, qui tiex sont. " Ces anciennes Coutumes conservées & ausquelles il falloit se conformer pour être Orfévre à Paris, sont ensuite détaillées, & contiennent les diverses dispositions de la Police du Corps sur l'Apprentissage; le Titre des Matieres d'or & d'argent; le Travail; le Commerce, &c. même sur les œuvres pies qui se pratiquoient annuellement par la Communauté, appellée alors *la Confrairie de S. Eloy*, ou *le Commun du Mestier:* car le nom de *Mestier* étoit donné en ce tems-là, & l'a été long-tems après, sans distinction, à toutes les Professions, soit de Marchands, soit d'Artisans. Ces divers points de Police ainsi déduits, vient le Serment de les observer déja prêté par les Maîtres, & qui devoit l'être par ceux qui vouloient le devenir: & c'est ce qui est exprimé en ces termes:

*Art.* 11 *&* 12. „ Tous ces Establissemenz [ou Statuts] devant " ditz ont juré li Orfévres à tenir & " garder bien & loyaulment. Et se " estrange Orfévre [c'est-à-dire non-" appartenant au Corps] vient à Pa-" ris [pour y être admis] il jure à te-" nir tous ces Establissemenz. " Et telle étoit la formule du serment de Reception. A l'égard des exemptions dont le Corps jouissoit, elles sont portées en ces termes:

*Art.* 7. „ Nul Orfévre ne doit " Paage, ne Coustume nulle, de chose " qu'il achate ou vende appartenant "

» à leur Mestier. » Et plus bas, *art.* 13. » Li Orfévres de Paris sont quittes du » Guet; mès ils doivent li autres „ redevances que li autres Bourgeois „ doivent au Roy. « De ces deux Exemptions qui ne subsistent plus, la derniere n'étoit pas ancienne lors de la rédaction de leurs Statuts : car il s'agissoit du Guet Bourgeois, ou *Guet des Métiers* que S. Louis avoit établi peu d'années auparavant, pour la Garde de la Ville pendant la nuit. Les Statuts exposant ensuite quels étoient les anciens Usages du Corps sur la forme de son administration, il est dit :

*Art.* 14 *& suivans.* » Et est assavoir que li Prudhommes du Mestier » eslisent deux ou trois Prudhommes „ pour garder le Mestier [ leur nombre fut bien-tôt après porté à six, qui prirent ensuite le titre de *Maîtres* » *& Gardes* ] liquels Prudhommes jurent que ils garderont le Mestier » bien & loyaulment aus Uz & aus » Coustumes devant dites. Et quant » cil Prudhommes ont finé leur ser- » vice [ il n'étoit que d'un an ] li com- » mun du Mestier ne les povent mès » remettre à garder le Mestier devant » trois ans, se ils n'y veulent entrer de „ leur bonne volenté. « Enfin, touchant les Visites des Prudhommes & le Rapport qu'ils faisoient en Justice des contraventions trouvées aux Coutumes établies, il est dit :

» *Art.* 17 *& dernier.* » Et se li trois » Prudhommes treuvent un homme » de leur Mestier qui euvre de mau- » vès or ou mauvès argent, & il ne » s'en veuille chastier, li trois Prud- » hommes amoinent celi au Prevost » de Paris, & li Prevost le pugnit, si » qu'il le bannit à quatre ans ou à six, „ selon qu'il a deservi. « Ces paroles, *& il ne s'en veuille chastier,* c'est-à-dire, *corriger*, font voir que les Prudhommes étoient non-seulement chargez des premiers soins de la Police du Corps, mais même qu'ils y exerçoient réellement par eux-mêmes cette espece de Jurisdiction, que les Legistes appellent *correctionnelle* & *sommaire*, envers celui qu'ils trouvoient en faute, avant que de le traduire devant le Prevôt de Paris; puisqu'ils n'en venoient à ce dernier remede, qu'après une sorte d'incorrigibilité marquée ; & deplus, qu'ils ne le faisoient que pour des fautes graves, comme il paroît par la gravité des peines dont elles devoient être punies.

Tels sont les anciens Statuts qui, au défaut du Titre primordial, nous montrent les premiers la jouissance actuelle de ce Privilege plus anciennement concedé, en vertu duquel les Orfévres de Paris, réünis sous une même Police & soumis à une même Administration, forment un Corps de Communauté, auquel il faut appartenir pour pouvoir licitement exercer l'État d'Orfévrerie en cette Ville. *Ces Statuts se trouvent dans un ancien Registre du Châtelet, intitulé* : Li Establissemenz, *c'est à dire, les Ordonnances* des Metiers de Paris, *fol.* 72, *v°. & dans les Archives de la Maison commune des Orfévres de Paris, Layette* 1, *cotte* 1.

Au reste, le Privilege de Corps & Communauté qui est le fondement de tous ceux dont nos Orfévres jouissent, se trouvant ainsi transmis, leur a été solemnellement confirmé sous presque tous les Regnes depuis S. Louis, par la même autorité qui seule avoit pû l'établir originairement. Mais nous ne devons pas omettre que dès-lors, c'est-à-dire, au moins dès le tems de S. Louis, il étoit doué d'une prérogative qu'on a toujours regardée comme très-distinguée. C'est le droit d'avoir un Sceau propre dans la Maison commune du Corps, pour constater les Résultats de ses Assemblées, & les autres Actes de son administration; tels que les Presentations des Aspirans au Serment de Maître, les Rapports des contraventions en Justice, la clôture du Compte annuel du manîment des deniers communs, &c.

Nous ne savons pas si nos Orfévres usoient d'un Sceau commun avant la Rédaction de leurs Coutumes ou Statuts en 1260, comme ils ont toujours fait depuis; mais il paroît qu'un de leurs premiers soins en cette occasion du renouvellement de leur Police, fut d'en faire graver un pour en rendre, par ce moyen, l'observation plus exacte. L'Empreinte qui nous reste de cet ancien Sceau de l'Orfévrerie de Paris à quelques-uns des Actes dont on vient de parler, conservez dans nos Archives, porte en effet, par le goût du travail, tous les caracteres d'un ouvrage du tems de S. Louis.

Il represente S. Eloy debout, en habits Pontificaux, dans une Niche couronnée d'une espece de Baldaquin, au derriere de laquelle, sur le fond du Sceau, paroissent des Vitraux d'Eglise, fort legers; le tout d'ordre & de goût gothique. Le saint Patron a la Mitre sur la tête, un Marteau pour attribut à la main droite, & sa Crosse à la gauche. La Legende, qui entoure le tout, désigne le Corps sous le nom de *Confrairie* selon le stile des Statuts; & elle est conçûë en ces mots: S. CONFRARIE S. ELIGII AURIFABRORUM. C'est-à-dire, *Sceau de la Confrairie de S. Eloy des Orfévres:* l'S. qui est à la tête signifiant SIGILLUM. Pour l'E. simple qui termine le mot latin barbare CONFRARIE, on voit qu'il est mis là pour la Diphtongue Æ, suivant l'ortographe du tems.

Cet ancien Sceau, maintenant ignoré, & suppléé par un autre depuis long-tems dans le Corps, nous a paru mériter qu'on en conservât la mémoire: car le peu d'Empreintes qui en reste uniquement dans nos Archives, se perdra infailliblement avec le tems. C'est pour cela que nous en avons fait prendre correctement le trait. Le voici fort exact, avec cette difference néanmoins que l'Original est beaucoup moins étendu, n'ayant seulement qu'onze lignes de diametre.

Les Connoisseurs verroient aisément à la forme seule des caracteres de ce Monument, qu'il est veritablement du tems de S. Louis, quand les Enseignemens de nos Archives n'en fourniroient pas d'autres preuves.

## ARTICLE II.

### *Objet de l'Art & Commerce des Maîtres & Marchands formant le Corps de l'Orfévrerie-Joyaillerie.*

LEs Maîtres & Marchands formant le Corps & exerçant l'Etat d'Orfévrerie-Joyaillerie à Paris, auront pour objet de leur Art & de leur Commerce la Fabrication & le trafic des Ouvrages & Matieres d'or & d'argent ; avec l'emploi & le négoce des Diamans, des Perles & de toutes sortes de Pierres fines & précieuses, sous le titre D'ORFEVRES-JOYAILLIERS.

### *AUTORITEZ.*

Ces differentes & précieuses productions de la Nature, ont toujours été l'objet fondamental & constitutif de l'Etat d'Orfévrerie. Ceux qui exercent cet Etat, ne doivent régulierement travailler que l'or & l'argent, d'où leur vient le nom d'ORFE'VRES : comme celui de JOYAILLIERS y est joint, à cause qu'ils ont seuls le droit d'employer les Pierres précieuses & les Perles sur les ouvrages d'Orfévrerie. Ainsi, le fait d'Orfévrerie a toujours renfermé celui de la Joyaillerie de Pierrerie ; & l'on peut dire que les Orfévres sont en effet, aussi essentiellement Joyailliers, qu'ils sont necessairement Orfévres. Sans transcrire ici une infinité d'autoritez que nos Titres fournissent là-dessus dans tous les tems, voyez seulement l'Edit du Roy Jean, du mois d'Août 1355, vous y trouverez parmi les divers Réglemens qui concernent le fait d'Orfévrerie, jusqu'à huit Articles de suite, qui prescrivent dans un grand détail la maniere dont les Orfévres de Paris doivent se comporter dans le travail & l'emploi de la Pierrerie, pour éviter les fraudes qui pouvoient se glisser dans le Commerce de ces précieuses Marchandises, qu'ils faisoient encore seuls concurremment avec les Marchands Merciers. *Archives, Layette* 1. *cott.* 1 bis, Item, *Recueil imprimé des Ordonnances de l'Orfévrerie de Paris, p.* 4 & 5.

De l'union constante de ces deux objets de l'Etat des Orfévres, vient le double nom qui leur est donné dans les anciennes Ordonnances, aussi-bien que dans les Reglemens modernes. Ils y sont souvent appellez cumulativement, & comme d'un seul nom *Orfévres-Joyailliers*, ou par dévelopement *Orfévres* ET *Joyailliers*, sans toutefois que dans cette derniere formule, la particule copulative ET désigne deux Etats differens, comme il arrive quelquefois dans les mêmes Ordonnances, où par le nom de *Joyailliers* on entend les Marchands Merciers qui ont aussi cette qualité. Mais voici seulement quelques autoritez entr'autres, où cette ambiguité ne peut avoir lieu, & où le Titre de Joyailliers ne peut être entendu que des Orfévres.

*Edit de François I. à Fontainebleau en Septembre* 1543, *art.* 10. » Permettons ausdits Orfévres & » Joyailliers pouvoir besongner à » tous titres au-dessus de 22 Karats « ce qui ne peut convenir aux Marchands Merciers, ausquels il n'a jamais été permis de travailler d'Orfévrerie. Les deux Etats ne sont pas moins nettement distinguez plus bas par l'art. 19 du même Edit, où on lit : » Faisons défenses à tous Orfévres- » Joyailliers, Merciers de Joyaille- » rie, & à toutes personnes, &c. *Archives, Layett.* 1, *cott.* 10. Item, *Recueil des Ordon. p.* 46 *&* 49.

*Edit de Henry II. à Fontainebleau en Mars* 1554, *art.* 10. » Lesdits » Orfévres & Joyailliers seront res- » ponsables en leurs noms de tous les » ouvrages qu'ils vendront, soit » qu'ils ayent été faits par eux mêmes » ou par autres Maitres, s'il s'y » trouve faute... auront Fourneaux » à la vûë de tout le monde.... ne » pourront faire affiner leurs Lavû- » res, &c. « Toutes dispositions qui s'adressent aussi directement aux Orfévres qu'elles sont étrangeres aux Merciers. *Layette* idem, *cot.* 13, Item, *Rec. p.* 69.

Il seroit facile de rassembler ici plusieurs autoritez semblables de toute la suite des tems. Mais il suffit d'indiquer seulement le Reglement general fait du propre mouvement du Roy Louis XIV. sur le fait de l'Orfévrerie de Paris le 30 Décembre 1679, où le Titre de *Maîtres & Marchands Orfévres-Joyailliers* est donné aux Orfévres de cette Ville par une suite & selon l'esprit des anciennes Ordonnances. *Layett.* 3, *cot.* 42, Item, *Rec. des Ordonn. p.* 179.

Autrefois & jusqu'à l'Erection des Lapidaires en Communauté vers la fin du XVIe. siécle, nos Orfévres étoient même les seuls qui taillassent les Pierres précieuses dans Paris. Les Registres de la Maison commune & plusieurs Titres du tems en font foy : & specialement une Ordonnance du Prevôt de Paris du 18 Novembre 1387. On y voit que ceux d'entr'eux qui s'adonnoient particulierement à ce talent, étoient pour lors au nombre de quinze ou seize, tous nommez & tous qualifiez Orfévres : nos Registres d'alors, les appelloient *Orfévres-Pierriers.* Le Magistrat leur defendit par cette Ordonnance de tailler dorénavant certaines Pierres *à la semblance du Diamant*, de crainte que cette imitation affectée ne fit passer ces Pierres, d'espece moins précieuse, mais approchantes de la couleur du Diamant, pour des Diamans mêmes. *Layette* 11, *cot.* 1, Item, *Rec. des Ord. p.* 534.

Il est vrai que par la suite, les Compagnons qu'ils employoient à ce travail, se mirent à le faire pour leur compte particulier, & qu'enfin s'étant joints aux Cristaliers, ils parvinrent à former cette nouvelle Communauté sous le nom de Lapidaires, avec faculté de tailler seuls la Pierrerie. Mais les Orfévres n'en sont pas moins demeurez en possession de leur ancien droit qui les constitue Joyailliers-nez & Joyailliers necessaires; sçavoir, de mettre seuls les Pierres précieuses en œuvre, & de les vendre montées & garnies à l'exclusion des nouveaux Lapidaires, comme on le dira en son lieu. *Voyez sur cette exclusion, Layette* 14, *cott.* 20, *& Lay.* 15, *cott.* 32, *Item, Recueil des Ord. p.* 628, 650.

## ARTICLE III.

### *Poinçon commun du Corps pour la conservation du Titre des Ouvrages d'or & d'argent.*

IL y aura dans le Bureau de la Maison commune du Corps, un Poinçon commun, appellé, de Contre-marque, ou, Poinçon de Paris, dont le dépôt sera confié aux seuls Gardes en Charge: duquel Poinçon ils marqueront tous les Ouvrages d'or & d'argent qui se fabriquent à Paris; afin de constater par son empreinte la bonté du Titre de leurs matieres.

### *AUTORITEZ.*

Jusques vers la fin du XIII^e. siécle, le Public n'avoit point encore eu d'autre garant de la fidelité du Titre ou degré de bonté interieure de l'or & de l'argent employez aux ouvrages d'Orfévrerie, que celle qu'apportoient les Orfévres à se conformer à la Loi qui leur étoit prescrite là-dessus. Mais alors, c'est-à-dire, en 1275, Philippe le Hardy, ayant ordonné que ce Titre seroit désormais plus fin qu'il n'avoit été par le passé, & tel que nous le dirons en son lieu, prescrivit en même tems un moyen efficace pour le faire observer: & c'est en effet à ce moyen que l'Orfévrerie de Paris doit la conservation de ce même Titre qu'elle garde encore aujourd'hui dans toute sa pureté. Ce fut d'ordonner que chaque Ville où il se trouveroit des Orfévres formant Corps de Communauté, auroit son *Seing* propre ou Poinçon commun, pour marquer les Ouvrages de chacun d'eux, ce qui suppose l'essai préalablement fait des Matieres; & Philipe voulut que tous se soumissent à cette Loy, comme à celle du Titre, sur peine de confiscation des Ouvrages contre ceux qui négligeroient de les faire ainsi marquer. Et pour prévenir tout prétexte d'imputer aux Orfévres d'une Ville les fautes qui pourroient se commettre contre la Loi du Titre par ceux d'une autre Ville, comme il auroit pû arriver, si les Ouvrages des uns & des autres avoient été marquez avec des Poinçons qui se fussent trouvez semblables, ce Prince voulut aussi que le Seing ou Poinçon commun d'une Ville ne pût être fait de maniere qu'il ressemblât à celui d'une autre Ville. Voici quels sont les termes de la Loi qu'il publia pour ce nouvel établissement.

*Ordonnance de Philippe le Hardy sur le fait des Monnoyes & de l'Orfévrerie, donnée à Paris au mois de Décembre* 1275, *art.* 4. „ Volumus quod in „ omnibus Villis, ubi Argentarii ope- „ rabuntur de argento, quod operen- „ tur de argento affinato, &c. Et „ quod quælibet Villa habeat Sig- „ num suum proprium [ pro signan- „ dis operibus quæ operabuntur : ] „ & quod nullus faciat Signum alte- „ rius : Et quicumque contra hoc fe- „ cerit, amittet argentum « *Ordonnances des Rois de France de la troisiéme Race, Tom.* 1, *pag.* 814.

Ces dispositions furent réïterées 37 ans après par Philippes le Bel, sous de plus grandes peines, & avec de nouvelles précautions, comme il s'ensuit.

*Ordonnance generale de Philippe le Bel sur le fait des Monnoyes & de l'Orfévrerie, donnée à Pontoise au mois de Juin* 1313, *art.* 10. » Voulons & » ordennons que en chacune Ville où » il y aura Orfévres, ait un Seing » propre pour seingner les ouvrages » qui y seront faits : & sera gardé » par deux Prudhommes establiz & » esleuz à ce faire ; & que un Seing » ne ressemble à l'autre. Et qui sera » trouvé faisant le contraire, il per- » dra l'argent, & sera puni de corps » & d'avoir. « *Memorial de la Chambre des Comptes, cotté A. fol.* 21, *v°.* Item, *Ordon. de la troisiéme Race, To.* 1, *p.* 522.

Cette Ordonnance, qui est une des plus célebres de ces tems-là, & qui avoit été dressée dans un grand Conseil de Prélats & de Barons du Royaume, fut solemnellement publiée dans Paris au mois de Septembre de la même année 1313 : Et par un Mandement du 18 de ce mois, Pierre le Feron, Prevôt de Paris, fut chargé de la faire executer en cette Ville. *Ordonn. des Rois de la troisiéme Race, To.* 1, *p.* 529, *aux notes.*

Telle est l'origine du Poinçon commun, dont l'Empreinte répond de la bonté du Titre des ouvrages d'Orfévrerie, sur lesquels elle est apposée. La Loi étoit generale pour toutes les Villes ; mais outre qu'on ne voit pas qu'aucune d'elles ait suivi sitôt l'exemple de la Capitale, en profitant d'un établissement si utile, il est vrai de dire que cet établissement ne s'est nulle part si fort signalé qu'à Paris, où nous voyons que le Poinçon qu'il établit ainsi reçû dans l'Orfévrerie de cette Ville, & si connu sous le nom de *Poinçon de Paris*, s'est acquis par la suite une confiance entiere jusques dans les Pays étrangers par la réligieuse fidelité avec laquelle on a toujours usé de cet instrument inviolable de la foi publique suivant l'esprit de son institution. Quant aux Prudhommes que Philippe le Bel veut qu'on élise en chaque Ville pour la garde de leur Poinçon, cette précaution étoit superfluë, par rapport à l'Orfévrerie de Paris, où il s'élisoit régulierement tous les ans des Chefs pour administrer le Corps, sous ce même nom de Prudhommes. Toutefois nous croyons que l'Ordonnance de ce Prince eut aussi son effet à cet égard. Car, comme ils n'étoient encore que trois pour lors, & qu'ils ont toujours

été

été six en Charge par la suite, tous également chargez de la Garde du Poinçon commun, il est plus que probable que c'est à cette occasion qu'il faut rapporter l'augmentation de leur nombre : comme il est visible aussi que le Titre de GARDES qui leur fut donné bien-tôt après au lieu de celui de Prudhommes, vient principalement du dépôt de ce Poinçon, dont ils furent constituez Gardes, & dont ils sont toujours demeurez en effet, les uniques Dépositaires. *Voyez sur cette augmentation des Prudhommes & sur leur qualité de Gardes, un Titre de* 1333, *Archives, Layet.* 28, *cot.* 1. *L'art.* 27 *de l'Edit du Roy Jean de* 1355, ibid. *Layett.* 1, *cot.* 1, bis ; *& le plus ancien Régistre conservé des Elections des Gardes, fol.* 1 *& suivans.*

## ARTICLE IV.

### *Nombre des Orfévres de Paris fixe & limité.*

AFin que les Matieres d'or & d'argent ne passent point par tant de mains dans Paris; & pour empêcher les abus qui s'y peuvent commettre, le nombre des Maîtres & Marchands composans le Corps de l'Orféverie-Joyaillerie en cette Ville, sera limité, & demeurera fixé à Trois cens : Et lorsque des Places viendront à vacquer dans ce nombre, elles ne pourront être remplies que par des Fils de Maîtres instruits & capables, & par des Apprentifs qui auront legitimement fait leur Apprentissage.

### *AUTORITEZ.*

L'avantage particulier que les Orfévres de Paris peuvent tirer de cette limitation, n'a point été le motif qui a déterminé à fixer ainsi leur nombre. La raison, comme l'on voit, s'en tire de l'importance des Matieres qui leur passent par les mains. Car, s'y pouvant commettre des malversations très-préjudiciables au Bien public, il est du bon ordre que la fabrication & le commerce des ouvrages d'Orféverie ne soient confiez qu'à un certain nombre connu & limité, de Particuliers instruits des regles, éprouvez, & qui puissent plus aisément être veillez & éclairez de près. Quoique le motif de cette fixation ait toujours subsisté, elle n'a cependant commencé d'être faite qu'au milieu du seiziéme siecle, à cause du grand nombre de Maîtres qui se trouvoient pourlors dans Paris. Voici de quelle maniere il fut d'abord statué là-dessus, & la suite des Autoritez que nos Titres fournissent sur ce point.

*Edit d'Henri II. à Fontainebleau au mois de Mars* 1554, ART. III. „ Et pour ce que le grand & excessif nombre d'Orfevres qui est „ aujourd'hui..... en notre Ville „ de Paris, fait qu'infinis abus se „ commettent journellement, au „ grand préjudice de Nous & de la „ chose publique.... Nous, pour „ empêcher tels abus, & pour plus „ aisément découvrir ceux qui cy-„ après pourront être commis, or-„ donnons, voulons & Nous plaît, „ que desormais le nombre desdits „ Orfévres...... soit réduit & res-„ traint à certain nombre..... au „ lieu desquels Orfévres, à me-„ sure qu'ils viendront à défaillir „ par mort ou autrement, succe-„ deront les Apprentifs qui auront „ fait leur tems, & auront été ou „ seront examinez & trouvez suffi-„ sans, & jugez les plus idoines & „ capables pour exercer ledit Etat. " *Archives de l'Orfévrerie, Layette* 1. *cotte* 13, Item, *Recueil, p.* 64.

Les Gardes de l'Orfévrerie ayant fait des Remontrances sur plusieurs chefs de cet Edit, la réduction ordonnée fut un de ceux qui furent modifiez, ainsi qu'il est dit dans la Déclaration suivante, donnée en interpretation.

*Déclaration de Henri II. à Fontainebleau le* 22 *May* 1555, *registrée au Parlement & en la Cour des Monnoyes*, ART. II. „ Que sans faire „ autre limitation ou réduction du nombre desdits Orfévres, le nom- " bre qui est à present en notredite " Ville de Paris demeurera; & au " lieu des decedez, seront autres " reçus.... Et seront preferez les " enfans de Maîtres qui seront trou- " vez capables & de la qualité re- " quise. " *Layette idem, cot.* 14, *Rec. p.* 75.

Ce nombre qui n'est pas marqué ici, étoit de Trois cens, comme il paroit par un Arrêt de la Cour des Monnoyes du 5 Decembre 1571. *Layette* 12, *cotte* 1, & par les dispositions qui suivent.

*Henri III. à Paris en* 1586. „ Réduisons & limitons le nombre des " Maîtres Orfévres de notre Ville " de Paris, pour y tenir Boutique " à Trois-cens.... pour auquel " nombre entrer, vacation occurente, " seront preferez les Fils de Maîtres, " pourvû qu'ils soient capables, & de " la qualité requise par les Ordon- " nances. " *Code Henry, liv.* 15, *tit.* 35, *art.* 3.

*Sentence du Prevôt de Paris du* 30 *Juin* 1632. " Vû copie collation- " née... de deux articles du Code " Henry: le premier de Henry II. " à Fontainebleau en May 1555, " & le deuxiéme, de Henry III. " de l'année 1586, portant réduc- " tion des Maîtres Orfévres de cette " Ville de Paris pour y tenir Bou- " tique à Trois cens.. Nous avons.. " fait & faisons défenses à tous les " Maîtres Orfévres de cette Ville, de " prendre à l'avenir aucuns Appren- " tifs, s'ils ne sont Fils de Maîtres, " jusqu'à ce que la Communauté soit " réduite au nombre de Trois cens, "

*Archives, Layette 12, cot. 9*, Item, *Recueil des Ordonnances, p. 506.*

*Reglement general sur le Fait de l'Orféverie de Paris du 30 Décembre 1679, art. 1.* » Le Roy étant en son » Conseil, a ordonné & ordonne, » conformement à l'Art. 3 de l'Edit » du mois de Mars 1554, &c. que le » nombre des Maîtres Orfévres de » Paris demeurera pour l'avenir fixé » & réduit à Trois cens; & jusqu'à ce » que lad. réduction ait été faite, Sa » Majesté fait défenses aux Maîtres » & Gardes de recevoir à Chef-d'œu» vre, ni de presenter à la Maîtrise » aucun Aspirant sous quelque pré» texte que ce soit, à peine de nul» lité. » *Layette 3, cotte 42*, Item, *Recueil des Ordonnances de l'Orf. de Paris, pag. 180.*

En vertu de ce Reglement qui, en toutes ses Dispositions est regardé comme une Loi irréfragable dans le Corps, il y eut jusqu'à 43 Maîtres cassez, comme ayant été reçûs contre les défenses portées par un Arrêt du Conseil du premier Juillet 1675, & au préjudice du nombre prescrit par les Ordonnances précedentes. Ils furent cependant presque tous rétablis par la suite; mais depuis ce fameux Reglement le nombre de trois cens n'a plus été excedé, sinon par des exceptions légitimes qui ne l'interessent point, & toujours dûment autorisez, ainsi qu'il sera dit ci-après.

## ARTICLE V.

### *Moyen établi pour n'exceder le nombre fixé des Maîtres.*

AFIN que le nombre de Trois cens ne puisse desormais être excedé, sera fait & renouvellé tous les ans par les Gardes en Charge, une Liste generale signée & certifiée veritable par eux, des noms, surnoms & demeures de tous les Maîtres, & même des Veuves tenant Boutiques ouvertes; de laquelle Liste, un Exemplaire sera mis en Tableau dans la Salle de la Maison commune, & deux autres seront déposez aux Greffes de la Cour des Monnoyes, & de la Chambre de Police.

### *AUTORITEZ.*

*Reglement general du 30 Décembre 1679, art. 6.* « Sera fait à l'avenir par » chacun an, par les Gardes en Char» ge, une Liste generale, dans laquelle les noms, surnoms & demeures de « tous les Maîtres, selon l'ordre de « leur Reception, seront inscrits; « comme aussi, les noms, surnoms «

» & demeures des Veuves tenant » Boutiques ouvertes : Et sera ladite » Liste renouvellée par chacun an, » signée & certifiée par lesdits Gar- » des en Charge avant l'Election de » ceux qui leur devront succeder : » desquelles Listes seront faits trois Exemplaires, dont l'un sera mis « dans un Tableau à la Chambre « commune desdits Orféyres, & les « deux autres seront déposez aux « Greffes de la Cour des Monnoyes « & de la Chambre de Police. « *Layet. & cott.* idem. *Rec. pag.* 181 & 182.

## ARTICLE VI.

### *Orfévres Surnumeraires.*

TOUTEFOIS seront censez appartenir au Corps, mais réputez Surnumeraires, ceux qui sont reçûs en vertu d'Arrêts & Lettres Patentes duëment registrées; ou qui parviennent à la Maîtrise par la voye des Privileges de l'Hôpital de la Trinité, des Galeries du Louvre, & de la Manufacture Royale des Gobelins : lesquels n'occupant point de Places dans les Trois cens, n'en laisseront point à remplir après leur décès : mais leurs Veuves & leurs Fils joüiront des mêmes Privileges & Droits dont joüissent les Veuves & Fils des autres Maîtres & Marchands Orfévres sans aucune distinction.

### *AUTORITEZ.*

Sous le Regne de Louis XIV. le Corps a été obligé de payer en plusieurs occasions de grandes sommes dans les besoins de l'Etat, pour raison dequoi il lui a été permis à differentes fois de recevoir certain nombre de Maîtres sans qualité : mais toujours aux conditions marquées dans le present Article. Il suffira de rapporter là-dessus les deux Autoritez suivantes.

*Lettres Patentes en forme de Déclaration, du mois d'Avril* 1703, *registrées où besoin a été.* Permettons aux « Marchands Orfévres de la Ville de « Paris, de recevoir vingt Maîtres « sans qualité en faisant Chef-d'œuvre.... lesquels seront reçûs ou- « tre & par dessus le nombre de trois « cens Maîtres, auquel nombre nous « avons fixé ladite Communauté par « notre Déclaration en forme de Re- « glement general, fait pour l'Or- « févrerie le 30 Décembre 1679, à « condition que quand lesdits Maî- «

» tres *Surnumeraires* mourront, ils ne » pourront être remplacez, afin que le » nombre puisse être réduit à celui de » trois cens Maîtres; mais que les En- » fans desdits Maîtres pourront par- » venir à la Maîtrise, tout de même » que les Enfans des autres Maî- » tres. « *Archives de l'Orféverie, Layette 33, cotte 1.*

*Edit du mois de Juin 1705, regis- tré en la Cour des Monnoyes.* » Nous » avons permis & permettons aux » Gardes de l'Orfévrerie de Paris, » de presenter à la Cour des Mon- » noyes vingt Aspirans sans qualité, » après leur avoir fait faire Chef- » d'œuvre, pour y être reçûs Maî- » tres en la maniere ordinaire: à con- » dition que lorsqu'ils décederont, » ou qu'ils renonceront volontaire- » ment, il n'en sera point reçû d'au- » tres à leur place. Voulons néan- » moins que leurs Veuves & Enfans » joüissent des mêmes Privileges dont joüissent les Veuves & Enfans « des autres Orfévres. « *Archives de l'Orféverie, Layette idem.*

A l'égard de ceux qui parviennent à la Maîtrise par la voye des Privileges de l'Hôpital de la Trinité, des Galeries du Louvre & de la Manufacture Royale des Gobelins, ou par quelque autre voye extraordinaire que ce puisse être, comme pour cause de leur réunion à l'Eglise Catholique, ils ont pareillement toujours été regardez tous comme Surnumeraires, & n'ont jamais laissé de Place à remplir après leur décès ou abdication. De-là vient que leurs noms ne s'employent point dans la Liste des Trois cens Maîtres qui se renouvelle tous les ans pour le Greffe de la Cour des Monnoyes, & pour celui de la Chambre de Police, mais seulement dans une classe distincte & séparée des Trois cens au pied de cette Liste.

## ARTICLE VII.

### *Exemption de toutes Maîtrises créées pour joyeux Avenement à la Couronne, &c.*

NUL ne parviendra à l'Etat & Marchandise d'Orfévrerie-Joyaillerie à Paris, s'il n'est Fils ou Apprentif de Maître, & reçû en la maniere prescrite par les Ordonnances: Et en consequence ne seront créées aucunes Lettres de Maîtrise d'Orfévre en faveur du joyeux Avenement à la Couronne, Entrées & Mariages des Rois; Naissance, Baptême, Mariages des Princes, ni pour quelqu'autre sujet que ce puisse être.

## *AUTORITEZ.*

Les Orfévres & quelques-autres, comme les Apotiquaires & les Chirurgiens, ont toujours été exceptez des créations de Lettres de Maîtrise données en ces occasions aux autres Corps de Marchands & Communautez d'Artisans. C'est ce qui se voit expressément porté dans les Edits mêmes de ces Créations: d'abord dans celui de Henry II. du mois de Janvier 1548, pour le Couronnement de la Reine, où je croi qu'elles ont commencé: puis dans ceux du mois de Mars suivant pour l'Entrée de cette Reine; & de Juillet 1550 pour l'heureuse Naissance du Duc d'Angoulesme son Fils. *Archiv. de l'Orf. Layette* 7, *cotte* 2, 3, *Recueil*, *pages* 301, 304, 308.

Le même Henry II. ayant depuis limité le nombre des Orfévres de Paris, comme nous l'avons vû, & prescrit là-dessus certain ordre par sa Déclaration du 22 May 1555, il prit de-là occasion de statuer plus expressement sur l'Exemption dont il s'agit en faveur des Orfévres de Paris, en ces termes.

*Déclaration du* 22 *May* 1555, *art.* 3. » Et afin que ledit ordre ne soit » corrompu & enfraint, Nous or» donnons & défendons très-expres» sement aux Generaux Maîtres de » nos Monnoyes, & Gardes dudit „ Etat d'Orféverie, de ne recevoir „ aucun à être passé Maître par Let„ tres de Don de Nous, tant à nos „ Entrées, comme Naissances de nos „ Enfans ou autrement... combien „ qu'ayons accoutumé élire & donner droit de Maîtrise de chacun " Métier; révoquant dès-à-present " les Lettres qui en pourroient avoir " été données, ou se pourroient don" ner ci-après. *Layette* 1. *cotte* 14, *Recueil*, *page* 75.

En consequence, l'Exemption accoutumée en faveur des Orfévres continua d'être mise dans les Edits portant création de Maîtrise, sçavoir; de Charles IX. du mois d'Avril 1562, en faveur de son Entrée: *Volum. des Ord. registrées au Parl. cot. AA. fol.* 164, *v°.* De Henry III. au nombre de quatre, donnez au mois de Février 1575, le premier, pour l'Avenement de ce Prince à la Couronne; le second, pour son Mariage; le troisiéme, pour l'Avenement & l'Entrée de la Reine son épouse, & le quatriéme, pour son Mariage. *Volum. HH. fol.* 69, 92, 151 & 276.

Mais un autre Edit donné ensuite par ce Prince au mois de Décembre 1581 en faveur de la Princesse Margueritte sa Sœur, ayant passé sans porter l'Exemption ordinaire pour les Orfévres; & des Particuliers s'étant pourvûs des Lettres de Maîtrise d'Orfévrerie qui se trouvoient ainsi créées, le Corps s'en plaignit au Roy, qui après avoir consulté les Officiers de la Cour des Monnoyes & le Prevôt de Paris, donna des Lettres adressées à ces Magistrats, dont voici la teneur, & où l'on voit quels ont toujours été les motifs de cette Exemption des Orfévres.

*Lettres Patentes de Henry III. en*

*forme de Déclaration du 19 Octobre 1584.* „ Après avoir fait voir à notre „ Conseil, tant votre Avis que les „ Statuts & Privileges *de l'Etat d'Or-* „ *févrerie*, specialement les Articles „ faisant expresse mention de la Re- „ ception desdits Maîtres, (par les- „ quels pour grandissimes considera- „ tions, même pour éviter aux abus, „ fautes & malversations qui se pour- „ roient commettre en l'exercice du- „ dit Etat, si les Maîtres d'icelui n'é- „ toient Gens de bien & experimen- „ tez, ainsi qu'il est contenu en votre „ Avis, Avons, conformement à „ icelui, & ausdits Statuts & Privi- „ leges, dit, déclaré, statué & or- „ donné; disons, déclarons, sta- „ tuons & Ordonnons de nouveau, „ & en tant que besoin est ou seroit; „ que doresnavant ne sera reçu au- „ cun Maître dudit Etat, sinon en „ la forme prescrite & mentionnée „ esdits Statuts, en vertu de quel- „ conque Edit ou Mandement que „ ce soit, ni même de celui dudit „ mois de Décembre 1581, duquel, „ & de tous autres qui se pourroient „ ci-après faire pour la création d'au- „ cune Maîtrise, soit pour Mariages „ des Rois ou Enfans de France, „ Entrées, Enfantemens d'iceux, „ Nous avons, conformement com- „ me dit est, excepté & reservé, ex- „ ceptons & reservons par ces Pre- „ sentes, que vous ferez à cette fin „ lire, publier & enregistrer en cha- „ cun de vos Siéges, entretenir, „ garder & observer de point en point „ selon leur forme & teneur, sans „ permettre ou souffrir qu'il y soit „ contrevenu en aucune maniere; „ Vous défendant de recevoir lesdits „ Pourvûs, *en vertu du susdit Edit* „ *du mois de Décembre* 1581, au pré-judice de ce: Ains au contraire, " Nous avons lesdites Provisions " dès-à-present cassées & revoquées, " cassons & revoquons par cesdites " Presentes, nonobstant quelcon- " ques Edits, Ordonnances, Man- " demens, Défenses & Lettres con- " traires. Car tel est notre plaisir, &c. " *Ces Lettres furent verifiées en Parlement le dernier de May* 1585, *après avoir été registrées en la Cour des Monnoyes, & publiées au Châtelet les* 19 & 28 *Novembre* 1584, *Archiv. Layet.* 7, *cot.* 4, Item, *Recueil*, *pag.* 311.

Cependant les Pourvûs, qui sur la foi de l'Edit de 1581, avoient acheté la Maîtrise, & dont les Provisions venoient d'être cassées, ne laisserent pas de poursuivre au Conseil Privé la main-levée de l'opposition que les Gardes de l'Orfévrerie formoient à leur Reception; mais ils furent ainsi jugez:

*Arrêt du Conseil Privé du Roy, du 21 Juin* 1585. „ Le Roy en son " Conseil, faisant droit au fond a dit: " Qu'à bonne & juste cause lesdits " Maîtres & Gardes de l'Orfévrerie " se sont opposez à la Reception des- " dits Demandeurs: A, iceux Oppo- " sans, maintenu & maintient en la " possession & jouissance de leurs an- " ciens Statuts, Exemptions & Reser- " vations portées par iceux, confor- " mement aux Lettres Patentes du " 19 Octobre 1584. „ *Des Lettres furent expediées le même jour, & adressées au Parlement, à la Cour des Monnoyes & au Châtelet, pour la publication, enregistrement & execution de cet Arrêt. Archives, Layette* 7, *cotte* 5, Item, *Recueil, pag.* 314 & *suiv.*

Henry IV. étant ensuite parvenu à la Couronne donna un Edit au mois de Mars 1593, portant création de Lettres de Maîtrises pour le titre de Sœur unique du Roy, acquis à la Princesse Catherine. L'Exemption des Orfévres se trouvant obmise dans cet Edit, fut expressément rétablie par l'Arrêt de Verification au Parlement, du 23 Juillet 1594. *Archives, même Layette, cotte 6*, Item, *Recueil des Ordonnances, pages 322 & suivantes.*

Ce Prince voyant que l'Edit qui avoit été donné en 1581 en faveur de la Princesse Margueritte devenue son Epouse dès 1572, étoit presque toujours demeuré sans effet à l'égard de la plûpart des Maîtrises qui y étoient créées, en donna un nouveau au mois d'Avril 1597, pour le faire executer. Comme ce dernier, nonplus que l'autre, ne portoit point d'Exemption pour les Orfévres, des Particuliers crûrent pouvoir s'en servir pour parvenir à la Maîtrise d'Orfévrerie à Paris. Mais les mêmes Remontrances qui avoient été faites à Henry III. contre cet Edit de 1581, furent réiterées à Henry IV. sur le sien de 1597, & ce Prince accorda des Lettres à ce sujet, où après avoir reconnu combien les Ordonnances de l'Etat d'Orfévrerie touchant l'Apprentissage & le Chef-d'œuvre des Aspirans doivent être inviolables, afin que par ces moyens, dit-il, *la fidelité & la prudhommie de ceux qui travaillent en or & en argent soit connuë & experimentée, comme il est requis & necessaire, plus qu'en tous autres Etats & Métiers pour la consequence de leurs Ouvrages*, il établit de nouveau l'Exemption obmise, dans les termes qui suivent.

*Lettres Patentes de Henry IV. en forme de Déclaration du 15 Octobre 1597, registrées en Parlement & en la Cour des Monnoyes les 13 & 15 Novembre suivant.* „ Avons dit & “ déclaré, disons & déclarons, qu'en “ nos Edits des mois de Décembre “ 1581, & Avril dernier, n'avons “ entendu & n'entendons que ledit “ Etat d'Orfévre y soit aucunement compris; ains les en avons, “ en tant que besoin seroit, exceptez & reservez, exceptons & “ reservons par ces Presentes, sans “ qu'ils y puissent être compris en aucune sorte & maniere que ce soit, “ soit en vertu d'iceux Edits, ou autres qui pourroient être faits ci-après. Et où aucunes Lettres de “ Provision & Déclaration en auroient été ou seroient ci-après expediées au contraire, Nous les avons dès-à-present cassées, revoquées & annullées, cassons, revoquons & annullons par ces Presentes. Et en outre, avons fait, & “ faisons très-expresses inhibitions & “ défenses à toutes personnes quelconques de s'entremettre en l'exercice desdites Charges *ou Maîtrises* “ en vertu de telles Provisions, sur “ peine de punition corporelle, &c. “ Car tel est notre plaisir, nonobstant “ quelconques Edits, Ordonnances “ & Lettres à ce contraires. “ *Archiv. Layette 2, cotte 28*, Item, *Recueil. pag. 149 & suivantes.*

Depuis ces Lettres de Henry IV. qui n'établissent pas moins fortement l'Exemption des Orfévres, que la Déclaration de Henry II. du 22 May 1555, & celle de Henry III. du 19 Octobre 1584, il ne s'est plus créé de Maîtrise sous les Regnes suivans,

vans, dont ils n'ayent été exceptez par les Edits mêmes. Tels sont ceux : de Louis XIII. du mois de May 1610 pour son avenement à la Couronne, *volum. des Ord. du Parl. cotté ZZ. fol. 35, v°.* Des mois de Septembre 1611 en faveur de la Regence de la Reine Mere, *ibid. fol.* 446, & de Novembre suivant, pour le Titre de Monsieur, acquis au Duc d'Anjou, *vol. AAA. fol.* 245 *v°.* Du mois d'Octobre 1615 en faveur du Mariage de Louis XIII. *Vol. CCC. fol.* 439. Et du mois d'Août 1626 pour le Mariage de Monsieur le Duc d'Orleans, *Vol.* idem. De Louis XIV. du mois de Janvier 1646 en faveur du Titre de Reine Mere acquis à la Mere du Roy, *Vol. MMM. fol.* 579 *v°.* Du mois de Novembre 1650 pour la Naissance de M. le Duc de Valois, fils de M. le Duc d'Orleans, *Vol. BBB. fol.* 12. Des mois de May, Juin & Juillet 1651, à cause du Titre de premier Prince du Sang donné à M. le Duc de Valois, & de celui de Duc d'Anjou, à Monsieur, Frere unique du Roy, &c. *ibid. fol.* 345, item, *Vol. LLL. fol.* 345, Item, *Vol. BBB. fol.* 341. Et du mois d'Avril 1668 en faveur du Baptême de M. le Dauphin, *Vol. XXX.* Enfin, les deux Déclarations de Louis XV. regnant, données, l'une au mois de Novembre 1722 en faveur de son joyeux avenement à la Couronne & de son Sacre ; & l'autre, du mois de Juin 1725 pour son Mariage, portent pareillement la même Exemption en faveur des Orfévres.

Cette Exemption, si regulierement maintenuë sans atteinte dans toutes les occasions, étant comme l'on voit, generale & sans reserve, a toujours compris aussi le cas où un Prince du Sang auroit voulu avoir un Orfévre, d'ailleurs sans qualité, attaché à son service, & employé sur l'Etat des Officiers de sa Maison. Autrement, le Privilege qui excepte les Orfévres de toutes Maîtrises créées, ainsi que les Loix qui veulent qu'aucun d'eux ne puisse être reçû qu'en la maniere prescrite par les Ordonnances, seroient éludez ; & par une consequence necessaire, l'Ordre public, qui est l'unique motif de ce Privilege & de ces Loix, se trouveroit interverti. Aussi doit-on dire qu'un Orfévre de cette espece, retiré dans l'Hôtel du Prince qu'il sert, ne peut exercer ailleurs son Etat, ni s'ingerer de tenir Boutique à cet effet dans Paris. C'est ce qui a été contradictoirement jugé par l'Arrêt qui suit, en 1655, à l'égard d'un nommé Girard, lequel étoit employé comme Orfévre dans l'Etat des Officiers de la Maison de M. le Prince de Condé, premier Prince du Sang.

*Arrêt de la Cour des Aydes du* 14 *Juin* 1655. » La Cour ayant égard « à l'intervention du Sieur Prince de « Condé, a, sur les Demandes & « Oppositions desdits Maîtres & Gar- « des de l'Orfévrerie de Paris, mis « les Parties hors de Cour & de Pro- « cès : ce faisant, ordonne que ledit « Girard demeurera couché & em- « ployé dans l'Etat dudit Sieur pour « jouir des Privileges des autres Offi- « ciers, sans néanmoins qu'il puis- « se tenir aucune Boutique d'Orfé- « vrerie en la Ville & Fauxbourgs « de Paris, ni vendre & debiter di- « rectement ou indirectement aucune « Marchandise d'Orfévrerie, à peine « de confiscation, & de tous dépens «

„ dommages & interêts des Parties. “ *Recueil, pag.* 481.

Les mêmes raisons qui militent contre cette espece d'Orfévres à Brevet de Prince, n'ont pas moins de force contre ceux qui seroient pourvûs de Lettres du Prevôt de l'Hôtel, ou Grand Prevôt de France, pour exercer leur Etat dans Paris sous le titre d'Orfévres suivans la Cour: aussi n'en fut-il point question d'abord; mais pour développer ceci en peu de mots, il faut sçavoir que Louis XII. voulant pourvoir à ce que sa Cour ne manquât de rien lorsqu'elle se trouveroit éloignée des Villes, établit un certain nombre de Marchands & d'Artisans pour être à sa suite, & pour fournir les Marchandises & les vivres dont elle auroit besoin. Des Sujets sans qualité de chaque Profession furent pourvûs de Lettres à cet effet par le Prevôt de l'Hôtel du Roy, ou Grand Prevôt de France, comme premier Juge de de la Maison du Roy. Ces Privilegiez suivans la Cour eurent même la faculté de jouir du droit de Maitrise à Paris, & de celle de ne pouvoir être visitez par les Gardes, ou Jurez de leurs Professions, sans permission du Grand Prevôt, & sans être accompagnez d'Officiers de sa Prevôté.

Les Orfévres ne furent point d'abord compris dans cet Etablissement. Leurs Exemptions sont trop précises à tous égards & fondées sur des motifs de Bien public trop interessans. Toutefois en 1587, le Grand Prevôt ne laissa pas de donner certaines Lettres ou Provisions portant Permission d'ouvrir Boutique d'Orfévrerie dans Paris à un nommé Vimon qui, n'ayant pas achevé son Apprentissage, ne pouvoit parvenir à la Maitrise. Ce Particulier sollicita de plus & obtint encore un Brevet d'Orfévre du Roy. Mais son prétendu Droit fut vivement attaqué par les Gardes, comme contraire aux Exemptions & Statuts du Corps, qui après de longues Procedures à la Prevôté de l'Hôtel & à la Cour des Monnoyes, furent définitivement maintenus au Conseil, ainsi qu'il ensuit.

*Arrêt du Conseil privé du Roy, du 23 Septembre* 1594. „ Le Roy en son “ Conseil, ayant égard à l'opposi- “ tion formée par les Maîtres & Gar- “ des de l'Orfévrerie à la Verification “ des Lettres obtenuës par ledit Vi- “ mon, & faisant droit sur icelle, a “ maintenu & gardé, maintient & “ garde lesdits Opposans en la pos- “ session & jouissance de leurs Exemp- “ tions & Réservations portées par “ iceux *Statuts*, suivant les précedens “ Arrêts sur ce intervenus. Et sans “ avoir égard ausdites Lettres, a or- “ donné & ordonne que ledit Vimon “ parachevera son tems d'Appren- “ tissage, qui est de deux ans: ce “ fait, qu'il sera reçû Maître Orfé- “ vre de ladite Ville de Paris, faisant “ Chef-d'œuvre en la maniere accou- “ tumée suivant les Statuts & Ordon- “ nances dudit Etat d'Orfévrerie; “ sans que ores ni à l'avenir ledit tems “ de huit ans limité pour être Ap- “ prentif & faire Chef-d'œuvre, “ puisse être racheté par aucune Let- “ tre ou autrement, pour quelque “ cause ou occasion que ce soit. “ *Recueil des Ordonn. pag.* 319.

Une Déclaration donnée depuis par Henry IV. le 16 Septembre 1606, comprenoit, à la verité, deux

Orfévres, inferez contre l'ancien Droit parmi les autres Privilegiez suivans la Cour, dont cette Piece fait l'énumération. Mais les Exemptions de toutes Maitrises créées pour les Orfévres, ayant été, comme on l'a vu, perpetuellement maintenuës depuis, comme avant la Déclaration dont il s'agit, le Grand Prevôt de l'Hôtel ne put jouir tranquilement de ce nouvel avantage; & les Gardes de l'Orfévrerie ne manquoient pas de former leur Opposition toutes les fois qu'il tentoit de pourvoir à ces Places; comme il arriva à un Pourvû nommé de Vaux, qu'ils poursuivirent ainsi au Conseil en 1625. *Archives, Layette 7, cotte 10.*

Les choses étoient encore sur le même pied avec le Grand Prevôt, lorsqu'en 1658 le Maréchal du Plessis-Praslin obtint un Brevet de Louis XIV. par lequel il lui fut permis d'établir deux Privilegiez pour la suite de la Cour, de chacune des Professions qui y sont nommées, avec le Droit de leur délivrer des Provisions: Droit qui est passé ensuite au Grand Prevôt. Le Brevet ne parloit nullement d'Orfévres: cependant le Donataire ne laissa pas d'en faire inserer deux dans les Lettres Patentes qu'il obtint sur son Brevet le 25 Juillet 1660. Ce nouvel Etablissement souffrit beaucoup de contradiction jusqu'en 1672 qu'il commença à prendre faveur au moyen de nouvelles Lettres du 29 Février, accordées à l'Impetrant où les deux Places d'Orfévre étoient pareillement employées. Alors les Gardes de l'Orfévrerie s'étant pourvus au Conseil contre ces Lettres pour la conservation de leurs Exemptions, ils obtinrent cet Arrêt sur leur Requête:

*Arrêt du Conseil d'Etat du Roy, du 28 Septembre 1672.* „ Le Roy en " son Conseil ayant égard à ladite " Requête, a ordonné & ordonne " que les Lettres Patentes du 25 " Juillet 1660, & 29 Février 1672 " n'auront lieu pour les deux Orfé- " vres contenus en icelles: ce faisant, " fait Sa Majesté défense à tous Par- " ticuliers de faire la fonction d'Or- " févre à la suite de la Cour & ail- " leurs, sans avoir été reçû Maître " conformement aux Ordonnances, " à peine de mille livres d'amende. " *Layette 7, cotte 14.* Item, *Recueil pag. 368 & suivantes.*

Le Donataire ne se pourvut nullement contre cet Arrêt: aussi ne voit-on pas ce qu'il auroit pû mettre en avant contre l'Exemption qui y est conservée, tandis que nos Rois eux-mêmes n'y ont jamais voulu donner la moindre atteinte, & qu'après l'avoir établie par un motif aussi pressant que celui du Bien & de l'Ordre public, l'ont perpetuellement maintenue dans leurs Edits de créations de Maîtrises. En effet, l'idée seule d'Orfévres *suivans la Cour*, implique une contradiction qui câdre aussi peu avec la raison, qu'avec la bonne Police. Car on est encore à concevoir comment des Orfévres ainsi attachez à la suite de la Cour, pourroient execer leur Etat en la maniere que les Reglemens l'ordonnent. Les visites, si indispensablement necessaires pour être contenus dans le devoir, les Fourneaux, le Travail, l'Essay, la Marque des Ouvrages, tout, en un mot, exige que des Orfévres soient sédentaires & ayent un domicile fixe : ce qui ne peut avoir lieu à l'égard de Gens qui suivent la Cour ; qui gissent où ils peuvent, & qui sont toujours sans demeure certaine. Quand même, contre les vûës primitives de l'Etablissement des Marchands & Artisans suivant la Cour, ils résideroient à Paris, de tels Orféves ne seroient pas moins en état de se soustraire aux Regles prescrites, & il seroit impossible de les y contenir par le défaut de liberté que les Gardes auroient de les visiter comme ceux du Corps le sont à toute heure de jour & de nuit ; puisque, selon leurs prétendus Privileges, les formalitez qu'il faudroit essuyer pour cela, comme l'obtention d'une Permission du Grand Prevôt & l'assistance d'un des Officiers de sa Prevôté, éventeroient infailliblement le secret si necessaire en ces sortes d'expeditions, & rendroient toutes les démarches des Gardes inutiles, & leurs Visites illusoires. En sorte qu'il est vrai de dire qu'un Orféve de cette espece, sans surveillans, & à proprement parler ; sans Discipline, seroit en état de faire plus de mal lui seul, que cent autres bien Policez n'en pourroient faire quand ils en auroient la volonté. Cependant, malgré des motifs si déterminans, & sans que les Gardes de l'Orfévrerie ayent été entendus, on n'a pas laissé que d'inserer quatre Orféves suivant la Cour dans de nouvelles Lettres Patentes du 29 Octobre 1725 : deux en vertu de la Déclaration, toujours contredite, de 1606, & les deux autres en vertu du Brevet accordé au Maréchal du Plessis-Praslin, où toutefois il n'étoit nulle mention d'Orféves ; & le Grand Prevôt est même parvenu à faire appuyer son prétendu Droit à cet égard par un Arrêt du Conseil du 17 Août de l'année suivante. Mais le bon ordre reclamera toujours contre cette nouveauté ; & l'on ne peut douter que tôt ou tard le Bien public qu'elle attaque, ne l'emporte sur l'interêt particulier qui est son unique appuy.

## ARTICLE VIII.

### *Nul Lieu Privilegié pour l'Etat d'Orfévrerie dans Paris.*

NUL Orféve, quoique Maître, ne pourra exercer son Etat dans Paris en aucuns Palais, Monasteres, Prieurez, Commanderies, Colleges & autres Lieux clos & Privilegiez ou prétendus tels, si ce n'est dans les Galeries du Louvre seulement ; à peine de cinq cens livres d'amende & même de punition corporelle.

## *AUTORITEZ.*

Le motif de cette défense à l'égard des Maîtres, est la difficulté de faire des Visites dans ces Lieux inaccessibles, & la facilité à ceux qui s'y réfugieroient de commettte impunement des malversations contre les Ordonnances de leur Etat.

*Déclaration de Henry II. du 22 May 1555.* ART. IV. „ Nul ne „ pourra exercer ledit Etat *d'Orfévrerie*, ni tenir Boutique d'Orfévre „ s'il n'est passé Maître, & ait fait „ Chef-d'œuvre en la maniere accoutumée, soit qu'il demeure dedans „ notre Palais à Paris, ou autres „ Lieux y ayant Franchises, lesquelles Franchises Nous avons, „ pour le regard dudit Etat, révoquées & abolies, révoquons & „ abolissons, sans qu'elles se puissent „ étendre audit Etat, quelqu'usance „ & possession qu'en ayent les Seigneurs desdits Lieux, & sans préjudice de leurs Privileges en autres „ choses. “ *Archiv. de l'Orf. Layette* 1, *cotte* 14. Item, *Recueil des Ordonnances, page* 75.

Aux termes de cette Déclaration, la défense d'exercer l'Etat d'Orfévrerie dans les Lieux de Franchise ne regardoit que les Gens sans qualité, & principalement deux Orfévres d'espece particuliere qu'il y avoit anciennement dans Paris, lesquels n'appartenant point au Corps, exerçoient néanmoins leur Profession dans la Franchise de leurs Seigneurs. L'Evêque en avoit un dans le Parvis de son Eglise, en vertu d'une Transaction passée autrefois entre Guillaume de Seignelay, l'un de ses Prédecesseurs, & Philippe-Auguste en 1222. *Du Bois, Hist. Eccl. Paris. Tom.* 2, *pag.* 271. Et le Prieur de S. Denis de la Chartre avoit le même Droit pour l'autre, par concession de Philippes le Hardy de l'an 1270 en faveur de la Franchise de son Prieuré. *Recueil des Ordonn. de l'Orfévrerie, pag.* 463. Ces deux Orfévres qui étoient les seuls Privilegiez dans Paris, se trouverent donc enveloppez dans la Révocation generale, & il leur fut défendu comme aux autres Gens sans qualité, de travailler d'Orfévrerie dans les Lieux de Franchise. Mais cette révocation est devenuë le fondement des défenses suivantes qui ont été faites aux Maîtres mêmes, comme aux Compagnons, de se retirer en ces Lieux où tout exercice de l'Etat d'Orfévrerie est également proscrit pour tous, comme on le voit par les autoritez suivantes.

*Sentence du Prevôt de Paris du 18 Février 1634, publiée à son de trompe & affichée dans Paris le 22.* „ Faisons défenses à tous Principaux de “ Colleges, Maîtres, Boursiers, Administrateurs d'iceux, & à tous “ Prieurs & autres, de retirer chez “ eux ou loüer aucunes Chambres, “ soit à des Maîtres Orfévres, ou “ Compagnons, à peine de cinq cens “ livres d'amende pour la premiere “ fois, applicable au profit des Pauvres du Corps des Orfévres: & “ pour la seconde fois, de privation “ pour un an de leur revenu temporel.“ Et à ce que nul n'en prétende cause “

„ d'ignorance, sera la presente luë, „ publiée à son de trompe & cri public par les Carrefours de cette „ Ville de Paris, icelle imprimée & „ affichée esdits lieux. “ *Archives, Layette* 10, *cotte* 6.

*Sentence du Prevôt de Paris du* 23 *Avril* 1661, *publiée & affichée le* 4 *May suivant.* „ Faisons défenses „ à tous Principaux de Colleges, &c. „ *mot à mot comme ci dessus, avec cette* „ *addition* : Comme aussi disons que „ tous Compagnons & Maîtres „ Orfévres demeurans esdits Colleges, Prieurez & autres Maisons „ de Franchises, vuideront desdits „ lieux, & se retireront incessam„ment, sçavoir; lesdits Compa„gnons chez les Maîtres, & lesdits Maîtres en des Maisons sur de „ grandes ruës libres & passantes. *Ibid. cotte* 9. Item. *Recueil, p.* 485.

*Les mêmes Dispositions ont encore été renouvellées par autre Ordonnance de Police du* 7 *Août* 1671, *publiée & affichée comme les précedentes; mais contenant de plus cette Addition* : „ Et „ sera la presente Ordonnance exe„cutée nonobstant oppositions ou „ appellations, &c. Registrée ès Re„gistres de la Communauté & Corps „ des Marchands Maîtres Orfévres „ de cette Ville de Paris, luë, pu„bliée &c. & enjoint aux Gardes „ de tenir la main à l'execution d'i„celle. “ *Layette* idem, *cot.* 13. Item, *Recueil, p.* 494, 495.

*Arrêt du Conseil d'Etat du Roi, du* 28 *Août* 1671. „ Le Roi en son „ Conseil, a donné Acte audit de „ Gannes, *Commandeur de S. Jean* „ *de Latran*, de la reprise qu'il fait de l'Instance pendante au Conseil “ *touchant les Orfévres refugiez dans sa Commanderie, & qu'il y vouloit maintenir au préjudice de l'Ordonnance précedente, & contre la poursuite des Gardes*; „ Ordonne qu'il sera procedé audit Conseil entre les Par- “ ties suivant les derniers erremens, “ sans préjudice néanmoins de l'exe- “ cution de l'Ordonnance du Pre- “ vôt de Paris, du 7 Août dernier. “ *Layet.* idem, *cotte* 14. Item, *Recueil, page* 498.

Le Grand Prieur de France pour son Prieuré du Temple, le Prieur de S. Denis de la Chartre, & le Prieur & Religieux du College des Bernardins, qui tous refugioient des Orfévres chez eux, firent aussi diverses tentatives, mais sans succès, contre l'Ordonnance du 7 Août. *Voyez dans la même Layette la cotte* 15, *& Rec. p.* 499. Et toutefois les lieux de Franchises ne furent évacuez que 8 ans après en vertu de l'Arrêt de pur mouvement qui suit :

*Arrêt du Conseil d'Etat du Roi du* 7 *Mars* 1679. „ Sur ce qui a été re- presenté au Roi étant en son Con- “ seil; Qu'au préjudice des défenses “ portées par les Ordonnances & “ Reglemens, un nombre considera- “ ble d'Orfévres se retirent dans “ l'Enclos du Prieuré de saint Denis “ de la Chartre, du Temple, & Com- “ manderie de saint Jean de Latran, “ où il se commet beaucoup d'abus “ par la difficulté & la resistance que “ les Maîtres & Gardes trouvent, “ lorsqu'ils y vont faire leurs visites, “ à quoi il est important de remedier “ pour le bien public. Oüi le Rap- “ port du sieur Colbert, Conseiller “

„ ordinaire au Conseil Royal, Con„ trolleur genéral des Finances : Sa „ Majesté étant en son Conseil, a or„ donné & ordonne, que du jour de „ la publication du present Arrêt & „ sans délai, les Maîtres ou Com„ pagnons Orfévres travaillans dans „ l'Enclos du Prieuré de saint Denis „ de la Chartre, du Temple, & Com„ manderie de saint Jean de Latran, „ seront tenus d'en sortir incessam„ ment, à peine de cinq cens livres „ d'amende : Leur fait Sa Majesté „ défenses & à tous autres Orfévres „ de s'y établir à l'avenir, sous la „ même peine ; & de punition cor„ porelle en cas de récidive. Enjoint „ au Lieutenant general de Police „ de tenir la main à l'execution du „ present Arrêt, &c. *Layette* idem, *cotte* 16. Item, *Recueil*, *page* 500.

Cet Arrêt ne parlant point des Monasteres & autres Lieux clos, une Disposition posterieure y pourvoit en les comprenant avec les Lieux de Franchise, & en aggravant même la peine portée contre ceux qui s'y refugieroient, en ces termes :

*Déclaration du Roi Louis XV. du 23 Novembre 1721, registrée où besoin a été.* Art. X. „ Défendons à tous Orfévres, Joyailliers ... & " autres employans les matieres d'or " & d'argent, de travailler dans les " Monasteres & autres Lieux clos, " ainsi que dans les Lieux Privile- " giez, ou prétendus tels, si ce n'est " en nos Galleries du Louvre, sous " peine de trois ans de Galeres. " *Archiv. de l'Orf. Layette* 3 bis, *cotte* 12.

## ARTICLE IX.

### *Nul prétendu Maître Orféure de Fauxbourg à Paris.*

Pareillement, nul ne pourra exercer led. Etat d'Orfévrerie, ni tenir Boutique d'Orfévre en aucun Fauxbourg de Paris sous le prétendu Titre de Maître de Fauxbourgs ou autrement, s'il n'est reçu dans le Corps en la maniere prescrite par les Reglemens, & en conséquence, soumis à la forme de son Administration, à sa Police & à la Jurisdiction des Magistrats qui ont droit d'en connoître.

### *AUTORITEZ.*

L'Autorité publique n'a jamais souffert qu'aucun Particulier pût joüir du droit de Maitrise dans l'Etat d'Orfévrerie à Paris, qu'autant qu'il appartiendroit à l'unité du Corps, en s'y faisant recevoir selon toutes les regles prescrites par les Ordonnances ; afin que les Orfévres ne formant ensemble qu'une seule & même Communauté en cette Ville, y fussent tous réunis sous les mêmes Loix, & soumis à la Jurisdiction des mêmes Magistrats pour le bien de la Police. Cette maxime toujours constante, est le fondement de toutes les Exemptions accordées aux Orfévres, & la raison des Révocations de toutes Franchises au regard de leur Etat, qui par l'importance de son objet ne mérite pas moins d'attention.

Cependant, au préjudice d'un ordre si conforme au Bien public, l'Abbé de saint Germain des Prez entreprit vers la fin du XVI^e. siécle d'établir de son autorité privée des Orfévres dans son Fauxbourg, avec le prétendu Titre de Maîtres qu'il croyoit pouvoir leur donner par le ministere de son Bailly, comme il faisoit pour les autres Professions. Les premiers vestiges de cette entreprise qui alloit à former une petite Communauté isolée & indépendante du Corps sous la Jurisdiction de ce Bailly, sont de l'année 1578, en faveur d'un nommé l'Echoquette Compagnon Orfévre, lequel tenoit Boutique ouverte, & travailloit dans ce Fauxbourg en vertu de la simple Permission de cet Officier de l'Abbaye. A la poursuite des Gardes de l'Orfévrerie cette nouveauté fut d'abord réprimée par un Arrêt de la Cour des Monnoyes du 3 Décembre de la même année, portant que sans avoir égard à la prétenduë Permission du Bailly de l'Abbaye de saint Germain des Prez, les Forges & Fourneaux seront abbatus, avec défense à ce Compagnon de travailler ailleurs que chez les Maîtres, conformément aux Ordonnnances. *Archives, Layette* 11, *cotte* 13.

Dans les premieres années du siécle suivant, un nommé Picart & cinq autres Compagnons Orfévres ne laisserent pas de s'établir dans ce Fauxbourg en vertu de Lettres du Bailly: & entendant se maintenir dans la jouissance de leur prétenduë Maitrise du Fauxbourg contre les poursuites des Gardes, ils obtinrent même pour cela une Sentence de cet Officier le 14 Novembre 1609, sur l'appel de laquelle, interjetté par les Gardes, l'affaire ayant été plaidée contradictoirement au Parlement avec les six Prétendans, joints aux Religieux de l'Abbaye, Parties intervenantes, fut jugée par Arrêt du 24 Mars 1611. Sans avoir égard à l'intervention des Religieux, ni aux Lettres de Réception délivrées par le Bailly, non plus qu'à la Sentence de cet Officier, la Cour ordonna que Picart & les cinq autres seroient & demeureroient déchus de leur prétendue Maitrise : que les Statuts & Reglemens du Corps seroient observez; & que pour l'execution de l'Arrêt, les Gardes se serviroient de tels Officiers qu'il leur plairoit, autres que ceux de la Justice Seigneuriale du Fauxbourg. *Lay.* 10, *cotte* 3.

Plus de trois mois s'étant écoulez sans que l'Arrêt pût être executé à cause de la protection secrete du Bailly, la Cour en donna un second le 2 Juillet, portant que dans huitaine du jour de la prononciation, Picart & consors, déclarez déchus, seront tenus d'abattre leurs Forges, &

& de se retirer chez les Maîtres : & à faute de ce faire, permis aux Gardes de l'Orféverie de les faire démolir, & de proceder par voye de saisie sur les ustensiles & outils d'Orfévre, sans pour cela demander aucune permission au Bailly, ni à autre Officier de la Justice de l'Abbaye. Ibidem, *cotte* 4.

Néanmoins ces mêmes Ouvriers ne se mettant point encore en devoir d'obéir aux Arrêts du Parlement par les empêchemens que le Bailly apportoit à leur execution, il en falut obtenir un troisiéme le 6 Octobre suivant, qui fit expresses défenses à cet Officier d'empêcher l'execution des précedens, *Layette & cotte* idem. Alors chacun se soumit ; & l'on ne voit pas que depuis cette expedition il ait été parlé de Maîtres Orfévres du Fauxbourg saint Germain, c'est-à-dire, de la façon du Bailly de l'Abbaye, & comme pour être isolez du Corps, & indépendans de sa Police.

Sans la vigilance du Parlement, on en auroit pû voir depuis à peu près de même espece dans les Fauxbourgs saint Honoré, Montmartre & autres de ce côté-là. Les autres Arts & Métiers y avoient toujours été exercez sans Jurande & sans aucune forme de Police, jusqu'au commencement du regne de Louis XIV. Pour empêcher desormais les abus qui en naissoient, ces diverses Professions furent toutes érigées en Communautez Jurées par Lettres Patentes du mois de Janvier 1644, avec faculté à chacune d'elles de se dresser incessamment des Statuts, & les faire omologuer, pour joüir à l'avenir du droit de Maîtrise à l'instar des autres Communautez déja établies dans les anciens Fauxbourgs sans dépendance de celles de la Ville. Or comme la Disposition de ces Lettres d'Erection étoit gnérale & sans reserve d'aucun des Arts & Métiers, il étoit à craindre pour le bon ordre que des Orfévres sans qualité n'allassent là s'établir, & y former une petite Communauté indépendante du Corps, comme auroit été celle du Fauxbourg saint Germain, si elle avoit été tolerée. Mais le Parlement attentif à prévenir un tel abus, excepta nommément les Orfévres de ce nouvel Etablissement en verifiant les Lettres Patentes par son Arrêt du 12 May de la même année 1644, *Regist. du Parlement.* Et c'est ainsi, comme nous l'avons dit, que l'Autorité publique a toujours veillé à ce qu'il n'y eût aucun Maître dans l'Etat d'Orfévrerie à Paris qui n'appartînt à l'unité du Corps, & que tous fussent réünis sous une même Administration, & disciplinez par une même Police.

## ARTICLE X.

### *Faculté aux Orfévres de Paris de s'établir dans les autres Villes.*

IL sera loisible à chacun des Maîtres & Marchands Orfévres-Joyailliers de la Ville de Paris, d'aller, si bon lui semble, s'établir, & exercer son Etat dans les autres Villes du Royaume, sans pour cela être tenu de faire un nouveau serment en celle qu'il aura choisie; mais seulement de representer l'Acte de sa réception à la Maîtrise, & de le faire enregistrer au Greffe de la Jurisdiction dont il doit dépendre.

### *AUTORITEZ.*

Ce Privilege, qui est une suite des preéminences de la Capitale, n'est pas accordé aux seuls Orfévres, mais indistinctement à tous les Maîtres des Arts & Mêtiers de cette Ville par une disposition generale dont la teneur est telle :

*Ordonnance d'Henri III. en* 1581. „ Ordonnons que tous Artisans qui „ auront été reçus en notre Ville de „ Paris, pourront aller demeurer & „ exercer leurs Mêtiers en toutes les „ Villes, Fauxbourgs, Bourgades & „ autres lieux de notre Royaume, „ sans être pour ce tenus faire nou- „ veau serment esdites Villes; mais seulement faire apparoir de l'Acte " de leur Reception à ladite Maîtrise, " & faire enregistrer leur Acte au " Greffe de la Justice ordinaire du " lieu où ils iront demeurer, soit " royal, soit subalterne. " *Conférence des Ordonnances, liv.* 10, *tit.* 5, §. 34.

Il y a toutefois cette difference à l'égard des Orfévres pour la jouissance de ce Privilege; sçavoir, que leur nombre étant fixé & limité en chaque Ville, il faut préalablement qu'il y ait une Place vacante en celle où un Maître de Paris se proposeroit d'aller, avant qu'il puisse prétendre de s'y établir.

## ARTICLE XI.

*Privilege de Chapelle aux Orfévres de Paris, sous l'invocation de S. Eloi, Patron de leur Corps.*

LESDITS Marchands Orfévres-Joyailliers de la Ville de Paris, Proprietaires & Fondateurs de la Chapelle de S. Eloi leur Patron, en la Maison commune du Corps, auront le pouvoir d'y faire célebrer à perpétuité la Messe & les autres Offices divins à leur dévotion, soit à note ou à voix basse; & ce, par tels Prêtres approuvez & capables, & en tel nombre que bon leur semblera de choisir.

### *AUTORITEZ.*

Dès le XIVe. siécle les Orfévres de Paris étoient déja dans le pieux usage de faire célebrer fréquemment le Service divin, *& chanter plusieurs Messes par an des deniers de la Confrairie S. Eloi*, comme parle l'Edit du Roi Jean de l'an 1355. Art.XXIX. Quelques Auteurs prétendent que pour s'acquitter de ces devoirs de Religion, le même Roi leur permit de bâtir une Chapelle en l'honneur de leur saint Patron : mais ce Titre, s'il a existé, ne se trouve plus dans nos Archives; & ce ne fut qu'à la fin du même siécle qu'ils penserent tout de bon aux moyens d'en édifier une en élevant un corps de Bâtiment qui contiendroit en même tems toutes les Pieces necessaires à l'administration des Affaires communes, & même des logemens pour y recevoir les Pauvres du Corps, comme il sera dit ci-après.

Pour remplir ces differentes vues, ils acquirent donc une vieille Maison d'assez grande étendue dans la rue des deux Portes, maintenant rue des Orfévres, au Quartier de saint Germain-l'Auxerrois; & le Contrat en fut passé le 17 Décembre 1399. *Archiv. Lay.* 30, *cot.* 8. Ce vieux Bâtiment ayant été aussitôt démoli, on en éleva incessamment un autre sur la place, dont tout le rez-de-chaussée fut destiné à servir de Chapelle; & cette grande Piece se trouvant achevée avec le reste, & décemment ornée en 1403, les Gardes en Charge obtinrent de Pierre d'Orgemont lors Evêque de Paris, des Lettres en datte du 12 Novembre de la même année, par lesquelles ce Prelat leur donna pouvoir de faire celebrer la Messe dans la nouvelle Chapelle, à leur dévotion, par un ou plusieurs Prêtres approuvez & capables; mais seulement pendant trois ans, & à voix basse, *Layette* 28, *cotte* 11, *n°*. 1. Et le Jeudi suivant, qui étoit le 15 du mois, la Chapelle ayant été benie, on y célebra la Messe pour la premiere fois. *Ancien Registre de la Maison commune, fol.* 26. Tout le Corps y assista, & il y eut grand concours à cause des Indulgences que l'Evêque avoit accordées par d'autres Lettres de même datte, aussi pour 3 ans. *Layette*, idem, *cotte* 3.

Avant que ce terme fût expiré, les Gardes désirant obtenir un Privilege plus ample & de plus longue durée, s'adresserent au Pape en la personne du Legat que Sa Sainteté avoit pour lors en France, lequel muni de l'autorité Apostolique leur accorda un Pouvoir perpetuel, & tout ce qu'ils pouvoient desirer touchant le Service Divin de leur Chapelle, par le Décret dont la teneur s'ensuit, adressé aux Gardes & aux *Maîtres*, c'est-à-dire, à la Communauté.

*Decret Apostolique donné sous l'autorité de Benoît XIII. en la XII*[e]. *année de son Pontificat, le jour des Ides d'Avril; par le Cardinal Antoine de Chalant son Legat* à latere *en France; tout le Royaume étant alors sous l'obedience de ce Pape. La date de ce Decret revient au* 13 *Avril* 1406. » Antonius, miseratione divina, Sanctæ » Mariæ in viâ Latâ Diaconus Car- » dinalis de Chalant vulgariter nun- » cupatus, Apostolicæ Sedis Nun- » tius cum plenâ Legati à latere ad » Reginam Franciæ potestate con- » cessâ specialiter destinatus: Di- » lectis nobis in Christo Custodibus » & Magistris operis Aurifabriæ Vil- » læ Parisiensis, Salutem in Domino sempiternam. Exhibita si quidem « Nobis pro parte vestra petitio, « continebat per vos de salute pro- « pria cogitantes ac cupientes, ter- « rena in cælestia, & transitoria in « æterna, felici commercio, commu- « tare, de bonis vobis à Deo collatis « unum Hospitale: *c'est-à-dire, la nouvelle Maison commune ainsi appellée, à cause de l'hospitalité qui y fut exercée aussi-tôt envers les Pauvres du Corps, comme on le dira ci-après:* cum qua- « dam Capella, seu Oratorio, de « novo construi & fundari fecistis in « vico nuncupato *aux-deux-Portes* « Paris. sit & loco ad hoc sufficienti « & honesto, & sicut eadem petitio « subjungebat, desideretis ibidem « juxta possibilitatem vestram in Di- « vinis facere deserviri, Nobis humi- « liter supplicastis ut super hoc vo- « bis providere dignaremur. Nos igi- « tur, qui devotis Fidelium precibus- « que divini cultus augmentum respi- « ciunt, libenter annuimus, & eis « quantum possumus benevolum im- « pertimur, vestris in hac parte sup- « plicationibus inclinati, & in Capel- « la, seu Oratorio prædictis, Missas, « & alia divina Officia, submissa & « alta voce, prout duxeritis ordi- « nandum, per quoscumque Pres- « byteros, seculares & religiosos, « sufficientes & idoneos, cujuscum- « que licentia minimè requisita, juri- « bus Parochialis Ecclesiæ, & alte- « rius cujuslibet semper salvis, libe- « rè & licitè valeant celebrari devo- « tioni vestræ, auctoritate nostra in- « dulgemus; quibuscumque consti- « tutionibus Synodalibus & Statu- « tis contrariis nequaquam obstanti- « bus. Datum Paris. &c. *L'Original de ce Decret est dans nos Archives, Layet.* 28, *cotte* 4.

La concession de ce Privilege fut accompagnée d'Indulgences accordées par d'autres Lettres du même Legat & de même datte, *Layette & cotte* idem. Et ce fut apparemment en cette occasion que la Chapelle, qui n'avoit été que benie d'abord, fut DEDIE'E sous le nom & invocation de S. Eloi : car il est parlé de cette *Dédicace* quatre ans après dans un Titre original, comme étant même célebrée par une Fête tous les ans. C'est une Bulle de 1410, par laquelle Jean XXIII. concede de nouvelles Indulgences à ceux & celles qui visiteront la Chapelle de S. Eloi aux Orfévres de Paris. On y voit que ce Pape met entre les Fêtes marquées pour gagner les Pardons qu'il accorde, celle de la Dédicace de la Chapelle même de S. Eloi où il falloit les gagner, AC IPSIUS CAPELLÆ DEDICATIONIS FESTIVITATE. *Lay.* 28, *cotte* 5.

Telle fut la concession de ce Privilege qui subsiste encore aujourd'hui dans toute son étenduë. Car, bien qu'il ait été attaqué à diverses fois dans la suite par les Officiers de l'Eglise de S. Germain l'Auxerrois sur la Paroisse desquels la Chapelle est située, il a toujours été maintenu contr'eux; soit directement par des Bulles données à ce sujet, comme celle de Paul II. en 1468, *Layet.* idem. *cotte* 7. Et par l'Evêque de Paris à chaque occasion, *Layett.* 29, *cotte* 19, 22, 23, 24, *&c.* Soit indirectement par des concessions d'Indulgences faites en divers tems en faveur de la Chapelle, comme, par Jean XXIII. en 1410, par le Legat d'Estouteville en 1452, par huit Cardinaux assemblez à Paris en 1471, & par Paul V. en 1611. *Layette* 28, *cotte* 5, 9, 10 & 11, *n°.* 6. Aussi a-t-on toujours eu, dans la jouissance de ce Privilege, une extrême précaution de ne jamais rien entreprendre sur les Droits Paroissiaux : encore que dans tous les tems, même dès le commencement, l'Office Divin se soit fait aussi frequemment dans cette Chapelle, & aussi solemnellement qu'en certaines Paroisses. *Voyez les anciens Calendr. des Offi. de la Chap. Layet.* 29, *cot.* 25, *n°.* 1, 2, 3, *&c.*

En vertu du Titre de concession, le Corps a toujours joüi du Droit de choisir un Chapelain & les autres Ecclesiastiques necessaires pour la desserte de sa Chapelle. Le Chapelain a été d'abord & pendant longtems à la nomination des seuls Gardes en Charge : mais cette Place s'étant trouvée quelquefois remplie par des Etrangers mal affectionnez pour le Corps, & dont la conduite peu mesurée avoit même obligé les Gardes à les destituer, on résolut de changer l'ancien usage, & de prendre de nouvelles mesures là-dessus pour l'avenir. En 1672, les Gardes en Charge & les Anciens Gardes se trouvant à l'Archêveché pour défendre le Droit du Corps contre un Chapelain qui venoit d'être destitué, & qui faisoit d'inutiles efforts pour demeurer dans son Poste, M. l'Archevêque fit ce Reglement, eux presens & de leur consentement : « Qu'à l'avenir l'Election du Chapelain de l'Orfévrerie se fera, tant « par les Gardes en Charge, que par « les Anciens Gardes assemblez à cet « effet: Qu'entre les Aspirans à cette « Place, ceux qui se trouveront être «

» Fils de Marchands du Corps & » ayant d'ailleurs les qualitez necef- » faires, feront toujours préferez; » & que celui qui aura la pluralité » des Suffrages demeurera élû, fans » pouvoir être deftitué en cas de be- » foin, que par Déliberation d'une » pareille Affemblée. « Au refte, le Chapelain n'a jamais eu befoin d'autres Provifions ni *Vifa* pour entrer en poffeffion de fon Emploi que d'une Expedition feulement de la Déliberation qui l'a élû; parce que fa Place n'eft point un Titre Ecclefiaftique, mais une fimple fonction amovible, dont les Honoraires ont toujours été payez uniquement des deniers de la Maifon commune. *Voyez les Regiftres des Déliberations & ceux des Comptes de la Maifon commune.*

## ARTICLE XII.

### *Confrairies particulieres des Orfévres de Paris, réunies à l'Adminiftration commune du Corps.*

POUR établir plus d'uniformité dans le Corps à l'égard des Affociations pieufes que des Particuliers y ont anciennement formées entr'eux, fera l'Office Divin de leurs Confrairies particulieres célebré, & leurs Fondations acquittées en la Chapelle commune: defquelles Confrairies les deux derniers des Gardes en Charge feront Adminiftrateurs, fans qu'il en puiffe être élû d'autres, ni fait aucunes dépenfes au fujet defdites Confrairies que celles qui font néceffaires pour le Service Divin d'icelles, conformément aux titres des Fondations.

### *AUTORITEZ.*

Outre le culte que les Orfévres de Paris ont toujours rendu à S. Eloi, comme au Patron de leur Corps, avec dautant plus de convenance, que ce Saint a exercé la même Profeffion qu'eux & dans leur Ville, plufieurs Particuliers de ce Corps ont encore établi entr'eux jufqu'à trois Confrairies particulieres en differens tems; de chacune defquelles on ne peut fe difpenfer de dire un mot ici.

Celle de S. Denis & fes Compagnons, eft la plus ancienne. Sous le regne de Philippe-Augufte, plufieurs Orfévres de Paris étoient dans l'ufage d'aller fouvent à Montmartre & d'y faire célebrer la Meffe dans la Chapelle de ces SS. Martyrs, par un Prêtre qui s'y rendoit exprès de Paris avec eux & leurs Familles. Cette Dévotion prit bien-tôt le nom & la forme de Confrairie. La Chapelle même où se terminoient leurs Pelerinages fut choisie pour y faire annuellement le Service Divin de la nouvelle Confrairie; & ce fut en l'an 1202 qu'ils commencerent d'en élire le premier Administrateur. On en joignit un second par la suite; puis ils furent quatre, & enfin ils ont été jusqu'à huit, dont deux seulement sortoient de Charge & étoient remplacez chaque année; mais l'exercice de tous, a toujours été de quatre ans; car cette Confrairie est devenuë fort célebre dans le cours de tant de siécles par les Fondations, la célebration frequente du Service Divin & les Indulgences. *Voyez les Regiſtres de cette Confr. dans les Archives*. Item, *Rec. MS. de l'Orf. tom.* 1, *fol.* 73, *& Layette* 32.

Il y avoit 150 ans que la Confrairie des SS. Martyrs subsistoit, lorsque d'autres Particuliers du Corps voulurent aussi en établir une en l'honneur de la Sainte Vierge dans l'Eglise du Blanc-Mesnil, Village à trois lieuës de Paris. On ignore la raison du choix d'une Eglise si éloignée; mais il paroît par l'exemple de la premiere Confrairie, que nos Anciens ne regardoient pas la dissipation toujours inséparable de ces Pelerinages, comme un obstacle au recueillement, dont une pieté plus éclairée sçait si bien profiter. Quoiqu'il en soit, ce fut en 1353 qu'ils commencerent à frequenter l'Eglise de ce Village, dédiée à la Sainte Vierge: & leur Association fut favorisée peu après de Pardons & d'Indulgences par une Bulle d'Innocent VI. de l'an 1355. Elle fut plus solemnellement autorisée par des Lettres de Charles VI. du mois de Mars 1407, sous le Titre de *Confrairie de l'Annonciation de la Vierge*; & depuis, les Papes Nicolas V. en 1450, Sixte V. en 1588, & Alexandre VII. en 1660, ont donné des Indulgences en faveur de cette Confrairie, plus communement connue sous le nom de Notre-Dame du Blanc-Mesnil. *Archives, Rec. MS.* supr. *fol.* 77, *& Sac violet, Pieces cottées* 1, 2 *&* 5.

La troisiéme Confrairie fut instituée par une autre Compagnie d'Orfévres en 1447, en l'honneur de *Sainte Anne & de Saint Marcel*, & établie dans l'une des Chapelles de la Cathedrale, du consentement de Guillaume Chartier, lors Evêque de Paris. *Sauval, tom.* 1, *pag.* 659. Cette derniere, plus convenablement placée, n'a rien eu d'ailleurs d'essentiellement different des deux autres quant à la forme de son Administration, à l'Office Divin & aux Indulgences qui lui ont aussi été concedées. Mais elle peut être envisagée par deux autres endroits qui la distinguent: le Port de la Chasse de S. Marcel aux Processions, & l'Oblation annuelle du May en l'honneur de la Sainte Vierge.

Les Administrateurs de cette Confrairie paroissent avoir toujours eu le Droit de porter la Chasse de S. Marcel à toutes les Processions où elle doit sortir de la Cathedrale qui est l'Eglise où elle réside. C'est ce qui arrive régulierement tous les ans le jour de l'Ascension; & extraordinairement aux Processions generales qui ne se font que dans les calamitez publiques, & ausquelles la

Chaſſe de Sainte Geneviéve eſt portée : car celle de S. Marcel l'accompagne toujours en ces occaſions. Et comme les deux Chaſſes ont chacune leurs propres Porteurs, & que chaque Compagnie cede réciproquement ſa Chaſſe à l'autre à certains endroits dans le cours de la marche, de-là vient que nos Orfévres Adminiſtrateurs de la Confrairie & Porteurs de la Chaſſe de S. Marcel ont auſſi toujours eu le Droit de porter ainſi celle de Sainte Geneviéve. *Voyez le Céremonial François, tom.* 2, *pages* 940, 961, 972, *&c.*

A l'égard de l'Oblation du May, elle n'eut d'abord, & n'a eu longtems depuis aucune rélation avec la Confrairie de Sainte Anne & de Saint Marcel. Deux ans après l'érection de cette Confrairie, c'eſt-à-dire en 1449, d'autres Particuliers du Corps voulant ſignaler leur Pieté par un nouveau moyen envers la Sainte Vierge, eurent la dévotion de preſenter un May tous les ans à l'heure de minuit le premier jour de May, devant le grand Portail de l'Egliſe de Notre-Dame ; & l'on y vit le premier ainſi planté cette année là le matin de ce même jour. Ce ne fut d'abord qu'un ſimple Arbriſſeau orné de quelques petits Tableaux avec des Vers compoſez à la loüange de la Sainte Vierge : & la Societé éliſoit tous les ans un *Prince du May* pour faire les frais de cette Oblation volontaire. Elle continua de la ſorte juſqu'en 1595, qu'elle fut unie à la Confrairie de Sainte Anne & de Saint Marcel ; & il n'y eut plus deſormais d'autre Societé du May. La Décoration changea auſſi & devint d'une plus grande dépenſe par les augmentations qui y furent ſucceſſivement faites ; & delà viennent ces grands Tableaux donnez par les Adminiſtrateurs de cette Confrairie, & dont la Cathedrale eſt ornée. *Du Breul. Antiq. de Paris.* Item, *Rec. MS. de l'Orf. tom.* 1, *fol.* 83.

Telles étoient donc ces trois Confrairies particulieres. Il eſt aiſé de juger que ces ſortes de Dévotions, dont les Fêtes ſont en grand nombre dans le cours de l'année, n'étoient propres qu'à cauſer de la diſſipation, pour ne rien dire de plus, par l'éloignement des Lieux où elles ſe pratiquoient ; & par conſequent, peu conformes au veritable eſprit de l'Egliſe. D'ailleurs, ces Confrairies formant comme autant de petites Communautez diſtinctes dans le Corps, en avoient ſouvent troublé la paix par l'émulation mal reglée & les interêts particuliers de ces differentes Compagnies ; ſans compter que leur Adminiſtration, ſurtout celle de Sainte Anne & de Saint Marcel, jettoit ceux qui en étoient chargez dans des dépenſes que tous ne pouvoient pas également ſupporter ſans en être incommodez. Or, ce fut à quoi le feu Roy Louis XIV. remedia efficacement en 1679 par les Diſpoſitions ſuivantes.

*Reglement general fait au Conſeil d'Etat le* 30 *Décembre* 1679. ART. VIII. „Les deux derniers des Gardes [de l'Orfévrerie] feront la charge de Maîtres des Confrairies particulieres établies entre leſdits Orfévres ; avec défenſes à eux & auſdits Gardes & Communauté de proceder ci-après à l'Election d'aucuns Maîtres de Confrairie, ni de faire

„ faire sous ce prétexte aucune Assemblée, festin ou autres dépenses „ que celles qui sont necessaires pour „ le Service Divin, conformement „ aux Titres des Fondations." *Archives, Layet. 3, cotte* 42. Item, *Recueil, pag.* 182.

*Arrêt du Conseil d'Etat du Roy dudit jour 30 Décembre 1679.* „ Le „ Roy ayant par l'un des Articles „ du Reglement arrêté cejourd'hui „ en son Conseil, fait défenses en„ tr'autres choses de proceder à l'ave„ nir à l'Election d'aucun Maître „ des Confrairies avec injonction aux „ deux Jeunes d'entre les Gardes de „ la Communauté & Corps des Mar„ chands Orfévres-Joyailliers de „ cette Ville de faire faire le Service „ desdites Confrairies, conformement „ aux fondations: Et Sa Majesté „ voulant entierement pourvoir à la „ décharge des Maîtres & Adminis„ trateurs desdites Confrairies, Oüi „ le rapport du Sieur Colbert, „ Conseiller au Conseil Royal, „ Controlleur general des Finances; „ Le Roy étant en son Conseil, a or„ donné & ordonne que les Maîtres „ & Administrateurs comptables des„ dites Confrairies de Notre-Dame „ du Blancmesnil, de Sainte Anne „ & des SS. Martyrs, huit jours „ après la signification du present „ Arrêt, presenteront aux Gardes „ des Marchands Orfévres Joyail„ liers de la Ville de Paris de present „ en Charge, les Comptes de leur „ Administration qui seront exami„ nez & arrêtez en la presence de „ deux des anciens Maîtres de cha„ cune des Confrairies, & payeront „ lesdits Administrateurs le Reliqua, „ si aucun y a, ausdits Gardes, ausquels ils délivreront les Pieces jus" tificatives de leurs Comptes, & " leur remettront par Inventaire les " Reliquaires, Vases sacrez, Croix, " Chandeliers & autres Ornemens " de quelque qualité qu'ils soient, " destinez pour le Service desdites " Confrairies; ensemble, les Re" gistres, Titres & Papiers à eux " donnez en garde: Quoi faisant, " demeureront lesdits Administra" teurs valablement déchargez: Et " se chargeront à l'avenir lesdits " Gardes de l'Orfévrerie des reve" nus desdites Confrairies dont ils " feront recette & dépense par cha" cun an dans les Comptes ordinai" res qu'ils rendent à la Commu" nauté en sortant de Charge." *Layet.* idem, *cotte* 42 bis.

L'Article du Reglement & cet Arrêt donné en consequence, furent incessamment executez de la part des Administrateurs de la Confrairie des Martyrs & de celle du Blancmesnil. Ils rendirent leurs Comptes & remirent les Titres & Effets de leurs Confrairies entre les mains des Gardes qui, de leur côté, se chargerent de faire continuer le Service Divin & d'acquiter les Fondations de ces deux Confrairies. *Rec. MS. de l'Orf. tom.* 1, *fol.* 75 *v°.* & 77 *v°.*

La réunion de celle de Ste. Anne ne fut pas sitôt faite par rapport à la Presentation du May qui y apporta d'assez longues difficultez. On souhaitoit de continuer cette Dévotion envers la Sainte Vierge; mais comme elle ne faisoit point partie du Service Divin, & qu'il n'y avoit ni Fondation, ni Revenu pour en faire la Dépense, les Gardes mis desormais à la place des Administrateurs qui l'avoient toujours volontairement faite, n'y pouvoient être tenus, ou plutôt, il leur étoit défendu de la faire aux termes du Reglement. Auſſi cette Oblation volontaire a-t-elle enfin ceſſé d'être faite; & cet obſtacle à l'execution du Reglement levé, la Confrairie de Sainte Anne a été réunie à l'Adminiſtration commune, comme les deux autres. Il n'a plus été queſtion d'Aſſemblées de Confreres à Notre-Dame, ni à Montmartre, non plus qu'au Blancmeſnil. Tout le Service des trois Confrairies eſt maintenant célebré, & leurs Fondations régulierement acquitées dans la Chapelle du Corps ſous la Direction des deux derniers des Gardes en Charge, ſans autres Adminiſtrateurs : en ſorte qu'il ne reſte aucun veſtige des uſages particuliers de ces anciennes Confrairies ainſi unies à l'Adminiſtration commune, ſinon que les Gardes avec les Anciens, ou d'autres Marchands du Corps qu'ils mandent à leur place, continuent de porter la Chaſſe de S. Marcel aux Proceſſions ordinaires & extraordinaires : mais volontairement, ſans frais & ſans aucune dépendance, ni redevance envers qui que ce ſoit.

## ARTICLE XIII.

### *Hoſpitalité exercée envers les Pauvres du Corps en ſa Maiſon commune.*

LEs Pauvres Maîtres Orféyres & Veuves de Maîtres, ſeront reçus & logez par les Gardes en Charge dans la Maiſon commune de l'Orfévrerie, qui eſt en même tems la Maiſon Hoſpitaliere deſdits Pauvres; leſquels y ſeront régulierement & le plus abondamment aſſiſtez que faire ſe pourra par leſdits Gardes, du produit annuel des Aumônes du Corps, & des autres Fonds pieux deſtinez à cette Oeuvre.

### *AUTORITEZ.*

L'exercice de la Charité envers les Pauvres, a toujours ſpecialement caracteriſé le Corps des Orfévres de Paris. Dès le tems de S. Louis ils étoient dans l'uſage de donner un Repas chaque année le jour de Pâques à tous les Pauvres de l'Hôtel-Dieu, *Statuts de* 1260, *art.* 10, *Layett.* 1, *cotte* 1. Et ce pieux uſage, déja compté comme ancien pour lors, s'eſt continué depuis ſans interruption pendant 350 ans; & n'a ceſſé en 1611, que parce que les Adminiſtrateurs voulurent alors commuer le

Repas en une somme d'argent comptant. 1er. *Regist. des Délib. de l'Orf. fol.* 174. Dès le tems du Roy Jean c'étoit aussi une coutume établie & qui a duré plusieurs siécles, de visiter & d'assister tous les Prisonniers aux principales Fêtes de l'année : *Edit de* 1355, *art.* 25, *Layett.* 1, *cot.* 1, bis. Et l'on voit par nos Registres qu'anciennement & jusques dans le dernier siécle, les Religieux des quatre Ordres Mandians, ont aussi été assistez d'aumônes reglées & même abondantes, qui ne leur auroient peut-être pas été retranchées, comme il arriva en 1674, si ces Religieux avoient eu de meilleurs procedez, & ne se fussent pas avisez de porter leurs prétentions, comme ils firent alors, jusqu'à vouloir s'en faire un droit fondé, disoient-ils, sur plusieurs siécles de possession. 4e. *Regist. des Délib. fol.* 50. Item, *Rec. MS. tom.* 1, *fol.* 80, 81.

Mais l'on peut dire que l'Oeuvre favorite du Corps, & pratiquée de tout tems chez lui avec une édification singuliere, est le soin qu'il a continuellement pris de ses propres Pauvres. Leur soulagement a toujours été regardé comme un des principaux devoirs des Gardes en Charge. Anciennement, & lorsque l'Administration ne se faisoit encore que dans une Maison tenue à titre de loyer, ces confreres Pauvres, Maîtres & Veuves de Maîtres, étoient seulement assistez chez-eux par des secours manuels. Mais le dessein de faire plus pour eux à l'avenir entra premierement & principalement en celui qui fut pris en 1399, de bâtir une Maison commune & Chapelle pour le Corps : & pour cela l'on construisit dans ce nouveau Bâtiment des petites Chambres dans lesquelles ceux qui se trouvoient accablez de vieillesse ou réduits à une extrême pauvreté, commencerent d'être logez, & où les Gardes en Charge continuerent de les alimenter des revenus communs destinez aux Oeuvres pies du Corps, & principalement du produit de ses aumônes. La pieuse destination de cette portion du nouveau Bâtiment avoit tellement été le motif déterminant de sa construction, que l'Edifice entier fut fondé sous le Titre *d'HOSPITAL ou MAISON HOSPITALIERE des Orfévres de Paris*, & que la Chapelle de S. Eloy qu'il contenoit, fut d'abord appellée *l'Oratoire ou Chapelle dudit Hôpital.* Tout ceci est prouvé par des Titres autentiques, donnez pour concourir à cette Fondation & la perfectionner, & dont voici plusieurs Extraits.

*Des Lettres de l'Evêque de Paris adressées aux Gardes de l'Orfévrerie, du* 12 *Novembre* 1403. „ Petrus, miseratione divina, Episcopus Parisiensis : Dilectis nobis in Christo Custodibus Operis Aurifabriæ Villæ Parisiensis, Salutem in Domino. Ut huic ad triennium &c. *il leur donne pouvoir de faire célébrer la Messe pendant ce tems*, in Capella seu Oratorio Hospitalis per vos de novo fundati & constructi in vico nuncupato *aux-deux-Portes* Paris. &c. *Archiv. Layet.* 28, *cot.* 11, *n°.* 1.

*Des Lettres du même Evêque & de même datte adressées à tous les Fideles du Diocèse.* » Petrus &c. Cum itaque prout accepimus in Domo seu Hospitali de novo fundato & constructo per dilectos nostros Custodes Operis Aurifabriæ Villæ Pari-

„ fienfis in vico nuncupato *aux-deux-* „ *Portes* gallicé, fituata, Aurifabri „ ipfius Villæ Parifienfis fenectute „ debilitati, aut paupertatis & inopiæ „ farcina prægravati, recipiantur & „ recolligentur, ac de fructibus, red- „ ditibus & proventibus dictorum „ Cuftodum, & Aurifabrorum, aut „ dictæ Cuftodiæ pertinentibus, ibi- „ dem reficiantur &c.« Ce Prélat accorde enfuite à ceux qui vifiteront cette Maifon & Hôpital & donneront de leurs biens pour l'entretien defdits Pauvres XL. jours d'Indulgences. *Layette* idem. *cotte* 3.

*Du Décret du Cardinal de Chalant, Legat* à latere, *du* 13 *Avril* 1406, *déjà rapporté, & adreſſé aux Gardes & à la Communauté.* „ Exhibita fiquidem Nobis pro parte veftra petitio, „ continebat per vos de falute propria cogitantes ac cupientes, terrena in cæleftia, & tranfitoria in „ æterna, felici commercio commutare, de bonis vobis à Deo col- „ latis unum Hofpitale cum quadam „ Capella, feu Oratorio, de novo „ conftrui & fundari feciftis in vico „ nuncupato *aux-deux-Portes* Parif. „ &c. *Layette* idem, *cotte* 4.

L'autre Décret de ce Legat & de même datte portant conceffion d'Indulgences en faveur de ceux qui vifiteront la Maifon & Hôpital des Orfévres, eft conçû mot à mot dans les mêmes termes que les fecondes Lettres de l'Evêque de Paris qu'on vient d'extraire. *Voyez Layette* 24, *cotte* 4.

*De la Bulle de Jean XXIII. donnée à Boulogne en Septembre* 1410, *portant auſſi conceſſion d'Indulgences pour le même ſujet.* „ Cum itaque dudum « dilecti filii Magni Magiftri [ feu « Cuftodes ] Artis Aurifabriæ Civi- « tatis Parifienfis quandam Capellam « & Eleemofinariarum Domo erec- « tis, admodum Hofpitalis, in hono- « re & vocabulo Sancti Eligii devo- « tione moti, Parifiis fundaverunt, « in qua homines dicti Artis antiqua- « ti ad Artem hujufmodi exercen- « dam, impotentes &c. bona propria « ad eorum vitæ fuftentationem, minime fufficiunt, honorificè & fump- « tibus Magiftrorum ipfius Artis « alimentantur &c. " Ce Pape fait mention tout de fuite des autres Aumônes du Corps qui étoient faites aux Malades de l'Hôtel-Dieu & aux Prifonniers, par les Gardes qu'il appelle *Grands Maîtres & Recteurs de la Maiſon Hoſpitaliere*, c'eft-à-dire, Gardes, & Adminiftrateurs de la Maifon commune des Orfévres de Paris. *Layette* idem. *cotte* 5.

C'eft ainfi que tous les Titres du tems montrent que la Maifon commune & Chapelle de l'Orfévrerie conftruite en 1400, fut fondée par la Communauté fous le titre d'Hôpital des Orfévres de Paris, & dotée de leurs Biens & Aumônes; & que ceux d'entr'eux qui étant, ou accablez de vieilleffe, ou réduits à une extrême pauvreté, ne pouvoient plus fuffire à leurs propres befoins, y étoient reçus, logez & alimentez par les Gardes en Charge, même avec une forte de diftinction, *honorificè alimentantur.*

Le Titre d'Hôpital eft demeuré à cette Maifon tant qu'elle a fubfifté. Si on l'appelloit auffi *l'Hôtel du Mêtier* par rapport aux Affemblées du Corps & aux affaires communes qui s'y traitoient, elle étoit beaucoup plus connuë dans l'usage commun sous le nom *d'Hôpital & Chapelle de S. Eloi aux Orfévres de Paris.* C'est ce qui se voit dans les divers enseignemens de nos Archives, & particulierement dans les Comptes de la gestion des differentes Affaires de la Communauté, où les Gardes qui les rendoient s'intituloient ordinairement *Gouverneurs de l'Hôpital de Monseigneur S. Eloi.*

La dénomination d'Hôpital commença à devenir moins d'usage au milieu du XVI. siécle, lorsque cette ancienne Maison menaçant ruine, fut démolie en 1550 pour élever en sa place la magnifique Chapelle que nous voyons. Alors nos Pauvres se trouvant déplacez, furent d'abord logez dans les Chambres d'une Maison ajacente, située au coin de la ruë des deux Portes & de la ruë Jean-lointier, laquelle avoit été acquise en 1457. *Layette* 30, *cotte* 7. Cette Maison particuliere prit alors le nom d'Hôpital, comme il paroît par les Registres des Comptes du tems, & porte encore celui de *Maison des Pauvres*, à cause qu'ils y ont toujours été logez depuis. Elle suffisoit alors, parce que leur nombre n'étoit pas considerable : il paroît même que dans les premiers tems, il ne s'en trouvoit quelquefois que trois ou quatre, *Layette* 28, *cotte* 6, bis. Mais dans la suite leur nombre s'étant augmenté jusqu'à 20 & 25, on leur assigna de plus les Chambres des Maisons contigues qui furent successivement acquises le long de la rue Jean-lointier; lesquelles sont encore particulierement employées à ce pieux usage, *ibid. cotte* 5 & 6.

Or, en édifiant la nouvelle Chapelle, on ne rebâtit point de nouvelle Maison commune. On se contenta desormais pour l'Administration d'en prendre une dans la ruë des Lavandieres, dont le fond communique au chevet de la Chapelle, & à laquelle on en a joint trois ou quatre autres de suite, qui ont été acquises depuis. *Ibid. cot.* 1, 2, 3, 4. Et comme nos Pauvres n'ont jamais été logez dans ce nouveau Bureau ou Maison commune de l'Orfévrerie, c'est la raison pourquoi l'ancien Titre d'Hôpital ne lui a plus été donné & qu'il s'est oublié avec le tems.

Mais si ce Titre a cessé d'être en usage pour désigner la Maison commune des Orfévres de Paris, l'Oeuvre qu'il signifie n'y a jamais souffert la moindre interruption en aucun tems, comme il est justifié par toute la suite de nos Registres; & l'on peut dire qu'elle ne se soutient pas aujourd'hui avec moins de zele que par le passé. Le nombre des Pauvres Maîtres & Veuves de Maîtres qui sont logez & assistez dans les Maisons dépendantes du Bureau ou ailleurs, faute de place, est même actuellement, de plus de cinquante, c'est-à-dire, beaucoup plus grand qu'il n'a jamais été. Et toutefois suivant l'ancien usage & avec la même solicitude, les Gardes en Charge ont soin de les visiter souvent, de les assister tous les mois & aux principales Fêtes de l'année par des distributions d'argent comptant; de leur fournir des hardes & du linge selon leurs besoins, & régulierement du bois & du charbon dans la rigueur de l'hyver : le tout par une répartition fidelle des fonds pieux destinez à cette Oeuvre. D'un autre côté il est du ministere & de la charité du

Chapelain de l'Orfévrerie qui occupe un Appartement voiſin de ces Pauvres, de les viſiter ſouvent auſſi, pour les exhorter à vivre chrétiennement & en union les uns avec les autres, les conſoler dans leurs infirmitez ; & de faire avertir les Prêtres de la Paroiſſe, lorſqu'ils ont beſoin des Sacremens. Enfin, lorſqu'ils viennent à déceder, les Gardes prennent ſoin de les faire enterrer honnêtement: & c'eſt ainſi que depuis la Fondation d'un Hôpital faite au commencement du XV^e. ſiécle par les Orfévres de Paris en leur Maiſon commune, l'Hoſpitalité n'a pas diſcontinué d'être exercée avec édification dans cette Maiſon en faveur de leurs Confreres pauvres. *Voyez les Regiſt. des Compt. & ceux des Délib.*

## ARTICLE XIV.

### *Fonds concedez & Aumônes recueillies pour les Oeuvres pies du Corps.*

LE produit des Confiſcations prononcées en Juſtice à la pourſuite ou ſur la dénonciation des Gardes contre les infracteurs des Reglemens de l'Orfévrerie, appartiendra à la Maiſon commune; enſemble le tiers des Epaves qui ſe dépoſent au Bureau d'icelle: & ſera le tout employé par leſdits Gardes, avec les Aumônes qu'ils auront ſoin de recueillir chaque année dans le Corps, à l'entretien du Service Divin de ſa Chapelle, & au ſoulagement de ſes Pauvres.

### *AUTORITEZ.*

Les premiers fonds que nous ſçachions avoir été mis en réſerve autrefois dans le Corps & deſtinez pour ſes Oeuvres pies, étoient *les Deniers-Dieu*, ou Arrhes de tous les Marchez que nos Orfévres concluoient dans leur Commerce ; & ce qu'ils appelloient *les Journées*, c'eſt-à-dire, le Gain que faiſoit chaque jour celui d'entr'eux qui, à ſon tour, pouvoit ſeul ouvrir ſa Boutique les Fêtes & Dimanches pour l'utilité publique. C'étoit un de ces anciens Uſages pratiquez par tradition chez eux, & qui paſſa dans leurs Statuts rédigez en 1260, *Art. VII. IX. X.* Mais comme cet Uſage n'a plus lieu depuis long-tems, nous ne faiſons que l'indiquer pour paſſer aux Conceſſions des *Forfaitures* ou Confiſcations, *Epaves & Amendes* dont le Corps joüit.

*Lettres en forme d'Edit du Roi Jean du mois d'Août* 1355, *à la fin.* „ Quintum Denarium Forefactura- » rum prædictarum per dictos Auri- » fabros Parisienses, ob causas præ- » dictas, ut præmittitur, inventa- » rum, eisdem ex ampliori gratiâ ad » opus Confraterniæ Beati Eligii » prælibatum, donantes & etiam » concedentes.« *Archiv. Layette* 1, *cotte* 1, bis, item, *Rec. p.* 8.

*Ordonnance de Charles V. du mois de Mars* 1378. » Et de notre grace, » ausdits Orfévres [ de Paris ] & » aux Maîtres [ & Gardes ] dudit » Mêtier d'Orfévrerie qui sont & se- » ront, avons donné & octroyé, » donnons & octroyons par ces Pre- » sentes la quinte partie de tout le » profit qui y sera des Forfaitures & » Epaves qui seront trouvées & » rapportées par les Maîtres dudit » Metier à leur diligence, pour » tourner & convertir au profit de la » Confrairie de saint Eloi de Paris, » dont l'Aumône de Pâque est faite » en l'Hôtel-Dieu de notre Ville de » Paris. « *Quelques lignes au-dessus l'emploi de cette concession se trouve plus détaillé en ces termes :* « Pour tour- » ner & convertir à la Confrairie de » saint Eloi des Orfévres, de la- » quelle l'Aumône de Pâque est faite » à l'Hôtel-Dieu de Paris, & en » plusieurs autres lieux, *c'est-à-dire aux Prisons de cette Ville*, & [ font] » chantées plusieurs Messes par an. « *Layette*, idem, *cotte* 2, item, *Rec. des Ordonn. p.* 14.

Le Quint des Epaves concedé ici avec celui des Forfaitures ou Confiscations d'ouvrages défectueux saisis par les Gardes, a été touché sur ce pied jusqu'en 1508, comme il paroît par les Etats de toutes celles qui se portoient en notre Bureau, & qui sont tous conservez dans ses Archives depuis celui de l'année 1405, *Sacs*, *N°*. 59 & 60. On y voit qu'en 1509 le Tiers au lieu du Quint commença d'être attribué, sans que j'aye encore découvert le Titre de cette attribution qui, au reste, a toujours eû lieu depuis sans difficulté, comme il se voit par les Etats posterieurs. Mais l'on peut dire que le produit des Epaves a été un fort petit objet dans tous les tems.

Nous trouvons des exemples dès l'an 1411, que le Corps touchoit aussi le Quint des Amendes prononcées contre les infracteurs de ses Reglemens. *Ancien Registre de l'Orf. fol.* 28, *v°*. Mais au milieu du siécle suivant, le Tiers au lieu du Quint des Amendes, aussi-bien que des Confiscations, lui fut attribué par les Officiers des Monnoyes aussi-tôt après que leur Chambre fut érigée en Cour souveraine.

*Arrêt de la Cour des Monnoyes du* 8 *May* 1553. » La Cour, en enterinant ladite Requête [ des « Gardes de l'Orfévrerie de Paris ] « & suivant les Conclusions du Pro- « cureur General du Roi, a ordonné « & ordonne que de toutes & cha- « cune les Confiscations & Amendes « en quoi les Orfévres de cette Ville, « Joyailliers & autres telles Per- « sonnes auront été condamnez « pour fautes commises en leurs « Etats, au Rapport, dénonciation « & poursuite desdits Jurez & Gar- « des, leur en sera baillé & délivré « la Tierce partie & portion par le « Receveur des Exploits & Amen- «

» des de ladite Cour, ou par lesdits » Condamnez, ainsi que bon leur » semblera, lesquels en demeureront » déchargez : laquelle Tierce partie » sera employée à l'entretenement » de la Chapelle, sustentation des » Pauvres, & autres œuvres pitoyables, suivant les anciennes Ordonnances, &c. » *Archives Layette* 23, *cotte* 5, Item, *Recueil page* 1028.

Les Amendes ont aussi été attribuées par moitié pour certaines contraventions, & avec la même destination par des Ordonnances posterieures d'Henri IV. & de Louis XIII.

*Ordonnance d'Henri IV. à Fontainebleau au mois de May* 1599, ART. *IV. défendant aux Orfévres tout commerce de Pierres fausses*, » sur peine » de confiscation & de vingt écus » d'amende, applicable, moitié » à Nous, & l'autre moitié aux » Pauvres Maîtres dudit Etat [d'Or» févrerie] qui sera distribuée par » les Maîtres & Gardes d'icelui. » *Archives de l'Orf. Layette* 2, *cotte* 31, Item, *Recueil des Ordonn. p.* 154, 155.

*Arrêt de Reglement confirmé par Lettres Patentes de Louis XIII. en forme d'Edit du mois de Juillet* 1612. *Ce Reglement fixe un délai pendant lequel les Brevets d'Apprentissage doivent être enregistrez au Bureau* » à » peine de deux cens livres d'amen» de, applicable moitié au Roi, & » moitié au Bureau de l'Orfévrerie » pour l'entretenement des pauvres Maîtres dudit Mêtier. » *Layette* 12, *cotte* 4, item, *Rec. pp.* 158, 161.

Nous ne déduirons pas un plus grand nombre d'Autoritez sur ces sortes de Concessions, non plus que les Sentences de Police qui ajugent ordinairement la totalité de la confiscation des Saisies faites sur les Gens sans qualité ou Faux Ouvriers. Nous ajouterons seulement une Autorité de Loüis XIV. en 1679, où le Tiers de la Confiscation & de l'Amende est attribué.

*Reglement general du 30 Decembre* 1679. ART. IX. *Cet Article défend le commerce des Marchandises d'Orfévrerie du Poinçon de Paris, à tous autres qu'aux Orfévres*, » A peine de » confiscation & d'amende de mille li» vres pour chacune contravention; » le tout applicable, un Tiers au Roi, » un Tiers à la Communauté desd. » Maîtres Orfévres, & l'autre Tiers » au Dénonciateur. » *Layette* 3, *cotte* 42, item, *Recueil*, *p.* 182.

Ces diverses attributions qui sembleroient devoir former tous les ans un fonds assez considerable, sont néanmoins ordinairement fort peu de chose; & il en est du produit des Amendes & des Confiscations à peu près comme de celui des Epaves. Outre que les faux frais qui sont inévitables dans la poursuite des affaires, emportent le plus clair de ce qui en doit revenir, c'est qu'il se passe quelquefois des années sans qu'on n'en tire rien. Cependant les Oeuvres pies du Corps ne souffrent jamais d'interruption. Aussi a-t-on eû de tout tems recours à un fonds & plus assuré & plus abondant pour y satisfaire. Ce sont les Aumônes que les Gardes ont toujours pris soin de recueillir tous les ans

ans par des Quêtes reglées chez tous les Marchands du Corps & les Veuves sans exception. Nos plus anciens Registres font mention de ces Quêtes generales, lesquelles se faisoient d'abord à la fin du Carême, comme elles se font maintenant, & depuis plus de deux cens ans, dans les jours qui précedent les deux Fêtes de saint Eloi. Nous ne voyons pas qu'on ait jamais exigé une somme fixe de chaque Particulier pour son Aumône: la bonne volonté & les besoins presens servoient de regle là-dessus. Mais comme c'étoit dès-lors sinon l'unique fonds, du moins le plus certain sur lequel on pût compter, les Gardes ne laissoient pas d'exercer dans leurs Quêtes une espece de contrainte contre ceux qui manquoient à ce devoir, en prenant des Gages chez eux pour les obliger d'y satisfaire. On voit aussi que lorsqu'il y avoit deux Maîtres dans une même Boutique les Gardes exigeoient une double Aumône; & c'est ainsi qu'ils en doivent user encore à ces differens égards pour ne pas laisser affoiblir un fonds si absolument necessaire aux œuvres pies du Corps, sur tout au soulagement de ses Pauvres. *Ancien Registre de l'Orfévrerie*, *pp.* 4 *v°.* 48 & 47 *v°.*

## ARTICLE XV.

### *Prérogatives du Corps en tant qu'il est l'un des Six-Corps des Marchands de Paris.*

LE Corps de l'Orféverie-Joyaillerie de Paris, étant l'un des Six-Corps des Marchands de cette Ville, joüira des Prérogatives qui leur sont attribuées & dont ils joüissent en commun: Et en consequence, ses Députez, joints aux leurs, porteront le Dais ou Ciel sur la Personne des Rois faisant leur Entrée solemnelle dans Paris, & complimenteront leurs Majestez dans les grands évenemens; & ses Marchands seront, par leur Etat, capables des Charges Municipales & Consulaires de cette Ville.

### *AUTORITEZ.*

Le Corps de l'Orfévrerie a toujours été compté au nombre des *Six-Corps des Marchands de Paris*, ainsi nommez par distinction, à cause qu'ils sont en effet comme les principaux canaux par où passe tout le commerce de cette grande Ville. Ils étoient déja considerez comme les *principaux Mêtiers de Paris*, dès le tems de saint Louis ; & ayant toujours soutenu cette réputation sous les Regnes suivans, les Marchands dont ils sont composez, ont toujours aussi continué d'être regardez non-seulement comme utiles au Public par le grand commerce qu'ils soutiennent, mais encore comme l'élite de la bonne Bourgeoisie. De-là vient que ces Corps ont été gratifiez de plusieurs Prérogatives honorables, pour la conservation desquelles, aussi-bien que pour le maintien des Privileges & des Loix de leur commerce, ils ont formé entr'eux cette Conféderation qui les unit, & en vertu de laquelle ils sont autorisez à tenir des Assemblées pour traiter de leurs affaires communes.

Une des Prérogatives dont ils sont honorez, & qui n'est attribuée uniquement qu'à eux, est celle de porter le Dais après les Echevins sur la Personne des Rois, Reines, & Légats faisant leur Entrée solemnelle dans Paris. Nous comptons jusqu'à 24 ou 25 de ces Entrées où ils ont ainsi porté le Dais, depuis celle d'Henri, Roi d'Angleterre, en 1431, où je croi que cette ceremonie fut introduite, jusqu'à l'Entrée du Légat d'Alexandre VII. en 1664, qui est la derniere jusqu'à present. Mais il ne s'en trouve que 19 où le nombre des Corps qui y ont assisté, & le rang qu'ils y ont tenu entr'eux, soient expressément marquez. Car les Memoires du tems, le Ceremonial François, les Registres de l'Hôtel de Ville, ceux des Six-Corps, & ceux de l'Orfévrerie en particulier, qui parlent de ces Ceremonies éclatantes, n'entrent pas toujours dans ce détail. On y voit que pour l'ordinaire les Corps étoient tous Six appellez : quelquefois on n'en mandoit que cinq, ou seulement quatre, ou même que trois, comme il arriva à l'Entrée de Louis XI. en 1461. Mais en ces occasions mêmes où ils n'ont pas tous assisté, celui de l'Epicerie & le nôtre n'ont jamais été obmis, & sont les seuls qui ayent toujours été appellez.

Le Rang entre les Six a souvent varié ; & l'on ne voit que le Corps de la Draperie qui ait toujours marché sans contestation le 1[r]. lorsqu'il s'est trouvé present. La plûpart des autres ont souvent disputé la préference dans le reste des Rangs jusqu'à ce qu'ils ayent été fixez sur le pied qu'ils sont maintenant. On a vû le Corps de l'Orfévrerie préceder d'abord les Merciers & les Pelletiers, comme en 1431 : quelquefois les Changeurs, & plus souvent les Bonnetiers qui n'ont été aggregez au College des Six-Corps qu'en 1514 à la place des Changeurs ; & il a marché assez fréquemment le cinquiéme entre les Six ; le Quatriéme entre cinq, & le Second entre trois : de sorte que le pénultiéme rang a été plusieurs fois le sien. C'est ainsi qu'il fut reglé sur la possession actuelle par le Bureau de la Ville, & contre la protestation des Bonnetiers en 1625 pour l'Entrée du Légat Barberin, & maintenu pour celle de la Reine Christine de Suéde en 1656. Mais les Bonnetiers ayant appellé du Reglement pour l'Entrée de Loüis XIV. & fait valoir au Parlement le droit des Changeurs à la place desquels ils étoient entrez, ils parvinrent à se faire ajuger ce penultieme rang par Arrêt du 24 Janvier 1660.

Au reste, les Deputez des Corps qui doivent porter le Dais, & qui sont ordinairement les Gardes en Charge, paroissent à la ceremonie vêtus de robbes à collet & manches pendantes, semblables à celles qu'ils portent dans les principales fonctions de leur Administration ordinaire; sinon que celles-ci sont seulement de drap noir, bordées & parmentées de velours de même couleur, au lieu que celles-là sont de velours, & que chaque Corps a sa couleur differente. Celui de l'Orfévrerie a pour la sienne le Rouge ou Cramoisi depuis plus de deux cens ans. *Voyez sur tout ceci, Journal de Charles VII. p. 515, Chronique de Louis XI. p. 14. Ceremonial François, tome 1 depuis la page 687, & tome 2, p. 824 & suiv.* item, *Registre de l'Hôtel de Ville depuis* 1501. *Registre des Six-Corps an.* 1625, 1656, 1660, 1664. 1^r^. *Regist. des Deliber. de l'Orf. fol. 3, &c. & Archiv. Sac, N°. 64.*

Une autre Prérogative, non moins distinguée, dont les Six-Corps joüissent, est celle de complimenter nos Rois dans les grands évenemens, comme representans la principale portion de l'Etat populaire après le Corps de Ville. Cet honneur, qui n'avoit toujours appartenu qu'à des Compagnies telles que les Cours Souveraines, l'Hôtel de Ville, l'Université, &c. leur fut aussi déferé en 1643 à l'avenement de Louis XIV. à la Couronne. Huit jours après la mort de Louis XIII. ils reçurent Mandement du Duc de Montbazon, Gouverneur de Paris, portant qu'ils se rendissent au Louvre, & qu'ils y seroient admis à complimenter le Roi. Leurs trente-six Deputez, c'est-à-dire, les six Gardes en Charge de chaque Corps introduits par ce Seigneur, se rendirent aussi-tôt aux pieds de Sa Majesté, & le Grand Garde de la Draperie parlant pour tous, dit: *Ce sont, Sire, les Six-Corps des Marchands, la plus grande & saine partie des Notables Bourgeois & Marchands de votre bonne Ville de Paris, qui offrent à Votre Majesté leurs Vœux & leurs Services.*

Ils ont joüi de cette Prérogative depuis dans toutes les occasions marquées du regne de Louis XIV. & ce fut pour en constater le Droit, qu'ayant felicité Louis XV. sur sa Majorité, ils firent frapper une Medaille en memoire de cet évenement, avec cette Inscription : LES SIX-CORPS DES MARCHANDS ONT COMPLIMENTE' LE ROI SUR SA MAJORITE', E'TANS PRESENTEZ PAR LE DUC DE GESVRES GOUVERNEUR DE PARIS, LE XXIII. FEVRIER M. DCC. XXIII. Ils ont eû le même honneur au Sacre de Sa Majesté; à son Mariage, & enfin à l'occasion du rétablissement de sa santé en 1728. *Voyez les Registres des Six-Corps, an.* 1643, 21 *Mai.* 1649, 7 *Avril*, 31 *Juillet, &* 20 *Août.* 1651, 9 *Février &* 12 *Septembre.* 1652, 3 *Mai*, 30 *Août &* 29 *Septembre.* 1653, 30 *Decembre.* 1660, 30 *Août.* 1723, 23 *Février.* 1724, 1725 *&* 1728, 2 *Decembre.* Item 2^e^. *Registre des Déliberations de l'Orfévrerie depuis le* folio 90 v°. *pour ce qui concerne les Députations des Six-Corps au Roi durant les Guerres de Paris.*

La faculté de remplir les Charges municipales de la Ville de Paris, est encore une autre Prérogative qui a toujours été particulierement affectée aux Marchands des Six-Corps ; & c'est peut-être pour cette raison que le Chef des Echevins de cette Ville conserve encore le Titre de Prevôt *des Marchands*. Un Edit de Henry II. du mois d'Octobre 1547, exclud generalement de l'Echevinage, non-seulement les Procureurs & Avocats, mais aussi tous les Officiers des Cours Souveraines & des Jurisdictions subalternes. Il est vrai que cet Edit a toujours été assez mal observé ; mais nos Marchands ont aussi toujours eu soin de se faire maintenir dans leur Droit, lorsqu'on a parû le negliger ; comme il arriva en 1615 & en 1671, où par des Arrêts du Conseil il fut dit que des Quatre Echevins, il y en auroit toujours deux pris d'entre les Marchands exerçans, ou qui auront exercé honorablement la Marchandise. D'où il s'ensuit par consequent, que les Places de Conseillers & de Quarteniers qui conduisent à l'Echevinage & forment avec lui le Corps Municipal, leur sont pareillement affectées.

Or, le Corps de l'Orfévrerie n'est pas celui des Six qui ait fourni le moins de Sujets pour remplir ces differentes Places. Des Quatre de l'Echevinage, on en a quelquefois vû deux occupées en même tems par deux Marchands de ce Corps : & il est même le seul, au moins depuis plus de trois cens ans, chez lequel on ait pris un Prevôt des Marchands. C'étoit Claude Marcel, né vers l'an 1520, d'ancienne famille du Corps où il fut reçu Maître le 18 Novembre 1544, & avoit sa Boutique sur le Pont au Change. En 1553 il fut élu Garde de l'Orfévrerie, & ensuite Echevin en 1557, Charge qu'il accepta une seconde fois en 1562. Il se fit recevoir Conseiller de Ville en 1564, puis ayant exercé la Judicature Consulaire en même tems qu'il remplissoit la Place de Doyen du Corps en 1566, il fut enfin élu Prevôt des Marchands en 1570. *Voyez les Registres des Six-Corps, ann.* 1671, *& ceux de l'Hôtel de Ville depuis* 1557. Item, *Regist. des Receptions de Maîtres en la Maison commune, ann.* 1544, *Ancien Registre de l'Orfévr. fol.* 55, *r°. & v°.* Item, *Mémoires de la Reine Marguerite &c.*

Charles IX. ayant créé par son Edit du mois de Novembre 1563, un Juge & quatre Consuls pour administrer la Justice dans les matieres de Commerce à Paris, voulut que les Places de ce nouveau Siege fussent successivement remplies par des Sujets élûs d'entre les Marchands & par les Marchands mêmes. En sorte que ceux des Six-Corps qu'une telle Disposition désignoit naturellement se trouverent aussi plus particulierement chargez dès-lors de l'Administration de cette Jurisdiction ; & ce fut pour eux une nouvelle Prérogative ajoutée aux anciennes. En effet, ce sont les Six-Corps qui ont toujours donné presque tous les Sujets au Consulat dès-lors & par la suite ; & celui de l'Orfévrerie en compte jusqu'à cinquante-trois qu'il a fournis jusqu'à present, tant pour la Place de Juge, que pour celles de Consuls. *Registres du Consulat de Paris.*

# TITRE II.

## *Des Apprentifs.*

### ARTICLE PREMIER.

*Un ſeul Apprentif à chaque Maître.*

CHACUN des Maîtres & Marchands Orfévres-Joyailliers de la Ville de Paris n'aura qu'un ſeul Apprentif; & n'en pourra prendre un ſecond, que le tems de l'Apprentiſſage du premier ne ſoit entierement parachevé.

### *AUTORITEZ.*

Nos Statuts de l'an 1260 ne preſcrivoient cette unité d'Apprentifs qu'à l'égard des Sujets qui ne ſe ſeroient point trouvez être Parens ou Alliez du Maître. „ Nul Orfévre, » y eſt-il dit, *Art. iv.* ne puet avoir » que un Apprentiz eſtrange, mès » de ſon lignage, ou du lignage ſa » Fame, ſoit de loing, ſoit de près, » en puet il avoir tant comme il li » pleze. “ *Archiv. Layet.* 1, *cot.* 1.

L'Edit du Roy Jean du mois d'Août 1355, en confirmant ces anciens Statuts, reſtraignit cette faculté illimitée de prendre des Apprentifs parens à un du côté du Mari & un du côté de la Femme avec l'Etrange, ou à deux Etranges pour tout, lorſqu'il n'y avoit point de Parens, *Art. xix.* Et l'Ordonnance de Charles. V. de l'an 1378, réduiſit les deux Apprentifs Parens à un ſeul avec l'Etrange. Ibidem *Lay.* 1, *cot.* 1, bis. & 2. Item, *Rec. des Ord. p.* 6 & 12.

Mais dans le cours de moins d'un ſiécle depuis on vit cette pluralité d'Apprentifs réduite enfin à un ſeul pour chaque Maître, ſans diſtinction de Parens, ni d'Etranges. On trouve dans la dépenſe du Compte rendu par les Gardes en 1475, qu'un Maître nommé Milan de Breſſy fut pourſuivi par eux au Châtelet pour avoir pris pluſieurs Apprentifs en même tems; & l'Amende en laquelle ils le firent condamner, marque qu'il contrevenoit en cela à un point de Police déjà établi dans le Corps. Quoiqu'aucune de nos anciennes Ordonnances n'eût encore ſtatué de la ſorte ſur ce Point, on ne laiſſoit pas de le ſuppoſer dans le ſiécle ſuivant, où l'on voit que les Gardes ne souffroient pas plus d'un Apprentif chez un Maître, même sous prétexte de charité, comme il paroît par la Sentence, dont la teneur s'ensuit.

*Sentence du Prevôt de Paris du 19 Mars 1544.* „ A tous ceux &c. Nivoisin Procureur des Maîtres Jurez & Gardes de l'Orfévrerie de „ Paris, a dit, que Michel Boulanger, Maître Orfévre, a, par deux „ fois affirmé qu'il n'avoit qu'un Apprentif, & qu'il étoit nommé „ Pierre le Marre, & enregiſtré au „ Regiſtre desdits Orfévres suivant „ l'Ordonnance; [ que ] néanmoins „ outre ledit le Marre son premier „ Apprentif, s'en eſt trouvé un autre en sa Maison qu'il a pris depuis quatre ou cinq mois ou environ, qui eſt contre l'Ordonnance; „ requerant & concluant par ledit „ Nivoisin à ce que ledit Boulanger „ soit condamné à mettre hors ledit „ second & dernier Apprentif, & en „ l'amende envers lesdits Jurez, & „ dépens. Et où ledit Boulanger „ present en personne, qui a dit que „ son Apprentif a fini à Pâques prochain venant, & qu'il a en sa Maison un petit Garçon qu'il nourrit „ pour l'honneur de Dieu, en attendant qu'il lui trouvera Maître, & „ dénie que ledit Garçon soit son „ obligé. Et les Gens du Roy &c. „ Par déliberation de Conseil, avons „ fait & faisons défenses audit Boulanger de tenir qu'un Apprentif, suivant „ l'Ordonnance, qui eſt ledit le Marre, & enjoint de mettre l'autre dehors, & si le condamnons ès dépens, sans amende pour cette „ fois." *Archives de l'Orf. Layet.* 12, *cotte* 1, Item, *Rec. des Ord. p.* 505.

La raison qui fit abroger ainsi le premier Usage, fut que plusieurs de ce grand nombre d'Apprentifs qu'il produisoit, ne pouvant parvenir à la Maitrise, demeuroient sans qualité toute leur vie, & n'étoient propres, pour la plûpart, qu'à faire ce que nous appellons de *Faux Ouvriers.* Mais ce motif devint encore plus pressant depuis que le nombre des Maîtres fut limité : car dès-lors il convint moins que jamais de multiplier celui des Apprentifs. Et cependant, la défense d'en prendre plusieurs à la fois, n'étoit encore appuyée que sur de simples Jugemens qui n'étoient point rendus en forme de Reglemens. Mais pour donner desormais force de Statut à cette Défense dans le Corps, les Gardes presenterent leur Requête à la Cour des Monoyes, où pour lors ils s'adressoient volontiers pour ce qui concernoit le Fait d'Apprentissage, & obtinrent cet Arrêt sur les Conclusions du Procureur General.

*Arrêt de la Cour des Monoyes du 9 Décembre* 1581. „ La Cour, en « enterinant la Requête desdits Maî- « tres & Gardes, a ordonné & ordon- « ne que suivant l'ancienne Usance « [ qui avoit alors plus de cent ans ] « chacun Maître Orfévre ne pourra « tenir & avoir en sa Maison & Bou- « tique, ni autres lieux qu'un seul Ap- « prentif.... sans que pendant ledit « tems [ de son Apprentissage ] il en « puisse prendre d'autre encore, qu'il « soit de sa parenté & lignage... Et « enjoint ladite Cour ausdits Gardes « de faire comparoir pardevant eux » au premier jour en l'Hôtel de leur « Métier tous lesdits Maîtres Orfé- « vres de cette Ville de Paris, & leur «

» notifier & faire entendre le present » Arrêt à ce qu'ils n'en prétendent » cause d'ignorance. " *Layet.* supr. *cotte* 3. Ce Reglement ayant été publié dans l'Assemblée, est toujours demeuré en vigueur depuis. Il n'y a que les Orfévres des Galeries du Louvre qui n'y soient pas assujettis. Car en vertu des Privileges dont ils joüissent, ils peuvent* prendre un second Apprentif à la sixiéme année de l'Apprentissage du premier. *Voyez l'Arrêt de la Cour des Monoyes du* 24 *Février* 1672 *dans la* VIII^e^. *Layet. cotte* 6, *& au Recueil imprimé pag.* 415.

## ARTICLE II.

### *Maîtres sans Boutique n'auront Apprentifs.*

LEs Maîtres qui ne tiendront pas actuellement Boutique ouverte, ne pourront prendre ni garder d'Apprentifs : & si aucuns Apprentifs se trouvent obligez sous de tels Maîtres, l'obligation demeurera nulle, & il leur sera pourvû d'autres Maîtres.

### *AUTORITEZ.*

Cette Disposition est une consequence necessaire de l'Instruction qui est dûe à l'Apprentif, laquelle ne lui peut être donnée que par l'exercice actuel du travail. Car, tout travail d'Orfévrerie étant proscrit ailleurs qu'en Boutique ouverte, comme on le verra ci-après, il s'ensuit qu'un Maître qui n'a point de Boutique ne peut licitement travailler ; & par consequent ne peut faire d'Apprentif. Ce fut pour commencer à établir ce point de notre Police auquel il n'avoit point encore été pourvû, que les anciens Gardes assemblez en la Maison commune le 2 Décembre 1627, arrêterent „ Qu'à » l'avenir les Gardes en Charge n'en- » registreroient aucuns Brevets d'Ap- » prentifs obligez à des Maîtres qui » ne tiendroient pas actuellement Boutique ouverte. " 2^e^. *Registre des Déliberat. fol.* 21. Ce qui étoit, à proprement parler, rendre ces Brevets nuls faute d'enregistrement. Et dès le commencement de l'année suivante ils obtinrent ce Jugement en conformité de leur Résultat.

*Sentence de Police du* 10 *Mars* 1627. „ Attendu que ledit de la « Barre, Maître Orfévre, ne travail- « le en Boutique ouverte au desir des « Ordonnances, ains s'est retiré [dans « un Appartement] aux Galeries du « Louvre, avons le Brevet d'Ap- « prentissage de Noël Remi avec le- « dit de la Barre, déclaré nul ; & or- « donnons qu'il sera pourvû d'un « autre Maître audit Apprentif. « *Archiv. Lay.* 12, *cot.* 5.

## ARTICLE III.

### *Age des Apprentifs pour commencer l'Apprentissage.*

LEs Apprentifs Orfévres à Paris n'entreront point en Apprentissage avant l'âge de dix ans commencez ; & ne pourront pareillement iceux Apprentifs commencer ledit Apprentissage après l'âge de seize ans révolus.

### *AUTORITEZ.*

Dans une Assemblée des Anciens tenue le 10 Juin 1598, les Gardes representerent que sous le nom d'Apprentifs, des Gens âgez de 25 & 30 ans, même mariez, se presentoient journellement au Bureau pour y faire enregistrer leurs Brevets d'Apprentissage ; ce qui ne pouvoit leur être refusé : qu'ensuite les uns se rachetoient de leurs Maîtres & les quittoient au préjudice des Regles prescrites pour l'Apprentissage ; que d'autres à la verité, demeuroient chez leurs Maîtres, mais travailloient pour leur propre compte ; & que presque tous abusoient ainsi de leur Etat par des conventions secrettes & défenduës par nos Ordonnances.

L'Assemblée jugeant que le désordre venoit principalement de ce que l'âge auquel les jeunes Gens auroient légitimement dû entrer en Apprentissage, ne se trouvoit marqué par aucun Reglement, il fut résolu d'y pourvoir, aussi-bien qu'aux abus qui en étoient les suites, & ce fut surquoi on dressa incessamment certains Articles : Mais par rapport au tems où les Apprentifs commenceroient desormais leur Apprentissage, ce ne fut que par une nouvelle Conclusion prise le 12 Janvier de l'année suivante 1599, que l'on convint de le placer entre l'âge de dix ans commencez & celui de seize accomplis. 1^r. *Regist. des Délib. fol.* 108 v°. & 112 v°.

Les Articles dressez par les Anciens furent ensuite approuvez dans une Assemblée generale du Corps, *Recueil des Ordonn. pages* 153, 154. Et ayant été presentez à Henry IV. ce Prince les autorisa après avoir pris l'Avis du Prevôt de Paris, & ordonna qu'ils seroient ajoutez aux anciens Statuts de l'Etat d'Orfévrerie par ses Lettres du mois de May suivant, où, sur le Point dont il s'agit, il est statué en ces termes :

*Lettres Patentes de Henry IV. à Fontainebleau au mois de May* 1599. Avons dit, déclaré & ordonné, « Disons, déclarons & ordonnons ... « Premierement : Que aucun ne sera « reçû Apprentif audit Etat [d'Or- « févrerie «

„ févrerie à Paris ] au-dessous de „ l'âge de 10 ans, & au-dessus de l'âge „ de 16 ans." On a toujours reconnu par la suite, en effet, que ces limites étoient convenables, tant pour prevenir les abus dont on s'étoit plaint & qui sont l'objet des autres Articles, desquels nous parlerons dans l'occasion, que pour l'avantage propre des Apprentifs. Car, un Enfant au-dessous de dix ans ne seroit pas encore en état de profiter des instructions qu'on lui donneroit; & il y auroit à craindre qu'au-dessus de seize, il n'eût plus la soûmission & la docilité necessaires, & qu'il ne se dégoutât dans le cours d'un long Apprentissage, dont il ne verroit la fin que lorsqu'il seroit lui-même parvenu à l'âge d'un homme fait. Tel est l'esprit de ce Statut, dont les Lettres furent regiſtrées au Parlement le 5 Juin de la même année 1599. *Archiv. de l'Orf. Layet.* 2, *cot.* 31. Item, *Rec. pag.* 153 *& suivantes.*

## ARTICLE IV.

### *Durée de l'Apprentissage.*

Lesdits Apprentifs feront leur Apprentissage durant huit années entieres, sans qu'ils puissent s'obliger à leurs Maîtres pour moins de tems ; ni qu'iceux Maîtres puissent leur quitter ou remettre partie de ce tems.

### *AUTORITEZ.*

Ce tems, qui paroît long, n'est pas ordonné seulement, afin qu'un jeune homme puisse acquerir une capacité suffisante dans les differentes parties de son Art; mais c'est principalement aussi, comme dit Henry IV. dans des Lettres Patentes du 15 Octobre 1597. » A ce que par tel » Apprentissage la fidelité & pru- » dhommie de ceux qui travaillent en » or & argent soit connue & expé- » rimentée, comme il est très requis » & necessaire plus qu'en tous autres „ Etats & Métiers pour la conse- „ quence de leurs Ouvrages." *Arch. Layet.* 2, *cot.* 28. Item, *Rec.* 149.

Nos premiers Statuts écrits sous S. Louis prescrivoient même un tems encore plus long. „ Nul Orfévre, « dit l'Article V. ne puet avoir Ap- « prentiz à moins de dix ans. « *Layet.* 1, *cot.* 1. Il a été fixé à huit ans par toutes les Autoritez qui suivent; mais le soin qu'on a pris de le faire tant de fois si solemnellement, & avec des précautions si attentives, marque bien l'impression que l'importance du motif, dont on vient de parler, a toujours faite pour le bien public dans le Conseil de nos Rois.

*Lettres Patentes en forme d'Edit du*

*Roy Jean, du mois d'Août* 1355, Art. 20. „ Item, Nul Orfévre [ à „ Paris ] ne puet avoir Apprentif „ estrange ne privé à moins de huit „ ans. " *Archiv.* ibid. *cot.* 1, bis. Item, *Rec. pag.* 6.

*Ordonnance de Charles V. du mois de Mars* 1378. „ Quant aux Ap„ prentifs dudit Artifice d'Orfévre„ rie, lesdits Orfévres [ de Paris ] „ n'en pourront avoir à moins de „ huit ans. " *Layet.* idem, *cotte* 2. Item, *Rec. p.* 11, 12.

*Edit de François I. à Sainte Menehoud en Septembre* 1543, *registré au Parlement le* 23 *Octobre suivant,* Art. xv. & xvi. „ Les Apprentifs Orfévres „ seront obligez de servir leurs Maîtres „ durant le tems de huit ans entiers „ sans discontinuation dudit servi„ ce.... Et ne seront lesdits Ap„ prentifs reçûs à Chefs-d'œuvres... „ S'ils n'ont entierement servi le „ tems desdits huit ans, duquel tems „ de huit ans ils ne se pourront ra„ cheter de leursdits Maîtres, sur „ peine d'amende arbitraire à Nous „ à appliquer, tant de la part du „ Maître Orfévre, que de l'Appren„ tif. " *Layet.* idem, *cotte* 10. Item, *Recueil des Ordonn. pag.* 48.

*Edit de Henry II. à Fontainebleau en Mars* 1554, *registré en la Cour des Monnoyes le* 8 *Avril suivant,* Art. II. „ Aucun ne pourra être reçû au„ dit Mestier [ d'Orfévre ] sinon „ qu'il ait servi un Maître l'espace „ de huit ans pour le moins; duquel „ tems il ne se pourra racheter. " *Layet.* idem, *cotte* 13. Item, *Recueil des Ord. pag.* 64.

*Lettres Patentes de Henry IV. à Fontainebleau en May* 1599, *registrées au Parlement le* 5 *Juin suivant,* Art. I. „ Les Apprentifs Orfévres " de Paris feront Apprentissage de " huit années entieres & consecuti" ves, sans que les Maîtres dudit " Etat puissent obliger leurs Appren" tifs pour moindre tems, remettre " ou quitter partie ni portion d'icelui. " *Lay.* idem, *cotte* 31. Item, *Recueil des Ordonn. pag.* 154.

Nonobstant des Dispositions si précises, quelques-uns de nos Orfévres crurent en 1633 pouvoir prendre des Apprentifs sous le prétendu Titre de *Serviteurs*, & se les obliger pour moins de tems que les huit années prescrites par les Reglemens; ne comptant pas au reste leur faire acquerir la Franchise par ce moyen. Mais comme cette nouveauté tendoit à produire de faux Ouvriers pour l'avenir en la personne de ces *Allouez* sans qualité, les Gardes obtinrent cette Sentence contre leurs Maîtres.

*Sentence du Prevôt de Paris du* 3 *Décembre* 1633. „ Avons lesdits " Brevets d'Apprentissage passez par " les Apprentifs desdits Défendeurs " sous le Titre de Serviteur, décla" ré & déclarons nuls: Défenses " ausdits Défendeurs & à tous Maî" tres Orfévres, de plus passer tels " Brevets, soit de six, cinq, quatre, " trois, deux, voire d'un an, à peine " de l'amende: & si les condamnons " ès dépens. " *Archiv. Layet.* 12, *cotte* 10. Item, *Rec. pag.* 509.

Les huit années d'Apprentissage sont également prescrites pour les deux Enfans qui, en vertu des Privileges de la Trinité, sont instruits en l'Art d'Orfévrerie dans cet Hôpital : & les deux Ouvriers sans qualité sous lesquels ils font leur Apprentissage ne peuvent non-plus parvenir à la Maitrise qu'après avoir vacqué tout ce tems à l'instruction de leurs Apprentifs. *Voyez les Arrêts du Parl. des 6 Juin* 1576, *&* 8 *Octobre* 1621. *Layet.* 9, *cot.* 2 *&* 5. Item, *Rec. pag.* 456 *& suivantes.* Il en est de même des Apprentifs Orfévres des Galleries du Louvre, *Lay.* 8, *cot.* 6 *&* 10. Item, *Rec. p.* 414 *& suiv.* Il n'y a uniquement que ceux des Gobelins qui, par le Privilege de cette Manufacture, ne sont tenus qu'à six années d'Apprentissage : mais leur tems fini, ils doivent encore servir quatre ans les Maîtres en qualité de Compagnons. *Layet.* 9, *cot.* 9. Item, *Rec. pag.* 469.

## ARTICLE. V.

### *Apprentifs obligez par Brevets en bonne forme.*

SERONT tenus lesdits Maîtres en prenant Apprentifs de les faire obliger à eux pour les susdites huit années d'Apprentissage, par Acte ou Brevet en bonne forme, passé devant deux Notaires ; & ce, sans aucunes Contre-Lettres, à peine de nullité d'icelles, & d'amende arbitraire contre le Maître qui les auroit données.

### *AUTORITEZ.*

Il paroît que cette obligation des Apprentifs à leurs Maîtres par Acte en bonne forme étoit pratiquée dans l'Orfévrerie de Paris dès le XV^e^. siécle : car on trouve dans nos Registres un Ordre du Procureur du Roy au Châtelet obtenu par les Gardes en 1474, qui enjoignit pour lors „ A tous les Maîtres Orfévres „ de cette Ville ayant Apprentifs „ d'en representer les LETTRES pardevant lesdits Gardes en l'Hôtel „ du Mestier. " *Voyez le Registre des Comptes de l'année* 1474. Mais ce ne fut que dans le siécle suivant & peut-être sur le modelle de ce qui se pratiquoit à Paris, que François I. ordonna à tous les Orfévres du Royaume de s'obliger ainsi leurs Apprentifs, en marquant en même tems le motif de cette précaution en ces termes:

*Edit de François I. à Sainte Menehoud le* 21 *Septembre* 1543, ART. XIV. *&* XV. „ Pour ce que plusieurs " Apprentifs Orfévres.... n'ayant " égard à l'obligation de Service " qu'ils doivent faire à leurs Maîtres, " quand bon leur semble, ou qu'ils " sentent qu'ils pourront faire leur " profit de ce qu'ils peuvent avoir "

„ appris & compris au Mestier, s'enfuient ou délaissent le plus souvent „ leurs Maîtres, ne voulant parachever le tems de leur Apprentissage ; à quoi est bien requis de „ pourvoir pour l'avenir : Nous, à „ cette cause, Avons ordonné & „ statué, statuons & ordonnons, „ Que tous Maîtres Orfévres des „ Villes de notre Royaume où ledit „ Mestier d'Orfévrerie est, & sera „ Juré, seront doresnavant tenus en „ prenant Apprentifs esdites Villes, „ iceux faire obliger pardevant Notaires & Tabellions, les servir durant le tems de huit ans, &c. « *Archives de l'Orf. Layette* 1, *cotte* 10. Item, *Rec. des Ord. p.* 47, 48.

Comme les Contre-Lettres qui pourroient se donner pour abreger le tems prescrit pour l'Apprentissage rendroient les Brevets illusoires, aussi ce moyen secret d'éluder les Reglemens a-t-il toujours été sévérement reprimé lorsqu'il a été découvert ; & les Gardes n'ont pas manqué de faire prononcer la nullité des Contre-Lettres & l'amende contre les Maîtres qui les avoient données. En voici seulement un Exemple.

*Arrêt de la Cour des Monnoyes du* 27 *Novembre* 1582. „ Vû par la Cour „ la Requête [des Maîtres & Gardes de l'Orfévrerie de Paris] Brevet d'Apprentissage dudit Lucas avec ledit Chaperon, passé pardevant Herbin & Bizeu, Notaires au Châtelet de Paris le 10 May 1581, Contre-lettres passées pardevant lesdits Notaires ledit jour, par lesquelles ledit Chaperon promet audit Lucas son Apprentif, de lui rendre son Brevet d'Apprentissage, dudit jour en cinq ans, sans qu'il soit tenu le servir outre & plus long-tems que lesdits cinq ans, pour les causes & ainsi qu'il est plus à plein contenu par ladite Contre-lettre. Interrogatoire, réponses & confessions desdits Chaperon & Lucas &c. Conclusions du Procureur General du Royau-quel le tout a été communiqué ; le tout consideré : La Cour a ordonné & ordonne, sans avoir égard à ladite Contre-lettre, que le Brevet d'Apprentissage dudit Lucas ne commencera que du 10 May 1581, qu'il a été obligé, & depuis servir continuellement [jusqu'à la fin des huit années portées audit Brevet.] Et pour avoir par ledit Chaperon fait ladite Contre-lettre, l'a condamné & condamne en deux écus d'amende, &c. & ès dépens, &c. Et sont faites inhibitions & défenses audit Chaperon de plus faire de semblables Contre-lettres, sur peine d'être privé dudit Etat & Mêtier, & d'amende arbitaire. « *Layet.* 12, *cot.* 3.

## ARTICLE VI.

### *Enregistrement des Brevets au Bureau de la Maison commune.*

LEs Actes ou Brevets de ladite obligation, seront enregistrez dans trois jours, ou dans huitaine au plus tard après la datte d'iceux, par les Maîtres & Gardes de l'Orfévrerie au Bureau de la Maison commune; à peine contre les Maîtres qui les auront passez de tous dépens, dommages & interêts de leurs Apprentifs, & de deux cens livres d'amende, applicable moitié au Roy & moitié aux Pauvres dudit Bureau.

## *AUTORITEZ.*

La raison du peu de délai accordé pour cet Enregistrement, & des peines prononcées contre ceux qui négligeroient de presenter à cet effet les Brevets aux Gardes, est que le tems de l'Apprentissage ne commence à courir que du jour que cette Insinuation est portée sur le Registre: en sorte que s'il arrivoit qu'elle ne fût point faite, l'Apprentif n'acquerreroit point la Franchise, & son Apprentissage ne lui donneroit nul droit de prétendre à la Maitrise; comme il arriva en 1595 à un Aspirant qui par Déliberation de l'Assemblée des Anciens tenue le 10 Juin, fut exclus du Chef-d'œuvre, parce que son Brevet n'avoit point été Enregistré au Bureau. 1^r. *Registre des Délib. de l'Orf. fol.* 100 r°. *&* v°.

L'Usage d'enregistrer le nom des Apprentifs à mesure que les Maîtres en prenoient, étoit déjà établi dans l'Orfévrerie de Paris dès l'an 1370, comme il paroît par les Registres mêmes qui servoient à cet usage dès lors & qui sont conservez dans nos Archives. Ce fut peut-être encore sur cette Coutume des Orfévres de la Capitale, que par une suite des précautions prises depuis par François I. touchant la passation des Brevets devant Notaires, ce Prince fit aussi, & en même tems une Loy generale de leur Enregistrement en ces termes:

*Edit de François I. du* 21 *Septembre* 1543. ART. XV. „ Ordonnons que " tous Maîtres Orfévres des Villes de " notre Royaume .... seront tenus, " en prenant Apprentifs, iceux faire " obliger &c. Et les Lettres de ladite " obligation seront tenus lesdits Maî- " tres dedans le jour qu'elles seront " passées, ou dedans trois jours après " pour le plus tard, mettre ès mains " des Jurez [ & Gardes ] dudit Mê- " tier des Villes où ils seront demeu- " rans, pour être enregistrées par les- " dits Jurez &c. " *Archiv. Layette* 1, *cot.* 10. Item, *Rec. p.* 48.

Le délai de huit jours au lieu de trois n'eut lieu, & les peines portées en notre Statut ne furent prononcées qu'en 1612 dans un Reglement, dont voici l'Extrait:

*Reglement fait en la Cour des Monoyes le* 2 *Juillet* 1612, *confirmé par Lettres Patentes de Louis XIII. des mêmes mois & an*. „ Les Maîtres Or- " févres [ de la Ville de Paris ] pre- " nans Apprentifs, seront tenus de- "

» dans trois jours, ou dedans huitaine au plus tard après les obligations de leurs Apprentifs passées, » icelles mettre ès mains des Maîtres & Gardes dudit Mêtier, pour » être par eux registrées en la maniere accoutumée, & y avoir recours, si besoin est ; à peine contre » lesdits Maîtres, à faute de ce faire » dans ledit tems, de tous dépens, » dommages & interêts de l'Apprentif, & de deux cens livres d'amende, applicable moitié au Roi, » & moitié au Bureau de l'Orfévrerie pour l'entretenement & nourriture des Pauvres Maîtres dudit » Mêtier. « Ce Reglement, à l'observation duquel les Gardes furent chargez de tenir la main, fut publié, ainsi que les Lettres Patentes qui le confirment, en presence de tout le Corps assemblé dans la Maison commune. *Layette* 12, *cotte* 4, item, *Rec. des Ord. de l'Orf. p.* 158 & 161.

Comme l'Enregistrement des Brevets est de rigueur en tant qu'il doit constater l'Etat & le droit des Apprentifs, & que depuis l'Ordonnance de 1599, qui fixe leur âge, il demandoit encore plus de précaution qu'auparavant, on prit là-dessus certaines mesures en notre Bureau dès l'année 1605. Par une conclusion prise dans l'Assemblée des Anciens, tenue cette année-là le 26 Octobre, il fut arrêté : » Qu'à l'avenir l'Acte d'Enregistrement des » Brevets d'Apprentissage seroit si- » gné de chacun des six Gardes en « Charge, ou de quatre d'entr'eux « pour le moins. « 1^r. *Regist. des Delib. fol.* 144, *v°*. Et c'est ce Resultat qui a formé notre Discipline sur ce point, à laquelle il n'a été rien ajouté depuis, sinon que par une Sentence de Police du 25 Octobre 1697, il est enjoint aux Gardes de se faire representer l'Extrait-Baptistaire de l'Apprentif avant que d'enregistrer son Brevet ; afin qu'il ne puisse leur en imposer sur son âge : & leur précaution va là-dessus jusqu'à retenir pardevers eux l'Extrait-même, & à l'annexer à l'Acte d'Insinuation dans le Registre après l'avoir visé dans cet Acte.

## ARTICLE VII.

### *Apprentifs travailleront chez leurs Maîtres, & sans Gages.*

LESDITS Apprentifs travailleront chez leurs Maîtres, & non ailleurs ; & sans que leursdits Maîtres puissent leur donner ni promettre aucuns salaires directement ni indirectement, sous prétexte de leurs bons Services, pendant le tems de leur Apprentissage ; à peine d'amende contre les Contrevenans.

## AUTORITEZ.

L'Apprentif une fois obligé à son Maître, lui doit & son tems & ses services. Telle est la nature de son engagement, & la condition sous laquelle il peut acquerir la Franchise. Un nombre d'Apprentifs ayant quitté leurs Maîtres en 1671, il fut enjoint à ceux-ci de les rappeller chez eux, & de les y faire travailler comme il s'ensuit :

*Sentence du Prevôt de Paris du 6 Février* 1671. » Disons que les Ordonnances, Statuts, Arrêts & Reglemens sur le Fait de l'Orfévrerie seront executez selon leur forme & teneur; & que dans quinzaine tous Maîtres Orfévres de cette Ville qui ont des Apprentifs à eux obligez, seront tenus de les faire travailler dans leurs maisons en Boutiques ouvertes. « Ce Reglement fut publié & enregistré au Bureau de l'Orfévrerie, signifié aux Maîtres dont les Apprentifs étoient absens, & affiché dans Paris. *Archiv. Lay.* 10, item, *Rec. p.* 513.

Nos anciens Statuts n'empêchoient pas à un Maître de donner quelques salaires à son Apprentif : & lorsque celui-ci se trouvoit capable de travailler, il pouvoit même passer une partie du tems de son Apprentissage en *servant comme Valet*, c'est-à-dire, Compagnon, *gagnant argent.* Mais par succession de tems cette liberté qui affoiblissoit l'autorité du Maître, & favorisoit l'indocilité de l'Apprentif, dégenera en un abus auquel Henri IV. remedia en ces termes :

*Ordonnance d'Henri IV. à Fontainebleau en May* 1599, ART. II. » Ne pourront les Maîtres Orfévres [de Paris] donner Gages, argent ou récompense aucune durant ou après les huit années finies & accomplies pour le tems d'Apprentissage, à leurs Apprentifs, de quelque âge, Nation, ou condition qu'ils soient, sur peine aux contrevenans de cinquante écus d'amende. « *Lay.* 2, *cot.* 31, item, *Rec. des Ordonn. p.* 154. Cette Disposition fut un des points de la Réforme projettée dans l'Assemblée des Anciens du 10 Juin 1598 dont nous avons parlé sur le III. Statut de ce Titre IIe.

## ARTICLE VIII.

### *Brevets des Apprentifs fugitifs rapportez aux Gardes.*

LES Maîtres, dont les Apprentifs seront absens & fugitifs, rapporteront incessamment leurs Brevets d'Apprentissage aux Gardes; lesquels Gardes feront mention dudit rapport sur le Registre; & ce fait, pourront lesdits Maîtres se pourvoir d'autres Apprentifs, si bon leur semble.

## AUTORITEZ.

Cette rigueur apparente envers l'Apprentif, lui est très-salutaire en effet, pour le contenir dans le devoir, & l'empêcher de perdre avec son tems, le fruit de son Apprentissage, en quittant son Maître par une legereté naturelle à cet âge. Que si néanmoins il le fait, il est juste qu'un Maître ne demeure pas lié par un Brevet qui ne sert plus de frein à un Apprentif indocile & fugitif; & qu'en remettant ce Brevet entre les mains des Gardes, il rentre dans sa premiere liberté, avec la faculté de prendre, si bon lui semble, un autre Apprentif. Et c'est sur quoi François I. a disertement statué.

*Edit de François I. à Sainte Menehoud en Septembre* 1543, ART. XV. „ Statuons & ordonnons que... s'il „ advient que lesdits Apprentifs „ [ Orfévres ] s'enfuient [ ou autrement ] délaissent le Service de „ leurs Maîtres, iceux Maîtres seront tenus rapporter lesdites Lettres de leurs Apprentifs, & icelles „ remettre ès mains desdits Jurez „ [ & Gardes, ] & leur déclarer le „ jour que leursdits Apprentifs s'en „ seront fuis, pour en être fait bon & „ loyal Registre: Et ce fait, se pourront lesdits Maîtres Orfévres pourvoir d'autres Apprentifs au lieu des „ fugitifs, si bon leur semble. " *Lay.* 1, *cot.* 10, item, *Rec. des Ord. p.* 48.

Mais comme on abuse des Reglemens les plus sages & les mieux concertez, il s'est vû, par la suite, des Maîtres qui ont fait un mauvais usage de la faculté que celui-ci leur donne. Les Gardes informez de leur procedé, s'en plaignirent dans une Assemblée des Anciens, tenue à ce sujet le 1[illegible] [illegible]rier 1626. Ils exposerent que ces Maîtres trouvant des Apprentifs dont ils pouvoient tirer des conditions plus avantageuses à leurs interêts que celles qu'ils avoient eues de leurs propres Apprentifs, se dégoutoient de ceux-ci; qu'ils en usoient durement avec eux, & que même ils les maltraitoient de fait, pour les porter à sortir de chez eux, afin qu'eux-mêmes pûssent remettre leurs Brevets au Bureau, & se voir par-là en état de prendre les autres.

Sur cet exposé, il fut déliberé & conclu: *Que tout Maître, dont l'Apprentif se sera retiré avant la fin de son tems, n'en pourra prendre un autre qu'après une année révoluë depuis la sortie du premier.* Ce Resultat, qui ne pourroit se soutenir dans sa généralité, est bon en le renfermant dans l'espece dont il s'agissoit; & c'est ainsi qu'il doit être entendu. Il déconcerte en effet les mesures d'interêt qui sont l'unique motif d'une conduite si injuste & si méprisable; & c'est le moyen le plus convenable dont on se puisse servir pour la corriger sans éclat par le seul refus d'enregistrer un nouveau Brevet: car un Maître qui n'a point de cause legitime pour renvoyer son Apprentif,

prentif, n'en peut avoir pour en faire enregistrer un autre au préjudice du premier. *Voyez* 2^e. *Registre des Déliberations*, fol. 19.

## ARTICLE IX.

### *Tems des fugitifs cesse de courir jusqu'à leur retour.*

LE tems qui restera à parachever de l'Apprentissage lors de la fuite des Apprentifs, cessera de courir jusqu'à ce qu'ils soient retournez chez leurs Maîtres, ou chez d'autres Maîtres Orfévres de la Ville de Paris, où ils seront tenus d'achever entierement ledit tems.

### *AUTORITEZ.*

L'espace de tems qui s'écoule durant l'absence de l'Apprentif, ne peut être compté comme faisant partie de celui de son Apprentissage ; & c'est pour cela que François I. veut qu'en rapportant son Brevet aux Gardes, le Maître leur déclare *le jour* de sa fuite, & qu'ils en tiennent bon & fidele Registre. Mais afin que le tems déja fait avant la fuite, ne soit pas perdu pour l'Apprentif, au cas qu'il revienne, & qu'il se range à son devoir, le même Prince ajoute :

*Edit de François I. à Sainte Menehoud au mois de Septembre* 1543, ART. XVI. „Et pour ce que lesdits „Apprentifs fugitifs pourroient „quelquefois retourner pour servir „& parachever le tems qui restoit „de leur Apprentissage lors de „leur fuite ; ordonnons que si lesdits Apprentifs retournent vers „leursdits Maîtres, ils seront tenus „parachever entierement de servir „leursdits Maîtres, ou autres Maîtres en ladite Ville le tems qui „restoit lors de ladite fuite. " *Lay. & cot. supr. Rec.* ibid.

Il y a lieu d'admirer sans doute l'attention, non-seulement de François I. qui descend ici jusques dans ces menus détails, mais aussi celle de plusieurs autres Rois, lesquels, comme on l'a vû jusqu'ici, ont voulu prendre eux-mêmes le soin de regler dans des Edits publics, & autres Lettres de souveraine autorité, jusqu'aux moindres circonstances de nos Apprentissages. Il en est de même de presque tout le reste de notre Police. C'est ce qui a fait dire à Constans, dans son Traité de la Cour des Monoyes, *p.* 383, que l'Orfévrerie est en effet la seule Profession qui ait merité une attention si singuliere de la part de nos Rois : & la raison qu'il en donne, est que la Profession des Orfévres, ou plutôt, la bonne Police qui est requise dans l'exercice de cette Profession, a toujours été jugée d'une extrême importance pour l'Ordre public.

# ARTICLE X.

*Apprentifs pourvûs d'autres Maîtres après le décès de leurs premiers Maîtres.*

En cas de décès des Maîtres, leurs Apprentifs seront tenus de faire incessamment remettre les Brevets de leur Apprentissage entre les mains des Gardes; & leur sera pourvû d'autres Maîtres, ausquels lesdits Brevets seront transportez pour le tems qui restera à achever dudit Apprentissage : sinon demeureront iceux Brevets nuls & résolus.

## *AUTORITEZ.*

Autrefois l'Apprentif d'un Maître qui venoit à déceder, ne s'obligeoit point sous un autre, & finissoit le tems de son Apprentissage dans la Boutique de la Veuve, qui achevoit de le faire instruire par ses Compagnons. Mais cet usage n'étoit pas sans inconvenient. Si le Défunt ne laissoit point de Veuve, ou que la Veuve ne continuât pas de faire travailler chez elle, l'Apprentif perdoit son tems, & demeuroit sans instruction. Si d'un autre côté l'Apprentif se retiroit ailleurs & travailloit pour son compte, ou comme Compagnon à gages, il agissoit contre les Reglemens. Ces inconveniens ayant été examinez en 1670 dans une Assemblée des Gardes & Anciens tenue le 10 Avril, on convint de ce qui devoit être statué pour y remedier, 3^e^. *Regist. des Délib. fol.* 156, *v°*. & le Résultat de l'Assemblée fut inseré dans un Reglement obtenu l'année suivante, où il est dit sur le point dont il s'agit :

*Sentence du Prevôt de Paris rendue en forme de Reglement le 6 Février 1670, publiée & enregistrée au Bureau de l'Orfévrerie, & affichée dans Paris.* „ Seront ceux des Apprentifs Orfévres [de cette Ville] dont " les Maîtres seront décedez, tenus " de faire remettre incessamment les " Brevets de leur Apprentissage entre " les mains des Maîtres & Gardes " pour leur être pourvû d'autres " Maîtres; sinon demeureront iceux " Brevets nuls & résolus. " *Archiv. Layet.* 10. Item, *Rec. des Ordonn. pages* 513, 514.

En ce cas, le Brevet de l'Apprentif est transporté à son nouveau Maître par Acte en bonne forme; duquel Transport les Gardes font mention sur le Registre, en marge de l'Insinuation du Brevet.

## ARTICLE XI.

### *Fils de Maîtres non-assujettis aux Loix de l'Apprentissage.*

NE seront les Fils de Maîtres & Marchands Orfévres-Joyailliers de la Ville de Paris assujettis à aucune des Loix ci-dessus prescrites pour l'Apprentissage d'Orfévrerie en cette Ville ; mais parviendront à la Maitrise en conséquence de leur Chef-d'œuvre seulement, sans être tenus de rapporter aucuns Actes ou Brevets de leur Apprentissage.

### *AUTORITEZ.*

Les Fils de Maîtres & les Apprentifs, sont deux sortes d'Eleves dans l'Orfévrerie, dont la condition differente a toujours été réellement distinguée en ce que les premiers ont par leur Filiation un Droit à la Maitrise que les autres n'acquerrent que par un Apprentissage en forme, dont les Loix ne regardent point les Fils de Maîtres. Car ceux-ci ne sont point tenus de passer ni faire enregistrer des Brevets de huit ans, nonplus que de servir durant ce tems sous un Maître, comme les Apprentifs, pour parvenir à la Maitrise. Etant nez dans l'Etat qu'ils veulent embrasser, ils sont censez en avoir été instruits dans la Maison paternelle : & d'ailleurs il est juste que des Peres qui ont servi le Public dans l'exercice des Arts & du Commerce ayent ce moyen facile pour établir leurs Enfans. C'est la Disposition de l'Ordonnance generale du Commerce du mois de Mars 1673 à l'égard de tous les Fils de Marchands, comme sont nos Fils d'Orfévres. *Titre I. Article I.*

Toutefois, comme cet affranchissement des Loix de l'Apprentissage ne les dispense pas de la necessité d'être réellement instruits de leur Art, puisqu'ils ne peuvent être admis à la Maitrise sans faire preuve de leur capacité à cet égard, & que d'ailleurs il pourroit arriver que leurs propres Peres ne seroient pas en état de leur donner par eux-mêmes cette instruction; de-là vient que tous les Maîtres ont toujours eu la liberté de prendre chez-eux les Enfans les uns des autres sans limitation de nombre, pour les instruire; tandis qu'ils sont fixez à un seul Apprentif: c'est ce qui s'est toujours pratiqué dans le Corps, & ce qui n'a pas été interrompu même lorsque la faculté d'y faire des Apprentifs a été totalement suspendue dans des tems où il s'y trouvoit trop de Sujets pour aspirer aux Places vacantes : car ces suspensions ont toujours été ordonnées *sans préjudice aux Enfans des Maîtres qui peuvent aller demeurer ès Maisons desdits Maîtres* pour y être instruits *en la maniere accoutumée.* Voyez *l'Arrêt de Reglement & Lettres Patentes du mois de Juillet* 1612, *la Sentence de Police du* 30 *Juin* 1632 *&c. Layette* 12, *cotte* 4, 10 *&c.* Item, *Recueil, pages* 158, 161, 508, *&c.*

Cependant la possession immémoriale du Droit où sont les Fils de Maîtres Orfévres de Paris de parvenir à la Maîtrise sans être assujettis aux formalitez de l'Apprentissage & en faisant seulement Chef-d'œuvre, pensa être interrompuë en 1697, par un Arrêt rendu en la Cour des Monoyes le 20 Juillet. Il portoit : „ Que nul Aspirant, tant Fils „ de Maître qu'Apprentif, ne pour„ ra desormais être reçû à la Mai„ trise qu'en rapportant des Brevets d'Apprentissage en bonne & dûe " forme. " *Layette* 12, *cotte* 14. Mais la contestation que cette nouvelle Disposition fit naître entre la Cour & notre Corps ayant été portée au Conseil, y fut contradictoirement jugée par cet Arrêt, l'année suivante, le Procureur du Roy au Châtelet intervenant.

*Arrêt du Conseil Privé du Roy du premier Septembre* 1698. „ Le Roy " étant en son Conseil, sans s'arrêter " à l'Arrêt de la Cour des Monoyes " du 20 Juillet 1697, que Sa Ma- " jesté a cassé & annullé ... en ce qui " concerne l'Apprentissage des Fils " de Maîtres Orfévres de Paris, a " ordonné & ordonne que ... tous " les Fils de Maîtres Orfévres de la- " dite Ville de Paris seront reçûs " [Maîtres] en la maniere accoutu- " mée suivant les Reglemens, & en " consequence de leurs Chefs-d'œu- " vres, & sans faire d'Apprentissage. " *Layette* 24, *cotte* 56.

## ARTICLE XII.

### *Fait des Brevets d'Apprentissage soumis au Châtelet.*

EN cas de contestation sur la matiere des Brevets des Apprentifs Orfévres de la Ville de Paris, les Parties seront tenues de se pourvoir pardevant le Prevôt de Paris, ou son Lieutenant General de Police au Châtelet.

### *AUTORITEZ.*

Le Tribunal ordinaire & celui de la Cour des Monoyes, partagent la connoissance de ce qui concerne l'Etat d'Orféverie ; & les limites de leur Competence respective, ont souvent été marquées, comme on pourra le voir par toute la suite, & principalement à l'occasion des Rapports que les Gardes doivent faire en l'un ou en l'autre de ces Tribunaux selon la nature des contraventions. Mais pour ne toucher ici que le Point dont il s'agit, la connoissance du Fait des Brevets de nos Apprentifs a toujours appartenu ou dû appartenir de droit au Prevôt de Paris, ou à son Lieutenant General de Police; tant parce que ces Actes sont passez sous le Sceau du Châtelet qui est attributif de Jurisdiction, que parce que l'Apprentissage en soi, est un Fait de Police ordinaire. C'est ce qui a été jugé par les Arrêts suivans.

*Arrêt du Conseil Privé du Roy du 15 Juin* 1701. „ Le Roy en son „ Conseil faisant droit sur le tout, „ a ordonné & ordonne que sur les „ contestations qui surviendront au „ sujet des Brevets d'Apprentissage, „ les Parties seront tenues de se „ pourvoir pardevant le Lieutenant „ General de Police du Châtelet de „ Paris, &c. " *Archiv. Layette* 24, *cotte* 57.

*Arrêt du Conseil Privé du Roy du 2 Janvier* 1702, *sur un conflit de Jurisdiction entre la Cour des Monoyes & le Châtelet touchant la validité d'un Brevet & un Fait d'Apprentissage.* „ Le Roy en son Conseil, faisant „ droit sur l'Instance, sans avoir é- „ gard aux Arrêts de la Cour des „ Monoyes des 20 Avril 1697, & „ 19 Août 1699, a ordonné & ordonne que les Parties procederont au Châtelet de Paris & devant le Lieutenant General de Police, tant sur la demande de „ l'Apprentif pour être reçû Maître „ Orfévre, que sur l'Opposition des Maîtres & Gardes de l'Orfévrerie. " *Layette* idem, *cotte* 54.

*Arrêt du Conseil Privé du Roy du 15 Février* 1704. „ Le Roy en son " Conseil, ayant aucunement égard " à la Requête des Maîtres & Gar- " des Orfévres & à l'intervention du " Procureur de Sa Majesté au Châ- " telet, a cassé & casse l'Arrêt de la " Cour des Monoyes du 20 Juin " 1702, en ce qu'il a ordonné que " les Brevets d'Apprentissage des " Aspirans [ Apprentifs ] Orfévres " seront representez en ladite Cour " des Monoyes avant que de proce- " der à leurs Receptions à la Mai- " trise, &c. " *Layet.* idem, *cotte* 58.

*Arrêt du Conseil d'Etat du Roy du 23 Avril* 1730. „ Le Roy en son " Conseil, a ordonné & ordonne " que les Edits, Arrêts & Regle- " mens concernant l'Orfévrerie, & " notamment.... les Arrêts du Con- " seil des 15 Juin 1701, 2 Janvier " 1702, & 15 Février 1704, seront " executez selon leur forme & teneur; " & en consequence.... en cas de " contestations au sujet des Brevets " d'Apprentissage, & sur les deman- " des qui seront faites par les Aspi- " rans pour être reçus Maîtres & " Marchands Orfévres, ordonne Sa " Majesté, que les Parties seront te- " nues de se pourvoir pardevant le " Lieutenant General de Police du " Châtelet de Paris &c." *Layette* 3, bis *cotte* 25.

# TITRE III.

## Des Compagnons.

### ARTICLE PREMIER.

*Service des Apprentifs en qualité de Compagnons après leur Apprentissage.*

TOUS Apprentifs Orfévres de la Ville de Paris qui auront achevé les huit années de leur Apprentissage, seront en outre tenus de servir les Maîtres de cette Ville pendant trois autres années en qualité de Compagnons, avant qu'ils puissent être reçus Maîtres.

### AUTORITEZ.

Ce Service exigé des Apprentifs Orfévres après avoir fini leur Apprentissage, est une suite de la fixation du nombre des Maîtres faite par Henry II. en 1555, & un moyen propre à la faire observer en éloignant par ce délai le trop grand nombre des Apprentifs Aspirans qui se presenteroient pour remplir les Places vacantes. Ce fut pour cela que les Gardes & Anciens, assemblez le 2 Juillet 1571, résolurent d'obliger tous les Apprentifs qui auroient fait leur tems de travailler encore pendant quelques années chez les Maîtres en qualité de Compagnons, avant que de les admettre à faire le Chef-d'œuvre ordonné pour la Reception: & ils réglerent pour lors le tems de ce Service à cinq ans. 1r. *Registre des Déliberations, fol.* 129.

Dix ans après, Henry III. ordonna par l'Article XIII. d'une Ordonnance generale de 1581., "Que tous Apprentifs seroient tenus de servir leurs Maîtres d'Apprentissage, leurs Veuves, ou autres de pareil Art & Mêtier, durant trois ans [après leur Apprentissage fini] si ce n'est que leurs Statuts ne les obligeassent à servir plus ou moins de tems." *Bornier, tom.* 2, *in* 4°. *p.* 488. Et c'est ce qui passa en Statut particulier pour notre Corps en 1612, en ces termes;

*Reglement sur le Fait de l'Orfévrerie de Paris du 2 Juillet 1612, confirmé par Lettres Patentes des mêmes mois & an.* „ Tous lesquels Apprentifs „ [ Orfévres de Paris ] ayant para- „ chevé le tems de leur Apprentis- „ sage, ne pourront être reçus ni ad- „ mis à la Maitrise, sinon après avoir „ servi les Maîtres [ de cette Ville ] „ en qualité de Compagnons pen- „ dant le tems de trois ans entiers... „ Enjoint aux Maîtres & Gardes „ [ de l'Orfévrerie ] de tenir la main „ à l'observation & execution du pre- „ sent Reglement ; & à ce qu'au- „ cun n'en prétende cause d'igno- „ rance, sera ledit Reglement lû „ en l'Hôtel de l'Orfévrerie par les- „ dits Maîtres & Gardes en presence „ desdits Maîtres. " *Archiv. de l'Orf. Layette* 12, *cotte* 4. Item, *Recueil impr. de nos Ord. p.* 158 & 161.

Ce nouveau Statut ayant donné aux Apprentifs qui avoient achevé leur Apprentissage une consistance fixe pour un tems, & comme une sorte d'Etat sous le nom de *Compagnons attendans Maitrise*, nous croyons pouvoir dire en passant, qu'ils établirent entr'eux une Confrairie, dont les Gardes permirent que le Service se fit dans la Chapelle de S. Eloi de la Maison commune : Mais elle ne subsista que jusqu'en 1644. Peut-être fut-elle abolie par les mêmes raisons qui nous ont portez à empêcher l'érection de celle que les Compagnons de ce tems voulurent établir en 1723 à S. Denis du Pas. Nous étions bien informez qu'à l'abri de cette prétendue Association pieuse pour laquelle ils avoient déjà pris toutes leurs mesures, ils s'assembloient & tramoient des pratiques contraires au bien du Service des Maîtres par le complot concerté entr'eux de demander tous en même tems à rencherir leurs Services. Cette espece de Monopole concertée, & capable de causer un surhaussement dans le prix des Ouvrages d'Orfévrerie, nous détermina à faire nos Remontrances au Chapitre de Notre-Dame sous la Jurisdiction duquel est cette Eglise, & où ils devoient s'assembler le lendemain pour les premieres Vêpres de S. Eloi, Patron de leur nouvelle Confrairie. Le Chapitre nous accorda volontiers & sur le champ une Conclusion le même jour 29 Novembre 1723, laquelle ayant été affichée aux Portes de S. Denis du Pas, ferma l'entrée de cette Eglise à nos Compagnons, & fit évanoüir leurs projets avec leur Confrairie. Nous rapportons ce fait, afin qu'en pareil cas les Gardes en Charge puissent avoir la même attention. *La Conclusion capitulaire est dans la Layette* 10 *de nos Archives, cotte* 22.

## ARTICLE II.

### *Compagnons travailleront chez les Maîtres, & à leurs Gages.*

TOUS Compagnons Orfévres, attendant Maitrise & autres, travailleront chez les Maîtres, & aux

Gages des Maîtres, à la journée ou au mois; & défense à eux de travailler à leurs Pieces ou à leur Tâche, à peine de confiscation de leurs Outils & Ouvrages, d'amende & de punition exemplaire : comme aussi aux Maîtres de les employer chez eux à d'autres conditions que celles qui sont ici prescrites.

## *AUTORITEZ.*

Deux devoirs des Compagnons, d'où dérivent tous ceux qui sont déduits dans la suite des Articles de ce III^e^. Titre. Soit que ces Compagnons fassent leur Service de trois ans ou autrement; ils doivent, premierement, travailler *dans la Boutique d'un Maître*; & en second lieu, ils y doivent travailler *à ses Gages*. Le premier de ces devoirs les empêche de se retirer en leur particulier dans des Chambres & autres lieux cachez où il n'est jamais permis de travailler d'Orfévrerie; & le second, leur défend d'avoir autre interêt, ni prendre autre profit, que leurs seuls Gages dans les Ouvrages qui leur sont donnez à faire. C'est ce qui leur est d'abord prescrit sous diverses peines par plusieurs Reglemens, dont les autoritez s'ensuivent.

*Ordonnance de Police du 1. Août 1614.* „ Nous faisant droit sur les „ Remontrances du Procureur du „ Roy, avons enjoint ausdits Com„ pagnons [Orfévres] d'aller tra„ vailler chez leurs Maîtres au mois „ & non à la Tâche, à peine de „ confiscation de leurs Outils & Ou„ vrages, & de trois cens livres pa„ risis d'amende pour la premiere „ fois, & de punition corporelle pour la seconde ... & sera la pre" sente Ordonnance lue, publiée, " affichée, &c. " Elle le fut le lendemain. *Layette* 10. Item, *Recueil des Ordonnances, pag.* 475.

*Sentence du Prevôt de Paris du 26 Juin* 1630. „ Défenses sont faites " à tous Compagnons Orfévres, tant " François, qu'Etrangers, de tra" vailler dudit Art d'Orfévrerie [à " Paris] ailleurs qu'ès Boutiques des " Maîtres, au mois ou à la semaine, " & non à leurs Pieces, ni à leurs " Tâches, à peine de punition: & " ausdits Maîtres de les employer " autrement. " *Layet.* 13. bis, *cotte* 1. Item, *Rec. p.* 277.

*Arrêt du Parlement du 7 Septembre* 1630. „ Défenses à tous Com" pagnons Orfévres, tant de notre " Royaume, qu'Etrangers, de tra" vailler dudit Art d'Orfévrerie ail" leurs qu'ès Boutiques desdits Maî" tres, au mois ou à la semaine, & " non à leurs Pieces ou à leurs Tâches, " à peine de punition, &c. " *Layet.* idem. *cotte* 2, *& Recueil, pag.* 281.

*Arrêt de la Cour des Monoyes du 29 Novembre* 1630. „ La Cour... a fait & fait défenses .... à tous " Compagnons "

„ Compagnons Orfévres, tant de „ ce Royaume, qu'Etrangers, de „ travailler dudit Art, ailleurs qu'ès „ Boutiques desdits Maîtres, au mois „ ou à la semaine, & non à leurs „ Pieces ou Tâche, &c. " *Layette*, idem, *cot.* 4, *& Rec. p.* 285.

*Arrêt du Parlement du* 11 *Janvier* 1661. „ La Cour .... sur l'appel » interjetté par ledit Poujaud [Compagnon Orfévre] de la Sentence » du 17 Décembre 1658, a mis & » met lesdites Appellation & Sentence au néant, en ce qu'il lui est enjoint de se retirer de cette Ville » de Paris dans deux mois: Emendant quant à ce, a permis & permet audit Poujaud d'y demeurer, » & y travailler en Orfévrerie en » [sa] qualité de Compagnon en » Boutique des Maîtres, au mois & à » la semaine, & non à ses Pieces & à » sa Tâche: & défenses aux Maîtres » de le recevoir chez eux, à autre » condition, à peine d'amende arbitraire, suivant l'Arrêt du 7 Septembre 1630, qui sera executé selon sa forme & teneur. " *Lay.* 10, *cot.* 8, item, *Rec. pp.* 489, 490.

*Sentence du Prevôt de Paris du* 7 *Août* 1671. „ Nous, faisant droit » sur les Remontrances & Requisitoire du Procureur du Roi, & conformément aux Ordonnances, Arrêts & Reglemens qui seront exécutez, ordonnons que dans quinzaine pour tout délai, du jour de „ la publication des Presentes, tous » Compagnons Orfévres qui sont » en Chambre, &c. se retireront ès » Maisons & Boutiques des Maîtres » pour y travailler au mois ou à la » semaine, & non à la Tâche; avec défense de travailler à leurs Pieces, à peine de confiscation de leurs outils & ouvrages, & de trois cens liv. d'amende pour la premiere fois, & de punition exemplaire pour la seconde... Et sera la presente Ordonnance executée, &c. registrée ès Registres de la Communauté & Corps des Marchands Maîtres Orfévres de cette Ville de Paris: Lûe, publiée & affichée, &c. Et enjoint aux Gardes [de l'Orfévrerie] de tenir la main à l'execution d'icelle. " *Lay.* idem, *cot.* 13, item, *Rec. p.* 493, *& suiv.*

*Sentence du Prevôt de Paris du* 8 *Janvier* 1734. „ Nous disons que les Sentences des 1 Août 1614, « 7 Août 1671, & l'Arrêt du Parlement du 7 Septembre 1630 seront executez selon leur forme & teneur: Et en consequence, ordonnons que dans un mois pour toute préfixion & délai, à compter du jour de la publication des Presentes, tous Compagnons Orfévres, tant de cette Ville qu'Etrangers, seront tenus de se retirer chez les Maîtres & Marchands Orfévres de cette Ville & Veuves de Maîtres, & d'y travailler au mois ou à la semaine, & non à leurs Pieces ou à leurs Tâches, à peine de trois cens livres d'amende, & de confiscation de leurs ouvrages & outils pour la premiere fois; & de punition exemplaire en cas de récidive: Et faisons défenses ausdits Maîtres & Veuves de Maîtres de les recevoir chez eux sous d'autres conditions... Et sera notre presente Sentence imprimée, lûe, publiée & affichée au Bureau du Corps [de l'Orfévrerie] & par-

» tout où besoin sera; & registrée » sur les Registres d'icelui, à la di- » ligence des Gardes en Charge; » ausquels, & à ceux qui leur succe- deront, enjoignons de tenir la « main à l'execution d'icelle. " *Archives de l'Orféverie, Layette* 3, bis, *cotte* 31.

## ARTICLE III.

### *Compagnons ne quitteront leurs Maîtres sans cause légitime.*

IL est pareillement défendu ausdits Compagnons de quitter leurs Maîtres sans congé ou cause légitime; & ne pourront les autres Maîtres recevoir chez-eux aucun Compagnon qu'ils ne se soient informez si le Maître d'où il sort a consenti qu'il le quittât: autrement, tous Compagnons seront tenus de retourner chez leurs précedens Maîtres; à moins que les Gardes ne jugeassent qu'ils ont eu légitime sujet d'en sortir.

### *AUTORITEZ.*

La bienséance autant que le devoir, oblige à ne pas recevoir chez soi le Serviteur d'autrui sans cette précaution, surtout entre Confreres demeurans dans une même Ville. L'attention de nos Anciens sur ce point, s'étendoit même jusqu'à ménager en cela les interêts des autres Orfévres établis dans les Villes de Province. Un Resultat de leur Assemblée du 25 Août 1548 porte: » Seront faites défenses à tous Maî- » tres Orfévres de Paris de bailler à » besogner à aucun Serviteur [c'est-a- » dire Compagnon] s'il ne leur est » apparu de ses Lettres d'Appren- » tissage; eû égard [ajoutent-ils] » aux abus lesquels journellement ,, se commettent par aucuns Appren- ,, tifs fugitifs des autres Villes de ce Royaume, n'ayant servi [leurs " Maîtres] le tems & espace de huit " ans suivant l'Ordonnance. " I[r]. *Registre des Delib.* fol. 4.

Cette Discipline déja établie dans le Corps, n'y passa en Statut à l'égard des Compagnons qui quittent leurs Maîtres, que dans des Lettres de 1564, dont la Disposition sur ce point s'ensuit, & ausquelles le libertinage outré de nos Compagnons donna lieu.

*Ordonnance de Charles IX. à Troyes le 16 Avril 1564.* ,, Et afin de rendre iceux Compagnons & Servi- " teurs sujets au service de leurs Maî " tres, & obvier ausdites débauches: " Que tous lesdits Maîtres Orfévres "

„ [de Paris] chacun en son regard, „ n'ayent doresnavant à recevoir aucun Compagnon ou Serviteur dudit Etat en leur Maison, que préalablement ils n'ayent sçu du dernier Maître d'avec lequel il sera parti, l'occasion pour laquelle il l'aura laissé; & où il n'y aura occasion, leur défendons très-étroitement de le recevoir; ains enjoignons ausdits Compagnons & Serviteurs de retourner servir leurdit dernier Maître, sinon que les Maîtres & Gardes d'Orfévrerie trouvassent que lesdits Compagnons ou Serviteurs eussent legitime occasion d'avoir laissé leursdits Maîtres." *Lay.* 1, *cotte* 15, item, *Rec. des Ordonn. de l'Orf. p.* 83.

En conformité de cette Ordonnance, le Parlement, dans un Arrêt de Reglement du 7 Septembre 1630 a fait aussi défenses aux Maîtres Orfévres de la Ville de Paris de recevoir aucun Compagnon chez eux sans voir le congé de leur précedent Maître, ou sçavoir dudit Maître les occasions pour lesquelles ils seront sortis; [ajoutant même] sous peine d'amende arbitraire. *Lay.* 13, bis, *cot.* 2, item, *Rec. des Ord. p.* 281.

La Cour des Monoyes a prononcé la même défense dans un pareil Arrêt de Reglement du 29 Novembre de la même année, sous la même peine de l'amende arbitraire, tant contre les Maîtres, que contre les Compagnons." *Lay.* idem, *cot.* 4, *& Recueil imprimé des Ordon. p.* 285.

## ARTICLE IV.

### *Compagnons ne travailleront en Chambre ni en lieux Privilegiez.*

LESDITS Compagnons, & tous autres Ouvriers d'Orfévrerie de quelque condition ou Nation qu'ils soient, ni sous quelque prétexte que ce puisse être, ne pourront se retirer, & travailler en Chambre, ou autres lieux secrets, ni dans les Colleges, Monasteres, & Lieux prétendus Privilegiez; à peine de confiscation de leurs ouvrages & outils; d'amende & de prison, même de punition corporelle.

### *AUTORITEZ.*

Deux maux naîtroient de ce desordre, si les Reglemens n'y avoient pourvu. Ces faux Ouvriers enleveroient la substance des Maîtres en leur enlevant ainsi leur travail ; & le Public seroit journellement trompé par des ouvrages fabriquez à bas titre par des gens qui n'ont ni serment, ni regle à garder dans ces lieux où ils seroient à couvert de toute inspection de Police. C'est aussi ce qui a été le plus séverement & le plus fréquemment défendu dans tous les tems, comme il paroît entr'autres par les Autoritez suivantes.

*Edit du Roi Jean, confirmant nos anciens Statuts au mois d'Août* 1355, ART. XXVIII. „ *Item*, Que nuls Tre„ montains [ Ultramontains, Lom„ bards ] ne puissent ouvrer, ne faire „ ouvrer [ d'Orfévrerie ] secrete„ ment, ne en appert en leurs Hos„ tiex.... & s'il étoit trouvé qu'il „ ouvrast ou feist ouvrer en son Hos„ tel, qu'il soit à la volonté du Roi „ notre Seigneur, de prendre son „ Joyel, ou si comme bon conseil „ en ordonnera.... qu'il soit banni „ un an & un jour, ou plus, de la „ Ville de Paris, selon la qualité du „ meffait & des œuvres, &c. " *Lay.* 1, *cot.* 1, bis, item, *Rec. p.* 7.

Cette défense de travailler en Chambre, se trouvant mal observée en 1493, il fut déliberé dans une Assemblée genérale du Corps, qu'il y seroit incessamment pourvu. Et le 28 Décembre de l'année 1495, le Prevôt de Paris fit un Reglement où cette même défense fut renouvellée. *Cartulaire de l'Orfévrerie de Paris, cotte* A. fol. 16 v°.

*Ordonnance de Charles IX. du* 16 *Avril* 1564, *adressée au Prevôt de Paris.* „ Vous mandons, & de l'a„ vis des Gens de notre privé Conseil, commandons, & très-expres" sement enjoignons par ces Presen" tes, que vous ayiez incontinent à " faire faire inhibitions & défenses " de par Nous à son de trompe & " cri public par les Carrefours de no" tre Ville de Paris, & autres lieux " d'icelle accoutumez à faire pro" clamations, à tous Orfévres, Com" pagnons & Serviteurs dudit Art, " de besongner doresnavant d'au" cuns ouvrages d'Orfévrerie en " Chambre & autres lieux secrets & " cachez, sinon en la Maison d'un " des Maîtres Orfévres de notredite " Ville, tenant Boutique ouverte " en rue publique ; sur peine de " confiscation des ouvrages & outils " qui se trouveront en la possession " desdits Orfévres, Compagnons " & Serviteurs qui besogneront es" dites Chambres & lieux susdits ; de " Prison, & d'Amende arbitraire. " La défense fut proclamée le 24 du même mois à la diligence des Gardes de l'Orfévrerie. *Layette* 1, *cotte* 15, item, *Rec. des Ordonn. p.* 82 & *suivantes.*

*Ordonnance de Louis XIII. à Chantilly le* 8 *Juillet* 1633. » De par le Roi : Sa Majesté étant avertie, " qu'aucuns des Artisans demeurans " dans sa Gallerie du Louvre, & qui " ne sont point Orfévres, tiennent " chez eux des Compagnons Orfé" vres qu'ils font travailler en secret " au grand préjudice des Maîtres " Orfévres qui y sont logez, a fait " très-expresses inhibitions & dé" fenses à tous Artisans logeans dans " sadite Gallerie, n'étant point Or" févres, de tenir chez eux, ni faire " travailler aucuns Compagnons du" dit Art, à peine d'amende & de "

» confiscation des ouvrages, &c. « *Layette* 8, *cotte* 4.

Il a été fait depuis plusieurs autres Reglemens portant pareilles défenses aux Compagnons Orfévres, même aux Maîtres de travailler ainsi en Chambre & lieux secrets, non-seulement des Maisons particulieres, mais principalement encore dans les Colleges, Monasteres & lieux prétendus Privilegiez; toujours sur des peines plus séveres les unes que les autres, & enfin jusqu'à celle de trois ans de Galeres contre ceux qui se refugieroient dans ces lieux où tout travail d'Orfévrerie est prohibé. Revoyez-en les Autoritez déja employées sous l'Article VIII. du Titre I. de ces Statuts. Voici d'autres mesures prises avec non moins de précaution contre ce travail illicite de nos Compagnons.

## ARTICLE V.

### *Proprietaires de Maisons ne loüeront aux Compagnons.*

LES Proprietaires ou principaux Locataires de Maisons à Paris, ne loueront aucune des Chambres, ni autres lieux d'icelles ausdits Compagnons pour s'y retirer & y travailler d'Orfévrerie; sur peine de perdre le loyer d'une année de la totalité desdites Maisons.

### *AUTORITEZ.*

*Ordonnance de Charles IX. du* 16 *Avril* 1564. » Défense à tous Proprietaires de Maisons [ à Paris ] » de souffrir & permettre aucuns desdits Compagnons & Serviteurs be» songner desdits ouvrages [d'Orfé» vrerie ] en aucune des Chambres » d'icelles, sur peine de perdre le » revenu du loüage d'une année en» tiere de leurdite Maison. « *Layette* 1, *cotte* 15, item, *Rec. p.* 83.

*Ordonnance du Prevôt de Paris du* 1 *Août* 1614. „ Sur ce qui nous a » été remontré par le Procureur du » Roi. . . qu'aucuns Compagnons Orfévres, au lieu de servir les Maîtres ainsi qu'ils doivent, logent à « part eux en Chambres & lieux ca- « chez, tant dans cette Ville qu'aux « Fauxbourgs, lesquels. . . commet- « tent infinies méchancetez... ce qui « tourne au grand préjudice du Pu- « blic & des Maîtres Orfévres qui ne « peuvent en façon quelconque être « servis. Nous, faisant droit... avons... « fait défenses à tous Proprietaires & « principaux Locataires des Mai- « sons, tant de la Ville que des Faux- « bourgs de loüer partie ou portion « de leursdites Maisons ausdits « Compagnons Orfévres, à peine «

„ de perdre le loyer de leurs Maisons par une année. " *Layette* 10, item, *Rec.* p. 475.

*Sentence du Prevôt de Paris du 7 Août* 1671. „ Faisons très-expresses „ & iteratives inhibitions & défenses à tous Proprietaires & principaux Locataires de Maisons, de donner retraite, ni loüer aucuns lieux ausdits Compagnons Orfévres sur peine d'amende & de „ perte des loyers. " *Layette* 10, *cotte* 13, item, *Rec.* p. 494.

## ARTICLE VI.

*Principaux de Colleges, &c. ne donneront retraite aux Compagnons.*

COMME aussi tous Principaux, Maîtres, Boursiers, Administrateurs de Colleges; Prieurs, Commandeurs & autres, possedans Lieux clos, Privilegiez ou non Privilegiez, ne pourront y retirer & souffrir travailler aucun desdits Compagnons Orfévres, à peine pour la premiere fois, de cinq cens livres d'amende applicable au profit des Pauvres du Corps de l'Orfévrerie, & pour la seconde, de privation d'une année de leur revenu temporel.

### *AUTORITEZ.*

*Sentence du Prevôt de Paris du 18 Février* 1634. „ Faisons défenses à „ tous Principaux de Colleges, Maîtres, Boursiers, Administrateurs „ d'iceux, & à tous Prieurs & autres, de retirer chez eux, ou loüer „ aucune Chambre, soit à des Maîtres Orfévres ou Compagnons; à „ peine de cinq cens livres d'amende „ pour la premiere fois, applicable „ au profit des Pauvres du Corps „ des Orfévres; & pour la seconde „ fois, de privation pour un an de „ leur revenu temporel. " Publiée & affichée le 22. *Lay.* 10, *cotte* 6.

*Sentence du Prevôt de Paris du 23 Avril* 1661. „ Faisons défenses à tous Principaux de Colleges, Maîtres, Boursiers, Administrateurs d'iceux, & à tous Prieurs & autres, de retirer chez eux, ni loüer aucunes Chambres, soit à des Maîtres Orfévres ou Compagnons; à peine de cinq cens livres d'amende applicable au profit des Pauvres du Corps des Orfévres; & pour la seconde fois, de privation pour un an du revenu de leur temporel. " *Lay.* idem, *cot.* 9, *& Rec. des Ordonn.* p. 485.

*Sentence du Prevôt de Paris du 7 Août 1671.* » Faisons défenses à „ tous Principaux de Colleges, „ Maîtres, Boursiers, Administra- „ teurs d'iceux, Prieurs & autres, de „ retirer chez eux, ni loüer à l'ave- „ nir aucunes Chambres & lieux aus- dits Compagnons ou Maîtres Or- “ févres... à peine de cinq cens liv. “ d'amende pour la premiere fois, “ & de privation d'une année de leur “ revenu pour la seconde. “ *Layette*, idem, *cot.* 13, *&* *Rec. des Ordonn. de l'Orf. p.* 494.

## ARTICLE VII.

### *Compagnons travaillans en lieux prohibez, seront arrêtez dans les Rues.*

PERMIS aux Gardes de l'Orfévrerie de faire arrêter dans les rues de Paris ceux desdits Compagnons qu'ils sçauront travailler dans lesdits Colleges, Prieurez & autres lieux clos & Privilegiez, & de les constituer Prisonniers pour être interrogez sur leurs contraventions aux Reglemens, & leur être le Procès fait & parfait, ainsi que de raison.

### *AUTORITEZ.*

*Sentence du Prevôt de Paris du* 12 *Novembre* 1551. „ Nous, par dé- „ liberation de Conseil, avons per- „ mis & permettons aux Jurez & „ Gardes dudit Mestier d'Orfavrerie „ appellé avec eux l'un des Com- „ missaires au Châtelet, de faire „ prendre au corps, & amener Pri- „ sonniers ès Prisons dudit Châtelet „ de Paris les Compagnons Orfé- „ vres, & autres personnes qui se- „ ront trouvées besongnans dudit „ Mestier & Etat d'Orfévre en Cham- „ bre, contre les Statuts & Ordon- „ nances dudit Mestier d'Orfévre, „ pour leur être fait & parfait leur Procès sur ladite contravention. “ *Layette* 10, *cotte* 1.

*Ordonnance de Police du* 1 *Août* 1614. „ Permis aux Maîtres & “ Gardes de l'Orfévrerie, faisant “ leurs Visitations, d'emprisonner “ lesdits Compagnons [qu'ils trou- “ veront travaillans en lieux prohi- “ bez.] *Lay.* idem, *&* *Rec. p.* 475.

*Sentence du Prevôt de Paris du* 18 *Février* 1634. „ Oüi le Procureur “ du Roi, avons permis & permet- “ tons ausdits Gardes de l'Orfé- “ vrerie, d'arrêter & faire arrêter “ par les rues lesdits Compagnons “

„ Orfévres demeurans ès Colleges „ & Prieurez, & iceux constituer „ Prisonniers ès Prisons du Châte- „ let, pour être oüis & interrogez „ sur la plainte desdits Gardes & „ contraventions aux Ordonnances, „ Arrêts & Reglemens, & leur „ être le Procès fait & parfait, ainsi „ que de raison. " *Layette*, idem, *cotte* 6.

*Sentence du Prevôt de Paris du* 23 *Avril* 1661. „ Nous faisant droit „ sur les Conclusions du sieur Pro- „ cureur du Roi: Disons que la „ Sentence du 18 Février 1634 „ sera executée, & suivant icelle, „ qu'il est permis ausdits Maîtres & „ Gardes de l'Orfévrerie, d'arrêter „ & faire arrêter par les rues les „ Compagnons Orfévres demeurans actuellement esdits Colleges, Prieu- " rez & autres lieux susnommez, & " iceux constituer ès Prisons du Châ- " telet, pour être oüis & interrogez " sur les plaintes desdits Gardes, & " contraventions ausdites Ordon- " nances, Arrêts & Reglemens, pour " leur être le Procès fait & parfait, " ainsi que de raison. " *Layette*, idem, *cotte* 9, *& Rec. p.* 484.

*Ordonnance du Prevôt de Paris, du* 7 *Août* 1671. » Permis ausdits « Gardes de l'Orfévrerie d'arrêter « & faire arrêter par les rues les « Compagnons Orfévres réfugiez « esdits Colleges & Prieurez... & « iceux constituer Prisonniers ès Pri- « sons du Châtelet, &c. " *Lay.* idem, *cotte* 13, *& Rec. impr. des Ordonn. de l'Orf. p.* 494.

## ARTICLE VIII.

*Compagnons ne feront ni travail ni commerce pour leur compte sous la prétendue Protection des Maîtres.*

IL est défendu à tous Compagnons Orfévres & gens sans qualité, travaillans ès Boutiques des Maîtres & des Veuves de Maîtres, de faire aucun travail, ni commerce pour leur compte particulier : Et aux Maîtres & Veuves de Maîtres, sous quelque prétexte que ce soit, de les proteger, aider de leurs Poinçons, ni souffrir que sous leurs noms lesdits Compagnons entreprennent, travaillent, fassent travailler, achetent, vendent & livrent aucuns ouvrages d'Orfévrerie & de Joyaillerie, ni matiere d'or & d'argent, Pierreries & Perles; à peine, sçavoir: contre lesdits Compagnons, de confiscation & d'amende d'amende, & de ne pouvoir aspirer à la Maitrise : contre les Maîtres, de privation de leurs Poinçons & de déchéance de la Maitrise en cas de récidive ; & contre les Veuves, de perte de leur Privilege de Viduité.

## *AUTORITEZ.*

La rigueur des peines portées par ce Statut, n'a rien que ne mérite l'abus qui y est réprimé. Des Maîtres & des Veuves qui s'y prêtent par des Pactions, toujours illicites, avec des Compagnons, & le plus souvent pour un interêt de néant, ne méritent gueres en effet de conserver un Poinçon qu'ils prostituent de la sorte, ni un Etat dont ils ne gardent pour eux que le nom, & qu'ils estiment assez peu, pour en abandonner ainsi la réalité & les avantages à des Gens sans qualité, lesquels par ce moyen & sous leur nom, tiennent Boutique ouverte, travaillent, font travailler, & commercent d'Orfévrerie, comme s'ils étoient Maîtres, au préjudice de toutes nos Loix. Ce desordre peut d'ailleurs être la source d'une infinité de prévarications au Titre des Matieres de la part de ces sortes de gens, qui ne se trouvent point retenus par la religion du serment dans l'usage du Poinçon d'un Maître, qui leur est si témerairement confié. Et tels sont les motifs qui ont porté l'Autorité publique à statuer contre cet abus, dès qu'il a commencé à paroître, & à prononcer des peines proportionnées à ses progrès par la suite, comme on le voit par les Dispositions suivantes.

*Edit d'Henri II. à Fontainebleau le 22 May* 1555, ART. X. » Défendons très-expressément ausdits « Orfévres & Veuves d'Orfévres de « transporter [ c'est-à-dire, louer, « prêter, confier ] leur Poinçon, si « ce n'est pour besongner en leur « Maison [ sous leurs yeux & pour « leur propre compte ] dont ils se- « ront responsables. « *Layette* 1, *cotte* 14, item, *Rec. de nos Ord. p.* 77.

*Ordonnance d'Henri IV. à Fontainebleau au mois de May* 1599. ART. III. » Ne pourront les Maîtres du- « dit Etat d'Orfévrerie à Paris, prê- « ter ni louer leur Poinçon à aucune « personne de quelque qualité ou con- « dition qu'elle soit, à peine de cin- « quante écus d'amende, &c. « *Lay.* idem, *cotte* 31, *& Rec. p.* 154.

*Ordonnance du Prevôt de Paris du* 7 *Août* 1671, *publiée dans Paris, & enregistrée au Bureau de l'Orfévrerie.* » Faisons très-expresses défenses à « tous Compagnons Orfévres de tra- « vailler pour leur compte, entre- « prendre ni livrer aucuns ouvrages « d'Orfévrerie, acheter, ni vendre « aucune matiere d'or ou d'argent, « Pierreries & Perles, quoique ce soit « sous le nom de Maîtres ou Veuves « de Maîtres où ils pourroient de- « meurer, sur peine d'amende, & « confiscation des Marchandises. Se- « ront tenues les Veuves des Maîtres «

„ de marquer elles-mêmes de leur „ Poinçon, qui aura été renouvellé „ depuis leur Veuvage, tous les Ou- „ vrages qu'elles sont obligées d'en- „ voyer à la Marque [ au Bureau de „ la Maison commune,] sans qu'elles „ puissent laisser leurs Poinçons ès „ mains desdits Compagnons, ni auf- „ si leur permettre d'entreprendre ou „ livrer aucunes Marchandises, ven- „ dre ou acheter des matieres d'or & „ d'argent, Pierrerie ou Perles, à „ peine de privation de leurdit Poin- „ çon, qu'elles seront tenues en cas „ qu'elles ne veulent s'en servir, de „ remettre entre les mains des Gar- „ des [ de l'Orfévrerie ] pour être „ difformez... Enjoint ausdits Gar- „ des de tenir la main à l'execution „ de la presente Ordonnance" *Layet.* 10, *cot.* 13. Item, *Recueil des Ordon. p.* 494, 495.

*Arrêt de la Cour des Monoyes du* 10 *Février* 1679. „ La Cour fait très- „ expresses inhibitions & défenses à „ tous Maîtres Orfévres & Veuves „ de Maîtres de louer ou prêter leurs „ Poinçons, à peine d'être déchus „ de la Maitrise &c. " *Archiv. Sac n°.* 12. Les Poinçons, dont ces Autoritez parlent à l'égard des Veuves, leur ont été ôtez par le Reglement general du 30 Décembre 1679, & l'on peut dire que l'abus des Protections a eu beaucoup de part à cette privation. Elle ne l'a cependant pas totalement déraciné : Et sans parler des Arrêts de la Cour des Monoyes des 21 Juin 1729, 29 & 30 Mars 1730, qui ont sévi contre les Protections, il a fallu y revenir encore cette année 1734, comme il s'ensuit.

*Sentence du Prevôt de Paris du* 8 *Janvier* 1734. „ Ordonnons que... tous Compagnons Orfévres.... " seront tenus de se retirer chez les " Maîtres & Marchands Orfévres " & Veuves de Maîtres, & d'y tra- " vailler &c. Faisons défenses auf- " dits Compagnons d'avoir, ni pren- " dre avec eux aucuns autres Com- " pagnons, Apprentifs ou Allouez : " de les faire travailler, ni travailler " [ eux-mêmes, ] entreprendre, a- " cheter, vendre & livrer pour leur " compte aucunes matieres d'or, " d'argent, Pierreries, Perles, ni " Ouvrages d'Orfévrerie : & aux " Maîtres & Veuves de Maîtres, " sous quelque prétexte que ce puif- " se être de les proteger, aider de " leurs Poinçons, ni souffrir que " sous leurs noms lesdits Compa- " gnons entreprennent, fassent tra- " vailler, achetent, vendent & li- " vrent aucune matiere, ni Ouvrage " d'Orfévrerie, à peine de confis- " cation desdits Ouvrages & d'a- " mende contre lesdits Compagnons: " & contre les Maîtres & Veuves de " Maîtres, de déchéance de la Mai- " trise en cas de récidive ; & de ne " pouvoir par lesdites Veuves exer- " cer le Commerce d'Orfévrerie, " &c. Et sera notre presente Sen- " tence imprimée, lûe, publiée &c. " & registrée sur les Registres du " Bureau du Corps de l'Orfévrerie " à la diligence des Gardes en Char- " ge, ausquels, & à ceux qui leur " succederont, enjoignons de tenir " la main à l'execution d'icelle. " *Layette* 3, bis, *cotte* 31.

*Arrêt de la Cour des Monoyes rendu sur le Requisitoire du Procureur General du Roy, le* 17 *Février* 1734. „ La Cour a ordonné & ordonne "

„ que les . . . . Ordonnances, Reglemens & Arrêts de la Cour . . . . & notamment ceux des 21 Juin 1729, 29 & 30 Mars 1730, sur le Fait des Protections, seront executez selon leur forme & teneur ; en consequence, fait défense à tous Compagnons Orfévres de travailler pour leur compte . . . . ni de vendre & débiter à leur profit aucunes matieres, ni Ouvrages d'or & d'argent: Et aux Maîtres Orfévres & Veuves de Maîtres, de les proteger directement, ni indirectement, sous quelque prétexte que ce puisse être ; les aider de leurs Poinçons, en marquer leurs Ouvrages, ni souffrir que sous leurs noms & leurs Poinçons, lesdits Compagnons ou Ouvriers sans qualité, fassent, travaillent, vendent & débitent pour leur compte particulier aucunes matieres ni Ouvrages d'or & d'argent, à peine de confiscation & d'amende, tant contre lesdits Compagnons & Ouvriers, que contre les Maîtres ou Veuves ; & de ne pouvoir par les Compagnons, aspirer à la Maitrise : & contre les Maîtres ou Veuves, à peine d'interdiction ; privation de leurs Poinçons, même de déchéance de la Maitrise ou du Privilege de Viduité ; & de plus grandes peines si le cas y échet. Enjoint aux Gardes de l'Orfévrerie de veiller & tenir la main à l'execution du present Arrêt &c. " *Layet.* 3, bis, *cotte* 32.

# TITRE IV.

## *Des Aspirans à la Maitrise.*

### ARTICLE PREMIER.

*Age prescrit pour la Reception des Aspirans.*

AUCUN Aspirant ne sera reçû Maître & Marchand dans le Corps de l'Orfévrerie-Joyaillerie de Paris, qu'il n'ait atteint l'âge de vingt ans accomplis, soit qu'il prétende à la Maitrise en qualité de Fils de Maître, ou qu'il ait gagné la Franchise par la voye de l'Apprentissage.

### *AUTORITEZ.*

Les Ordonnances & Reglemens propres de l'Etat d'Orfévrerie, ne statuent nullement sur l'âge qu'un Aspirant, Fils de Maître ou Apprentif, doit avoir, avant qu'il puisse aspirer à la Maitrise de cet Etat. Mais il y a sur ce point des Dispositions dans les Ordonnances generales qui suppléent au défaut des Reglemens particuliers & qui nous servent de Regle. Telles sont celles de Henry III. en 1581, & de Louis XIV. en 1673.

*Ordonnance de Henry III. en* 1581. ART. XVII. » Voulons qu'aucun des Artisans ne puisse être reçû à la Mai- « trise qu'il n'ait atteint l'âge de vingt « ans, ou [même] plus, si leurs Sta- « tuts le portent. « *Conference des Ordonnances*, *tom.* I. *pag.* 936.

*Ordonnance generale de Louis XIV. du mois de Mars* 1673. » Aucun ne « sera reçû Marchand qu'il n'ait vingt « ans accomplis. « *Titre I. Article III.*

Cette Regle étoit déja suivie dans notre Corps avant la derniere de ces deux Ordonnances, & en consequence de la premiere, comme on le voit par quelques exemples porṭées ſur nos Regiſtres, tels que celui-ci. En 1653, un Fils de Maître ayant été preſenté au Bureau pour être reçu, & n'ayant pas encore atteint l'âge preſcrit, il fut refuſé: & quoique ſur ce refus ſon Pere voulût intenter action contre les Gardes pour les contraindre, il fut conclu par les Anciens, aſſemblez à ce ſujet le 3 Septembre, qu'on s'en tiendroit à la Regle: *Et que l'Aſpirant ne ſeroit point reçu, attendu ſon bas âge. Voyez 3e. Regiſt. des Délib. fol.* 101 *v°.* En effet, dans l'Etat d'Orfévrerie, autant qu'en aucun autre, il convient qu'un Aſpirant ſoit parvenu à certain degré de maturité pour être reçû, quand ce ne ſeroit que par rapport au Poinçon qui lui eſt confié, & dont il ne doit uſer qu'avec un diſcernement qui demande neceſſairement un jugement déja formé.

## ARTICLE II.

### *Brevets & Certificats rapportez par les Aſpirans Apprentifs.*

TOUS Apprentifs aſpirans à la Maitriſe, ſeront préalablement tenus de rapporter aux Maîtres & Gardes, les Brevets de leur Apprentiſſage duement quittancez, avec les Certificats en bonne forme du Service par eux fait chez les Maîtres en qualité de Compagnons depuis leur Apprentiſſage.

### *AUTORITEZ.*

C'eſt la ſuite du Texte des Ordonnances que nous venons de citer. Celle de 1581 qui ordonne Art. XIII. & XIV. que les Brevets & le tems du Service fait par l'Aſpirant depuis ſon Apprentiſſage ſoient duement certifiez, veut que les Maîtres ou Veuves *baillent ladite Certification ſans par icelle augmenter ou diminuer le tems du Service de leurs Apprentifs, ſur peine de faux* &c. *Conference des Ordonn. tom.* 1, *pag.* 935. Et celle de 1673, qui prononce auſſi des peines en pareil cas, ordonne qu'aucun Aſpirant ne ſera reçû Marchand, *qu'il ne rapporte le Brevet & les Certificats d'Apprentiſſage & du Service fait depuis. Tit. I. Art. III.*

Nous avons vû ſur le Ve. Article du Titre II. de ces Statuts, que dès l'an 1474 il avoit été enjoint à nos Orfévres de repreſenter aux Gardes les Brevets, ou Lettres d'Apprentiſſage de leurs Apprentifs; & c'étoit ſans doute lorſque ceux-ci ſe preſentoient au Bureau pour être admis à la Maitriſe. Henry II. preſcrivant depuis par ſon Edit du mois de May 1555, les differens chefs ſur leſquels nos Gardes doivent examiner les Aſpirans avant que de les recevoir au Chef-d'œuvre, met en ce rang la répresentation de leurs Lettres d'Apprentissage. „ Ceux qui se presenteront [ dit-il, Art. I. ] pour être „ passez & reçûs Maîtres audit Etat „ [ d'Orfévrerie à Paris ] seront bien „ & duement examinez par les Six „ Gardes dudit Mêtier, lesquels, „ après avoir vû leurs Lettres d'Apprentissage &c. leur feront faire „ Chef-d'œuvre &c. " *Arch. Layet.* 1 *cotte* 14. Item, *Rec. p.* 74.

Cette representation des Lettres ou Brevets d'Apprentissage, est le but de toutes les précautions prises par ces Actes ; & c'est pour cela qu'ils sont enregistrez au Bureau. Elle n'est ordonnée qu'à l'égard des Gardes, & ne doit régulierement être faite qu'à eux. Comme ils ont seuls le droit d'insinuer les Brevets pour constater le commencement de l'Apprentissage, ce n'est qu'à eux qu'ils doivent être representez lorsqu'il est fini, pour les examiner alors, & voir s'ils ont été effectivement enregistrez ; si les conditions en ont été gardées ; s'ils sont duement certifiez & quittancez des Maîtres, en un mot, si l'Apprentissage a été fait dans toutes les Regles prescrites. Il en est de même à proportion des Certificats du Service fait par les Apprentifs en qualité de Compagnons après leur Apprentissage. Et la raison de tout ceci, est que les Aspirans n'étant admis au Serment de Maître, que sur la simple certification des seuls Gardes, comme nous le dirons en son lieu, & sans répresentation d'aucuns Actes, c'est aussi aux Gardes seuls que ces éclaircissemens sont dûs pour les mettre en état de certifier la verité des choses.

## ARTICLE III.

### *Aspirans n'entreront qu'ès Places vacantes.*

LEs Aspirans, tant Fils de Maîtres, qu'Apprentifs, ne pourront venir à la Maitrise qu'à mesure qu'il y aura des Places vacantes par décès, dans le nombre des Trois cens Maîtres, ou par abdication ou renonciation de la part d'aucuns d'iceux, faite par Acte en bonne forme.

### *AUTORITEZ.*

Le nombre des Orfévres de Paris étant borné & limité, comme nous l'avons dit ci-dessus, il n'est pas permis de l'exceder : de sorte qu'on ne peut régulierement entrer dans le Corps qu'à mesure qu'il s'y trouve des Places vacantes par les divers accidens qui peuvent arriver à ceux qui les remplissent. C'est l'ordre qui s'observe depuis que cette fixation a été faite en 1554, & qui est établi par les Autoritez qui suivent.

*Edit de Henry II. à Fontainebleau en Mars* 1554. ART. I. » Voulons » & nous plaît que le nombre des » Orfévres.... de Paris.... soit ré- » duit & restraint &c. au lieu desquels » Orfévres, à mesure qu'ils vien- » dront à défaillir par mort ou autre- » ment, succederont les Apprentifs » qui auront fait leur tems, & auront » été ou seront examinez & trouvez » suffisans, & jugez les plus idoines » & capables pour exercer ledit E- » tat. « *Layette* 1, *cotte* 13. Item, *Recueil*, *page* 65.

Le même Henry II. confirma cette Disposition dans un autre Edit du mois de May de l'année suivante. *Layet.* idem. *cotte* 15, & *Recueil*, *pag.* 75. Et Henry III. l'a renouvellée en 1586. *Cod. Henry*, *Livre* 15, *Titre* 35, *Article* 3.

*Reglement general du* 30 *Décembre* 1679. ART. II. » Seront admis par « chacun an au Chef-d'œuvre, & re- « çus en la maniere ordinaire, autant « de Personnes qu'il conviendra pour « remplir le nombre de ceux qui se- « ront décedez, ou qui auront vo- « lontairement renoncé à la Maitrise « & Commerce de l'Orfévrerie par « Acte en bonne forme. « *Layette* 3, *cotte* 42. Item, *Recueil*, *pag.* 180.

## ARTICLE IV.

### *Partage des Places égal entre les Fils de Maîtres & les Apprentifs.*

SERONT les Aspirans, Fils de Maîtres & Apprentifs, admis à la Maitrise en nombre égal, à commencer par les Fils de Maîtres : & au cas que l'une de ces deux classes d'Aspirans ne fournît pas suffisamment de Sujets pour remplir la moitié des Places qui se trouveroient actuellement vacantes, le restant desdites Places sera rempli par des Sujets pris de l'autre Classe.

### *AUTORITEZ.*

Henry II. par son Edit de 1555, avoit semblé donner la préference aux Apprentifs dans la distribution des Places vacantes, en disant : *Au lieu desquels Orfévres à mesure qu'ils viendront à défaillir &c. succederont les Apprentifs qui auront fait leur tems &c.* Préference qu'il voulut donner ensuite aux Fils de Maîtres dans l'Edit de l'année suivante, où il est dit :

*A ce que lesdits Orfévres* de Paris *soient plus enclins à bien & fidellement s'acquitter de leurs Charges*, c'est-à-dire, des devoirs de leur Etat, *seront préferez leurs Enfans qui seront trouvez capables & de la qualité requise*. De sorte, qu'à proprement parler, il n'y avoit rien de reglé sur le partage des Places vacantes entre les deux Classes d'Aspirans. Mais c'est ce qui le fut en 1679, en cette maniere :

*Reglement general du 30 Décembre 1679.* ART. II. » Seront les Apprentifs & Fils de Maîtres admis à » la Maitrise en nombre égal, à com» mencer par les Fils de Maîtres ... » Et en cas que les Fils de Maî» tres ... ne soient en nombre suffi» sant pour remplir la moitié des Pla» ces vacantes, le surplus de ce qui „ en manquera, sera pris du nombre „ des Apprentifs : ce qui aura lieu „ en faveur des Fils de Maîtres, si „ le nombre des Apprentifs aspirans „ n'est suffisant. " *Layette 3, cotte 42, & Rec. pag.* 180.

Ce Texte, qui semble avoir reglé toutes choses sur ce point avec assez d'attention, n'a cependant pas prévû le cas où il se trouveroit plus d'Aspirans, tant Fils de Maîtres, qu'Apprentifs, qu'il n'y auroit de Places à leur donner : Car alors, il faut choisir d'entr'eux ; admettre les uns & retarder les autres : Et il faut en même tems, que ce choix ne soit pas déterminé par la faveur, maisqu'il soit reglé sur l'équité & la justice. En ce cas, nous avons recours à la regle établie par Henry II. dans son Edit du mois de Mars 1554, qui veut que dans cette circonstance l'on préfere ceux d'entre les Aspirans, duement examinez, *qui seront jugez les plus idoines & capables d'exercer ledit Etat d'Orfév.* C'est proprement donner les Places aux concours.

D'ailleurs, il pourroit encore arriver qu'après l'examen, les Concurrens se trouveroient être d'un mérite égal : Mais alors voici quel est notre Usage. Si la concurrence est entre les Fils de Maîtres, nous préferons volontiers ceux qui sont Fils de Gardes ou d'Anciens Gardes en considération des Services de leurs Peres ; & après eux, les plus âgez d'entre les Fils des simples Maîtres. S'il s'agit des Apprentifs, la préference est donnée à ceux dont les Brevets sont de datte plus ancienne & qui ont été les premiers enregistrez au Bureau.

## ARTICLE V.

*(Aspirans examinez par les Gardes.)*

LEs Aspirans seront duement examinez par les Six Gardes en Charge, tant sur la division du Poids de Marc, que sur le Prix & la Loy des Matieres d'or & d'argent, & sur la maniere d'allayer le Bas & le Fin pour être

être mis au Titre à ouvrer ſelon les Ordonnances : & en outre leſdits Gardes s'informeront diligemment des mœurs & de la conduite deſdits Aſpirans ; leſquels ne pourront d'ailleurs être admis s'ils ne ſçavent lire & écrire.

## *AUTORITEZ.*

La capacité & la probité requiſes pour exercer l'Etat d'Orfévrerie avec honneur, ſont les deux objets de cet Examen. Il a toujours été ſubi dans notre Corps par les Aſpirans avant qu'ils ayent pû être admis à la Maitriſe ; & originairement il n'y avoit que les Gardes qui euſſent droit de le faire. Mais les differens chefs ſur leſquels il doit être fait, n'étoient pas d'abord ſi détaillez, ni même ſi étendus. Ils ne l'ont été qu'avec le tems, comme on le voit par les Textes qui ont ſucceſſivement ordonné cet Examen.

*Edit du Roy Jean du mois d'Août 1355, qui confirme & amplifie nos anciens Statuts*, ART. I. „ Il eſt à Paris Orfévre .... qui faire le ſceit „ pourtant .... qu'il ſoit approuvé „ par les Maîtres [ & Gardes ] ... „ du Meſtier être ſuffiſant d'être Orfévre &c. Et encore, ART. XVI. „ Nul ne pourra tenir ne lever Forge [ à Paris, c'eſt-à-dire, avoir Boutique ouverte en cette Ville & travailler d'Orfévrerie comme Maître ], „ s'il ne s'appert devant leſdits „ Maîtres [ & Gardes ] du Meſtier „ ſoi approuvé être témoigné ſuffiſant &c. " ce qu'ils ne pouvoient certifier qu'en vertu de l'Examen dont il s'agit, préalablement fait, & de l'épreuve du Chef-d'œuvre dont nous parlerons enſuite. *Archives, Layette* 1, *cotte* 1, bis. Item, *Rec. imprimé, pag.* 4 & 5.

Un nombre d'Aſpirans ayant été reçus dans la ſuite, ſans avoir ſubi cet Examen devant les Gardes, le Corps ſe pourvut au Parlement en 1429, contre cet abus, & obtint l'Arrêt qui ſuit, où l'on voit ſes anciens Uſages ſur ce point mieux dévelopez.

*Arrêt de la Cour de Parlement du 7 May 1429*. „ Sur la Requête baillée céans par écrit par les Orfévres " de Paris, ſur l'interprétation & déclaration de certaines Ordonnances " touchant le Meſtier d'Orfaverie ... " Ordonné eſt que les Orfévres qui " n'ont été approuvez ne témoignez " ſuffiſans par les Gardes dudit Meſtier d'Orfaverie aux Generaux " Maîtres des Monnoyes ... avant " qu'ils puiſſent ouvrer comme Maîtres dudit Meſtier d'Orfaverie, ſeront par leſdits Gardes examinez " tant ſur la matiere dont ils doivent " ouvrer, que ſur la façon [ ou capacité pour l'employer ] : C'eſt à " ſçavoir à quants Deniers & quants " Grains ils doivent ouvrer, & s'ils " ſavent Allayer leur Argent & en " faire Eſſai, & qu'ils ſachent faire " un Chef-d'œuvre : Et leſquels "

L

» Gardes s'informeront duement de » la loyauté & prudhommie d'iceux » Orfévres, & s'ils sont bien res-» seans ou non « c'est-à-dire, d'une part, s'ils sont gens de bien & sans reproche; & de l'autre, si leurs facultez promettent une indemnité suffisante envers le Public pour les fautes qu'ils pourroient commettre au Titre des Matieres dans l'exercice de leur Etat : car sans cela il y avoit d'autres mesures à prendre, dont nous parlerons en son lieu. *Lay. 1, cotte 3*, item, *Rec. de nos Ordonnances*, *p.* 18.

Cet Arrêt nous fait connoître que *la loyauté & la prudhommie*, c'est-à-dire, la probité & les bonnes mœurs ont toujours été requises comme une condition necessaire dans ceux qui aspirent à l'Etat d'Orfévrerie, & ont toujours fait un des principaux chefs de l'Examen des Aspirans. Ce fut pour s'acquitter de ce devoir, qu'entr'autres exemples couchez sur nos Registres, les Gardes examinant en 1587 un Compagnon nommé Claude Cartier, qui d'ailleurs avoit exactement fait son Apprentissage, & ayant reconnu dans la perquisition qu'ils firent de ses mœurs, que depuis il avoit été repris de Justice, refuserent de l'admettre à Chef d'œuvre ; & par Déliberation de l'Assemblée des Anciens tenue à ce sujet le 10 Décembre il fut exclus de la Maitrise. L'Assemblée du 5 May 1594 en usa de même à l'égard d'un Fils de Maître, qui fut rejetté du Chef-d'œuvre, & par consequent de la Maitrise pour le dérangement de ses mœurs, & les fautes qu'il avoit commises contre les Ordonnances dans l'Etat de Compagnon.

Lors de l'Arrêt de 1429, qui transmet nos anciens usages touchant l'Examen des Aspirans, il ne s'agissoit point encore d'exiger d'eux qu'ils sçussent lire & écrire. Quelque utile qu'il leur eût été de le sçavoir, ç'auroit été leur trop demander : car alors on étoit encore dans ces tems d'ignorance, qui duroient depuis plusieurs siécles, pendant lesquels il n'y avoit gueres que les Clercs, c'est-à-dire, les Ecclesiastiques & les Moines qui sçussent écrire. Si l'on excepte les Notaires, Greffiers, &c. tous les Laïcs, même les plus distinguez, souvent ne sçavoient pas tracer leur nom sur les Actes où il étoit necessaire qu'il parût ; & pour toute signature, ils apposoient leurs sceaux. Cet usage a même subsisté encore un tems depuis que l'on a commencé à sçavoir plus communément écrire. Nous trouvons que les Comptes qui se rendoient alors dans notre Maison commune, n'ont commencé d'être signez des Anciens qui y assistoient qu'en 1547. Avant cela l'Acte de clôture de tous ces Comptes étoit seulement scellé du sceau commun du Corps. La faculté d'écrire étant devenue alors plus commune chez les Particuliers, Henri II. voulut bientôt après que nos Aspirans en fussent capables ; & c'est ce qu'il prescrivit en ces termes :

*Edit d'Henri II. du mois de Mars* 1554, Art. II. „ Les Apprentifs, [c'est-à-dire tous Aspirans] ne se-" ront reçus au Serment de Maîtres " dudit Mêtier [d'Orfévrerie] s'ils " ne sçavent lire & écrire. " *Layette 1, cotte 13*, item *Rec. p.* 64. On ne voit pas en effet comment sans cela les Orfévres auroient pû tenir des Regiſtres, donner des Bordereaux, &c. comme le même Edit leur ordonne de faire.

Cependant, comme les Gardes firent leurs Remontrances ſur pluſieurs diſpoſitions de cet Edit, la neceſſité de ſçavoir écrire pour être reçu Maître, fut une de celles dont ils demanderent la modification; fondez ſur ce qu'il pouvoit y avoir des Sujets très-capables d'ailleurs, & qui toutefois par des empêchemens legitimes ne ſe trouveroient pas en état de pouvoir écrire. Leurs Remontrances furent écoutées ſur ce point comme ſur les autres; & ils obtinrent l'année ſuivante cette modification touchant la faculté d'écrire,

*Edit d'Henri II. du mois de Mai* 1554. ART. I. « Ceux qui ſe préſenteront pour être paſſez & reçus Maîtres audit Etat [d'Orfévrerie à Paris] ſeront bien & duement examinez par les ſix Gardes dudit Mêtier, leſquels après avoir vû les Lettres d'Apprentiſſage, & qu'ils ſçauront lire & écrire, s'il n'y a cauſe legitime de quelque tremblement qui les puiſſe empêcher [d'écrire] leur feront faire Chef-d'œuvre. » *Layette* I, *cotte* 14, item, *Rec. p.* 74. On a pû agir pourlors en conſequence de cette modification dans les cas où elle avoit lieu; & l'on pourroit ſans doute le faire encore à preſent: mais ce cas eſt ſi rare, qu'elle eſt comme oubliée aujourd'hui.

A l'égard de la diviſion du Poids de Marc ſur laquelle il faut que nos Aſpirans répondent dans leur examen devant les Gardes, nous n'en trouvons rien dans les Reglemens qui nous ſont propres. Mais l'Ordonnance generale du Commerce du mois de Mars 1673, voulant que tous Aſpirans à la Maitriſe de Marchand, ſoient interrogez ſur ce point, les nôtres y ſont également tenus: ſans doute même que l'uſage en étoit établi par rapport à ceux-ci, long-tems avant cette Ordonnance, à cauſe que le Poids de Marc eſt plus particulierement propre au Commerce d'Orfévrerie, qu'à tout autre. *Tit.* 1. *Art.* 4.

## ARTICLE VI.

### *Chef-d'œuvre des Aſpirans.*

LESDITS Aſpirans ayant ſubi l'Examen, & ayant été trouvez capables à ces differens égards, ſeront tenus enſuite de faire preuve de leur capacité dans les ouvrages de l'Art d'Orfévrerie par le Chef-d'œuvre qui leur ſera ordonné par les Gardes, & qu'ils feront en preſence deſdits Gardes dans la Maiſon commune.

## *AUTORITEZ.*

Le Chef-d'œuvre fait partie de l'Examen que les Aspirans doivent subir devant les Gardes : c'en est même la principale. Toutes les Autoritez qui les obligent à cet Examen, les soumettent donc en même tems à faire Chef-d'œuvre devant les Gardes. Si, selon l'Edit de 1355, & l'Ordonnance de 1378, un Aspirant ne pouvoit lever Forge, qu'il ne fût préalablement *approuvé & témoigné suffisant* par les Gardes, c'étoit principalement par cette Epreuve qu'ils se mettoient en état de le certifier capable. C'est pour cela, comme nous venons de le voir, que l'Arrêt de 1429, veut que nos Aspirans *sçachent faire un Chef-d'œuvre.* François I. dans son Edit du mois de Septembre 1543, parle aussi de cette Experience comme de *l'Epreuve* necessaire pour juger de la *suffisance* des Sujets qui aspirent à la Maitrise dans notre Corps. *Layet.* 1, *cot.* 10 *& Rec. p.* 47. On vient de voir aussi qu'Henri II. en 1555 ordonne que les *Six Gardes leur feront faire Chef-d'œuvre* pour cela. Et enfin, le Reglement general du 30 Décembre 1679, porte que *le Chef-d'œuvre leur sera donné par les Gardes*, & qu'ils le feront *en leur presence. Lay.* 3, *cotte* 42, *& Rec. p.* 180.

En effet, les Chef-d'œuvres se font toujours faits anciennement comme aujourd'hui, non-seulement en la presence des Gardes, par leurs ordres, & sur les desseins qu'ils avoient donnez ou agréez; mais encore dans la Maison commune où de tout tems il y a eu une Piece appellée *la Chambre du Chef-d'œuvre*, uniquement destinée à cet usage, & garnie des outils necessaires. Les Gardes seuls pouvoient y entrer dans le tems que le Chef-d'œuvrier travailloit: car la preuve qu'il y devoit donner de sa capacité, étoit traitée très-sérieusement; & l'on évitoit avec grand soin qu'il pût être aidé ou conseillé de qui que ce fût dans son travail. On trouve dans un Etat des Devoirs du Clerc de l'Orfévrerie, dressé il y a près de trois cens ans, que ce Clerc, qui a toujours été en même tems Concierge de la Maison commune, prêtoit serment aux Gardes après son élection, de n'enseigner, ni aider en façon quelconque les Chef-d'œuvriers dans leur travail; de ne pas même laisser entrer avec eux leur propre Pere, & de ne jamais souffrir que les Chef-d'œuvres fussent transportez hors de la Chambre; le tout *sur peine d'être destitué de son Office. Cet Etat est à la fin du Regist.* 1. *des Comptes.*

Les Chef-d'œuvres faits avec de telles précautions, n'étoient pas examinez avec moins d'attention lorsqu'ils étoient achevez. Nous voyons par nos Registres qu'on les exposoit publiquement dans la Salle commune pour être visitez par tous les Maîtres qui venoient au Bureau; & l'on prenoit pour cela certaines occasions marquées, où ils s'y rendoient en plus grand nombre, comme lorsqu'on leur rendoit les *Gages* ou Prises faites chez eux dans les Visites generales ou particulieres des Gardes. Tous examinoient les Chef-d'œuvres, & disoient librement ce qu'ils pensoient de la perfection ou des défauts de l'ouvrage de chacun ; & quoique les Gardes en Charge ayent toujours été les seuls Juges compétens des Chef-d'œuvres, il semble qu'ils conformoient volontiers leur jugement au plus grand nombre des avis, soit pour recevoir ou pour rejetter les Chef-d'œuvres. On peut dire qu'un Examen si févere, & auquel tous nos Eleves devoient s'attendre à leur tour, causoit une émulation dans le Corps, qui n'étoit pas indifférente au progrès de notre Art.

## ARTICLE VII.

### *Tous Aspirans feront Chef-d'œuvre.*

SERONT les Fils de Maîtres, aussi-bien que les Apprentifs également tenus de faire ledit Chef-d'œuvre pour parvenir à la Maitrise ; sans qu'ils en puissent être dispensez sur quelque prétexte que ce soit, à peine de nullité de leurs Réceptions.

### *AUTORITEZ.*

Nos Reglemens n'ont jamais fait là-dessus aucune distinction entre les Fils de Maîtres & les Apprentifs. Tous ont toujours été également assujettis à l'épreuve du Chef-d'œuvre, & à la séverité de l'Examen qui s'en faisoit. Une Défense de faire des Apprentifs survenue en 1632, & qui subsista jusqu'en 1669, introduisit à la verité quelque relâchement sur ce point à l'égard des Fils de Maîtres ; mais la vigueur de l'ancienne Discipline fut bien-tôt rétablie. Comme durant cet intervale les Fils de Maîtres se voyoient seuls en état de parvenir à la Maitrise, & que les Places qui venoient à vacquer, ne pouvoient plus leur être disputées par des Apprentifs ; ils eurent aussi moins de soin de se rendre capables de les remporter, comme auparavant, par la perfection du Chef-d'œuvre. Il y en eut même quelques-uns qui furent reçus sans le faire. Mais Louis XIV. qui vouloit l'avancement & la perfection des Arts, étant informé de ce relâchement qui pouvoit interesser le progrès du nôtre, rétablit la faculté de faire des Apprentifs, & il statua en même tems sur le Chef-d'œuvre négligé des Fils de Maîtres, en ces termes :

*Arrêt du Conseil d'Etat du Roi du 31 Janvier 1669.* » Fait Sa Majesté défenses d'admettre & recevoir les « Fils de Maîtres [ Orfévres ] à la « Maitrise, qu'après avoir fait le « Chef-d'œuvre accoutumé, à peine «

» de nullité de leur Réception.« *Lay.* 12, *cot.* 12 *& Rec. p.* 512.

Le Reglement genéral qui fut fait dix ans après, ordonne de même, ART. II. » Que les Fils de Maîtres, » aussi bien que les Apprentifs, se- » ront tenus de faire le Chef-d'œu- » vre qui leur sera donné, en pre- » sence des Gardes. « *Layette* 3, *cotte* 42, item, *Rec. p.* 180. En effet, si les Fils de Maîtres étoient dispensez de cette Epreuve, il ne resteroit plus de moyen de s'assurer de leur capacité; eux qui ne sont pas tenus de faire Apprentissage dans les Regles.

Il faut toutefois observer que les Fils de Maîtres, & même les Apprentifs des Galleries du Louvre & ceux de la Manufacture Royale des Goblins, sont dispensez de faire Chef-d'œuvre. Mais cette dispense est un effet des Privileges dont ils joüissent, & fondée sur ce que de tels Eleves sont censez avoir été formez sous d'excellens Maîtres dans ces Manufactures, & qu'ils n'ont pas besoin de faire preuve de leur capacité par l'experience du Chef-d'œuvre. *Voy. Lay.* 8, *cotte* 2, *&* *Lay.* 9 *cot.* 9, item, *Rec. pp.* 401 *&* 469.

Les deux Enfans qui font Apprentissage d'Orfévrerie dans l'Hôpital de la Trinité, ne joüissent pas de la même dispense, parce qu'il n'y a pas eû la même raison de la leur accorder : & quoique par les Privileges de cette Maison il soit dit que les deux Ouvriers sous lesquels ils font leur Apprentissage, *ne seront tenus de faire Chef-d'œuvre* pour être reçus Maîtres après les huit années d'Instruction, c'est moins une dispense de le faire qu'une précaution prise pour empêcher qu'ils ne fussent obligez de le faire deux fois. Car avant que ces Ouvriers soient admis pour instruire les Enfans dont on les charge, ils doivent *préalablement faire Experience pardevant les Maîtres & Gardes* de l'Orfévrerie, à l'effet *d'être par lesdits Gardes certifiez suffisans & capables pour enseigner lesdits Enfans*: ce qui est, bien réellement un Chef-d'œuvre, mais anticipé de huit ans. *Lay.* 9, *cot.* 2, *&* 5. Item, *Rec. p.* 438. 457 *&* 459.

## ARTICLE VIII.

### *Gardes, seuls Arbitres compétens des Chef-d'œuvres.*

SELON les Ordonnances & Reglemens de l'Etat d'Orfévrerie, les Gardes en Charge seront seuls Arbitres compétens de la capacité des Aspirans en l'Art d'Orfévrerie : En conséquence nul Officier de Justice ne sera appellé, ni sa presence requise à l'operation & à l'examen des Chef-d'œuvres d'iceux Aspirans.

## AUTORITEZ.

On vient de voir que le Chef-d'œuvre étant une Expérience de l'Art pour juger de la capacité des Aspirans, les Gardes en Charge en ont toujours été les Arbitres compétens, & même les seuls Arbitres necessaires; & que toutes nos Ordonnances leur attribuent perpetuellement cette connoissance. Tel a toujours été leur Droit: & s'il a été attaqué à l'occasion qu'on va dire, elle ne servit qu'à les y affermir davantage pour la suite.

Vers la fin de l'année 1577, les Gardes ayant admis quelques Aspirans au Chef-d'œuvre, les presenterent ensuite pour être reçus en la Cour des Monoyes, à laquelle il appartient de connoître du Fait de nos Maitrises, comme nous allons le voir dans le Titre suivant. Mais au lieu de prêter le serment, ils furent renvoyez sous prétexte que la Cour n'avoit pas pris connoissance de leurs Chef-d'œuvres: & le 14 Février suivant, elle donna Arrêt portant »Défenses aux Gardes de recevoir » [à l'avenir] aucun à faire Chef-» d'œuvre sans en avertir la Cour, » sur peine de nullité desdits Chef-» d'œuvres. « *Rec. pag.* 139, 140.

L'Arrêt ayant été signifié & prononcé aux Gardes en la Maison commune le 18 en presence de deux Conseillers Generaux des Monoyes, députez de la Cour, nos Anciens s'assemblerent à ce sujet le 21, & il fut arrêté qu'on feroit des remontrances au Roy au sujet de cet Arrêt: ce que les Gardes firent incessamment; & ils obtinrent les Lettres dont la teneur s'ensuit.

*Lettres Patentes de Henry III. du 8 Août 1578, adressées au Parlement.*

Nos bien amez les Maîtres Jurez " Gardes de l'Orfévrerie de notre " bonne Ville & Cité de Paris, nous " ont fait remontrer que combien que " par les Statuts & Ordonnances de " leurdit Etat.... verifiez par vous " purement & simplement... il soit " expressement porté que ceux qui " se presenteront pour être reçûs & " passez Maîtres en icelui seront bien " & duement examinez par lesdits " Gardes; lesquels après avoir vû " leurs Lettres d'Apprentissage &c. " leur feront faire Chef-d'œuvre; " & ce fait, les presenteront en notre " Cour des Monoyes, en laquelle " &c. ils seront reçûs &c. Et néanmoins notredite Cour des Mo- " noyes contrariant directement aus- " dits Statuts & Ordonnances; à " vosdits Arrêts de verification, & à " l'inveterée coutume & observation " d'iceux, par son Jugement du 14 " Février dernier, auroit fait défen- " ses ausdits Jurez & Gardes de rece- " voir aucun à faire Chef-d'œuvre " sans les avertir, sur peine de nulli- " té dudit Chef-d'œuvre: à quoi " ayant égard, & au trouble qu'ap- " porteroient lesdites défenses audit " Etat, lesdits Exposans Nous ont " très-humblement requis & supplié " leur pourvoir. Pourquoi, Nous, ce " consideré, desirant maintenir & " conserver lesdits Exposans esdits " Statuts & Ordonnances de leurdit " Etat, confirmez, tant par Nous, " que vosdits Arrêts, sans permettre " qu'il y soit contrevenu pour quel- "

„ que cauſe & occaſion que ce ſoit: „ Vous mandons & commettons, & „ très-expreſſement enjoignons par „ ces Preſentes, que vous les faſſiez, „ ſouffriez & laiſſiez jouir & uſer „ du contenu en iceux Statuts & Or- „ donnances pleinement & paiſible- „ ment, ainſi que par ci-devant ils „ en ont toujours bien & duement „ joüi & uſé, jouiſſent & uſent de „ preſent; nonobſtant les ſuſdites défenſes portées par ledit Juge- „ ment de notredite Cour des Mo- „ noyes; leſquelles, comme con- „ traires auſdits Statuts & Ordon- „ nances dudit Etat, & à vos Arrêts „ de verification, Nous avons le- „ vées & ôtées, levons & ôtons par „ ceſdites Preſentes: Car tel eſt notre „ plaiſir, nonobſtant &c. „ *Layette* 2, *cotte* 23. Item, *Recueil*, *pages* 138, 139.

TITRE

# TITRE V.

## *De la Reception.*

### ARTICLE PREMIER.

*Aſpirans preſentez par les Gardes à la Cour des Monoyes pour leur Reception.*

LEs Aſpirans à l'Etat d'Orfévrerie qui auront été duement examinez, & dont les Chef-d'œuvres auront été agréez, ſeront enſuite preſentez par les Maîtres & Gardes à la Cour des Monoyes, pour être par ladite Cour, reçus Maîtres & Marchands Orfévres, ſi faire ſe doit.

### *AUTORITEZ.*

Dès le tems de Philippe le Bel & ſous les Regnes ſuivans, les Orfévres de Paris reconnoiſſoient déjà en quelque choſe l'autorité des Officiers prépoſez ſur le Fait des Monoyes. Ces Princes ayant commencé d'interdire la liberté d'affiner les Matieres, & celle de fabriquer pendant certain tems des Ouvrages d'or & d'argent au-deſſus d'un poids limité, ſans en avoir préalablement obtenu des Permiſſions expreſſes, voulurent que nos Orfévres s'adreſſaſſent à ces Officiers pour les obtenir. Et tels ont été les premiers veſtiges d'inſpection ſur l'Etat d'Orfévrerie à Paris de la part des Officiers des Monoyes, dans ces tems où n'ayant point encore de Siege qui leur fût propre & particulier, ils étoient unis, auſſi-bien que les Treſoriers des Finances, aux Magiſtrats de la Chambre des Comptes, avec leſquels ils ne formoient tous qu'un même Corps.

Mais en 1358, ces Officiers qui étoient connus ſous le Titre de *Generaux Maîtres des Monoyes du Roy*, ayant commencé à former une Chambre particuliere, appellée *la Chambre des Monoyes*, nos Rois commencerent aussi à leur attribuer la connoissance de Points plus importans dans la Police de l'Orfévrerie, & specialement de ceux qui ont rapport à l'emploi des Matieres d'or & d'argent, à cause de l'étroite relation qu'il y a de ce Fait à celui des Monoyes. Or, comme la faculté de travailler ces Métaux ne s'acquiert qu'en prêtant le serment de Maître, le droit de recevoir les Aspirans à la Maitrise d'Orfévrerie, fut aussi une des premieres de ces attributions; & nous croyons qu'elle leur fut faite par Charles V. dans son Ordonnance du mois de Mars 1378; car encore qu'il n'y soit pas expressément porté que nos Aspirans seront desormais reçus par les Generaux Maîtres des Monoyes, il est visible que le pouvoir qui y est donné à ces Officiers de recevoir les Cautions & de regler le fait des Poinçons des Aspirans ou Récipiendaires, emporte naturellement celui de les recevoir à la Maitrise, puisque ces circonstances sont inséparables de la Réception & qu'elles en sont des parties essentielles. Aussi voyons-nous par toute la suite, que depuis l'Ordonnance de 1378, les Gardes de l'Orfévrerie de Paris ont toujours été tenus de presenter nos Aspirans aux Generaux des Monoyes pour être reçûs Maîtres; soit durant la minorité de la Chambre des Monoyes, soit après l'érection de cette Chambre en Cour Souveraine. Le Reglement publié au Parlement le 23 Mars 1428, un Arrêt qui y fut rendu le 7 May de l'année suivante: des Lettres Patentes de Henry II. du 14 Janvier 1549, & son Edit du mois de May 1555, sont autant de Titres qui reconnoissent en la personne des Generaux des Monoyes, le droit de recevoir nos Aspirans à la Maitrise, & qui par consequent font un devoir aux Gardes de l'Orfévrerie de les leur presenter à cet effet. *Archiv. de l'Orf. Layette* 1, *cotte* 3, 12, 14. Item, *Recueil impr. des Ordonnances pag.* 18, 59, 74.

Nous nous dispensons de transcrire ici toutes ces Autoritez: on les va voir sous les Articles suivans où elles sont plus naturellement placées, à cause des obligations respectives qu'elles prescrivent d'ailleurs, & qui sont l'objet de ces Articles.

## ARTICLE II.

### *Certification des Gardes à la Cour des Monoyes.*

A Cet effet, lesdits Gardes certifieront à la Cour des Monoyes, que les Apprentissages & Chef-d'œuvres des Aspirans qu'ils lui presentent, ont été bien & duement faits, & que les Brevets sont en bonne forme; sans qu'iceux Gardes, ni Aspirans soient tenus de representer lesdits Brevets.

## *AUTORITEZ.*

La certification des Gardes a toujours été necessaire pour la Réception des Aspirans ; & nul n'a pû être licitement reçû, qu'ils ne l'ayent préalablement *approuvé* & *témoigné suffisant*, comme parlent les anciennes Ordonnances.

*Anciens Statuts de l'Orfévrerie de Paris, confirmez par Edit du Roy Jean au mois d'Août* 1355. Art. xvi. „ Item, Nul Orfévre ne pourra tenir „ ne lever Forge.... se il ne s'appert „ devant les Maîtres [ & Gardes ] „ du Mestier soi approuvé estre té- „ moigné suffisant.... autrement, „ non. " *Lay.* 1, *cot.* 1, bis. Item, *Rec. p.* 5. Même Disposition dans l'Ordonnance de Charles V. du mois de Mars 1378. *Layette* idem, *cot.* 2, *& Recueil, p.* 10.

*Ordonnances sur le Fait de l'Orfévrerie de Paris, publiées en Parlement le* 23 *Mars* 1428. Art. ix. „ Item, „ La Cour enjoint aux Generaux „ Maîtres des Monoyes du Roy, „ que selon les Ordonnances Royaux „ faits sur le Fait d'Orfaverie, ils „ ne reçoivent doresnavant aucun à „ être Maître dudit Mestier d'Orfa- „ verie, soit Grossier ou Menuyer, „ s'il n'est approuvé & témoigné suf- „ fisant par les Maîtres & Gardes du- „ dit Mestier. „ *Layet.* idem, *cot.* 3, *& Rec. pag.* 18.

*Arrêt du Parlement du* 7 *May* 1429. „ Ordonné est que les Orfé- „ vres qui n'ont été approuvez ne „ témoignez suffisans par les Gardes „ dudit Mestier d'Orfaverie aux Generaux Maîtres des Monoyes.... " avant qu'ils puissent ouvrer comme " Maîtres dud. Mestier, seront par les- " dits Gardes examinez... & ce fait, " ceux qui par lesdits Gardes seront " approuvez & témoignez loyaux & " suffisans.... seront reçus par les- " dits Generaux Maîtres des Mo- " noyes. " *Ibid. supra.*

Cette *Approbation* des Gardes & ce *Témoignage* qu'ils rendoient de la *suffisance* des Aspirans, étoient portez dans un Acte qui s'appelloit alors, comme aujourd'hui, *Certification.* Voici la formule de celle que les Gardes donnerent cette même année 1429 aux Generaux des Monoyes en presentant les Aspirans à leur Chambre pour y prêter le Serment.

*Nous Simon du Martray, Pierre Barthelemi, Jehan de Villeneufve, Pierre de S. Dizier, Jehan le Fourbeur & Jehan Daniel, tous Gardes & Jurez du Mestier de l'Orfaverie de Paris pour cette presente année* 1429, *Certifions à Nosseigneurs les Generaulx Maîtres des Monoyes du Roy notre Sire, que tous les Orfévres* Aspirans, *ci-dessus nommez, ont été par Nous bien & duement examinez, tant sur la Matiere que sur les façons, & aussi sur le fait des Grains & Deniers* de Fin, *& d'allayer l'argent ; & avec ce de faire l'Essai à la main*, c'est-à-dire, de l'or à la Touche, & de l'argent à la Rature : *Et ont*, lesdits Orfévres Aspirans, *fait Chef-d'œuvre chacun à part soi. Et les relattons souffiseans & loyaulx & exparts oudit Mestier. En tesmoing* *de ce, Nous avons Scellé ces Presentes du Scel dudit Mestier, duquel on a accoutumé d'user. Ce fut fait le* 18^e^. *jour de Novembre* 1429. Voyez 2^e^. Regist. des Recept. fol. 9.

Cette Certification, dressée apparemment selon une formule déjà passée en usage, fut alors transcrite sur le Registre courant des Receptions de Maîtres, afin, sans doute, qu'elle servît de modelle pour l'avenir. En effet, celle que nous donnons encore aujourd'hui en pareil cas, est en substance la même chose. Il a toujours suffi que les Gardes ayent certifié qu'ils ont trouvé les Aspirans capables par l'Examen & l'épreuve du Chef-d'œuvre; que l'Apprentissage a été fait dans les regles, & que les Brevets sont en bonne forme. Il est vrai qu'outre cette Certification & contre l'usage perpetuel, on a voulu exiger dans ces derniers tems, la representation des Brevets d'Apprentissage avant que de proceder à la Reception des Apprentifs Aspirans: Mais la nouvelle prétention ayant été examinée au Conseil, ne fut point admise; & la simplicité de l'ancien Usage y fut contradictoirement maintenue comme il s'ensuit:

*Arrêt du Conseil Privé du Roy du* 15 *Février* 1704. „ Le Roy en son Conseil ayant aucunement égard à " la Requête des Maîtres & Gardes " Orfévres, & à l'Intervention du " Procureur de Sa Majesté au Châtelet, a cassé & casse l'Arrêt de la " Cour des Monoyes du 20 Juin " 1702, en ce qu'il ordonne que les " Brevets d'Apprentissage des Aspirans Orfévres seront representez " en ladite Cour des Monoyes, " avant que de proceder à leurs Receptions à la Maitrise. Ordonne Sa " Majesté que, quand les Aspirans à " la Maitrise seront presentez à ladite " Cour, lesdits Maîtres & Gardes " Orfévres seront tenus seulement " de certifier à ladite Cour que lesdits " Aspirans ont bien & duement fait " leurs Apprentissages conformement " aux Ordonnances, & que leurs Brevets sont en bonne forme. " *Layette* 24, *cotte* 58.

De ce qu'il n'est point parlé ici du Chef-d'œuvre, il ne s'ensuit pas que les Gardes puissent obmettre dans leur Certification, qu'il a été bien & duement fait, aussi-bien que l'Apprentissage: Mais c'est que ce Point, auquel ils ne manquent jamais, n'étoit pas en contestation. En tout cas, cet ancien devoir se trouve renouvellé dans un Arrêt posterieur, dont la Disposition est rapportée sous l'Article qui suit.

## ARTICLE III.

### *Nul Aspirant reçû à la Cour, s'il n'est presenté & certifié par les Gardes.*

LA Cour des Monoyes ne pourra admettre au Serment, ni recevoir aucun Aspirant Maître & Marchand Orfévre pour la Ville de Paris, que ceux qui lui feront presentez & certifiez par les Maîtres & Gardes de l'Orfévrerie de cette Ville en la forme ci-dessus prescrite; à peine de nullité des Receptions.

## *AUTORITEZ.*

Relisez les trois premieres Autoritez que nous venons de mettre sous l'Article précedent, & principalement celle du 23 Mars 1428. Vous y verrez, que si tout Aspirant à la Maitrise d'Orfévrerie à Paris ne peut être reçu, qu'il n'ait préalablement été *approuvé & témoigné suffisant* par les Gardes, au Tribunal qui doit le recevoir, il est pareillement défendu à ce Tribunal de le faire autrement que sur cette approbation & sur ce témoignage ou certification des Gardes. La raison en est, que par la disposition & l'œconomie, tant des anciennes Ordonnances, que des Reglemens modernes en ce qui concerne l'Apprentissage, les Brevets & le Chef-d'œuvre des Aspirans, il n'y a que les Gardes seuls qui soient en état d'informer la Cour des Monoyes, si le Sujet presenté a satisfait à tout ce qui lui est prescrit, & si en le recevant, les Regles seront exactement gardées : sans compter d'ailleurs, que s'il survenoit là-dessus quelque contestation entre l'Aspirant & les Gardes, ce seroit au Tribunal ordinaire à en connoître. C'est en conformité de ces anciennes maximes, toujours suivies, qu'il a été statué de nouveau en ces termes :

*Arrêt du Conseil d'Etat du Roy, rendu du propre mouvement de Sa Majesté le 23 Avril* 1730. „ Le Roy étant en son Conseil, a ordonné & ordonne que les Edits, Arrêts & Reglemens, concernant l'Orfévrerie.. seront executez selon leur forme & teneur; & en consequence... Fait Sa Majesté défenses à la Cour des Monoyes de recevoir aucun Maître Orfévre [ pour la Ville de Paris ] autrement que sur la Presentation qui lui sera faite des Aspirans par les Maîtres & Gardes de l'Orfévrerie [ de cette Ville ] & sur leur Certification que les Brevets d'Apprentissage seront dans les formes prescrites par les Reglemens, & qu'ils auront bien & duement fait Chef-d'œuvre devant les Gardes &c. le tout, conformement aux Reglemens; & ce, à peine de nullité des Receptions de Maîtres que ladite Cour des Monoyes aura faites autrement que sur la Presentation & Certification des Gardes de l'Orfévrerie : Et en cas de contestations au sujet des Brevets d'Apprentissage & sur les demandes qui seront faites par les Aspirans pour être reçus Maîtres & Marchands Orfévres, ordonne Sa Majesté, que les Parties seront tenues de se pourvoir pardevant le Lieutenant General de Police &c. *Lay.* 3, bis, *cot.* 25.

## ARTICLE IV.

### *Reception des Aspirans à la Cour.*

LEs Aspirans seront examinez de nouveau sur les devoirs de l'Etat d'Orfévrerie par la Cour des Monoyes; & en conséquence ladite Cour les recevra Maîtres & Marchands Orfévres s'ils en sont trouvez capables, en leur faisant prêter le Serment de garder & observer les Ordonnances, Arrêts & Reglemens, concernant ledit Etat d'Orfévrerie.

### *AUTORITEZ.*

Originairement il n'y avoit que les Gardes qui examinassent nos Aspirans: & il ne paroît pas que dans les commencemens la Chambre des Monoyes fût dans l'usage de leur faire subir un second Examen. L'Ordonnance de 1378, qui lui a attribué le droit de les recevoir à la Maîtrise, ni le Reglement publié au Parlement en 1428, ne parlent point de ce double Examen. Celui des Gardes y est toujours regardé comme l'unique auquel ils fussent tenus. Mais il est certain que trente ans après ce dernier Reglement, les Generaux des Monoyes étoient actuellement dans l'usage d'examiner les Aspirans, comme il paroît par une Sentence de leur Chambre du 3 Septembre 1459 rapportée dans Constans, *Traité de la Cour des Monoyes*, *pag.* 161, où l'on voit, qu'après avoir interrogé le Sujet sur les devoirs de son état, & particulierement sur les Alleages d'or & d'argent, ces Officiers le renvoyerent, parce qu'ils ne le trouverent pas capable d'être Maître Orfévre de Paris. Mais ce ne fut que dans le siécle suivant que Henry II. leur fit un devoir de cet Examen.

*Lettres Patentes de Henry II. du* 14 *Janvier* 1549. „ Défendons très-expressément ausdits Generaux des Monoyes de recevoir aucun Aprentif au Serment de Maître Orfévre, qu'il n'ait été préalablement par eux examiné sur la bonté & expérience, tant d'or que d'argent; sur les Alleages d'iceux, & autres choses contenues ès Ordonnances dudit Métier, & que iceux Aprentifs ayent été par eux trouvez suffisans & capables, & des qualitez requises par lesdites Ordonnances. " *Layet.* 1, *cotte* 12. Item, *Rec. p.* 59.

*Edit de Henry II. à Fontainebleau en May* 1555. ART. I. „ Ceux qui se presenteront pour être passez &

„ reçus Maîtres audit Etat [d'Orfé-„ vrerie] feront bien & duement „ examinez par les Six Gardes du „ Mêtier.. . & ce fait, feront pre-„ fentez en notre Cour des Mo-„ noyes, en laquelle, après avoir „ été examinez de nouveau, feront „ reçus fi faire fe doit." Ibid. *cotte* 14, *& pag.* 74, 75.

A l'égard de la Réception & du Serment, nos Afpirans ont toujours été tenus de fe pourvoir pour cela, d'abord en la Chambre, & enfuite, en la Cour des Monoyes, depuis l'Ordonnance de 1378; comme il paroît par ces Autoritez.

*Ordonnances fur le Fait de l'Orfévrerie, publiées en Parlement le 23 Mars* 1428. „ Si aucuns [Orfé-„ vres] y a [à Paris] qui n'ayent „ fait le Serment accoutumé.. . que „ les Generaux Maîtres des Mo-„ noyes [le] leur faffent faire." *Layet.* idem, *cott.* 3, *& Rec. p.* 18.

*Arrêt du Parlement du 7 Mai* 1429. „ Ceux qui par lefd. Gardes „ feront approuvez & témoignez „ loyaux & fuffifans.... feront re-„ çus par lefdits Generaux Maîtres „ des Monoyes." *Ibidem.*

*Du Code Henry, Livre* XV. *Titre* 37, *Art.* 8 *&* 9. „ Les Maîtres Or-„ févres de notre Ville de Paris fe-„ ront établis [c'eft-à-dire, Reçus] „ par notre Cour des Monoyes: par-„ devant lefquels Juges feront te-„ nus lefdits Maîtres Orfévres, ju-„ rer qu'ils obferveront tous & cha-„ cun les Articles & Reglemens con-„ tenus en nos Ordonnances de point „ en point felon leur forme & teneur, „ fur les peines y contenues."

Telle en effet a toujours été la formule du Serment prêté par nos Afpirans à leur Reception: c'eft-à-dire, qu'ils ont toujours juré de garder les Ordonnances, Arrêts & Reglemens qui concernent l'Etat d'Orfévrerie en general & fans autre détail. Mais depuis l'Arrêt du Confeil d'Etat du 17 Janvier 1696. la Cour des Monoyes fait ajouter à cette Formule: *Et de fouffrir les Vifites des Commiffaires de la Cour*; parce qu'une des Difpofitions de cet Arrêt porte: „ Que ladite Cour " pourra commettre toutes les fois " qu'elle le jugera neceffaire, des " Commiffaires pour fe faire repre- " fenter les Regiftres des Orfévres, " Merciers & autres, & vifiter les " Ouvrages d'or & d'argent dans " les Boutiques defdits Orfévres, " Merciers, & autres travaillans ou " trafiquans en or ou en argent; pren- " dre connoiffance du Titre defd. Ou- " vrages, enfemble, des Poinçons & " Balances qu'ils y trouveront, dont " il fera dreffé des Procès verbaux par " lefdits Commiffaires.... pour iceux " rapportez être ordonné par ladite " Cour ce qu'il appartiendra."

Au refte, nous trouvons dans nos Regiftres qu'anciennement nos Orfévres prêtoient le Serment de leur Reception, foit à la Chambre foit à la Cour des Monoyes, fur un petit Tableau que les Gardes y faifoient apporter à chaque fois, & qui fe voyoit encore dans la Maifon commune à la fin du XVI^e^. fiécle. Il étoit apparemment femblable à celui de l'Hôtel de Ville, qu'on appelle *Scrutin*, & fur lequel les nouveaux Echevins font le ferment de fidelité au Roi, après leur Election.

## ARTICLE V.

### *Cautions des nouveaux Maîtres.*

LES nouveaux Reçus à la Maitrise donneront chacun bonne & suffisante Caution de la somme de mille livres à la Cour des Monoyes; lesquelles Cautions, les Maîtres & Gardes de l'Orfévrerie pourront contester, s'il y échet, après avoir pris communication des Actes de Cautionnement, & autres.

### *AUTORITEZ.*

Avant l'Ordonnance de 1378, il ne s'agissoit point encore de ces Cautions. Jusques-là les Orfévres avoient été à cet égard comme les autres Marchands & Artisans sont encore aujourd'hui. Mais l'importance des Matieres qui leur passent par les mains, & dont la pureté ne doit point être alterée, exigeant d'eux quelque chose de plus, Charles V. pensa pour-lors à y pourvoir; & la sureté publique fut l'unique motif de cette nouvelle précaution. Les Cautions ne furent cependant pas exigées d'abord indistinctement de tous les Sujets qui se faisoient recevoir; mais seulement de ceux *qui n'estoient pas bien resséans*, comme on disoit alors; c'est-à-dire, ceux dont les facultez ne promettoient pas une sureté entiere au Public, en cas qu'ils vinssent à prévariquer au Titre de leurs Ouvrages, & desquels on ne pouvoit esperer un dédommagement certain des pertes qu'il y auroit à supporter. Toutefois pour affermir davantage la confiance publique, cette distinction disparut par la suite, & tous les Orfévres de Paris furent également tenus de fournir bonne & suffisante Caution à leur Reception. Par la même raison cette Loi qui ne regardoit d'abord qu'eux, devint generale pour tous les Orfévres du Royaume; avec cette difference seulement que la somme à laquelle le cautionnement a été differemment fixé par succession de tems, a toujours été plus forte pour les Orfévres de Paris, que pour ceux des autres Villes. Voici les Autoritez qui ont établi, & successivement prescrit une précaution par laquelle on peut dire que l'Etat d'Orfévrerie est avantageusement distingué de tous les autres, dont la Police n'établit pas les mêmes suretez, & ne fournit pas les mêmes sujets de confiance au Public.

*Ordonnance de Charles V. du mois de Mars* 1378. » Quelconques Orfévres ne pourront tenir, ne lever « Forge [ à Paris ] .... s'ils ne sont « très-bien resséans.... [ à moins « » qu' ]

» qu' ] ils ne baillent Pleiges de dix » marcs d'argent aux Generaux Maî- » tres des Monoyes, qui prendront » les meilleurs Pleiges que bonne- » ment en pourront avoir.« *Layette* 1, *cotte* 2. Item, *Rec. p.* 10. De-là vient que pour s'assurer de la solvabilité de ces Pleiges ou Cautions, l'usage s'introduisit bien-tôt après d'exiger deux Contre-Pleiges ou Certificateurs à caution, lesquels *témoignoient que le Pleige estoit souffisant pour les dix marcs d'argent payer*, comme il paroît par nos Registres du tems. *Voyez* 2^e^. *Registre des Recept. fol.* 11 *& suiv.*

*Ordonnances publiées au Parlement le* 23 *Mars* 1428. *Art.* IX. » Que » les Generaux Maîtres des Monoyes » du Roi... ne reçoivent doresna- » vant aucun à être Maître dud. Me- » stier d'Orfaverie [ à Paris ].... s'il » n'est approuvé.... par les Maîtres » & Gardes dudit Mestier, & qu'ils » leur baillent Pleiges de dix marcs » d'argent, s'il n'est de soi bien res- » féant. Et si aucuns y en a qui » n'ayent... baillé ladite Caution » ausdits Generaux Maîtres, qu'iceux » Generaux Maîtres [ la ] leur fas- » sent bailler. « Ibidem, *cotte* 3, *& Rec. page* 18.

*Arrêt du Parlement du* 7 *Mai* 1429. » Ceux qui par lesdits Gardes seront » approuvez... seront reçus par les- » dits Generaux Maîtres des Mo- » noyes, en leur baillant Pleiges cha- » cun de dix marcs d'argent, s'ils ne » sont trouvez être très-bien res- » féans. « *Ibidem.*

*Edit de Henri II. à Fontainebleau au mois de Mars* 1554. ART. V. „ Sta- „ tuons & ordonnons.... Que tous les Orfévres, avant que d'être re- " çus, bailleront Caution; à sçavoir " ceux de notre Ville de Paris, de " vingt marcs d'argent en notre Cour " des Monoyes; & ceux des autres " [ Villes ] de dix marcs, ès mains " du premier General de lad. Cour, " qui se trouvera sur les lieux, &c. " *Layet.* idem, *cot.* 13, *& Rec. p.* 65, 66.

*L'Arrêt du Parlement du* 6 *Juin* 1576, assujettit aussi à cette Loi ceux qui parviennent à la Maitrise par la voye des Privileges de l'Hôpital de la Trinité. *Layette* 9, *cotte* 2. Item, *Rec. p.* 475.

*Reglement general du* 30 *Décembre* 1679. ART. III. „ Les Maîtres Orfévres de la Ville & Fauxbourgs " de Paris seront tenus de donner " bonne & suffisante Caution de la " somme de mil livres, au lieu de " vingt marcs d'argent portez par le " Reglement de 1554: lesquelles " Cautions les Gardes en Charge " pourront contester, s'il y échet, " après avoir pris communication " des Actes de cautionnement & au- " tres. " *Layette* 3, *cotte* 42. Item, *Recueil, pag.* 180, 181.

C'est ainsi qu'à proportion que la Police de notre Etat s'est perfectionnée en general par la suite des tems, la sureté du Public a successivement aussi été plus affermie en particulier sur le fait du Cautionnement. Pour ce qui est des Actes qui sont fournis à cet effet à la Cour des Monoyes par les Cautions, ils n'ont jamais fait de difficulté par rapport aux Gardes; parce que de tout tems ceux-ci ont examiné & agréé préalablement les Cautions, & ont toujours reçu leurs soumissions sur des Registres destinez à cet effet dans la Maison commune, avant que de paroître à la Chambre ou à la Cour des Monoyes pour les donner. *Voyez ces Registres qui sont les mêmes que ceux des Receptions.*

## ARTICLE VI.

### *Poinçon donné à chaque Maître pour marquer ses Ouvrages.*

CHAQUE nouveau Maître sera graver, & recevra de la Cour des Monoyes un Poinçon à la Fleur-de-lys couronnée, & à son Nom & Devise, pour marquer ses propres Ouvrages; l'Empreinte duquel Poinçon particulier de Maître ne pourra avoir, compris le champ, que deux lignes de hauteur sur une ligne un quart de largeur.

### *AUTORITEZ.*

Autres mesures, mais encore plus anciennement prises pour la sureté publique dans la fabrication des Ouvrages d'or & d'argent, & pour concourir à la conservation de la pureté du Titre de ces Ouvrages. Tout Maître est tenu d'avoir un Poinçon qui lui soit propre & particulier pour marquer ses Ouvrages; c'est-à-dire, comme nous le verrons en son lieu, pour le rendre responsable des fautes qui pourroient être trouvées à leur Titre, & pour établir contre lui un recours certain en dédommagement. Car le Poinçon d'un Maître est proprement son Sceau, & comme son Seing manuel qui le lie, & qu'il ne peut méconnoître. Il est donc évident que la Loi qui oblige les Orfévres d'avoir des Poinçons pour marquer leurs propres Ouvrages, doit être aussi ancienne que celle qui fixe les Titres ou Degrez de Fin, ausquels ils doivent travailler l'or & l'argent. Autrement celle-ci seroit demeurée sans force contre ceux qui l'auroient voulu violer. Car un Ouvrage défectueux, non poinçonné, étant une fois sorti des mains du Maître, il lui auroit été facile de le desavouer, & de rendre ainsi la Loi du Titre inutile à son égard.

Cependant nos Coutumes écrites en 1260 ne parlent nullement de ces Poinçons, tandis que les Degrez de bonté ausquels l'or & l'argent devoient être employez par les Orfévres de Paris y sont soigneusement décrits. Mais ce qui persuade que c'est une pure omission dans ces premiers Statuts, c'est qu'il est fait mention de nos Poinçons de Maîtres dans les Registres tenus en la Maison commune dès le commencement du ſiécle ſuivant, comme d'un uſage actuellement établi dans le Corps, & comme venant de longue main. On y voit même qu'ils repreſentoient uniformément une Fleur-de-lys, comme ceux d'aujourd'hui. La Deviſe particuliere du Maître, ou petite marque ſinguliere qu'il choiſiſſoit, telle qu'un Cœur, une Flamme, un Croiſſant, une Etoile, &c. & qu'on appelloit alors le *Contre-ſeing*, y étoit auſſi introduite pour ſervir de *Different*; c'eſt-à-dire, pour diſtinguer le Poinçon d'un Maître de celui d'un autre Maître, & empêcher qu'on ne confondît leurs empreintes. Or tout cela étoit univerſellement pratiqué dans le Corps, avant qu'on eût publié aucun des Reglemens qui ſuivent, dont les premiers ſuppoſent en effet cet uſage établi; & les autres ne font que regler les differentes Diſpoſitions ſur leſquelles notre Article eſt formé.

*Anciens Statuts des Orfévres de Paris confirmez par Edit du Roi Jean au mois d'Août* 1355. ART. I. „ Il eſt „ à Paris Orfévre qui veult, &c. pour- „ tant, &c. qu'il ſoit tel approuvé, „ &c. ſuffiſant d'être Orfévre, & de „ tenir, & lever Forge, & d'avoir „ Poinçon à Contre-ſeing. " *Layette* I, *cotte* I, bis. Item, *Rec. p.* 4. La faculté d'avoir un *Poinçon à Contre-ſeing* eſt regardée ici comme auſſi eſſentielle à un Maître, que celle de *tenir Forge*, c'eſt-à-dire, de travailler comme Maître: auſſi l'une doit-elle être auſſi ancienne que l'autre pour les raiſons qu'on vient de marquer.

*Ordonnance de Charles V. du mois de Mars* 1378. „ Les Generaux Maîtres des Monoyes feront dé- " pecer tous les Poinçons qu'ont à " preſent tous leſdits Orfévres [ de " Paris ] qui auront autres Poin- " çons nouveaux, plus larges, & tels " qu'ils leur feront ordonnez par leſ- " dits Generaux Maîtres des Mo- " noyes. " Ibid. *cot.* 2, *& Rec. p.* 11.

Depuis cette Ordonnance nos Orfévres n'ont plus tenu leur Poinçon que des Officiers des Monoyes, deſquels ils l'ont toujours reçu, après avoir prêté le ſerment de Maître devant eux. Et en general la connoiſſance du Fait des Poinçons appartient privativement à la Cour des Monoyes. Il ſemble que cette premiere réforme connue de nos Poinçons, & ſelon laquelle ils devoient être *plus larges*, ne fut faite que pour y graver la Deviſe ou le Contre-ſeing de chaque Maître d'une maniere plus viſible & plus diſtincte qu'auparavant: car ce ne pouvoit être pour y mettre les Lettres initiales du nom du Maître, puiſqu'il paroît par nos Regiſtres que l'uſage ne s'en eſt introduit que fort longtems après.

*Arrêt du Parlement du 7 Mai* 1429. Et leur ſera baillé [ aux nouveaux " Reçus ] le Poinçon de Paris à la " Fleur-de-lys couronnée & au " Contre-ſeing d'iceux Orfévres. " *Layet.* I, *cotte* 3, *& Rec. p.* 18, 19. Ceci fait voir que le caractere propre des Poinçons particuliers des Orfévres de la Ville Capitale a toujours été, comme c'eſt encore, une *Fleur-de-lys couronnée.*

*Ordonnance de Louis XII. à Blois le 22 Novembre* 1506. ART. X. „ Que

„ tous Orfévres [ de Paris & au-„ tres ] ayent nouveaux Poinçons „ & Contre-seings, tant pour les „ fautes qui sont en leurs Ouvrages, „ que pour connoître le nouvel „ Ouvrage ; aussi parce que plu-„ sieurs Maîtres sont allez en Pays „ étranger contre les Ordonnances, „ emportans les Poinçons dont ils „ marquent chacun jour. Et [ que ] „ les Orfévres de Paris rapportent „ en la Chambre des Monoyes les „ autres Poinçons, &c. " *Layet.* 1, *cotte* 5, item, *Rec. p.* 24.

Cette réforme fut ordonnée, comme l'on voit, pour deux raisons. 1°. Pour distinguer les nouveaux Ouvrages des anciens où il s'étoit glissé des fautes au Titre. 2°. A cause que plusieurs Maîtres avoient emporté avec eux leurs Poinçons en Pays étrangers, où ils continuoient de s'en servir, & où travaillans arbitrairement, ils ne pouvoient que multiplier les fautes dont on se plaignoit. Delà vient que dès le commencement du siécle précedent l'usage étoit établi que lorsque les Orfévres de Paris prêtoient le serment de Reception à la Chambre des Monoyes, chaque nouveau Reçu y laissoit un Acte de cette teneur : *N. affarme que.... les Generaulx Maîtres des Monoyes du Roy notre Sire lui ont baillé ung Poinçon à la Fleur-de-lys couronnée.... Et que s'il va demourer hors de Paris, il promet rapporter led. Poinçon en la Chambre des Monoyes, & en icelle le delaisser jusqu'à son retour sous l'obligation de tous ses biens, &c.* 2e. Registre des Receptions, ann. 1429, fol. 10 v°. & 11. *Voyez l'usage present sur ce Depôt, Art.* 17 *du Titre suiv.*

Mais cette réforme generale des Poinçons de Maitre ordonnée par Louis XII. avoit encore un autre motif par rapport aux Orfévres de Paris en particulier. Charles VIII. ayant ordonné en 1493 que ceux des Provinces eussent également comme eux des Poinçons à Contre-seing, *Livre bleu, Regist. du Châtelet*, ils s'y conformerent. Or cette ressemblance de Poinçons pouvant causer une confusion peu avantageuse aux Orfévres de la Capitale, où la Loi du Titre a toujours été sans comparaison mieux gardée ; ils avoient donc interêt qu'il fût mis dans leurs Poinçons un caractere distinctif ou Different sensible, qui ne convînt qu'à eux. En effet, nous trouvons sur le Registre de l'année que pour convenir de ce nouveau caractere distinctif, & le faire autoriser quand il seroit choisi, les Gardes & quelques Anciens du Corps se rendirent chez M. de Gannai premier President au Parlement ; où se trouverent en presence de ce Magistrat, Me. Jacques Olivier, Avocat General, & Me. Charles le Cocq, General des Monoyes ; & que là il fut arrêté que l'on ajouteroit dans les nouveaux Poinçons de Maîtres de Paris *deux Grains* placez uniformément en chaque Poinçon *entre le Pied de la Fleur-de-lys & le Contre-seing* ou Devise propre *de l'Orfévre*. C'est ce que nous appellons *Grains de Remede* : Et telles furent l'origine & la raison de ce double Different que nous avons toujours conservé depuis, & qui est propre aux Poinçons de Maîtres de Paris.

*Reglement general du* 30 *Decembre* 1679. ART. XV. „ Chacun desdits Maîtres Orfévres [ de Paris ] " sera tenu dans huitaine de faire re- " nouveller son Poinçon. " L'ART. XIV.

*en marque l'étendue en ces termes :* ,, L'Empreinte duquel Poinçon, ,, compris le champ, ne pourra en ,, tout être que de deux lignes en ,, hauteur, & d'une ligne un quart de ,, largeur. *Puis* ART. XV. ,, Enjoint à cet effet à tous lesdits Maîtres Orfévres de rapporter aux ,, Gardes leurs anciens Poinçons ,, pour être rompus en leur presence." *Layette* 3, *cotte* 42. Item, *Recueil* 185.

Le motif de cette derniere réforme de nos Poinçons fut leur trop grande étenduë, qui faisoit que la plûpart des Pieces d'aplique & Garnisons des Ouvrages, n'en pouvoient porter l'Empreinte sans être difformées. En effet, depuis l'Ordonnance de 1378, suivant laquelle ils devoient être *plus larges* que les précedens, ils ne firent qu'augmenter en étendue, & l'usage s'étant introduit depuis l'Ordonnance de 1506 d'y mettre les Lettres initiales du nom du Maître, cette addition contribua encore à les aggrandir : jusques-là qu'il s'en est vû quelques-uns qui avoient jusqu'à 4 lignes & demie de hauteur. D'ailleurs ils étoient tous de differentes grandeurs; & l'uniformité prescrite à cet égard par le Reglement general, & qui fixe la forme presente de nos Poinçons, fut encore une raison d'en ordonner le renouvellement.

Au reste les nouveaux Reçus dont le talent est de travailler aux menus Ouvrages d'or ou d'argent, doivent faire graver, & recevoir de la Cour des Monoyes, des Poinçons encore moins étendus & proportionnez à la petitesse des Ouvrages qu'ils fabriquent; mais en y conservant les mêmes caracteres & la même forme que s'ils étoient gravez sur les dimensions des autres. Ces petits Poinçons qui n'étoient point ci-devant en usage, sont devenus necessaires depuis la Déclaration du Roi du 23 Novembre 1721, qui ordonne que les menus Ouvrages d'or seront desormais marquez & contre-marquez; & les Lettres Patentes du 12 Novembre 1733, qui prescrivent la même chose à l'égard des menus Ouvrages d'argent : ce qui ne se faisoit point auparavant. *Layette* 3, bis, *cot.* 12 *&* 25.

## ARTICLE VII.

### *Insculpation des Poinçons de Maîtres.*

LES Poinçons des nouveaux Maîtres seront insculpez, & les noms de chacun de ceux qui en doivent user, gravez à côté de leurs Empreintes; tant sur la Table de cuivre de la Cour des Monoyes, que sur celle du Bureau de l'Orfévrerie de Paris, avant qu'il puisse être fait aucun usage desdits Poinçons.

## *AUTORITEZ.*

L'Insculpation dont il s'agit, est encore un moyen établi pour concourir à l'observation exacte de la Loi, qui ordonne aux Orfévres de travailler les Matieres d'or & d'argent à certains degrez de pureté : car il ne suffiroit pas pour la faire garder, de leur avoir ordonné d'avoir des Poinçons, & d'en marquer leurs Ouvrages, si l'on n'avoit pas établi en même tems un moyen suivant lequel aucun d'eux ne pût changer ou déguiser le Poinçon qui lui a été une fois donné, ni méconnoître son Empreinte sur des Ouvrages qui seroient trouvez défectueux & foibles de Loi : Sans compter d'ailleurs que les Maîtres n'auroient pas été à couvert du risque de voir leurs Poinçons contrefaits par des Faussaires pour s'en servir à marquer clandestinement des Ouvrages à bas Titre au préjudice de leur réputation.

Or c'est à quoi l'Insculpation sert & remedie efficacement. Elle constate la forme & les differences speciales de chaque Poinçon ; & son Empreinte originale ainsi conservée sur des Tables de cuivre, sert à verifier toutes celles qu'on pourroit soupçonner être de lui par voye de *Comparaison*, & à justifier par voye de *Rengrénement*, si le Poinçon represénté par le Maître est veritablement celui qui a été insculpé en le lui donnant. Aussi voyons-nous que cette précaution a toujours été prise depuis l'Ordonnance du mois de Mars 1378, qui a attribué à la Chambre des Monoyes la connoissance du Fait de nos Poinçons ; encore que cette Ordonnance n'en fasse pas expresse mention. Mais il paroît par nos Registres du tems, que l'Insculpation du Poinçon des Maîtres nouvellement reçus se faisoit réellement dès lors non-seulement en cette Chambre, mais aussi au Bureau de la Maison commune, pour la connoissance que les Gardes doivent prendre de l'Empreinte originale des Poinçons, comme premiers promoteurs des affaires qui peuvent naître de cet objet. On y voit même qu'un des devoirs du Clerc de l'Orfévrerie étoit d'accompagner les Gardes lorsqu'ils presentoient un Aspirant à la Chambre des Monoyes pour y prêter le serment, & faire insculper son Poinçon, afin de *Tailler*, c'est-à-dire, graver *le nom d'icelui en la Table de cuivre* de cette Chambre ; ce qu'il faisoit *pareillement en* celle de *l'Hôtel du Mestier*. Voyez 1r. *Registre des Comptes de l'Orf. à la fin.* C'est ainsi qu'en l'une & l'autre Table le nom du nouveau Maître a toujours été gravé à côté de l'Empreinte de son Poinçon pour la faire plus aisément reconnoître dans le besoin ; quoique cette circonstance n'ait point été marquée dans les Reglemens intervenus depuis sur le fait de l'Insculpation, & dont voici les Textes.

*Ordonnance de Louis XII. à Blois le 22 Novembre* 1506. ART. XII. „ Que les Poinçons des Maîtres “ [ Orfévres de Paris ] soient enre- “ gistrez en la Chambre des Mo- “ noyes, & empreints à la Table de “

„ cuivre [ de cette Chambre.] " *Lay.* 1, *cotte* 5. Item *Rec. p.* 24.

*Edit de Henri II. à Fontainebleau au mois de Mars* 1554. Art. iv. „ Les Orfévres [de Paris ] porteront „ leurs Poinçons.... en notre Cour „ des Monoyes, pour être frappez en „ la Table de cuivre étant en ladite „ Cour; ainsi que de tout tems lesdits „ Orfévres de Paris....l'ont fait." *Layette* idem, *cotte* 13, *&* *Rec. p.* 65.

*Edit du même au même lieu, du* 22 *Mai* 1555. Art. i.„ Sera le Poinçon, „ duquel lesdits nouvellement „ Reçus à la Maitrise [ d'Orfévrerie „ à Paris ] s'entendront ayder à l'avenir, „ marqué avec les autres „ Poinçons qui sont en notre Cour „ des Monoyes." Ibid. *cotte* 14, *&* *Recueil, p.* 75.

*Reglement general du* 30 *Décembre* 1679, Art. xv. „ Chacun desd. „ Maîtres Orfévres [ de Paris ] sera „ tenu.... de faire renouveller son „ Poinçon.... Enjoint à tous... de „ faire insculper les nouveaux, tant „ à la Cour des Monoyes, qu'au Bu„ reau de leur Communauté." *Lay.* 3, *cotte* 42. Item *Rec. p.* 185.

En ordonnant ainsi que les nouveaux Poinçons soient insculpez au Bureau de l'Orfévrerie également comme à la Cour des Monoyes, le Reglement ne fait qu'exprimer & confirmer l'ancien usage : Et voici comment les choses se sont passées, & se passent encore aujourd'hui à cet égard depuis plus de trois cens ans.

Lorsqu'un nouveau Maître étoit de retour de la prestation du Serment, il se presentoit au Bureau de la Maison commune ; & là son Poinçon étoit insculpé, & son nom gravé sur la Table de cuivre de ce Bureau, comme nous l'avons dit. En même tems on dressoit un Acte sur le Registre des Matricules ou Receptions des nouveaux Maîtres; & cet Acte contenoit son nom, la qualité de Fils de Maître ou d'Apprentif, en vertu de laquelle il étoit parvenu à la Maitrise, après avoir fait le Chef-d'œuvre ordonné ; le jour qu'il avoit été reçu à la Chambre ou à la Cour des Monoyes, & que son Poinçon y avoit été insculpé. Le même Acte contenoit l'insculpation qui venoit de s'en faire au Bureau, & la description des parties qui composoient l'Empreinte de ce Poinçon, comme la Fleur-de-lys couronnée, la Devise ou Contre-seing &c. & l'on imprimoit ce Poinçon sur le Registre même, en marge de sa description. Mais on n'a commencé de marquer ainsi l'Empreinte du Poinçon sur le Registre qu'en 1486, d'abord en blanc, puis au noir de la fumée de chandelle en 1499 : ce qui s'est toujours fait depuis. Et c'est ainsi que les nouveaux Maîtres étoient & sont encore immatriculez en notre Bureau, pour être reconnus comme membres du Corps, jouissans de ses Privileges, & soumis à la Discipline de son Administration. *Voyez la suite des Regist. des Receptions.*

Mais nous devons observer encore que, comme il n'a jamais été permis à un nouveau Reçu, ni à tout autre Maître de faire aucun usage de son Poinçon, après l'avoir fait graver, qu'il n'ait été préalablement Insculpé aux termes des Ordonnances qu'on vient de rapporter, c'est sur quoi la Cour des Monoyes a pourvû en 1727, en prenant de nouvelles mesures touchant la gravûre des Poinçons, & le lieu où ceux des nouveaux Maîtres doivent être déposez en attendant l'Insculpation, par un Reglement de cette teneur, qui a été publié en notre Bureau pour avoir force de Statut dans le Corps.

*Arrêt de la Cour des Monoyes rendu en forme de Reglement, le 11 Janvier* 1727. „ La Cour faisant droit „ sur le Requisitoire des Gens du „ Roi, fait défenses à tous Maîtres „ Orfévres de graver à l'avenir au- „ cuns Poinçons.... pour les Maîtres particuliers qui seront en possession de la Maitrise, qu'en se faisant representer les anciens Poinçons dont ils se seront servis... Et à l'égard des Aspirans à la Maitrise, les Poinçons qu'ils feront graver, seront mis par ceux qui les auront gravez entre les mains des Gardes de l'Orfévrerie, qui ne pourront s'en dessaisir qu'après leur Reception en la Cour : Et fait défense au Greffier d'en Insculper aucun, qu'aux termes du present Arrêt, qui sera lû & publié au Bureau de la Communauté assemblée en la maniere accoutumée, & enregistré sur le Registre de ladite Communauté. " *Lay.*3 bis, *cot.* 22.

TITRE

# TITRE VI.

## Des Devoirs des Maîtres & Marchands Orfévres-Joyailliers dans la profession de leur Art.

### ARTICLE PREMIER.

*Déclaration de Domicile au Bureau.*

TOUS Maîtres & Marchands Orfévres-Joyailliers de la Ville & Fauxbourgs de Paris, ainsi que les Veuves de Maîtres, seront tenus, dans trois jours après leur Etablissement, ou changement de demeure, de déclarer leur Domicile aux Maîtres & Gardes; à peine de deux cens livres d'amende en cas de contravention.

### *AUTORITEZ.*

Quelque necessité qu'il y ait toujours eu de connoître la Demeure de chaque Particulier du Corps pour l'assujettir à sa Police, puisque sans cela plusieurs d'entr'eux pourroient se soustraire à la vigilance des Gardes, & échapper à differens Devoirs pour l'observation desquels il faut qu'on sçache où les trouver sur le champ; nous ne voyons pas néanmoins que la déclaration de Domicile ait été ordonnée à nos Orfévres par aucun des anciens Reglemens. Mais en 1679 Louis XIV. pourvut à ce point si essentiel à la bonne Administration du Corps, en ces termes:

*Reglement general sur le Fait de l'Orfévrerie, du 30 Décembre 1679.* ART. VI. „ Seront tenus les Maîtres [Orfévres de Paris] & Veuves de Maîtres, en cas de changement de Domicile, de le déclarer aux Gardes en Charge trois jours après ledit changement, à peine de deux cens livres d'amende en cas de contravention. " *Archiv. de l'Orf. Layette* 3, *cotte* 42. Item, *Rec. des Ordonn. de l'Orf. p.* 182. Cette Amende fait assez connoître l'importance du devoir prescrit par le Reglement : Et c'est pour s'en acquiter de leur part que les Gardes ont commencé aussi-tôt après à tenir Registre exact des Déclarations de Domicile.

## ARTICLE II.

### *Situation des Boutiques, Forges & Fourneaux des Orfévres.*

ILs tiendront leurs Boutiques en lieux publics & apparens, & sur rue publique ; dans lesquelles ils auront leurs Forges & Fourneaux scellez en plâtre, & non en Arriere-Boutiques, Salles, ou Chambres secrettes, ni autres lieux.

### *AUTORITEZ.*

C'est ainsi que dès le Regne de Philippe - Auguste, & assez longtems après, nos Orfévres n'étant point encore en si grand nombre, demeuroient tous, ou presque tous, sur le Grand Pont de Paris, maintenant le Pont au Change : Quartier qui dès-lors étoit le plus ouvert & le plus frequenté de la Ville. Ils y tenoient leurs *Forges*, c'est-à-dire, leurs Ouvroirs ou Boutiques : Et de-là vient que les Maisons de ce Pont furent dès leur origine appellées Forges, qui est le nom qu'elles ont toujours conservé & qu'on leur donne encore dans les Titres modernes. Car encore que ce Pont ait pris ensuite le nom de Pont au Change, ce n'est pas que les Changeurs l'occupassent dès-lors. Un Titre posterieur de l'an 1304 fait voir qu'ils occupoient, non les Forges du Pont, qui ne pouvoient leur convenir, puisqu'ils n'ont jamais eû la faculté de travailler d'Orfévrerie, mais seulement les Maisons qui couvroient la descente de ce Pont du côté du Châtelet, depuis la grande Arche qui joignoit la culée, jusqu'à l'Eglise de S. Leuffroi : *Solummodo, à parte Gravia inter Ecclesiam Beati Leofredi & majorem Archam, sive deffectum ipsius Pontis.* Ordonn. des Rois de la troisiéme Race, *Tom.* 1. *pag.* 426. Or, comme le même Titre leur défend de tenir leur Change en aucun autre endroit dans Paris, il est clair qu'eux & les Orfévres, dont l'objet est encore plus important au Bien-public, étoient ainsi rassemblez dans le Quartier le plus frequenté de la Ville, afin que les uns & les autres étant exposez de la sorte à la vûë du Public, ne pussent abuser de leur Etat, comme ils auroient pû faire s'il leur eût été permis de l'exercer dans des endroits détournez, obscurs, & propres à favoriser les fraudes.

Ce motif de Police est en effet disertement exprimé dans des Lettres données depuis par Charles-le-Bel en 1325, au sujet des Orfévres & des Changeurs de Rouen, qui avoient quitté la rue de la *Cornoiserie* leur ancien Quartier en cette Ville, pour se retirer dans des endroits plus couverts & moins frequentez. Ce Prince les rappellant à l'exemple de ceux de Paris, veut que doresnavant ils fassent leur commerce d'Orfévrerie & de Change dans cette rue, comme ils avoient accoutumé de faire anciennement; & qu'ils en usent à cet égard, *tout ainsi, comme il a été*, dit-il, & comme il étoit actuellement pratiqué *en la Ville de Paris sur le Grand Pont de Paris*. Ibid. supr. *pag.* 790.

Telle a donc été l'ancienne forme de Police en ce Point à l'égard de nos Orfévres en particulier. Mais par succession de tems leur nombre s'étant fort augmenté, cette unité de Quartier ne put plus avoir lieu. Plusieurs se répandirent en differens endroits de la Ville, comme ils sont aujourd'hui; & il a suffi pour le maintien du bon ordre, de leur enjoindre à tous, comme on va le voir, de tenir leurs Boutiques ouvertes en lieux publics & rues passantes; & de leur défendre d'avoir leurs Forges & Fourneaux ailleurs qu'en leurs Boutiques.

*Ordonnance de Louis XII. à Blois le* 22 *Novembre* 1506. ART. VIII. » Les Orfévres.... feront leurs ou- » vrages en leurs Forges & Ou- » vroirs, [c'est-à-dire, publiquement » & à découvert dans leurs Bouti- » ques] & non à leurs Maisons, Ar- » rieres-Forges, ne ailleurs. *Archiv. Layette* 1, *cotte* 5. Item, *Recueil, page* 24.

*Edit de Henry II. à Fontainebleau au mois de Mars* 1554. ART. X. » Lesdits Orfévres & Joyailliers... « tiendront leurs Boutiques en lieux « publics & apparens; sur le devant « desquelles, & à la vûe de tout le « monde, ils auront [leurs] Four- « neaux, & non ès Arrieres-Bouti- « ques, Chambres secrettes, & au- « tres lieux. « *Layette* idem, *cotte* 13. Item, *Recueil, pag.* 69.

En conformité de ces Ordonnances il a été souvent enjoint aux Orfévres par des Reglemens posterieurs de tenir ainsi leurs Boutiques *en lieux publics & apparens*, & *sur grandes rues libres & passantes:* Avec défense *d'avoir aucunes Forges & Fourneaux ailleurs qu'en leurs Boutiques*. Tels sont entr'autres, les Reglemens de Police des 23 Avril 1661, 6 Février & 7 Août 1671. *Layet.* 10, *cot.* 9, *Layet.* 4, *cotte* 25, *Layette* 10, *cotte* 13. Item, *Recueil, pages* 485, 513 & 494. Et c'est encore de cette ancienne Police que viennent les défenses si severes & si souvent réiterées aux Orfévres de se réfugier dans les Lieux Privilegiez, & autres Maisons & Enclos dont l'accès n'est pas entierement libre. Relisez ce que nous en avons rapporté ci-dessus sous le VIII^e^. Article du Titre I.

A l'égard de la défense des Forges & Fourneaux ailleurs qu'en Boutique, il paroît néanmoins que dès la fin du XV^e^. Siécle les Gardes de l'Orfévrerie étoient en droit d'en dispenser, ou, ce qui revient au même, de permettre de travailler en Chambre, lorsqu'il y avoit quelque raison de le faire: Et l'on voit qu'ils usoient de ce droit en vertu d'une Ordonnance du Prevôt de Paris du 23 Décembre 1495. *Cartulaire de l'Orfévrerie, cotte A. fol.* 16 *v°*. En effet, le même pouvoir est reconnu en eux dans les deux derniers Reglemens de Police qu'on vient de citer, c'est-à-dire, ceux des 6 Février & 7 Août 1671. Après que le Magistrat y a défendu aux Orfévres d'avoir des Forges & Fourneaux ailleurs qu'en leurs Boutiques, il ajoute : „ Et en „ cas qu'ils soient obligez d'en avoir „ dans des Arrieres-Boutiques ou „ Salles basses, pour des Ouvrages „ délicats, & qui ne peuvent être „ travaillez au grand jour, ils seront „ tenus de prendre sur ce la permis- „ sion des Maîtres & Gardes, sur „ peine, &c. " *Rec. pag.* 494 & 513. Mais il n'a plus été question d'exception à la Regle, ni d'aucunes Permissions, depuis que le Reglement general a statué de nouveau sur ce Point, & rappellé la Disposition des anciennes Ordonnances en ces termes :

*Reglement general du* 30 *Décembre* 1679. ART. XVIII. „ Seront lesdits « Orfévres [& autres] qui emploient « les Matieres [ d'or & d'argent ] te- « nus, suivant l'Article VIII. de « l'Ordonnance de 1506, & l'Ar- « ticle X. du Reglement du mois de « Mars 1554, d'avoir leurs Forges « & Fourneaux scellez en plâtre dans « leur Boutique & sur rue, &c. " *Lay.* 1, *cot.* 42. Item, *Rec. pag.* 186.

## ARTICLE III.

### *Lieu marqué & heures prescrites pour le Travail d'Orfévrerie.*

DÉFENSE à eux de fondre les Matieres d'or & d'argent, ni de faire aucun travail de leur Art ailleurs que dans leursdites Boutiques, sous quelque prétexte que ce soit; sur peine de punition exemplaire : Comme aussi, de fondre & de travailler hors les heures prescrites à cet effet par les Ordonnances.

### *AUTORITEZ.*

Les Orfévres ne peuvent donc fondre, ni travailler, uniquement que dans leurs Boutiques; c'est pour cela qu'ils y doivent avoir leurs Forges & Fourneaux : Et ils ne peuvent le faire qu'aux heures portées par les Ordonnances, c'est-à-dire, depuis cinq ou six heures du matin, jusqu'à huit ou neuf heures du soir, & non durant la nuit, où, renfermez chez eux & à couvert de toute inspection, ils pourroient plus aisément s'écarter des Regles. Ces devoirs sont gênans, à la verité : Mais le bien public, qui est le mobile universel de tous nos Reglemens, l'exige ainsi pour la bonne Police du Fait d'Orfévrerie : Et il est visible encore qu'outre cette premiere vûe, celle d'empêcher le Billonnage & la Fonte illicite des Especes y entre aussi, à cause de la facilité que les Orfévres auroient de les fondre ainsi clandestinement, & d'en employer la matiere à leurs Ouvrages. C'est ce qu'en effet Louis XII. réünit par les deux Dispositions suivantes de son Ordonnance.

*Ordonnance de Louis XII. à Blois le* 22 *Novembre* 1506. ART. VII. & VIII. „ Les Orfévres n'acheteront „ aucunes Matieres d'or ne d'argent „ monoyé, ne tout autre Billon „ pour convertir ès Ouvrages de „ Vaisselle, Moulure ou Menuierie; „ ne autrement ne fondront, trébucheront, ne difformeront les Monoyes ausquelles nous avons donné cours .... Et feront lesdits Ouvrages en leurs Forges & Ouvroirs A HEURE DUE, & non à „ leurs Maisons, Arrieres-Forges, „ ne ailleurs. " *Layette* 1, *cotte* 5. Item, *Rec. pages* 23, 24.

La même défense d'acheter, fondre, ni difformer aucunes especes ayant cours ou même décriées pour employer à leurs Ouvrages, a encore été réïterée aux Orfévres par la suite; notamment par Henry II. dans ses Lettres Patentes du 14 Janvier 1549. *Layet.* idem, *cot.* 12, & *Rec. pag.* 58. Cependant la défense du travail de nuit, laquelle étoit faite en partie pour ôter toute occasion à cette Fonte criminelle, n'étoit pas si absolue qu'il n'y eût des exceptions; comme lorsqu'il s'agissoit d'Ouvrages pour le Roy, la Reine &c. C'est même une Disposition de nos anciennes Coutumes écrites en 1260. *Nul Orfévre*, y est-il dit, ART. VI. *Ne puet euvrer de nuitz se ce n'est à l'euvre le Roy, la Roine, leurs Enfans, leurs Freres & l'Evêque de Paris.* Layett. 1, cotte 1.

Le Roy Jean confirmant cet Article avec les autres en 1355, ajoute: *Ou se ce n'est du congié & licence des Maîtres* [ *& Gardes* ] *du Mestier.* Ils le permettoient en effet à ceux qui par une necessité marquée, ou pour d'autres causes légitimes, ne pouvoient se dispenser de travailler la nuit: Et l'on peut dire que la bonne Police ne souffroit aucune atteinte de ces sortes de Permissions; car en les accordant, les Gardes étoient suffisamment avertis de veiller sur ceux qui les obtenoient, de crainte qu'ils n'en abusassent: Et d'ailleurs ceux-ci devoient leur ouvrir à toute heure de nuit pour souffrir leurs Visites. Nos anciens Registres font souvent mention de ces Visites nocturnes, qu'ils appellent, *Visitations de nuit à la chandelle:* Et l'on y voit que tous les Particuliers que les Gardes surprenoient travaillans sans en avoir obtenu d'eux la Permission, étoient toujours mulctez d'amende, quand même tout auroit été trouvé d'ailleurs en regle. Mais il est arrivé de ces Permissions de travailler la nuit, comme de celles d'avoir des Forges en Chambre. Il n'en a plus été mention depuis le Reglement general qui a prononcé sans aucune restriction, tant sur la necessité de ne fondre & travailler qu'en Boutique, que sur celle de ne le faire qu'aux heures prescrites, en ces termes:

*Reglement general du 30 Décembre 1679.* ART. XVIII. „ Défenses aux „ Orfévres [& autres qui employent „ les matieres d'or & d'argent] à „ peine de punition exemplaire, de Fondre & de Travailler ailleurs " qu'en leurs Boutiques, sous quel- " que prétexte que ce soit, & aux " heures portées par les Ordonnances. " *Lay.* 1, *cotte* 42, & *Rec. p.* 186.

## ARTICLE IV.

### *Loi ou Titre des Matieres à ouvrer.*

DANS la fabrication de leurs Ouvrages, ils seront tenus d'employer les Matieres aux Titres, & dans les Remedes de Loi prescrits par les Ordonnances; sçavoir, l'or à vingt-deux Karats de Fin, au Remede d'un quart de Karat: Et l'argent à onze Deniers douze Grains de Fin, au Remede de deux Grains.

### *AUTORITEZ.*

L'or & l'argent ne s'emploient point, absolument parlant, dans leur souverain & dernier degré de pureté, tel que l'or à XXIV. Karats, & l'argent à XII. Deniers. Ils seroient trop flexibles, & peu propres au service faute de consistance. Pour leur en donner, il convient d'y mettre une legere portion d'Alliage, c'est-à-dire, d'argent ou de cuivre dans l'or, & de cuivre dans l'argent. Or, c'est cette portion fixe & limitée en l'un & en l'autre qui fait l'objet de la Loi dont il s'agit, & que les Orfévres sont tenus de garder. Car le Public qui n'est pas à portée de distinguer le plus ou le moins de cet Alliage y pourroit être trompé : Et c'est à quoi les Ordonnances ont soigneusement pourvû dans tous les tems. Mais comme les Titres ou Degrez de bonté interieure de l'or & de l'argent prescrits aux Ouvrages des Orfévres n'ont pas toujours été les mêmes dans l'Orfévrerie de Paris, nous allons voir par quels degrez notre Police est parvenue à sa perfection sur ce Point, en rapportant la suite des Autoritez qui le concernent.

*Anciennes Coutumes des Orfévres de Paris, rédigées en* 1260. ART. II. „ Nul Orfévre ne puet euvrer d'or " à Paris, qui ne soit à la Touche de " Paris au meindre, laquelle Touche " passe tous les ors de quoi l'en euvre " en nulle terre. " *Lay.* 1, *cot.* 1. Le Titre de cet or n'est designé que par le nom de *Touche de Paris*, parce que ceux de *Karats* & de *Deniers*, dont nous nous servons pour exprimer les divers degrez de Fin, n'étoient pas encore connus, & n'ont commencé à l'être que dans le ſiécle ſuivant. Mais il eſt clair par l'Edit de 1355 que cette *Touche de Paris*, vantée ici comme la meilleure de toutes celles auſquelles on travailloit l'or par tout ailleurs, n'étoit cependant qu'à *Dix-neuf Karats un Quint de Fin.*

*Mêmes Coutumes.* ART. III. „ Nul „ Orfévre ne puet euvrer à Paris „ d'argent qui ne ſoit auſſi bon „ qu'Eſtellins, ou meilleur. " Les *Eſtellins*, ou Eſterlings dont il s'agit, étoient une Monoye d'Angleterre ou d'Ecoſſe, qui avoit alors grand cours en France; & nous connoiſſons par un des plus anciens Regiſtres de la Chambre des Comptes, *cott. Noſter, fol.* 105, que cette Monoye étrangere étoit à *Onze Deniers* de Loi.

*Ordonnance de Philippe-le-Hardy à Paris, au mois de Décembre* 1275. ART. IV. „ Volumus, quod in omni- „ bus Villis, ubi Argentarii opera- „ buntur de argento, quod operen- „ tur de argento affinato; ſcilicet „ quemadmodum operatur apud „ Turon. " *Ordonnances de la troiſiéme Race, Tom.* I, *pag.* 814. C'eſt-à-dire, que les Orfévres devoient employer deſormais l'argent à la Loi de *Onze Deniers douze Grains de Fin.* Car Philippe veut parler-là des *Gros* que S. Louis avoit fait fabriquer dans la Monoye de Tours, & qu'il continuoit lui-même d'y faire fabriquer, leſquels étoient inconteſtablement à ce Titre, & qui pour raiſon du lieu de leur Fabrique s'appelloient *Gros Tournois.* Telle eſt l'origine du Titre que nous avons toujours ſuivi depuis & que nous ſuivons encore dans l'Orfévrerie de Paris pour les Ouvrages d'argent. Ce fut l'argent de ce Titre qu'on nomma bien-tôt après *Argent-le-Roy*, à cauſe de ſa pureté, & auquel l'uſage a donné par la ſuite le nom d'*Argent de Paris*, pour la religieuſe fidelité avec laquelle on a toujours travaillé l'argent à ce Titre en cette Ville.

*Ordonnance de Philippe-le-Bel à Pontoiſe, au mois de Juin* 1313. ART. X. „ Que nul ne puiſſe ouvrer d'ar- „ gent qu'il ne ſoit auſſi bon que celi „ que l'en dit Argent-le-Roy. " *Ordonnances de la troiſiéme Race, Tom.* I. *pag.* 522.

*Edit du Roy Jean au Palais de S. Ouen, en Août* 1355. ART. III. „ Nul „ Orfévre ne peut ouvrer d'or à Pa- „ ris, qu'il ne ſoit à la Touche de Pa- „ ris, ou meilleur, laquelle Touche „ paſſe tous les ors dont l'en euvre en „ nulle terre, lequel eſt à Dix-neuf „ Karats un Quint. ". C'eſt toujours l'ancien Titre. *Et* ART. XII. „ Nul „ Orfévre ne peut ouvrer d'argent „ qui ne ſe revienne auſſi bon comme „ Argent-le-Roy ſans les Soudûres, „ lequel eſt dit Argent de Gros. " *Lay.* I, *cotte* I, bis. Item, *Rec. pag.* 4 *&* 5. Ce mot ajouté *ſans les Soudûres*, qui ne ſe trouve point dans l'Ordonnance de Philippe-le-Hardy, ni dans celle de Philippe-le-Bel, en preſcrivant ce Titre, ſemble accorder quelques Remedes ſur ce même Titre, c'eſt-à-dire, la faculté de s'en écarter un peu en faveur des Ouvrages ſoudez; parce que la Soudûre l'affoiblit neceſſairement; & même auſſi en vue de la varieté du feu dans l'operation de l'Eſſai des matieres: C'eſt en effet ce que Charles V. accorda depuis à nos Orfévres, comme il s'ensuit.

*Ordonnance de Charles V. à Paris, au mois de Mars* 1378. „ Tous Orfévres qui ouvreront d'argent en „ Vaisselle & autres Joyaux, comme „ Pots, Plats, Ecuelles, Hanaps, „ Gobelets, Calices, Cuillers, Ceintures, &c. ouvreront d'argent qui „ soit aussi bon, & se revienne sans „ les soudûres, comme l'argent appellé l'Argent-le-Roy, lequel Argent-le-Roy est à Onze Deniers „ douze Grains Fin, & auront remede de trois Grains au marc d'argent, & non plus; & leur doit bien „ suffire de cette Loi. Car entre la „ Vaisselle que l'on a n'aguere prise „ chez plusieurs Orfévres de Paris, „ l'on [en] a trouvé grande quantité „ à onze Deniers neuf Grains Fin, & „ au dessus. "

„ Et en tous petits [ornemens „ comme] Images, Feuilles, Lions, „ Gargouilles & autres choses de „ semblable façon qu'il convient „ être moulées & assises en autres „ Joyaux qu'esdits ouvrages, Planches, Boutons, & semblables choses ferues en Tas, [c'est-à-dire, Estampées à la maniere de nos coquilles de Boutons sur bois] lesdits Orfévres ouvreront dudit argent à Onze Deniers douze Grains, „ & auront Remede de cinq Grains „ Fin au Marc, & non plus. " *Lay.* idem, *cotte* 2, *&* *Rec. p.* 13. Voilà donc deux Classes d'ouvrages d'argent que l'on distinguoit sous les noms de *Grosserie* & de *Menuierie*, dont la premiere a *Trois* Grains de Remedes, & l'autre *Cinq*. Ce premier Reglement touchant les Remedes n'en accorde point sur le Titre de l'or, qui subsistoit toujours le même; & qui en effet n'étoit déja que trop foible.

*Ordonnance de Louis XII. à Blois, le* 22 *Novembre* 1506. ART. VIII. Les Orfévres feront leur Ouvrage d'argent de Grosserie & Menuierie d'argent à Onze Deniers douze Grains Fin, à deux Grains de Remede sur les Grosseries, & quatre Grains sur les petites Images, Lions, Gargouilles & autres besongnes de Moussûre, " [c'est-à-dire Moulées.] " *Lay.* idem, *cotte* 5, *&* *Rec. p.* 24. Les Remedes accordez par Charles V. sont ici retranchez d'un Grain en chaque classe par Louis XII. & le Titre des Ouvrages d'or reste encore sur l'ancien pied. Mais il y survint bientôt après de grands changemens.

Ce Titre si foible, de dix-neuf Karats un Quint ne regardoit, à proprement parler, que les menus Ouvrages d'or du Commerce ordinaire, tels que ceux qui s'exposoient journellement en vente dans les Boutiques des Orfévres; & nullement des Ouvrages extraordinaires qui pouvoient leur être commandez; lesquels étoient faits à tous Titres au-dessus, & même d'or fin, selon que les Particuliers qui les faisoient faire, en étoient convenus avec eux. Et tel fut l'usage jusqu'à la fin du Regne de Louis XII. Mais bientôt après nous trouvons les premiers vestiges de l'amélioration du Titre de l'or pour les Ouvrages du Commerce ordinaire; & cette amélioration qui s'introduisit insensiblement, paroît être due au zele des Gardes de l'Orfévrerie.

Dans

Dans le cours de leurs Visites en 1519 ils prirent dans la Boutique de Jean de Russange, Orfevre sur le Pont Notre-Dame, plusieurs petites Bordûres d'or, faites pour être exposées en vente à l'ordinaire ; & en ayant fait essai au Bureau suivant la coutume, elles rapporterent environ à vingt-un Karats. Ce Titre qui excedoit de beaucoup celui qui avoit toujours été prescrit pour ces sortes d'Ouvrages, fut néanmoins regardé d'eux comme reprehensible ; & la maniere dont ils agîrent en cette occasion, fait voir qu'ils étoient actuellement dans l'usage d'exiger le Titre de vingt-deux Karats tel que nous l'avons toujours gardé depuis, & que cet usage commençoit même à s'affermir par leurs soins, quoiqu'il ne fût pas encore autorisé. Pour y parvenir, ils profiterent de cette occasion. Les Bordûres saisies furent portées au Châtelet, où ils se pourvoyoient encore alors, même pour le fait du Faux & du Fin. Et ayant fait leur Rapport de la contravention à l'usage, le Prevôt de Paris entra dans leurs vues, & seconda leur zele. Il ordonna par sa Sentence du 28 Février de la même année que les Bordûres seroient rompues ; & par forme de Reglement, fit défenses, non-seulement à Russange, mais aussi *à tous Orfévres de Paris de besongner ne faire besongner doresnavant d'or pour Marchands*, c'est-à-dire pour le Commerce ordinaire de l'Orfévrerie, *si l'or n'est à vingt-deux Karats & au-dessus* : avec injonction aux Gardes de tenir la main à l'execution. *Cartulaire, cotte A. fol.* 23, v°. Item, *Ancien Registre fol.* 50.

Les Gardes omirent, comme l'on voit, de se faire accorder quelques Remedes sur ce Titre, sans lesquels il est moralement impossible de le garder, à cause des soudûres qui l'affoiblissent necessairement : & cette omission eut les suites qu'on va dire tant pour le Titre de vingt-deux Karats, que pour celui des Ouvrages d'or fin ; car il fut bientôt après solemnellement statué sur l'un & sur l'autre.

*Ordonnance de François I. à Blois, au mois de Mars* 1540. „ *Item*, Pour " ce que chacun ne peut avoir la con-" noissance de la vraye valeur de " l'or appliqué en Ouvrages d'Or-" févreries & de Joyailleries. . . . . " Avons inhibé & deffendu, inhi-" bons & deffendons à tous Orfévres-" Joyailliers & autres qu'il appartien-" dra, que en tels Ouvrages ne " usent doresnavant, vendent ni dé-" bitent or qu'à vingt-deux Karats " sans Remede [ c'étoit le Titre porté par le Reglement du Prevost de Paris qui ne faisoit aucune mention de Remedes ] ou or fin à un " quart de Karat de Remede [ c'est-à-dire à vingt-trois Karats trois quarts ; ] ensorte que l'Ouvrage " fondu revienne ausdits Titres. " *Rec. pag.* 35, 36.

L'Ordonnance étant publiée à Paris, nos Orfévres sentirent qu'elle leur seroit impraticable en ce que le Titre de vingt-deux Karats pour les Ourvages du Commerce ordinaire y étoit prescrit sans aucun Remede ; & que ceux des differens Ouvrages d'or fin y étoient tous portez & réduits à l'unique Titre de vingt-trois Karats trois quarts, auquel il étoit d'ailleurs comme impossible d'atteindre. Des Remontrances furent donc dressées à ce sujet ; & Richard Toutin, Philippe le Roy, avec les autres Gardes lors en Charge, s'étant rendus à Fontainebleau où étoit François I. ils les lui presenterent.

Sur le Titre de vingt-deux Karats ordonné sans aucun Remede, ils remontrerent que les Maîtres des Monoyes en ayant bien sur les Especes qu'ils fabriquent, encore qu'elles soient *Or net*, il étoit juste aussi d'en accorder aux Orfévres : sçavoir ; un Quart de Karat pour leurs Ouvrages où il n'entre point de soudûre, & en vue de la varieté des Essais ; & un Demi Karat pour ceux qui sont soudez : Que c'est ainsi que les Reglemens leur en avoient accordé à proportion pour les Ouvrages d'argent ; & que l'or n'est pas d'autre condition à cet égard que l'argent.

Sur les Ouvrages d'or fin ils demanderent les mêmes Remedes & pour les mêmes raisons ; faisant voir de plus, qu'il étoit impossible que ces Ouvrages revînssent tout fondus avec les soudûres, à vingt-trois Karats trois quarts, comme la nouvelle Ordonnance l'exigeoit ; attendu que les Affineurs les plus experts qu'il y eût alors, ne chassoient l'or qu'à ce Titre, & que celui de Départ ne l'excedoit pas non plus.

Puis sur le Titre unique auquel tous les Ouvrages de cette Classe étoient ramenez, ils firent voir qu'il n'y avoit nul inconvenient à laisser aux Personnes de condition, & même aux simples Particuliers, la faculté qu'ils avoient toujours eue de les faire fabriquer à tous Titres audessus de vingt-deux Karats ; & qu'en fixant comme l'on faisoit, tous ces Ouvrages au seul Titre de vingt-trois Karats trois quarts, c'étoit gêner la liberté publique, & causer un grand dommage aux Orfévres, sans aucune utilité. Les Remontrances ne furent pas sans effet ; & il fut statué de nouveau sur le Titre, en ces termes :

*Edit de François I. à Sainte-Menehoud le 21 Septembre* 1543. ART. I. „ Quant à l'Ouvrage d'or fin les " Maîtres Orfévres. . . . seront tenus " faire les Ouvrages d'or auquel il " n'y aura soudûre à vingt trois Ka- " rats trois quarts de Karat. "

ART. II. „ Et quant à l'Ou- " vrage d'or fin, qui est à vingt-trois " Karats trois quarts, auquel il y aura " soudûre, auront lesdits Orfévres " un Quart de Karat de Remede : " tellement qu'ils seront tenus faire " ledit Ouvrage à vingt-trois Ka- " rats & demi pour le moins. "

ART. III. „ Et quant à l'Ou- " vrage d'or [du Commerce ordi- " naire] à vingt-deux Karats, au- " quel il n'y aura soudûre, n'au- " ront lesdits Orfévres aucun Reme- " de : mais à l'Ouvrage plein & mas- " sif, auquel entrera soudûre, au- " ront un Quart de Karat de Remede, " & en Ouvrages creux & chargez de " filets & de rapport, pourront avoir " Demi Karat d'or fin de Remede. "

ART. X. „ Et outre avons per- " mis & permettons ausdits Orfévres " & Joyailliers pouvoir besongner " à tous Titres au-dessus de vingt- " deux Karats pour ceux qui leur li- " vreront l'or duquel ils voudront " leur Ouvrage être fait : pourquoi " ils auront les Remedes dessusdits en " Grosserie & Menuierie. " *Layette* 1. *cotte* 10. Item, *Rec. p.* 44, 45, 46.

Ces differentes Dispositions qui

reglent les Titres & Remedes des Ouvrages d'or excedans la Loi de vingt-deux Karats, n'ont jamais été changées, & subsistent encore : mais elles sont de peu d'usage aujourd'hui, parce qu'il n'est presque plus question de ces sortes d'Ouvrages de Titres extraordinaires. Toutefois nous les mettons ici afin de nous y conformer si l'occasion s'en presentoit.

François I. ayant donc reglé aussi le Titre des Ouvrages d'or du Commerce ordinaire qu'il distribue en trois Classes, comme on vient de le rapporter, statua en même tems sur celui des Ouvrages d'argent en conformité de l'Ordonnance de Louis XII. mais seulement à l'occasion des Orféures de Province, en ces termes :

*Même Edit*, ART. XVIII. „ Et „ quant à l'argent, ils seront tenus „ besongner à l'Alloy du Poinçon „ de Paris, qui est à onze Deniers „ douze Grains fin, au Remede de „ deux Grains fin, quant à la Grosserie : & quant à la Menuierie, au „ Remede de quatre Grains fin pour „ Marc. " *Ibid. sup. & Rec. p.* 49.

*Lettres Patentes de Henri II. à Fontainebleau le* 14 *Janvier* 1549. „ Seront tenus lesdits Orféures de „ faire leur Ouvrage de Fin or, ou „ d'or à vingt-deux Karats, aux Re„ medes contenus en l'Ordonnance „ de l'an 1543. Et seront aussi tenus „ d'ouvrer d'argent à onze Deniers, „ douze Grains fin, aux Remedes „ de deux Grains fin. " *Layette* 1, *cotte* 12. Item, *Rec. p.* 58. Ici commence à disparoître la distinction des deux Classes d'Ouvrages d'argent, la *Grosserie* & la *Menuierie*, qui depuis Charles V. avoient eu chacune leurs Remedes propres. Il n'est plus question non plus des *Quatre Grains* laissez à la derniere par Louis XII. & par François I. Tout est reduit à Deux Grains de Remedes seulement, sans aucune distinction d'Ouvrages. C'est ce qui va être réiteré par le même Henri II. en abolissant aussi les trois Classes d'Ouvrages d'or du Commerce ordinaire, établies par François I. & réduisant leurs differens Remedes à un seul Quart de Karat, pareillement sans aucune distinction d'Ouvrage d'or net ou soudé.

*Edit de Henri II. à Fontainebleau en Mars* 1554. ART. VII. „ Voulons & ordonnons que tous lesd. " Orféures.... fassent & dressent en " telle sorte l'Alloy de leurs Ouvrages, tant d'or que d'argent, que, " soit Grosserie, ou Menuierie ; l'or " se trouve à vingt-deux Karats, à " un Quart de Karat de Remede : & " l'argent, à onze Deniers douze " Grains fin, à deux Grains de Re- " mede dudit argent. " *Layette* 1, *cotte* 13, *& Rec. p.* 67.

Telle est la Loi que nous avons toujours suivie depuis. Il est vrai qu'elle a semblé devoir souffrir quelque atteinte par la suite, & principalement à l'occasion de deux Edits donnez par Henri III. l'un en 1577, & l'autre en 1579, par lesquels ce Prince voulut rétablir les differentes Classes de Remedes, tant sur l'or que sur l'argent, éteintes par l'Edit de 1554. Mais comme il ne le faisoit uniquement qu'en vue de grossir le prétendu produit de certains droits de Remedes qu'on lui proposoit de faire lever à ſon profit ; l'établiſſement de ces nouveaux droits n'ayant pû paſſer au Parlement, les Edits furent retirez, & la Loi de nos Ouvrages reſta ſans atteinte ſur le pied qu'elle avoit été reglée par l'Edit de 1554. Elle fut même inſerée depuis par Henri III. lui-même dans le Code qui porte ſon nom, & qui fut dreſſé en 1586. *Voyez Liv. XV. Titre* 38, *Art.* 6.

Ainſi la Diſpoſition de l'Edit de Henri II. du mois de Mars 1554, renouvellée par Henri III. en 1586 touchant les Titres & Remedes des Ouvrages d'Orfévrerie, eſt demeurée la Regle des Orfévres de Paris : & en conſequence de cette Regle ils ont toujours depuis été tenus d'employer les Matieres, ſçavoir, *l'or, à vingt-deux Karats de Fin, au Remede d'un Quart de Karat ;* & *l'argent, à onze Deniers douze Grains de Fin, au Remede de deux Grains*, comme porte notre Article. Car depuis ces dernieres Ordonnances, il n'en a plus été fait de nouvelles ſur ce ſujet juſqu'à ces derniers tems ; & ce ſont celles-là que Louis XIV. a rappellées dans le Reglement general du 30 Décembre 1679, Article XVII. quand il y ordonne, *Que les Orfévres de Paris ſeront tenus de faire leurs Ouvrages au Titre, & dans les Remedes portez par les Ordonnances.* Layette 3, cotte 42. *Item*, Rec. p. 185.

## ARTICLE V.

### *Titre des menus Ouvrages d'or.*

IL leur ſera néanmoins permis de fabriquer des menus Ouvrages & Bijoux d'or, comme Croix, Tabatieres, Etuis, Boucles, Boutons & autres, au Titre ſeulement de Vingt Karats un Quart de Fin, au Remede d'un Quart de Karat.

### *AUTORITEZ.*

Les anciennes Ordonnances n'avoient jamais mis de difference entre les gros & les menus Ouvrages d'or, quant au Titre auquel ils devoient être travaillez : ſeulement, comme on l'a vû, quelques-unes avoient accordé de plus grands Remedes à ceux-ci. Mais une longue experience a montré que la Loi de vingt-deux Karats, preſcrite pour tous en general, ne convenoit qu'aux Ouvrages ſolides ; & que l'or à ce Titre n'avoit pas aſſez d'Alliage, ni par conſequent de conſiſtance pour reſiſter au ſervice continuel auquel ſont expoſez les menus Ouvrages &

Bijoux de grand usage, comme Boëtes de Montres, Etuis de poche, Tabatieres & autres. Or cet inconvenient ayant servi de prétexte, on avoit donné dans l'excès opposé; & le relâchement avoit été porté si loin dans ces dernieres années, qu'il s'est trouvé de ces mêmes Bijoux qui n'étoient pas même à quatorze Karats. Il est vrai que la plûpart avoient été introduits dans le Royaume par des Brocanteurs & Colporteurs étrangers: mais c'est ce qui augmentoit d'autant plus le desordre en cette partie de notre Police. Il falloit donc, en s'écartant convenablement de la rigueur des Ordonnances en faveur de ces sortes d'Ouvrages, leur prescrire desormais un Titre aussi éloigné du relâchement auquel on s'étoit laissé aller, que propre à leur donner une consistance suffisante pour les rendre de bon service. Or c'est ce qui a été fait en 1721, & à quoi le Roi a pourvu en ces termes:

*Déclaration du Roi, du 23 Novembre* 1721. ART. VI. „ Permettons " aux Orfévres & Horlogers [ en ce " qui concerne ceux-ci ] de fabri- " quer & vendre des menus Ouvra- " ges d'or sujets à soudûres, comme " Croix, Tabatieres, Etuis, Bou- " cles, Boutons, Boëtes de Montres, " & autres au Titre seulement de " vingt Karats un Quart, au Remede " d'un Quart de Karat: Leur défen- " dons, sous quelque prétexte que " ce soit, d'en fabriquer & vendre " au-dessous du Titre ci-dessus pres- " crit. " *Layette* 3, bis, *cotte* 12.

## ARTICLE VI.

### *Peines contre les Délinquans au Titre.*

LES Délinquans aux susdits Titres prescrits, tant pour l'or que pour l'argent, seront condamnez en cinquante livres d'amende pour la premiere fois, outre la confiscation des Ouvrages défectueux: En cent livres pour la seconde fois: Et seront interdits de la Maitrise à la troisiéme fois; sans que lesdites peines puissent être remises, ni moderées sous quelque prétexte que ce soit.

### *AUTORITEZ.*

Quoique depuis l'Ordonnance de 1378 nos Orfévres ayent toujours fourni des Cautions à leur Reception pour servir de sureté au Public en cas qu'ils vinssent à faillir au Titre de leurs Ouvrages, il y a néanmoins toujours eu aussi des peines portées par les Ordonnances contre ceux qui tomberoient dans cette faute : Parce qu'indépendamment du dédommagement des Particuliers, assuré par le cautionnement, la Loi du Titre qui appartient si intimement à l'ordre public, doit d'ailleurs être réligieusement respectée. Entre les differentes peines qui ont été prononcées à ce sujet dans toute la suite des tems, celles qui ont été portées par l'Edit de 1554, sont des plus séveres : Et il semble que Louis XIV. les ait voulu rappeller presque mot à mot dans le Reglement de 1679, par la Disposition suivante qui forme notre Article.

*Reglement general du 30 Décembre 1679.* Art. xvii. „Seront les Délinquans au Titre [de leurs Ouvrages] condamnez en cinquante livres d'amende pour la premiere fois, outre la confiscation des Ouvrages : en cent livres pour la seconde fois ; & seront interdits de la Maitrise à la troisiéme fois ; sans que lesdites peines puissent être remises, ni moderées sous quelque prétexte que ce soit." *Layette 3, cot.* 42. Item, *Recueil, pag.* 185, 186.

## ARTICLE VII.

### *Ouvrages duement Poinçonnez du Maître.*

Lesdits Orfévres apposeront leur Poinçon sur tous leurs Ouvrages, tant au Corps & principales Pieces d'applique, que sur les Garnisons d'iceux qui pourront porter l'Empreinte dudit Poinçon sans en être difformées : Et chacun d'eux demeurera responsable en son nom des fautes qui se trouveront aux Ouvrages marquez de son Poinçon, tant au Titre qu'autrement.

### *AUTORITEZ.*

Il ne suffit pas que les principales Pieces d'un Ouvrage composé, soient Poinçonnées du Maître : Il faut encore, & autant qu'il est possible, que les simples Garnisons, ainsi que les menus Ouvrages qui sortent de sa main, le soient aussi. Car sans cela, il pourroit les méconnoître en cas de faute au Titre, & prétendre échapper à la garantie de leur bonté qu'il doit au Public. Ce n'est que pour cela que le Poinçon lui est donné à sa Reception, & que ce Poinçon est si soigneusement insculpé : Et c'est à ce Devoir que tous les Reglemens qui suivent le rappellent.

*Ordonnance de Charles V. à Paris*

*au mois de Mars* 1378. „ De leurs » Poinçons iceux Orfévres [de Paris] » ſigneront toutes Vaiſſelles & groſ- » ſes Oeuvres ; & auſſi tous les » Joyaux & Ceintures qui bonne- » ment ſe pourront ſigner , ſelon » leurs bonnes conſciences & profit „ de la choſe publique. “ *Layette* 1, *cot.* 2. Item, *Rec. pag.* 11.

*Ordonnances publiées au Parlement le* 23 *Mars* 1428. ART. II. „ Que » doreſnavant tous Orfévres [de Pa- » ris] ſignent de leur Poinçon avant » la bruniſſure, toutes Ceintures d'or » & d'argent, & autres Ouvrages » d'Orfévrerie qu'ils feront, & les » Pieces d'icelles qui bonnement ſe » pourront ſigner, & où leur Poin- » çon ſe pourra aſſeoir, en telle ma- » niere que l'on puiſſe reconnoître leur Seing. “ *Layette* idem, *cot.* 3, *& Rec. pag.* 16.

*Ordonnance de Louis XII. à Blois le* 22 *Novembre* 1506. ART. XI. „ Que les Ouvrages deſdits Orfé- » vres ſoient [chacun] Poinçonnez » de l'Orfévre particulier [qui les a faits.] *Layette* idem, *cotte* 5, *& Recueil*, *page* 24.

*Edit de François I. à Sainte Menehoud, le* 21 *Septembre* 1543. ART. XVIII. „ Leſquels Ouvrages ..... » leſdits Orfévres ſeront tenus ſigner » & marquer de leur Poinçon &c. Ibid. *cot.* 10, *& Rec. p.* 49.

*Edit de Henry II. à Fontainebleau en Mars* 1554. ART. IV. „ Leſdits » Orfévres marqueront de leurs Poin- » çons tous les Ouvrages qu'ils fe- » ront, tant d'or que d'argent, & qui » bonnement ſe pourront marquer. Ibidem, *cotte* 13, *& Recueil des Ordonnances*, *pag.* 65.

*Edit du même au même lieu, le* 22 *May* 1555. ART. X. „ Et afin que « l'on puiſſe diſtinguer & connoître « [qui ſont ceux qui ont fait & Poin- « çonné] leſdits Ouvrages, défen- « dons très-expreſſement auſdits Or- « févres ou Veuves d'Orfévres, de « tranſporter [à d'autres] leur Poin- « çon, ſi ce n'eſt pour beſongner en « leur Maiſon dont ils ſeront reſpon- « ſables. « Ibidem, *cot.* 14, *& Recueil*, *pag.* 77.

Ceci regarde ceux qui par un abus qu'on a depuis appellé *Protection*, prêtoient ou louoient leur Poinçon à des gens ſans qualité, & qui ſous pretexte de ce qu'ils n'avoient fait, ni marqué eux-mêmes les Ouvrages de ces ſortes de Gens, prétendoient n'être pas reſponſables des fautes qui pourroient s'y trouver. C'eſt-à-dire, qu'ils croyoient pouvoir ſe diſpenſer d'un Devoir par cela même qu'ils en avoient violé un autre. C'eſt ſurquoi il fut ſtatué plus difertement & avec plus de ſéverité par Henry IV. ainſi qu'il s'enſuit.

*Ordonnance de Henry IV. à Fontainebleau, en May* 1599. ART. III. Tous les Maîtres dudit Etat [d'Or- « févrerie à Paris] ſeront tenus & « reſponſables des malverſations, « fautes & abus qui ſe trouveront « aux Ouvrages marquez de leur « Poinçon ; & ne pourront icelui « prêter, ni louer à aucune perſonne « de quelque qualité ou condition « qu'elle ſoit, à peine de cinquante « écus d'amende : Et ne feront leſdits « Maîtres reçus à s'excuſer ſous cou- « leur & prétexte de dire qu'ils n'au- «

» ront que prêté leurdit Poinçon, & » n'avoir fait, ni fait faire leditOu- » vrage ; ains payeront ladite amen- » de, outre la réparation civile, de » laquelle ils seront tenus avec ceux » qui auroient fait & fabriqué l'Ou- » vrage &c. « *Lay.* 2, *cotte* 31. Item, *Recueil, pag.* 154.

*Arrêt de la Cour des Monoyes du 4 Décembre* 1658. „ La Cour a or- » donné & ordonne que... tous les » Ouvrages d'Orfévrerie seront mar- » quez du Poinçon particulier du » Maître Orfévre qui les aura faits & » fabriquez, [& ce] en lieu visible & » apparent; tant au Corps & princi- » pales Pieces d'applique, qu'aux » Garnisons, pour être reconnues » quand besoin sera; sçavoir, les » Aiguieres, au Corps, Couvercle, » Pied, Anse, & Bec," [ Et ainsi de tous les autres Ouvrages en chacune de leurs parties. ] *Lay.* 5, *cot.* 2. Item, *Recueil, pag.* 1072, 1073. Ce Reglement, plus détaillé qu'aucun des précedens, ne put avoir son entiere execution, attendu la grandeur des Poinçons de Maître, dont l'Empreinte ne pouvoit être mise sur les menues Garnisons & petits Ouvrages sans les difformer. Mais en levant cet obstacle par la réforme des Poinçons, le Reglement general de 1679 prescrivit de nouveau leur apposition, en ces termes :

*Reglement general du* 30 *Décembre* 1679. ART. XII. „ Et afin d'éviter « plusieurs abus difficiles à découvrir, « par le moyen desquels plusieurs « personnes ont été trompées, les « Maîtres Orfévres seront tenus de « marquer chacun de leurs Poin- « çons.... tous les Ouvrages d'or « & d'argent [ qu'ils feront, ] & ce, « tant au Corps, qu'aux principales « Pieces d'applique & Garnisons « mentionnées en l'Etat qui en a été « ce jourd'hui arrêté au Conseil." *Lay.* 1, *cot.* 42, & *Rec. pag.* 183, 184.

Cet Etat qui descend dans un très-grand détail des differens Ouvrages d'Orfévrerie & de toutes leurs Pieces d'applique & Garnisons qui doivent être ainsi marquées du Poinçon du Maître, est la Regle que nous suivons. Il est sous le Contre-Scel du Reglement & des Lettres Patentes. *Layet. & cotte* idem, & *Rec. pag.* 188 & *suivantes.*

## ARTICLE VIII.

### *Ouvrages envoyez à la Contre-marque.*

ILs seront en outre tenus d'envoyer tous leurs Ouvrages, tant d'or, que d'argent, ainsi marquez de leur Poinçon, au Bureau de la Maison commune, pour y être Essayez, & ensuite Contre-marquez du Poinçon commun par les Gardes, en toutes les Pieces desdits Ouvrages

vrages, qui par leur grandeur, poids, figures & formes pourront bonnement & facilement porter lesdites Marque & Contre-marque sans difformité.

## *AUTORITEZ.*

Le Poinçon commun ou de Contre-marque, lequel ne s'appose qu'après un rigoureux examen du Titre des matieres, est une double sureté de leur bonté envers le Public; & nos Orfévres ont toujours été tenus de faire ainsi contre-marquer leurs Ouvrages depuis l'origine de ce Poinçon, comme il paroît par toutes les Autoritez suivantes.

*Ordonnance de Philippe-le-Hardy, à Paris, au mois de Décembre* 1275. ART. IV. „ Volumus quod..... „ quælibet Villa habeat Signum „ suum proprium [pro signandis ope- „ ribus aureis vel argenteis quæ ope- „ rabuntur]: Et quicumque contra „ hoc fecerit, amittet argentum." *Ordonn. des Rois de la troisiéme Race, Tom. I. p.* 814 *&* 529, *ès notes.*

*Ordonnance de Philippe-le-Bel, à Pontoise, au mois de Juin* 1313. ART. X. „ Voulons & ordennons que en „ chacune Ville où y aura Orfévres, „ ait un Seing propre pour Seingner „ les Ouvrages qui y seront faits... „ & qui sera trouvé faisant le con- „ traire [c'est-à-dire, ne faisant pas „ marquer ses Ouvrages de ce Poin- „ çon,] il perdra l'argent, & sera „ puni de Corps & d'avoir." Ibidem *page* 522.

Cette Loi de Marquer les Ouvrages, étoit si régulierement observée dans l'Orfévrerie de Paris, que les Gardes veilloient même à la faire observer par certains Marchands qui, sans être du Corps, se mêloient de faire quelque portion de son Commerce. Nous trouvons là-dessus dans nos Registres du siécle suivant, que faisant leurs Visites chez plusieurs de ces Marchands en 1433, ils leur firent défenses à tous d'avoir aucune Piece d'Orfévrerie qui ne fût duement *marquée du Poinçon de Paris.* Ancien Regist. de l'Orf. *fol.* 34 *v°.*

*Ordonnance de Louis XII. à Blois, le* 22 *Novembre* 1506. Ce Prince ayant ordonné par l'Article X. le renouvellement des Poinçons de Maître, ajoute, ART. XI. „ Qu'il „ y ait un autre Contre-Poinçon ès „ mains des Maîtres [& Gardes] du- „ dit Mêtier [d'Orfévrerie]... dont „ ils marqueront les Ouvrages des- „ dits Orfévres.... après qu'ils en „ auront fait Essai, & qu'ils auront „ été Poinçonnez de l'Orfévre parti- „ culier." *Layette* 1, *cotte* 5. Item, *Recueil, pag.* 24.

*Edit de François I. à Sainte-Menehoud, le* 21 *Septembre* 1543. ART. XVIII. „ Lesquels Ouvrages d'ar- „ gent, les Orfévres seront tenus „ signer & marquer de leur Poinçon, „ & du Contre-Poinçon baillé aux „ Jurez [Gardes]... avant qu'iceux „ exposer en vente. Ibidem, *cotte* 10, *& Rec. pag.* 49.

*Edit de Henry III. à Poitiers, au mois de Septembre* 1577. „ Les Orfévres ne feront & acheveront en » perfection les Besongnes d'or & » d'argent avant que de les faire » Contre-marquer : ains seront tenus, » dès qu'ils les auront forgées & donné leurs premieres formes, les porter toutes brutes à la Marque &c. *Lay.* 2, *cotte* 22. Item, *Rec. pag.* 103. A la verité cet Edit n'a point été verifié pour d'autres Dispositions qu'il contient : Mais comme celle-ci avoit été sans doute formée sur l'usage qui étoit déja établi dans l'Orfévrerie de Paris, cet usage s'y est toujours maintenu par sa propre utilité jusqu'au Reglement general de 1679 qui l'a autorisé, comme on le dira en son lieu.

*Lettres Patentes de Henry IV. du* 22 *Décembre* 1608, touchant les Privileges des Galeries du Louvre. „ Les Maîtres Orfévres d'icelle » Galerie seront tenus d'apporter » les Besongnes qu'ils feront pour le » Public, marquées de leur Poinçon, pour celles qui le peuvent » & doivent être, soit en or ou argent, en la Maison des Gardes de » l'Orfévrerie ; pour être marquées » de la Marque desdits Gardes, à » l'instar de tous les autres Maîtres » Orfévres de notre Ville de Paris. " *Lay.* 8, *cotte* 2. Item, *Rec. p.* 401. Les Orfévres de l'Hôpital de la Trinité, & ceux de la Manufacture Royale des Gobelins, ont aussi toujours été assujettis à ce Devoir.

*Reglement general du* 30 *Décembre* 1679. ART. XII. „ Les Maîtres » Orfévres [ de la Ville de Paris ] seront tenus de marquer chacun de leurs Poinçons, & de faire contre-« marquer du Poinçon commun en « lieu visible, le plus près l'un de « l'autre que faire se pourra, tous les « Ouvrages d'or & d'argent [qu'ils « feront ] ; & ce, tant au Corps, « qu'aux principales Pieces d'appli-« que & Garnisons mentionnées en « l'Etat qui en a été ce jourd'hui ar-« rêté au Conseil. Et à cet effet, se-« ront lesdits Maîtres tenus d'envoyer « en même tems au Bureau lesdites « Pieces d'applique & Garnisons « avec les Corps & Pieces principa-« les, pour du tout en être fait Essai, « & iceux Contre-marquez. Défen-« ses aux Gardes de marquer l'un « sans l'autre. « *Layette* 1, *cotte* 42. Item, *Rec. pag.* 183, 184.

*Etat arrêté au Conseil & attaché sous le Contre-Scel du Reglement general.* Après y avoir déduit tous les Ouvrages, & distingué les Pieces qui les composent, & qui doivent être Marquées & Contre-marquées, ou seulement marquées du Poinçon du Maître, en specifiant leur Poids, il est dit : „ Et generalement toutes « autres Pieces d'or ou d'argent des « Poids susdits ; [ sçavoir, d'une « once & au-dessus pour l'or, & d'une once & demie & au-dessus pour l'argent] soit d'assemblage ou d'ap-« plique par Charnieres, Coulisses, « Goupilles, Vis, &c. qui pour-« ront par leur grandeur, poids, « figures & formes, bonnement & « facilement porter les Marques & « Contre-marques sans difformité, « seront marquées & contre-mar-" quées. " Ibidem, & *Rec. pag.* 195.

Toutefois le relâchement s'étant glissé, comme nous l'avons dit ci-dessus, dans le Titre des menus Ouvrages d'or que cet Etat dispensoit de la Contre-marque, il a fallu y pourvoir de nouveau; & c'est ce qui a été fait en 1721 par une Loi generale qui assujettit indistinctement tous les Ouvrages d'or à la Contre-marque, en ces termes :

*Déclaration du Roy du 23 Novembre* 1721. ART. VII. „ Tous les „ Ouvrages d'or seront marquez du „ Poinçon du Maître qui les aura fa- „ briquez; & Essayez & Contre-mar- „ quez par les Jurez & Gardes aux „ Bureaux des Maisons communes „ des Orfévres, ainsi qu'il se prati- „ que pour les Ouvrages d'argent. " *Layette* 3, bis, *cotte* 12.

Le même relâchement s'étant introduit dans la Fabrique de la plûpart des menus Ouvrages d'argent, lesquels étoient pareillement dispensez de la Contre-marque, aux termes du même Etat arrêté sous le Contre-Scel du Reglement general, il a fallu aussi en venir au même remede; non pas cependant pour tous, comme à l'égard de ceux d'or; car la chose seroit impraticable, mais pour les especes qui étant le plus d'usage, peuvent en même-tems plus facilement porter l'Empreinte des Poinçons. Voici ce qui a été statué là-dessus l'année derniere sur les Remontrances des Gardes de l'Orfévrerie.

*Lettres Patentes du* 12 *Novembre* 1733, *sur Arrêt du* 8 *Septembre précedent.* „ Nous avons par ces Presen- „ tes signées de notre main, en inter- „ prêtant en tant que besoin seroit „ notre Reglement general sur le fait de l'Orfévrerie du 30 Décem- " bre 1679, &c. Ordonné & ordon- " nons que tous Maîtres & Mar- " chands Orfévres.... & autres, tra- " vaillans & fabriquans en Ouvra- " ges d'or & d'argent, seront tenus " de porter à la Maison commune de " l'Orfévrerie pour y être Essayez & " Marquez d'un Poinçon [ de Con- " tre-marque ] à ce destiné, les Man- " ches de Couteaux, Cuilliers à Caf- " fé, Boucles, Boëtes de Montres, " Etuis, toutes sortes de Crochets, " Poignées d'Epées pleines & Fla- " cons pleins. " *Layette* 3, bis, *cotte* 29. *n°*. 3.

Les Gardes de l'Orfévrerie ne trouvant pas que ce détail exprimât suffisamment toutes les Especes de menus Ouvrages d'argent qui, selon l'esprit du nouveau Reglement, devoient être Contre-marquez, ont presenté leur Requête au mois de Mars de la presente année 1734, à la Cour des Monoyes où ce Reglement avoit été registré, & qui connoît privativement de ces Matieres; & ils ont obtenu l'Arrêt qui s'ensuit :

*Arrêt de la Cour des Monoyes du* 24 *Mars* 1734. „ Notredite Cour " a ordonné & ordonne... Que tous " Maîtres & Marchands Orfévres- " Joyailliers de la Ville de Paris, se- " ront tenus de porter au Bureau de " la Maison commune de l'Orfévre- " rie pour y être Essayez & Mar- " quez du Poinçon commun, ordon- " né par lesdits Arrêt de notre Con- " seil [ du 8 Septembre 1733 ] & " Lettres Patentes [ du 12 Novemb. " ensuivant ] sçavoir, les Manches " de Couteaux, les Cuilliers à Caf- " fé, les Boucles, les Boëtes de Mon- "

„ tres, les Etuis, les Crochets de „ toutes sortes, les Poignées d'Epées „ pleines, les Flacons pleins, les „ dessus & fonds de Tabatieres, „ tant d'or que d'argent, [parce qu'on se contentoit d'apporter seu- „ lement les Bastes], les Eteignoirs, „ les Binets, les Bougeoirs de Tric- „ trac, les Brosses à Peignes, les „ Cornets d'Ecritoires, les Pommes „ de Canne d'argent d'une once & „ au-dessus, les Bossettes de Brides, „ & les Tire-moëles d'une once & „ au-dessus. " *Lay*. 3, bis, *cotte* 33.

C'est ainsi que les menus Ouvrages d'argent, qui ne sont point Pieces d'applique, ni Garnisons d'autres Ouvrages, mais isolez & subsistans par eux-mêmes sous une dénomination particuliere, ont été assujettis à la regle déja prescrite pour ceux d'or de même espece par la Déclaration du 23 Novembre 1721 : Et que nos Orfévres sont tenus de porter les uns & les autres en la Maison commune pour y être Essayez & Contre-marquez comme ceux d'un plus grand poids. C'est ce qui se fait actuellement avec une exactitude qui ne laisse rien à desirer de plus en ce point, pour la perfection de notre Police.

## ARTICLE IX.

### *Ne confondre les Ouvrages de differentes Fontes.*

LEs Ouvrages provenans de differentes Fontes, seront envoyez à la Contre-marque dans des Sacs séparez, afin qu'il en soit fait Essai séparément : Et ne pourront être confondus, à peine de confiscation desdits Ouvrages en cas qu'il s'en trouve de divers Titres hors les Remedes, & d'amende contre le Maître.

### *AUTORITEZ.*

Il ne seroit pas necessaire de séparer ainsi les Ouvrages qui sont de differentes Fontes, si l'on faisoit essai de chacune des Pieces en particulier. Mais cela n'est pas praticable; non pas tant à cause que les Gardes seroient accablez de la grandeur du travail, que parce que les Essais ainsi multipliez à l'infini augmenteroient, prodigieusement les frais des Ouvrages. On s'est donc toujours restraint à un seul Essai pour toutes les Pieces qui proviennent d'une même Fonte; & nous le faisons en coupant de chaque Piece une legere particule de Matiere le plus également qu'il est possible, pour du tout composer cet unique Essai. L'Usage étant ainsi établi & fixé, comme l'on voit, par l'impossibilité absolue de faire autrement, il ſeroit aiſé à un Maître de ſurprendre la religion des Gardes en leur envoyant confuſément dans un même Sac des Pieces de bas Titre avec d'autres proportionnellement ſuperieures au Titre preſcrit; d'où il arriveroit que les unes & les autres ſe trouveroient indiſtinctement Contre-marquées au préjudice de nos Reglemens; puiſque l'Eſſai qui en reſulteroit ne pourroit manquer de rapporter dans les Remedes de l'Ordonnance.

Les premieres meſures que nous ſçachions avoir été priſes contre cet inconvenient, ſont de l'an 1548. C'eſt un Reſultat de l'Aſſemblée des Gardes & Anciens du 21 Mars, par lequel il fut arrêté: *Que tous les Orfévres de Paris ſeroient doreſnavant tenus*, en apportant leurs Ouvrages à la Marque, *de déclarer aux Gardes les Pieces qui ſeront de Fontes differentes, & de les diſtinguer afin qu'il en ſoit fait autant d'Eſſais ſéparez.* 1r. Regiſt. des Délib. f. 2, v°.

Cette Concluſion n'empêcha pas que bien-tôt après quelques Maîtres, par facilité & ſans mauvais deſſein, ne reçuſſent dans leurs Sacs une ou deux Pieces d'autres Maîtres parmi les leur en beaucoup plus grand nombre, & qu'ils ne les envoyaſſent ainſi à la Marque ſous leur nom ſans le déclarer aux Gardes. Dès le mois de Novembre de l'année ſuivante 1549, il fut découvert que trois Pieces avoient été miſes de la ſorte dans trois Sacs differens, dont une avoit même été Contre-marquée, quoique hors des Remedes. Sur quoi nouvelle Concluſion priſe auſſi-tôt contre ce nouvel inconvenient dans l'Aſſemblée tenue à ce ſujet le 18 du même mois, portant que *Commandement ſera fait à tous Orfévres de n'apporter à la Marque que leurs* propres *beſongnes ſans en recevoir d'aucuns autres Orfévres pour les mêler enſemble dedans leurs Sacs* & ce, *pour obvier aux abus qui pourroient ſe commettre.* Ibid. *fol.* 5.

Dès l'année même, ces deux manieres de ſurprendre la religion des Gardes, furent reprimées par deux Jugemens, dont l'un menace de *punition corporelle en cas de récidive*, l'Orfévre qui avoit mis de deux ſortes d'argent dans ſon propre Sac; & l'autre condamne ſeulement aux dépens celui qui avoit mis ſa Piece dans le Sac d'un autre Maître & qui avoit été Contre-marquée, comme nous l'avons dit, laquelle fut rapportée & rompue ſans confiſcation; parce qu'il proteſta l'avoir fait ſans malice, & uniquement parce qu'une ſeule Piece lui avoit paru trop peu de choſe pour en faire un Sac. *Lay.* 5, *Liaſſe* 2. On peut voir ce qui a été jugé par la ſuite, lorſque l'un ou l'autre cas eſt arrivé, *Ibidem.* Mais il ſuffit de rapporter ici l'Arrêt de Reglement rendu ſur cette matiere, & qui a force de Statut dans le Corps.

*Arrêt de la Cour des Monoyes du 27 Juillet* 1658. » La Cour ... enjoint à tous Maîtres Orfévres [de la Ville de Paris] portant ou envoyant leurs Ouvrages [au Bureau de l'Orfévrerie] pour être Eſſayez & Marquez du Poinçon public, de déclarer & marquer aux Gardes les Fontes differentes qu'il y aura pour en faire differens Eſſais; à peine, en cas qu'il ſe trouve dans un même Sac, de l'argent de divers

„ Titres hors les Remedes, de confiscation desdits Ouvrages, & de cent livres d'amende; & de plus grande peine s'il y échet: le tiers applicable ausdits Maîtres & Gardes. Et faisant droit sur le Requisitoire du Procureur General du Roy, à ce qu'aucun ne prétende cause d'ignorance du [present] Reglement, a ordonné & ordonne, qu'à la diligence des Gardes qui sont en Charge, l'Extrait des Arrêts du 28 Août 1610, 17 Février 1615, 8 Août 1637, [qui tous avoient prononcé en conformité sur cette matiere] & le present seront lûs par le Greffier de ladite Cour en la Chambre commune de l'Orfévrerie, tous les Maîtres pour ce convoquez, en presence du Conseiller Rapporteur; dudit Procureur General, & desdits Maîtres & Gardes: & transcrits avec l'Acte de Publication dans le Registre de la Communauté dudit Mêtier; dont sera dressé Procès verbal: Que l'Extrait desdits Arrêts sera ajouté par Articles aux Statuts de l'Orfévrerie de cette Ville; lesquels [Extraits] seront imprimez, & Copie d'iceux signée & collationnée par ledit Greffier, donnée à chaque Maître dudit Mêtier par le Clerc d'icelui, à la diligence desdits Gardes, dont ils certifieront la Cour. " *Layette* ibidem, *& Recueil des Ordonnances, page* 1154.

## ARTICLE X.

### *N'avancer les Ouvrages avant l'apposition du Poinçon de Contre-marque.*

LESDITS Orfévres n'auront en leurs Maisons & Boutiques aucuns Ouvrages montez & assemblez, frappez en bord, Planez, ou autrement trop avancez, que lesdits Ouvrages n'ayent été préalablement Marquez & Contre-marquez, comme dit est; sur peine de confiscation d'iceux Ouvrages & d'amende.

### *AUTORITEZ.*

Il paroît par l'Ordonnance de Louis XII. du 22 Novembre 1506, qu'anciennement il suffisoit que les Ouvrages d'Orfévrerie fussent presentez à l'Essai & à la Contre-marque, *auparavant la derniere brunissure & perfection d'iceux*, ou même seulement *avant que d'être délivrez*: c'est-à-dire, étant achevez ou presqu'achevez. Mais cet usage étoit sujet à divers inconveniens. Il étoit difficile que des Ouvrages si avancez ne fussent endommagez par la petite portion qu'il en faut couper pour les essayer. D'ailleurs, la perte étoit plus grande pour le Maître, lorsqu'étant trouvez hors des Remedes, il falloit les rompre en cet état. Mais un inconvenient plus considerable encore, étoit qu'en permettant d'avancer ainsi des Ouvrages si près de leur perfection, sans être préalablement contre-marquez, c'étoit visiblement s'exposer au risque de les laisser finir & livrer sans Contre-marque. Aussi avons-nous vû que dès le même siécle l'usage étoit établi dans l'Orfévrerie de Paris de les porter bruts & seulement dégrossis à la Marque : Usage qui s'est maintenu par la suite, & qui enfin a été prescrit comme une Loi à nos Orfévres, en vue du dernier des inconveniens que nous venons de marquer.

*Reglement general du 30 Décembre 1679.* ART. XII. „ Défenses ausdits Orfévres d'avoir dans leurs Maisons & Boutiques aucuns Ouvrages montez & assemblez, frappez en bord ou planez .... qu'ils n'ayent été préalablement marquez & contre-marquez .... à peine de confiscation des Ouvrages & d'amende. " L'ART. XVII. de ce Reglement prononce même pour le défaut de Marque & de Contre-marque des Ouvrages, les mêmes peines que pour le défaut de Titre. *Archiv. de l'Orf. Layet. 3, cott.* 42. Item, *Recueil imprimé des Ordonn. pag.* 184, 185.

## ARTICLE XI.

### *Ne fabriquer Ouvrages composez de Parties de differens Métaux.*

NE pourront fabriquer aucuns Ouvrages composez de Parties, dont les unes seroient d'or ou d'argent, & les autres de cuivre doré ou argenté ; ni même d'or & d'argent, en sorte que ces deux Métaux ne pussent être pesez, & estimez séparément ; sur les susdites peines de confiscation & d'amende.

### *AUTORITEZ.*

Les Orfévres ne peuvent faire des Ouvrages partie d'or ou d'argent, & partie de cuivre doré ou argenté ; parce que ne devant regulierement travailler que l'or & l'argent, le Public ne s'attend point à recevoir le Faux de leur main, & qu'il y pourroit être trompé. Ils ne peuvent pas même faire des Ouvrages ainsi composez, dont les Parties seroient d'or

& d'argent, ſoudées, ou autrement jointes les unes aux autres pour ne faire qu'un tout; parce qu'étant tenus de vendre & livrer leurs Ouvrages au Poids, le Public ne pourroit ſçavoir au juſte le Poids de l'or & celui de l'argent ſéparément. Tel eſt l'eſprit des Défenſes portées par notre Article, lequel eſt formé des divers Reglemens qui ſuivent.

*Arrêt du Parlement du 29 Janvier 1395.* Cet Arrêt qui eſt latin, ſelon l'uſage du tems, fut contradictoirement rendu entre les Gardes de l'Orfévrerie; un de nos Orfévres nommé Albert le Grand, & l'Evêque de Paris revendiquant ſes Droits ſur cet Orfévre, parce qu'il étoit Clerc. Il s'agiſſoit d'une Coupe que les Gardes lui avoient ſaiſie, & qu'il venoit d'achever pour M. le Duc d'Orleans. Il paroît que c'étoit un fort bel ouvrage pour le tems; mais d'ailleurs ſi artificieuſement travaillé que cette Coupe étoit réellement doublée d'argent, & n'étoit que de ce Métal dans l'interieur de toutes ſes parties, tandis que depuis le pied juſqu'au ſommet du couvercle, tout ce qui s'en pouvoit découvrir à l'œil, tant dehors que dedans, étoit couvert d'or, adroitement appliqué ſansſoudûre ſur l'argent,&arrêté ſeulement haut & bas par certaines clavettes imperceptibles, au moyen deſquelles l'Ouvrage pouvoit être démonté & reconnu pour ce qu'il étoit, c'eſt-à-dire interieurement d'argent, & exterieurement d'or. Mais comme il pouvoit aiſément être pris pour or en ſon entier, les Gardes l'avoient ſaiſi, & en pourſuivoient la rupture & la confiſcation, avec défenſe à tous Orfévres de faire des Ouvrages ainſi mêlez. Le Procureur General qui parla dans la Cauſe, conclut de même: Mais il ne ſe contenta pas de montrer que le Bien-public étoit intereſſé à ce qu'il fût défendu de faire des ouvrages ſi capables de ſéduire; il ſoutint de plus que celui-ci étoit très-préjudiciable à la renommée de la Ville de Paris, qui excelle, dit-il, non-ſeulement en beaux, mais encore en *loyaux* Ouvrages, ſur-tout, ajouta-t'il, en ceux d'Orfévrerie, dont la réputation eſt univerſellement répandue: *Præſertim in argenteis & aureis operibus [quorum] publica vox & fama loquuntur.* Cependant la Coupe en queſtion échappa à la rupture & à la confiſcation pour la curioſité de ſon travail: Et du reſte faiſant droit ſur le Reglement demandé, la Cour prononça que doreſnavant il ne ſeroit plus fait de Vaſes ou autres Ouvrages de telle Matiere, c'eſt-à-dire de Parties mêlées, les unes d'or, les autres d'argent; avec défenſes à qui que ce ſoit d'en faire de ſemblables: *Curia noſtra per ſuum Arreſtum ordinavit & ordinat, quod de cetero talia Vaſa, vel alia, talis Materiæ non fiant; eaque de cetero fieri quibuſcumque prohibuit & prohibet.* Layette 4, cotte 2.

*Sentence du Prevôt de Paris, du 23 Décembre 1495.* » Nous en la preſence des Avocat & Procureur « du Roi notre Seigneur au Châtelet, « en enterinant & accompliſſant « le contenu en ladite Requête [des « Gardes de l'Orfévrerie] & par « l'avis & déliberation de Conſeil « pour le bien & utilité de la choſe « publique, avons ordonné, ſtatué « & établi, ordonnons, ſtatuons & « établiſſons

» établiſſons par ces Preſentes, Que » doreſnavant aucun Maître, ne » Ouvrier dudit Meſtier [ d'Orfé- » vrerie ] ne ſe ingere de faire, ne » faire faire Ceintures, Anneaulx, » Chaynes, Eſmaulx, Coliers, Ta- » bleaux, Bracelets, Templettes, » Fermeillets, Croix, Targettes & » autres Bagues [c'eſt-à-dire Joyaux] » tant à mettre au col, que à met- » tre aux Chapeaux [ & Chaperons] » & generalement tous autres Ou- » vrages d'Orfaverie [ qui ſeroient ] » d'or & d'argent Brazez enſem- » ble, en telle maniere que l'or ne » ſe puiſſe peſer à part, & l'argent » à part, & ſçavoir combien il y a » de l'un & de l'autre..... & leur » avons fait inhibitions & défenſes » de ne faire, ne faire faire, ne ex- » poſer en vente les choſes deſſuſ- » dites, ne autres dépendantes d'icel- » les, en telle ſorte & maniere que » l'en ne puiſſe ſçavoir, peſer & » cognoiſtre combien il y aura d'or » & d'argent eſdits Ouvrages, & » peſer chacun à part ſoy.... & ce » ſur peine de confiſcation deſdits » Ouvrages, & d'amende arbitraire. » Et outre, avons ordonné & or- » donnons que tous & chacuns les » Ouvrages de la qualité deſſuſdite, » quelque part qu'ils ſoient ou puiſ- » ſent être ſceuz & trouvez, ſeront » caſſez & rompus.... Et avec ce... » que les Jurez & Gardes dud. Meſ- » tier & Marchandiſe de l'Orfave- » rie feront ſçavoir & ſignifier le » contenu en ces Preſentes à tous » les autres Maîtres dudit Meſtier, » à ce que aucun, ſoubs diſſimula- » tion n'en puiſſe ou doive préten- » dre juſte cauſe d'ignorance. En » teſmoing de ce, &c.« Et enſuite eſt écrit :

» Lues & publiées en la Chambre « des Orfévres, en la preſence des « Jurez & Gardes dudit Meſtier, & « de la plus grant & ſaine partie des « Maîtres Orfévres de cette Ville de « Paris, par moy Guillaume Diguet « Nottaire & Greffier Civil de la « Prevôté de Paris, le Jeudi 31 & « dernier jour de Décembre l'an « 1495. « *Cartulaire des Archiv. cotte A. fol.* 15, v°. *& ſuiv.*

*Arrêt de la Cour des Monoyes, du* 1 *Juin* 1657. » La Cour.... fait « défenſes à tous Orfévres, Joyail- « liers, Merciers, Miroitiers, & « tous autres, de faire, ni vendre ci- « après aucun ouvrage qui ſoit par- « tie d'argent, & [ partie ] de cui- « vre doré ou non doré, à peine de « confiſcation deſdits Ouvrages, & « d'amende. Ordonne que le preſent « Arrêt ſera ſignifié aux Gardes & « Jurez deſdits Meſtiers, & autres « que beſoin ſera, même publié dans « les Communautez deſdits Meſtiers, « pour être executé ſelon ſa forme & « teneur. « *Layette* 23, *cotte* 40. Item, *Recueil*, *p.* 704.

Tous ces Reglemens ont été faits à la pourſuite & diligence des Gardes de l'Orfévrerie pour la perfection de notre Police. Mais ſi dans cette vue les Ouvrages mixtes & compoſez de Parties, ſoit d'or & d'argent, ſoit d'argent & de cuivre doré ou argenté, ſont ainſi défendus aux Orfévres, afin que le Public ne ſoit pas expoſé à prendre, ou l'argent pour l'or, ou le faux pour le fin, on comprend aiſément que les Ouvrages de pur cuivre, qui ſeroient dorez ou argentez, ne leur doivent pas être plus permis ; puiſqu'on y trouve la même imitation du Fin, furtout venant de leur main, & rendue d'autant plus féduifante, qu'elle feroit portée à un plus haut degré de perfection par la délicateffe de leur Art. Auffi les Gardes leur ont-ils fait défendre la fabrique & le commerce de ces fortes d'Ouvrages dorez ou argentez dès le milieu du XVIe. fiécle par Arrêt contradictoire de la Cour des Monoyes du 27 Avril 1556. *Voyez Rec. p.* 522.

Toutefois cette défenfe ne s'eft jamais étendue jufques fur les Ouvrages purement de cuivre ou bronze reftans dans leur couleur naturelle; parce qu'en ce cas l'imitation du Fin n'ayant pas lieu, le Public n'y peut être trompé. Il y a même dans nos Archives une Sentence du Prevôt de Paris, pofterieure à la défenfe dont on vient de parler, & qui eft du 20 Mars 1595, par laquelle ce Magiftrat permet à nos Orfévres de mouler & fondre toutes fortes d'Ouvrages en cuivre & laiton, contre les pourfuites des Jurez-Fondeurs qui prétendoient les en empêcher: & nous ne voyons pas que dans la fuite cette faculté leur ait été difputée, lorfque quelqu'un d'eux en a voulu ufer.

## ARTICLE XII.

### *Moyens d'employer induement Soudûres, profcrits.*

NE pourront pareillement faire Ourlets renverfez, pleins de Soudûre, en forme de bords frappez aux Baffins, Plats & Affiettes; ni fous prétexte de les raccommoder, y fouder des Fonds rapportez: Comme auffi ne pourront appliquer aucune Piece neuve à un vieil Ouvrage, qu'elle ne foit préalablement marquée & contre-marquée, & que le vieil Ouvrage ne fe trouve l'avoir été bien & duement auffi; le tout fur les mêmes peines de confifcation & d'amende.

### *AUTORITEZ.*

Surcharger ainfi de Soudûres un vieil Ouvrage, ou y ajouter des Pieces neuves non marquées, & qui peuvent être hors des Remedes, c'eft affoiblir fon Titre, charger injuftement la memoire du Maître qui l'a fait, & tromper celui entre les mains de qui tombera enfin un tel Ouvrage pour la fonte: mais c'eft auffi contre ces divers abus qu'il a été ftatué par les Reglemens qui fuivent.

*Arrêt de la Cour des Monoyes, du 13 Octobre* 1687. „ La Cour.... fait „ défenses.... à tous Maîtres Orfé- „ vres de faire des Ourlets renver- „ sez pleins de Soudûres aux Plats, „ Bassins & Assiettes, sous quelque „ titre & prétexte que ce soit, en- „ core qu'ils en fussent requis par des „ Particuliers ou autres Personnes de „ telle qualité ou condition que ce „ soit; à peine de cinquante livres „ d'amende, & de confiscation des „ Ouvrages: Et [ ordonne ] que le „ present Arrêt sera lû & publié en „ la Maison commune de l'Orféve- „ rie, &c. *Rec. p.* 1105.

*Arrêt de la Cour des Monoyes, des mêmes jour & an.* „ La Cour fait „ défenses.... à tous Maîtres Orfé- „ vres de mettre, rapporter, & sou- „ der des fonds aux Plats, Bassins & „ Assiettes, sous quelque titre & „ prétexte que ce soit, encore qu'ils „ en fussent requis par des Particu- „ liers ou autres Personnes de telle qualité ou condition qu'elles soient, " à peine de cinquante livres d'a- " mende, & de confiscation des Ou- " vrages. Ordonne que le present " Arrêt sera lû & publié en la Mai- " son commune de l'Orfévrerie de " Paris, &c. " *Ibid.* p. 1106, 1107.

*Arrêt de la Cour des Monoyes, du 23 Décembre* 1692. " La Cour... fait inhibitions & défenses à tous " Orféves de... vendre aucun vieil " Ouvrage, ni le raccommoder qu'il " ne soit contre-marqué suivant les " Ordonnances; ni d'y appliquer " aucunes Pieces neuves, qu'au " préalable lesdites Pieces neuves " n'ayent été portées au Bureau de " la Maison commune, pour en être " fait Essai par les Maîtres & Gar- " des, & contre-marquées; à peine " de confiscation & d'amende: Or- " donne que le present Reglement " sera lû & publié dans ladite Mai- " son, la Communauté assemblée, " &c. " *Layette* 5, *Liasse n°.* 1.

## ARTICLE XIII.

### *N'employer les Emaux avec excès.*

IL leur sera loisible d'user indifféremment de tous Emaux en leurs Ouvrages d'or & d'argent; à la charge toutefois que lesdits Emaux seront bien & loyalement employez, & sans aucun excès vicieux & superflu.

### *AUTORITEZ.*

La condition mise à ce Statut vient de ce que l'Email portant Poids par soi-même, il augmente celui des Ouvrages d'or & d'argent où il est appliqué; & que comme il tombe en pure perte lorsqu'ils viennent à être fondus, l'équité veut par consequent qu'il y soit employé avec discrétion & sans superfluité. Delà vient encore qu'entre les différens Emaux, les opaques étant les plus pesans, François I. crut en devoir défendre l'usage à nos Orfévres par son Ordonnance du mois de Mars 1540, ne leur permettant d'user desormais que d'Email clair. Mais cette défense fut un des Chefs sur lesquels nous avons déja dit que les Gardes de l'Orfévrerie firent leurs Remontrances à ce Prince. Ils demanderent qu'il leur fût permis d'employer indistinctement toutes sortes d'Emaux comme par le passé, avec moderation & sans excès; parce, dirent-ils, qu'on ne pouvoit user d'Email clair en plusieurs Ouvrages, comme en Taille d'épargne, Visages & Carnations de Figures, Filets appliquez en Bordures, Carcans, Chaînes, Boutons & autres, ausquels les Emaux opaques doivent être employez: sans compter, ajoutérent-ils, que plusieurs Personnes ne vouloient point d'Email clair dans les Ouvrages qu'elles commandoient. On entrevoit par ce détail que nos Orfévres formoient déja des Teintes & des Dégradations de Couleurs dans la composition de leurs Emaux; Talent, qui, après avoir été ignoré de toute l'Antiquité, commençoit à se développer, & qui a fait de si grands progrès chez eux, aussi-bien que toutes les autres Parties de leur Art dans le siécle suivant. En conformité de ces Remontrances des Gardes la Disposition de l'Ordonnance de 1540 touchant les Emaux fut changée; & il fut statué de nouveau là-dessus en ces termes:

*Edit de François I. à Sainte-Menehoud, le 21 Septembre 1543.* ART. V. Et quant à l'Email requis par lesdits Orfévres, pour être mis & employé par eux indifferemment en tous Ouvrages, iceux Orfévres pourront user de tous Emaux, pourvû que lesdits Emaux soient bien & loyalement mis en besongne & sans aucun excès superflu sujet à Visitation " [c'est-à-dire, à reprehension.] *Layet.* 1, *cotte* 10. Item, *Recueil, p.* 45. Telle a toujours été depuis notre Loi en ce point.

## ARTICLE XIV.

### *Ne mettre en œuvre Pierres fausses avec Fines, &c.*

ILs ne mettront en œuvre aucunes Pierres ou Perles fausses confusément mêlées avec des fines, ou autrement; & n'auront même, ni ne tiendront en leurs Maisons & Boutiques aucunes Pierreries fausses & falsifiées; à peine de confiscation & d'amende.

### *AUTORITEZ.*

Il en est du Mélange & du Faux en Pierrerie dans notre Joyaillerie, comme du Mélange & du Faux touchant les Métaux dans notre Orféverie. La Police dans l'une & l'autre de ces deux Parties qui constituent notre Etat, a le même objet en ce point, qui est de ne pas exposer le Public à prendre le Faux pour le Fin, ou même le Fin de moindre espece pour celui d'espece plus précieuse, comme on le verra plus particulierement à l'Article qui suit. C'est le but où tendent tous les anciens Reglemens sur le Fait de notre Joyaillerie de Pierrerie à ces differens égards. Voici les Dispositions qui concernent le Mélange & le Faux dont il s'agit au present Article.

*Edit du Roi Jean, du mois d'Août* 1355. ART. VII. „ Nul Orféure ne „ puet mettre en euvre d'or ne d'ar„ gent Pelles [Perles] d'Ecosse avec „ Pelles d'Orient, se ce n'est en „ grands Joyaux d'Eglises, ou mul„ tiplication de Pierres étranges & „ Pelles se donnent. «

ART. VIII. „ *Item*, Que nuls „ Orféures ne puissent mettre en „ nuls Joyaux d'argent de Menuierie, „ Voirrines [ Pierres de Verre ] avec „ Garnats, [ Grenats ] ne avec Pier„ res fines. «

ART. X. *Item* „ Nul ne puet " faire, ne faire tailler Diamans de " Vericle [ le même que Voirrine ] " ne mettre en or, ou en argent. "

ART. XI. *Item* „ Nul ne puet " faire, ne faire mettre en or Doublès " de Voirrines pour vendre, ne pour " son user; se ce n'est pour le Roy, " pour la Roine, ou pour ses En- " fans. " *Layette* 1, *cotte* 1 bis. Item, *Recueil*, *pag.* 5.

Les mêmes Dispositions se trouvent dans l'Ordonnance de Charles V. du mois de Mars 1378. *Layett.* idem, *cotte* 2, *& Rec. p.* 12.

*Ordonnance de Henri IV. à Fontainebleau, en Mai* 1599. ART. IV. „ Défendons à tous les Maîtres " Orféures de la Ville de Paris, de " vendre, exposer en vente, ni tenir " en leurs Boutiques, ni en leurs Mai- " sons, aucune Pierre fausse & falsi- " fiée, sur peine de confiscation, & " de Vingt écus d'amende, applica- " ble, moitié à Nous, & l'autre moi- " tié aux pauvres Maîtres dud. Etat, " qui sera distribué par les Maîtres " & Gardes d'icelui. " *Layette* 2, *cotte* 31. Item, *Rec. p.* 154, 155.

## ARTICLE XV.

### *Ne teindre, ni autrement déguiser les Pierres.*

COMME aussi ne pourront teindre, ou relever de Feuilles vermeilles, ni déguiser aucunes Pierres fines en les mettant en œuvre ou autrement, pour les faire paroître d'espece plus précieuse qu'elles ne sont de leur nature, ou pour cacher les défectuositez qu'elles pourroient avoir dans leur espece.

## *AUTORITEZ.*

Nos anciens Reglemens distinguent & défendent soigneusement trois differentes manieres de déguiser l'état naturel des Pierres : le rehaussement de leur éclat par celui des Feuilles vermeilles mises dessous dans leurs chatons ; la Teinture des unes en la couleur des autres, comme l'Amethiste en Rubis ; & enfin la maniere de les tailler. Car, la précaution étoit si grande pour empêcher qu'une espece moins précieuse ne pût être exposée pour une plus riche à laquelle elle auroit ressemblé par la couleur, qu'il étoit même défendu de tailler les Pierres qui ont quelque rapport au Diamant, en la maniere que le Diamant se tailloit pour lors. Voici les Dispositions de cette ancienne Police sur ces trois sortes de déguisemens des Pierres.

*Edit du Roi Jean, du mois d'Août* 1355. ART. IV. „ Nul Orfévre ne „ puet mettre sous Amatistre [Amethiste] ne sous Garnat, Feuille vermeille, ne d'autre couleur, fors „ seulement d'argent. "

ART. VI. „ Nul ne puet raser, ne „ teindre Amatistre, ne quelconque „ Pierre fausse [ Le Faux se prend ici, non absolument, mais pour une Pierre d'espece beaucoup moins „ précieuse ] par quoi elle se doive „ montrer autre qu'elle n'est de na- „ ture. " [ Ces termes *Raser* & *Teindre* sont sinonymes ; & celui de *Raser* ou *Rasiner* qui est le même, vient de la qualité raisineuse des gommes qui entroient dans la composition des couleurs dont on se servoit pour teindre les Pierres. ] *Lay.* I, *cotte* I, bis. Item, *Rec. pag.* 4. Voyez les mêmes défenses portées par l'Ordonnance de 1378. Ib.*p.*12.

*Sentence du Prevôt de Paris, du* 18 *Novembre* 1387. „ Nous avons " défendu de par le Roi notre Sire, " & par ces Presentes défendons aux " Personnes ci-après nommées; c'est- " à sçavoir, François Daudenarde " [ & quatorze ou quinze autres ] tous Orfévres & Ouvriers de Pier- " reries ; [ car il n'y avoit encore alors que des Orfévres qui taillassent les Pierres précieuses à Paris ] que eux, ne aucuns d'eux, sur " tant comme ils se peuvent meffaire " envers le Roi notre Sire, en corps " & en biens, ne équerrissent, ne " ne mettent aucune Pierre à la sem- " blance, ne autour & façon de Dia- " mans ; soit Saphirs strains, Saphirs " du Puy, ne d'Orient, ne Vericles, " ou aucunes autres Pierres touchant " la couleur de Diamans, &c. Que " si aucune Personne leur apporte do- " resnavant aucunes telles Pierres " pour les faire en la façon dessusdi- " te, que ils les apportent pardevers " les Maîtres & Gardes dudit Mestier " de l'Orfaverie, pour en être or- " donné comme de raison. " *Lay.* II, *cotte* 12. Item, *Rec. p.* 534.

Telle étoit donc l'ancienne Police de notre Joyaillerie de Pierrerie. Toutes les précautions que nous venons de déduire dans les deux Articles qui la renferment, étoient alors d'autant plus necessaires, que les

Particuliers se trouvoient moins en état de distinguer le Faux d'avec le Fin en Pierrerie, ni le Fin déguisé ou sophistiqué, d'avec le naturel. Mais des tems plus éclairez ont fait oublier quelques-unes de ces précautions, comme celle d'éviter la forme du Diamant dans la Taille des autres Pierres; & si l'on excepte la Teinture des Pierres, & le Mélange des Fausses avec les Fines sur un même Ouvrage, on ne peut pas dire que les autres Dispositions soient demeurées dans leur premiere vigueur; sans toutefois que le Public en ait souffert le moindre dommage.

## ARTICLE XVI.

### *Ne fabriquer Ouvrages prohibez.*

ILs ne pourront pareillement, sans une Permission expresse du Roi, entreprendre, ni faire aucun des Ouvrages d'Orfévrerie, dont la fabrication se trouvera prohibée par les Edits & Déclarations de Sa Majesté; sur les peines portées par ces mêmes Edits & Déclarations.

### *AUTORITEZ.*

Jusqu'aux premieres années du XIV^e. siécle nos Orfévres avoient toujours eu la liberté de faire indistinctement tous les Ouvrages dépendans de leur Art, & de telles formes & poids qui pouvoient leur être demandez. Mais alors, pour des raisons d'Etat & de Bien-public, cette ancienne faculté commença d'être restrainte; & Philippe-le-Bel fut le premier qui leur défendit de fabriquer pendant un tems certaines grosses Vaisselles en leur prescrivant les especes & le poids de celle qu'il leur étoit permis de faire. Cet exemple a éte suivi de la plûpart de ses Successeurs: & ces défenses qui n'étoient que pour un tems, sont devenues perpetuelles par la suite à l'égard des grands Ouvrages. Mais il suffit de rapporter ici les derniers Reglemens sur ce point, lesquels sont la Loi que nous suivons actuellement.

*Edit de Louis XIV. à Versailles, au mois de Mars* 1700. „ Nous voulons que nos Déclarations des 6 Mai 1672, 20 Février 1687, & notre Edit du mois de Décembre 1689, soient executez. En conséquence, faisons défenses à tous Orfévres & autres Ouvriers travaillans tant en or qu'en argent dans notre bonne Ville de Paris & autres Villes & lieux de notre Royaume, de fabriquer, exposer, ou vendre, à compter du jour de la publication qui sera faite de notre present Edit, aucun Ouvrage

„ d'or excedant le poids d'une once, „ à la reserve des Croix des Arche- „ vêques & Evêques, Abbez & „ Abbeſſes, & Religieuſes; des Che- „ valiers de nos Ordres, & de ceux „ de S. Jean de Jeruſalem & de S. La- „ zare; & des Chaînes d'or & d'ar- „ gent pour les Montres, que nous „ leur permettons de faire & débi- „ ter à l'ordinaire.

„ Leur défendons pareillement „ de fabriquer, vendre, ou expoſer „ en vente aucuns Baluſtres, Bois „ de Chaiſes [ d'argent ] Cabinets, „ Tables, Bureaux, Guéridons, Mi- „ roirs, Braziers, Chenets, Grilles, „ Garnitures de Feu & de Chemi- „ née, Chandeliers à Branches, Tor- „ cheres, Girandoles, Bras, Plac- „ ques, Caſſolettes, Corbeilles, Pa- „ niers, Caiſſes d'orangers, Pots à „ Fleurs, Urnes, Vaſes, Quarrez „ de Toilettes, Pelottes, Buirres, „ Seaux, Cuvettes, Caraffons, Mar- „ mites, Tourtieres, Caſſerolles, Fla- „ cons ou Bouteilles, Surtouts pour „ mettre dans le milieu des Tables, „ Pots à œillets, Corbeilles & Plats „ par étages, inventez pour ſervir le „ Fruit, de quelque poids que ce „ puiſſe être; & tous autres Ouvrages „ de pareille qualité d'argent, ou auſ- „ quels il y aura de l'argent appli- „ qué : Sans préjudice néanmoins „ des Calices, Ciboires, Vaſes ſa- „ crez, Soleils, Croix, Chandeliers „ & Ornemens d'Egliſe, que l'on „ pourra continuer de faire à l'ordi- „ naire en vertu des Permiſſions que „ nous en donnerons.

„ Défendons pareillement auſd. „ Orfévres & Ouvriers de fabriquer, „ expoſer & vendre aucuns Baſſins „ d'argent excedans le poids de „ douze Marcs; des Plats excedans le poids de huit Marcs; des Aſſiet- " tes excedans trente Marcs la dou- " zaine; des Soûcoupes excedans le " poids de cinq Marcs chacune; des " Aiguieres audeſſus de ſept Marcs; " des Sucriers audeſſus de trois Marcs;" des Salieres, Poivriers & autres me- " nues Vaiſſelles pour l'uſage des Ta- " bles excedans le poids de deux " Marcs. "

Le tout, à peine de confiſca- " tion des Ouvrages énoncez ci- " deſſus, & de trois mille livres d'a- " mende, applicable, moitié au Dé- " nonciateur, l'autre à l'Hôpital Ge- " neral de Paris, &c. payable ſoli- " dairement par les Orfévres, & " ceux qui acheteront la Vaiſſelle; & " en outre, à l'égard des Maîtres " Orfévres, d'être déclarez déchus " de la Maitriſe, ſans y pouvoir être " rétablis, ſous quelque prétexte & " occaſion que ce puiſſe être. Et à l'é- " gard des Compagnons & Appren- " tifs qui auront travaillé à la fabri- " que deſdites Pieces, de ne pou- " voir parvenir à ladite Maitriſe. " *Layette* 3 bis, *cotte* 3.

Pluſieurs Pieces dont la fabrication reſtoit permiſe, n'ayant pas été ou exprimées dans l'Edit, ou trouvées pouvoir être de bon ſervice, étant faites du poids qui leur y étoit aſſigné; les Gardes de l'Orfévrerie furent entendus, & il y fut pourvu ſous le bon plaiſir de Sa Majeſté par une Sentence de Police du 19 Juillet 1701. Mais comme les Ouvrages d'or étoient d'ailleurs reſtraints à un poids trop modique par cet Edit, le Roi Louis XV. a ſtatué de nouveau ſur les Ouvrages d'Orfévrerie, dont la fabrication eſt permiſe en conformité du même Edit, mais

mais avec les changemens qui se trouvoient necessaires; en la maniere qui s'ensuit :

*Déclaration du Roi, du 23 Novembre* 1721. ART. I. „ Voulons & Nous plaît : Qu'il puisse „ être fabriqué dans l'étendue de „ notre Royaume, Pays, Terres „ & Seigneuries de notre obéissance, „ ce, des Bijoux d'or, comme Tabatieres, „ batieres, Etuis & autres, jusqu'au „ poids de sept onces au plus : Qu'il „ puisse pareillement être fabriqué, „ conformément à l'Edit du feu Roi „ notre très-honoré Seigneur & Bisayeul, „ sayeul, du mois de Mars 1700, „ & à l'Ordonnance de Police du „ 19 Juillet 1701, rendue en conséquence „ séquence dudit Edit, des Bassins „ d'argent de douze marcs; des Plats „ de huit marcs; des Assiettes d'argent „ gent de trente marcs à la douzaine; „ zaine; des Soûcoupes de cinq marcs; des Aiguieres de sept marcs; " des Flambeaux & Chandeliers " de quatre marcs piece; des Ecuelles " cuelles de cinq marcs; des Suc" criers de trois marcs; des Salieres, " des Poivrieres & autres menues " Vaisselles pour l'usage des Tables, " de deux marcs; des Réchauds de " six marcs; des Caffetieres & Cho" colatieres de même poids; des " Porte-Huilliers, Jattes, Boëtes à " sucre & Tasses couvertes, de trois " marcs; des Bassinoires de neuf " marcs; des Pots à Thé, Bassins à " barbe, Coquemarts, Pots à l'eau " & Poëlons, de cinq marcs, & des " Ecritoires garnies de leur Encrier, " Poudrier & Sonnette, de six marcs. "

Les défenses d'exceder ces poids, & de fabriquer aucun des autres Ouvrages prohibez par l'Edit du mois de Mars 1700, sont réiterées ici sur les mêmes peines portées par cet Edit. *Layette* 3, bis, *cotte* 12.

## ARTICLE XVII.

### *Poinçon de ceux qui n'ont Boutique ouverte, remis au Bureau.*

CEUX d'entre lesdits Orfévres de Paris, qui, pour quelque sujet que ce puisse être, cesseront de tenir Boutique ouverte en cette Ville, ne pourront garder leurs Poinçons pardevers eux; & seront tenus de les rapporter aux Gardes, pour être par lesdits Gardes cachetez & déposez dans le Bureau de la Maison commune.

### *AUTORITEZ.*

Tout Orfévre qui n'a point de Boutique, ne pouvant travailler,

S

ne peut par conſequent faire aucun uſage de ſon Poinçon ; & dans ce cas, il ne lui eſt pas permis de le garder. Nous avons vu qu'anciennement au commencement du xv^e^. ſiécle, les nouveaux Maîtres promettoient de dépoſer leur Poinçon en la Chambre des Monoyes, au cas qu'ils vinſſent à s'abſenter de Paris, & de l'y laiſſer juſqu'à leur retour : *Supr. Tit. V. Art. VI.* Mais nous trouvons ſur nos Regiſtres que dès le même ſiécle, ce dépôt ſe faiſoit en la Maiſon commune ; ſoit pour abſence, ſoit pour n'avoir pas Boutique ouverte : & il y en a des Exemples dès l'an 1465. 2^e^. *Regiſt. des Recept. ſur l'année* 1453. Toutefois cet uſage ainſi continué, n'a été autoriſé qu'en 1679, par la Diſpoſition qui ſuit.

*Reglement general du* 30 *Décembre* 1679. Art. xix. „ Ceux deſdits " Orfévres [ de Paris ] qui ne tien- " dront Boutique ouverte, ne pour- " ront ſe ſervir de leurs Poinçons : " A eux enjoint de les rapporter aux " Gardes, pour être par eux cache- " tez, & dépoſez en la Chambre " commune. " *Layette* 3, *cot.* 42. Item, *Rec. pag.* 186.

# ARTICLE XVIII.

## *Lavûres des Orfévres.*

ILs auront la faculté de faire eux-mêmes, ou de faire faire leurs Lavûres par leurs Compagnons & Apprentifs, ou par telles autres perſonnes que bon leur ſemblera ; ſans qu'ils en puiſſent être empêchez par les Maîtres Affineurs & Départeurs d'or & d'argent.

## *AUTORITEZ.*

Sous prétexte que l'or & l'argent qui proviennent de Lavûres d'Orfévrerie, ſont ordinairement de bas aloy, & ont beſoin d'être affinez, les Maîtres Affineurs prétendîrent en 1630, que les Orfévres ne pouvoient ſe ſervir d'autres que d'eux pour faire leurs Lavûres. Ils ſaiſirent même chez deux Orfévres, les Uſtenciles qui leur ſervoient à cette operation, & portérent la ſaiſie & leurs demandes à la Cour des Monoyes au nom de leur Communauté. Les Gardes de l'Orfévrerie intervînrent pour maintenir dans le Corps la faculté aux Orfévres de faire leurs Lavûres par eux-mêmes, ou d'y employer qui bon leur ſembleroit ; & le Procès fut ainſi jugé :

*Arrêt de la Cour des Monoyes du* 19 *Avril* 1630. „ Concluſions du Pro- " cureur General, tout conſideré, " la Cour faiſant droit ſur le tout, a "

„ débouté & déboute lesdits Demandeurs de leurdite demande ; & en „ ce faisant, fait main-levée... des „ Ustensiles saisis, &c. Et a permis & „ permet aux Maîtres Orfévres de „ faire, ou faire faire leurs Lavûres par leurs Compagnons, Apprentifs, ou telles autres personnes que bon leur semblera ; & a condamné & condamne lesdits Demandeurs en tous les dépens. " *Layette* 21 *cotte* 5. Item, *Rec. pag.* 875.

# TITRE VII.

## Des Devoirs des Maîtres & Marchands Orfévres-Joyailliers dans l'Exercice de leur Commerce.

### ARTICLE PREMIER.

*Ne s'associer avec d'autres Marchands.*

LES Maîtres & Marchands Orfévres-Joyailliers de la Ville de Paris, ne feront aucune Association de Commerce avec autres Marchands que ceux de leur Corps pour fait de Marchandise d'Orfévrerie, soit en Foire ou autrement, & en quelque maniere que ce puisse être.

### *AUTORITEZ.*

De même que nos Orfévres ne peuvent communiquer leur droit de travailler d'Orfévrerie à des Gens sans qualité par la voye de la *Protection*, de même aussi, ils ne peuvent, par celle de *l'Association*, admettre aucun Marchand qui n'est point du Corps, en participation du droit qu'ils ont de faire le Commerce d'Orfévrerie. L'un & l'autre moyen leur est également interdit, parce que tous deux sont également opposez à l'œconomie de tous nos Reglemens, en ce que ce seroit transmettre indirectement la faculté d'exercer l'Etat d'Orféyrerie à des Gens qui n'ont pas de Serment en Justice pour cela.

Il paroît qu'anciennement ces sortes d'Associations se faisoient assez volontiers entre les Orfévres & les Changeurs, lesquels entroient réciproquement en participation des facultez les uns des autres; apparemment à cause de celle qui leur étoit commune d'acheter les vieilles Vaisselles & Matieres d'or & d'argent, quoique ce qui en étoit acheté par les Changeurs dût être livré à la Monoye. Ces pactions réciproques & illicites, paroiſſent par les défenſes qui ſont reſpectivement faites aux uns & aux autres.

*Ordonnance de François I. à Blois au mois de Mars* 1540. „ Ordonnons que les Changeurs n'ayent „ aucune Aſſociation ne participa- „ tion de Change, Marchandiſe, ne „ autrement avec les Orfévres & „ Joyailliers &c. ſur peine d'amende „ arbitraire. " *Cod. Henry, Liv.* 15, *Tit.* 31, *Art.* 10.

*Edit de Henry II. à Fontainebleau, au mois de Mars* 1554. ART. XI. „ Leſdits Orfévres & Joyailliers „ n'auront aucune Aſſociation, ne „ participation de fait de Change, „ ne par Marchandiſe, ne autrement „ avec les Changeurs, &c. " *Lay.* 1, *cotte* 13. Item, *Rec. pag.* 69.

Depuis ces défenſes, les Changeurs, dont le grand Commerce d'argent avec Rome, avoit été ruiné par la Pragmatique-Sanction, & qui avoient ceſſé eux-mêmes de former l'un des Six Corps des Marchands de Paris; étant devenus ſimples Commiſſionnaires pour le fait de leur Change, il ne fut plus gueres queſtion de Societé avec eux. Toutefois cet abus ne ceſſa pas entierement. La ſuite fait voir que nos Orfévres ont pris quelquefois Societé avec des Marchands Merciers; particulierement pour la Foire S. Germain, où l'on voyoit l'un & l'autre Marchand d'intelligence débiter chacun ſa Marchandiſe dans une même Boutique. Il y a des exemples de ces Aſſociations illicites dès l'année 1547, & il y en a même de ces derniers tems. Mais les unes & les autres ne nous ſont connues, que parce qu'elles ont toujours été reprimées à la pourſuite des Gardes, comme contraires à nos Reglemens, par des Sentences de Police qui ſe voient dans nos Archives. *Lay.* 17, *cot.* 27, *n°.* 1, 2 & 3. *Voyez auſſi le Compte rendu en* 1547.

## ARTICLE II.

### *N'avoir que des Marchandiſes duement Marquées.*

LESDITS Orfévres ne pourront vendre, ni expoſer en vente aucunes Vaiſſelles ou autres Ouvrages d'or & d'argent, que leſdits Ouvrages n'ayent été duement Eſſayez par les Maîtres & Gardes de l'Orfévrerie, & par eux Contre-marquez du Poinçon de la Maiſon commune au deſir des Ordonnances & Reglemens; à peine de confiſcation des Ouvrages non-Marquez, & de Trois mille livres d'amende.

## *AUTORITEZ.*

La rigueur des peines portées par cet Article est grande : Mais l'obligation indispensable où nous sommes de n'exposer en vente que des Marchandises bien conditionnées, ne l'est pas moins. C'est le but où tendent toutes les Regles prescrites par les Ordonnances touchant le Titre, l'Essai & la Marque de nos Ouvrages ; & ce n'est qu'après s'y être conformez en les fabriquant, que nous pouvons les débiter au Public. Relisez ces Regles sous les Articles IV. V. VI. VII. & VIII. du Titre précedent. Il suffira de rapporter ici une Disposition nouvelle qui en renferme toute la séverité.

*Déclaration du Roy du 23 Novembre 1721.* ART. IV. „ Voulons que tous ceux qui vendront & débiteront des Ouvrages d'or & d'argent qui n'auront point été Essayez, ni Marquez du Poinçon des Maîtres & Gardes des Orfévres.... soient, outre la confiscation desdits Ouvrages, condamnez en trois mille livres d'amende, jusqu'au payement de laquelle ils tiendront Prison. " *Lay.* 3 bis, *cotte* 12.

# ARTICLE III.

## *User de Poids & Balances justes.*

DANS leur Commerce lesdits Orfévres seront tenus d'user de Balances justes, & de Poids de Marc duement étalonnez en la Cour des Monoyes ; & ne pourront en avoir d'autres en leurs Maisons sous quelque prétexte que ce soit, à peine de confiscation & d'amende.

## *AUTORITEZ.*

Une des attentions de nos Rois a toujours été de pourvoir à ce que les Marchands & autres, ne se servissent que de Poids & de Balances justes. Mais si cette justesse est requise pour garder l'équité dans le Commerce des Marchandises en general, c'est sur tout à l'égard de celles d'Orfévrerie, à cause de leur importance; comme il paroît par les Autoritez qui suivent, & qui forment notre Police sur ce Point.

*Ordonnance de François I. à Blois, au mois de Mars 1540.* ART. XXV. Ordonnons aux Orfévres, Chan-

„ geurs, Joyailliers, qu'ils ayent bonnes & justes Balances [ & Poids ] „ sans aucun Remede sur le Foible; „ mais sur le Fort Remede, &c. Et „ si aucun.... est trouvé saisi d'autres Poids, il sera confisqué, & „ l'amendera envers Nous, sans quelconque excusation de les avoir en „ garde, gage ou autrement. “ *Rec. des Ordonnances*, *pag.* 1120, 1121.

*Edit de Henry II. à Fontainebleau, en Mars* 1554. ART. XI., „ Enjoignons aux Orfévres & Joyailliers “ d'avoir & tenir bonnes Balances & “ Poids de Marc justes & raisonnables, Etalonnez, sçavoir, ceux “ de Paris, en notre Cour des Monoyes; & ceux des autres Villes, “ aux plus prochaines Monoyes de “ leurs demeurances, aux Remedes “ sur le Fort & Foible contenus en “ notre Ordonnance. “ *Layette* I, *cot.* 13. Item, *Rec. pag* 69.

## ARTICLE IV.

### *N'exceder le Prix assigné aux Matieres.*

ILs ne pourront acheter, ni vendre les Matieres d'or & d'argent à plus haut prix, que celui qui en sera payé aux Changes des Monoyes, sur peine d'amende & de confiscation des Matieres sur-achetées, & autres peines portées par les Ordonnances.

### *AUTORITEZ.*

La principale destination des Matieres d'or & d'argent, étant d'être converties en Especes, & répandues dans le Commerce pour le bien universel de la Societé, le soin de les faire fluer à cet effet, dans les Monoyes, & de leur y assigner un Prix fixe, a toujours été aussi un des objets de l'attention du Gouvernement. Or, comme le sur-achat de ces Matieres qui pourroit être fait par les Orfévres, les détourneroit de cette principale destination, de-là viennent les défenses si anciennes, si séveres, & si souvent réïterées, qui leur sont faites d'exceder le Prix donné au Marc d'or & d'argent, & auquel il doit être payé dans les Changes des Monoyes.

*Lettres Patentes de Philippe-le-Bel, du Mardy de Pasques* 1308. ART. VI. „ Défendons étroitement sur “ peine de Cors & d'Avoir perdre, “ que nuls Orfévres, Changeurs ou “ autres ne achatent, ne vendent argent ou Billon à greigneur Prix “ [ c'est-à-dire, à plus haut Prix ] “ que [ celui auquel ] nous le ferons “ prendre en nos Monoyes. “ [ Cette premiere défense que nous sçachions avoir été faite, portoit néanmoins cette exception :] „ Si ce n'étoit „ argent ouvré, où il euſt aucune „ Façon, lequel ſe pourra vendre „ ou achater plus chier, ſelonc la „ valeur de la Façon, ſans fraude. " *Ordonnances de la troiſiéme Race, Tom.* I, *page* 450.

L'exception portée d'abord en faveur des vieilles Vaiſſelles bonnes à ſervir, leſquelles pouvoient être payées plus cher, a diſparu dans tous les Reglemens poſterieurs, & la défenſe y eſt demeurée pure & ſimple. Nous ne ferons que les indiquer ici pour abreger, & parce qu'aux peines près, qui ſont par tout moins graves que dans ce premier, quoique toujours très-ſéveres, on n'y trouve rien d'eſſentiellement different.

Tels ſont principalement l'Ordonnance de Louis XII. du 22 Novembre 1506, ART. XIX; l'Edit de François I. du mois de Septembre 1543, ART. XIX; des Lettres Patentes de Henry II. du 14 Janvier 1549; l'Edit de ce Prince du mois de Mars 1554, ART. VIII. la Déclaration de Louis XIII. du 20 Décembre 1636; l'Arrêt du Conſeil d'Etat du 17 Janvier 1696, & l'Edit de Louis XIV. du mois de Mars 1700. *Recueil*, *p.* 26, 49, 59, 68, 165, *&c.*

## ARTICLE V.

### *Tableau du Prix des Matieres.*

ILs auront en lieu éminent dans leurs Boutiques, un Tableau contenant la valeur du Marc d'or & d'argent, des Titres auſquels ils doivent travailler, avec les diminutions du Marc; afin de ſe conformer aux Prix donnez auſdites Matieres, tant en vendant, qu'en achetant.

### *AUTORITEZ.*

Nous trouvons ſur nos Regiſtres de l'année 1566, que les Gardes de l'Orfévrerie firent imprimer en Placard 500 demie-Feuilles, contenant la valeur courante du Marc d'or & d'argent & de ſes diviſions; & qu'ils diſtribuerent ces Feuilles dans le Corps, afin de faciliter aux Particuliers par ce moyen, l'obſervation des défenſes portées par les Ordonnances, d'exceder le prix aſſigné aux Matieres. Ils firent la même choſe en 1576, ſans doute à l'occaſion d'une nouvelle Evaluation: *Voyez la Dépenſe des Comptes rendus en ces années.* Or, cet Uſage ainſi introduit, paſſa bien-tôt après en Loi & devint un Article de notre Police, qui entra dans les Reglemens poſterieurs, ainſi qu'il s'enſuit:

*Ordonnance*

*Ordonnance de Henry III. en 1586.* „ Ordonnons à tous Orfé-„ vres de tenir en lieu éminent de „ leurs Boutiques, un Tableau au-„ quel seront écrites les valeurs, tant „ du marc d'or fin, que du marc d'or à „ vingt-deux Karats, & du marc „ d'argent à la Loi qui est le Titre au-„ quel ils doivent faire leurs Ouvra-„ ges : Avec leurs diminutions par „ Onces, Gros, Deniers, &c. à ce „ que le Prix des marcs d'or & d'ar-„ gent ne soit excedé par lesdits Or-„ févres tant en vendant, qu'en ache-„ tant les Matieres d'or & d'argent, „ soit en masse ou en Ouvrage." *Code Henry, Liv. XV. Tit. XL. Art. X.*

*Déclaration de Louis XIII. à Noisy, le 20 Décembre 1636.* „ Que chacun „ des Orfévres ait en lieu éminent „ de sa Boutique, un Tableau au-„ quel seront écrites les valeurs des „ marcs d'or & d'argent, & le Prix „ de leurs Façons, à ce que doresna-„ vant tous nos Sujets soient rendus certains de ce qu'ils auront à payer " pour chaque Piece d'Ouvrage " d'Orfévrerie &c. " Il est parlé ici des Façons de nos Ouvrages, parce que Louis XIII. ordonnoit par la même Déclaration, que le Prix en seroit taxé : Mais la chose s'étant trouvée impraticable, ce dessein fut abandonné, & il n'en a plus été question depuis. *Layette 3, cotte 34.* Item, *Rec. pag. 166, 167.*

*Arrêt du Conseil d'Etat du Roy, du 17 Janvier 1696.* „ Lesdits Orfé-" vres seront tenus d'avoir en lieu " éminent dans leurs Boutiques, un " Tableau contenant la valeur du " marc d'or & d'argent du Titre au-" quel ils doivent travailler, avec les " diminutions du marc : Lequel " Prix sera marqué sur le pied de la " fixation du Prix du marc de Fin, " de l'or à vingt-quatre Karats, & " de l'argent à douze Deniers, ainsi " qu'il est reglé pour le Change des " Monoyes." *Layet. 3, cot. 63.*

## ARTICLE VI.

### *Distinguer le Prix des Matieres de celui des Façons.*

ILs vendront la Matiere de leurs Ouvrages séparément de la Façon desdits Ouvrages ; & donneront à ceux qui les acheteront des Bordereaux signez d'eux, où ils distingueront le Prix de la Matiere, & celui de la Façon : le tout sur les peines portées par les Ordonnances en cas de contravention.

### *AUTORITEZ.*

Ce sont encore deux moyens établis pour faire garder les défenses d'exceder le Prix donné aux Matieres d'or & d'argent. La distinction du Prix de la Matiere de celui des Façons, fut d'abord introduite par Louis XII. en ces termes :

*Lettres Patentes de Louis XII. du 17 Août 1504.* „ Avons ordonné „ & ordonnons par ces Presentes „ que doresnavant les Orfévres en „ vendant leurs Ouvrages, vendent, „ c'est à sçavoir, l'Ouvrage d'or à „ part & en particulier, & la façon „ aussi à part : Et l'Ouvrage d'ar- „ gent pareillement, vendront l'ar- „ gent à part, & la façon à part, & „ en feront divers Prix ; & ce, sur „ peine de confiscation desdits Ou- „ vrages, & d'amende arbitraire, „ dont dès-à-present & pour lors, „ nous donnons aux Dénonciateurs „ la Quarte partie. " *Regist. de la Cour des Mon. cot. F. fol.* 169. Item, *Constans, aux Preuv. pag.* 79.

Deux ans après, le même Prince réitera la même chose dans le VI^e. Article de son Ordonnance du 22 Novembre 1506, sans toutefois prononcer aucunes peines. *Layet.* 1, *cotte* 5. Item, *Rec. p.* 23. A l'égard des Bordereaux, ils n'ont commencé d'être exigez que par Henry II. ainsi qu'il s'ensuit :

*Lettres Patentes de Henry II. du 14 Janvier 1549.* „ Lesdits Orfé- „ vres & Joyailliers seront tenus de „ bailler Bordereaux écrits & signez „ de leurs mains à ceux qui achete- „ ront aucunes Chaisnes, Vaisselles, „ Tasses & autres Ouvrages d'or ou „ d'argent, contenant les Poids & „ Loi de ce qu'ils vendront, & le „ Prix, tant de la Matiere que de la „ Façon ; & vendront l'or & l'argent à part, & les Façons à part : Afin " que si ceux qui auront acheté d'eux " lesdits Ouvrages, vouloient re- " vendre lesdits Ouvrages, ils soient " tenus de les faire bons de la Loi " pour laquelle ils auront fait la " vente. " *Layette* 1, *cot.* 12. Item, *Rec. p.* 58.

Les Bordereaux, comme l'on voit, ne furent pas ordonnez d'abord uniquement, comme un moyen propre à empêcher d'exceder le Prix des Matieres en les vendant : Ce fut aussi pour la garentie de leur Loi en cas de revente. Ce second motif paroît encore dans l'Art. VIII. de l'Edit du mois de Mars 1554, où le même Henry ordonne de nouveau la distinction du Prix de la Matiere de celui des Façons, avec le fournissement des Bordereaux. *Layet.* idem, *cot.* 13, & *Rec. p.* 68. Mais les Reglemens posterieurs ne font plus mention de ce second motif : Et en effet, la bonté du Titre des Ouvrages, est suffisament garentie par les Poinçons qu'ils portent.

*Déclaration de Louis XIII. à Noisy, le 20 Décembre 1636.* „ Ordonnons " suivant les anciennes Ordonnances " des Rois nos Prédecesseurs, & les " nôtres, sur le fait de l'Orfévrerie, " que tous les Orfévres de notre " Royaume, seront tenus doresna- " vant de vendre l'or & l'argent de " leurs Ouvrages séparément de leurs " Façons, & leurs Façons à part ; " & à cette fin qu'ils bailleront Bor- " dereaux signez d'eux, contenant " le Prix de l'or & de l'argent des " Ouvrages par eux vendus & livrez, " & de la Façon de chacune Piece. " *Lay.* 3, *cotte* 34. Item, *Rec. p.* 166.

*Arrêt du Conseil d'Etat du Roy, du 17 Janvier 1696.* „ Pour obvier aux „ abus qui pourroient être commis „ par lesdits Orfévres & Merciers „ trafiquans en Ouvrages d'or & „ d'argent, en confondant le Prix „ des Matieres avec les Façons desdits Ouvrages, Sa Majesté ordonne qu'ils vendront lesdites Matieres & les Façons séparément; & qu'ils " en donneront des Bordereaux " signez d'eux, aux Particuliers à " qui ils vendront lesdits Ouvrages ... à peine de cinq cens livres " d'amende pour la premiere fois, & " d'être privez de la Maitrise en " cas de récidive. « *Layette 3, cotte 63.*

## ARTICLE VII.

### *Enregistrer les Achats & Ventes.*

ILs tiendront chacun à leur égard, bon & fidel Registre des Matieres & Ouvrages d'or & d'argent qu'ils acheteront & vendront; & sur icelui écriront la qualité & la quantité desdites Marchandises, avec les noms & demeures de ceux à qui ils les auront vendues, ou de qui ils les auront achetées: Pour être ledit Registre representé quand ils en seront requis; le tout sur peine d'amende arbitraire.

### *AUTORITEZ.*

La tenue d'un Registre se trouve ordonnée pour la premiere fois aux Orfévres dans les Lettres de Louis XII. du 17 Août 1504, que nous avons déja citées. La maniere de le tenir y est assez succintement prescrite. Il est dit seulement, *Qu'ils feront chacun Papier & Registre ordinaire de tout l'Ouvrage qu'ils feront*, & apparemment aussi de leurs Achats & Ventes; pour être ce Registre *vû & visité quand besoin sera, &c.* Et nos Orfévres se soumirent volontiers à ce nouveau Devoir.

Mais dans la suite Henry II. leur ayant enjoint par ses Lettres Patentes du 14 Janvier 1549, *Rec. p. 59.* Et par le VIII^e. Article de son Edit du mois de Mars 1554, d'écrire aussi sur ce Registre *les noms de ceux qui leur auront vendu & à qui ils revendront les Ouvrages ou Matieres d'or & d'argent*, cette addition à l'usage établi souffrit de grandes difficultez, aussi bien que la peine de *mil livres d'amende & de punition corporelle*, prononcée contre quiconque y manqueroit. Les Gardes de l'Orfévrerie crûrent donc en devoir faire leurs très-humbles remontrances à Henry II. & lui representerent en effet, que d'écrire ainsi les noms des Personnes qui vendoient leurs effets, sur des Registres qui devoient être representez à toute occasion, c'étoit trahir le secret des Familles, reveler, contre l'intention des Particuliers, l'état de leurs affaires, & ôter en même tems aux Orfévres la confiance du Public: Que d'ailleurs la rigueur des peines deshonorantes dont ils étoient menacez, ne leur paroissoit avoir aucune proportion avec la faute qu'un Marchand peut commettre dans un simple fait de Police, tel que la tenue d'un Registre de Commerce.

Leurs Remontrances ayant été favorablement reçues, l'Article en question fut modifié par le VII^e. d'un autre Edit donné en interprétation le 22 May de l'année suivante 1555, en ces termes : „ Et parce „ que le Registre ordonné être tenu „ par lesdits Orfévres, pourroit ap„ porter au Public quelqu'incommo„ dité s'il se faisoit autrement [ qu'à „ l'ordinaire ] & à la rigueur de „ notre Edit [ de 1554] ne seront „ iceux Orfévres astraints écrire les „ noms de ceux qui auront acheté „ d'eux ou leur auront vendu au„ cunes Marchandises de leur Mêtier; „ mais seront tenus seulement bailler „ Bordereaux des choses par eux „ vendues, s'ils en sont requis, &c. " *Layette* 1, *cotte* 14. Item, *Recueil*, *pag.* 77.

Louis XIII. par sa Déclaration du 20 Décembre 1636, ayant, aux peines près, rappellé presque mot à mot la Disposition de l'Edit de 1554, corrigée par celui de 1555, les Gardes ne manquérent pas de faire aussi pareilles remontrances; ausquelles il fut fait droit cinq ans après par un Arrêt notable rendu au Conseil d'Etat le 19 Janvier 1641, portant que „ Les Edits & Déclarations sur le fait des Monoyes & " Orfévrerie seront executez selon " leur forme & teneur, fors & ex- " cepté en ce qui concerne.... la " forme du Registre que chacun des- " dits Orfévres doit tenir des Achats " & Ventes des Matieres d'or & d'ar- " gent & de leurs Ouvrages, auquel " n'entend Sa Majesté, qu'ils soient " obligez d'écrire & cotter les noms " de ceux qui traiteront avec eux des- " dites Ventes & Achats, conforme- " ment à la Déclaration du mois de " May 1555, que Sadite Majesté " veut avoir lieu, & être pareillement " executée. " *Layette* 3, *cotte* 34 & 35. Item, *Rec. p.* 165 & 1068. Néanmoins cinquante-cinq ans après il fut statué de nouveau sur la même matiere, en ces termes qui forment notre Article :

*Arrêt du Conseil d'Etat du Roi du* 17 *Janvier* 1696. » Seront tenus « lesdits Orfévres d'avoir des Regis- « tres en bonne forme, où ils écriront « eux-mêmes la qualité & la quantité « des Matieres d'or & d'argent, en- « semble les noms & la demeure de « ceux à qui ils les auront vendus, & « de qui ils les auront achetez; les- « quels Registres ils seront tenus de « representer aux Commissaires de « la Cour des Monoyes... toutes « fois & quantes qu'ils feront chez « eux leurs Visites: Le tout à peine « d'amende arbitraire. " *Layette* 3, *cotte* 63.

## ARTICLE VIII.

### *N'acheter que de Personnes connues.*

ILs n'acheteront aucunes pieces de Vaiſſelle d'argent armoiriées ou non-armoiriées, quand même il n'y en auroit pas eu de Recommandation, ſinon de Perſonnes qui leur ſoient connues ou qui leur donneront Répondans à eux connus & domiciliez ; à peine d'être procedé extraordinairement contr'eux ſi le cas y échet ; de répondre des dommages & interêts des Parties, & de reſtitution des choſes volées.

### *AUTORITEZ.*

Le XIV^e^. Article de l'Edit de Henry II. du mois de May 1555, qui regarde uniquement les Affineurs, leur ayant permis d'acheter ſans congé toutes ſortes de vieilles Vaiſſelles, ajoute : » Et ſi aucun s'offre leur vendre vaiſſelle armoiriée ou non-armoiriée, qui ne ſoit à eux connu ou certifié, ſeront tenus, ſur peine de confiſcation des Vaiſſelles, & d'amende arbitraire, avant qu'acheter icelles Vaiſſelles, le déclarer au Clerc des Orfévres. " *Rec. p.* 78. Or, il eſt probable que ce devoir étoit commun aux Orfévres. Cependant il ne s'en trouve aucune Diſpoſition préciſe, ni dans cet Edit, ni dans aucun autre de nos anciennes Ordonnances. Mais un Reglement moderne que voici, & qui forme notre Article, y a pourvû, en ces termes ;

*Arrêt du Parlement rendu en forme de Reglement le 26 Janvier 1685.* » La Cour ... fait défenſe aux Orfévres de cette Ville de Paris, Officiers travaillans à la Monoye, & autres Marchands, d'acheter aucune piece de Vaiſſelle d'argent armoiriée ou non-armoiriée, ſoit qu'elles ayent été recommandées ou non-recommandées, ſinon de Perſonnes qui leur ſeront connues, ou qui leur donneront Répondans à eux auſſi connus & domiciliez ; à peine d'être procedé contr'eux extraordinairement, comme Receleurs & complices, & de répondre en leurs propres & privez noms des dommages & interêts des Parties, & de reſtitution des choſes volées ſi elles ſont en nature, ſinon la juſte valeur. " *Liaſſe dans la Layette* 5.

## ARTICLE IX.

*Retenir & déclarer ce qui est suspect.*

ILs retiendront les Vaiſſelles ou autres Pieces d'Orfévrerie à eux expoſées en vente & ſuſpectes d'avoir été volées ; & lorſqu'elles leur auront été recommandées, ils en feront inceſſamment leur déclaration au Clerc de l'Orfévrerie, pour être ſur ce par lui fait les diligences neceſſaires.

### *AUTORITEZ.*

On voit par de vieux Enſeignemens conſervez dans nos Archives, qu'anciennement les Orfévres de Paris retenoient ainſi, non-ſeulement les choſes ſuſpectes qui leur étoient expoſées en vente, mais encore les Perſonnes qui les leur preſentoient; & il y en a des exemples dès l'an 1333. *Layette* 13, *cotte* 1, bis, *fol.* 7 & *ſuiv.* Ce qui ſuppoſe viſiblement que dès lors l'uſage de *Recommander* à nos Orfévres les Vaiſſelles & autres Pieces d'Orfévrerie volées ou perdues, étoit déja établi.

Ce fut ſur cet ancien Uſage que Charles IX. par une Ordonnance du 17 Mars 1568, défendant à tous ceux qui ne ſont pas de l'Etat où ſe font les Recommandations des choſes perdues ou dérobées, d'acheter ou trocquer contre leurs Marchandiſes, aucune Piece d'Orfévrerie, leur ordonna de *renvoyer le tout ès Maiſons des Maîtres Orfévres & Joyailliers de cette Ville de Paris, tenant Boutiques ouvertes ; eſquelles Maiſons*, dit-il, *ſe font leſdits Recommandations, afin d'averer & découvrir icelles beſongnes perdues ou mal priſes, & ſoi ſaiſir des Perſonnes qui les apportent à vendre.* Comme les Affineurs, les Bateurs & Tireurs d'or, n'étoient pas du nombre de ceux auſquels il étoit abſolument défendu de rien acheter qui dépendît de l'Etat d'Orfévrerie, l'Ordonnance ne leur enjoint pas auſſi de renvoyer le tout chez les Orfévres; mais elle veut que *ſi le cas advenoit que aucuns Voleurs, Larrons ou autres Perſonnes leur veulent expoſer en vente quelques beſongnes de ladite Orfévrerie, ils ayent à envoyer querir le Clerc de l'Orfévrerie, ou ſon Commis, & retenir les Perſonnes qui voudront faire leſdites ventes, avec les choſes qu'ils prétendront vendre, juſqu'à ce que ledit Clerc en ſoit ſaiſi & en ait eû la connoiſſance. Layet.* 1, *cotte* 16. Item, *Rec. p.* 85, 86. De cet ancien Uſage vient cette formule: *Retenez les Perſonnes & le tout*, qui a paſſé juſqu'à preſent dans les Billets de Recommandation que notre Clerc nous apporte journellement : quoique la feconde difpofition du Reglement moderne, dont on vient de rapporter la premiere, & que l'une & l'autre nous fervent également de loi aujourd'hui, porte feulement là-deffus :

*Arrêt du Parlement rendu en forme de Reglement le 26 Janvier 1685.* » La Cour.... ordonne que lefdits „ Orfévres & autres, feront tenus de » retenir les Pieces de Vaiffelle d'ar- » gent [ fufpectes ] qui leur feront » expofées en vente ; & lorfqu'elles „ auront été Recommandées, d'en „ faire inceffamment leur déclaration „ au Clerc de leur Communauté, qui „ en avertira fur le champ le Com- » miffaire du Quartier. " Et les chofes ainfi reglées, tant par rapport aux précautions qui doivent précéder l'achat des Vaiffelles & autres Pieces d'Orfévrerie, que pour les diligences qu'il faut faire à l'égard de celles qu'on foupçonneroit d'avoir été volées, le Parlement ordonne enfuite que » Le prefent " Arret fera lû & publié à la requête " du Procureur General du Roy, " pourfuite & diligence de fon Subf- " titut au Châtelet, en la Chambre " de la Communauté defdits Orfé- " vres, &c. à ce qu'aucun n'en pré- " tende caufe d'ignorance. " C'eft ce qui fut fait, tout le Corps affemblé, & même les Veuves, par le Procureur du Roy au Châtelet, le 20 Mars fuivant. *Layette 5 de nos Archives, & 5e. Regiftr. des Délibe- rations, fol. 29 v°.*

## ARTICLE X.

### *Diligences du Clerc de l'Orfévrerie à l'égard des chofes volées ou perdues.*

LEDIT Clerc tiendra Regiftre des Marchandifes & Matieres d'Orfévrerie & de Joyaillerie perdues ou volées, à mefure qu'elles lui feront recommandées ; diftribuera fes Billets de Recommandation dans le Corps ; & fera promptement fa déclaration au Commiffaire du Quartier, des Avis qui lui feront donnez à ce fujet.

### *AUTORITEZ.*

De tems immémorial le Public a eu recours à notre Bureau pour Recommander les Pieces d'Orfévrerie ou Bijoux de Joyaillerie perdus ou volez, afin, comme on le vient de voir, de parvenir à les recouvrer par le moyen des Marchands du Corps, aufquels ces chofes peuvent être presentées à vendre; & pour faire arrêter les coupables. Mais comme les Gardes n'ont jamais pû prendre ce soin par eux-mêmes, attendu leurs autres fonctions, ils l'ont toujours confié à leur Clerc; & c'est une des principales raisons pourquoi il a toujours fallu un Maître choisi, intelligent & capable pour exercer la fonction de Clerc de l'Orfévrerie; lequel ne peut même être élû, ni destitué, que par une assemblée des Gardes & Anciens.

Il recevoit donc dès-lors, les déclarations qui lui étoient faites des Pieces volées ou perdues, desquelles il tenoit Registre exact, marquant le nom, la forme & le poids des Pieces Recommandées; les Lettres ou Armes qui y étoient gravées, & les noms, qualitez & demeures des Personnes à qui elles appartenoient. Il écrivoit aussi-tôt, ou faisoit imprimer autant de Billets ou *Recommandations* conformes au contenu en son Registre, qu'il en falloit pour distribuer dans tout le Corps; & il étoit tenu de les porter promptement lui-même, s'il n'en étoit légitimement empêché par le service qu'il devoit au Bureau, principalement les jours de Marque; auquel cas les Gardes lui permettoient d'en confier le soin à son Commis, ou, comme aujourd'hui, à l'un ou l'autre des deux Sous-Clercs du Bureau.

Les Recommandations ainsi distribuées, sitôt qu'il étoit averti que les choses Recommandées s'exposoient en vente, il se transportoit sur le lieu pour s'en saisir; & à cet effet, Henry II. par son Edit du mois de May 1555, Art. v. enjoint aux Commissaires & Sergens du Châtelet, de lui prêter main-forte. *Rec. p. 76.* Si c'étoit un vol, il faisoit arrêter le Vendeur, le constituoit Prisonnier, & inscrivoit l'Emprisonnement sur un Registre pardevers lui: Puis ayant rendu, ou fait rendre aux Proprietaires les choses recouvrées, il faisoit mention de la restitution en marge de son Registre des Recommandations.

Il étoit tenu de representer l'un & l'autre de ces Registres aux Gardes; celui des Recommandations tous les mois, & celui des Emprisonnemens, lorsqu'il leur plaisoit de le demander, pour voir s'il faisoit exactement le devoir de sa Charge. Car encore qu'il fût devenu Personne publique, & ayant dès-lors Serment en Justice pour s'acquiter de ces sortes de fonctions, ils se sont toujours reservé l'inspection qu'ils avoient à cet égard originairement sur lui; jusque-là qu'il ne pouvoit exiger des Particuliers d'autre salaire de ses Recommandations que celui qu'ils prenoient soin de regler.

Du reste, ses Fonctions continuerent d'être affermies de plus en plus par l'Autorité publique. Charles IX. dans l'Ordonnance que nous avons citée, du 17 Mars 1568, parle du *Clerc de l'Orfévrerie*, comme étant Préposé, & *Commis pour faire la recherche* des Vaisselles, Pierreries & autres Effets dépendans de l'Orfévrerie & Joyaillerie perdus ou dérobez. On a vû sous l'Article précedent par le texte de la même Ordonnance; par l'Article xiv. de l'Edit de Henri II. du mois de May 1555, & enfin par la teneur de l'Arrêt du Parlement du 26 Janvier 1685,

1685, l'obligation qu'il y a de l'avertir des Marchandiſes ſuſpectes & Recommandées qui ſe preſentent à acheter ; comme c'eſt ſon devoir à lui-même aux termes de ce dernier Reglement *d'en avertir ſur le champ le Commiſſaire du Quartier* : Et c'eſt ainſi que ce Clerc a exercé de tems immémorial, & exerce encore la fonction publique de Commis à la recherche des Effets dépendans de l'Orfévrerie & Joyaillerie perdus ou volez. *Voyez ſur le contenu en cet Article, outre ces Ordonnances anciennes & le Reglement moderne, un Etat des devoirs du Clerc de l'Orfévrerie dreſſé vers l'an* 1464, *à la fin du* 1r. *Regiſtre des Comptes : Un autre Etat dreſſé en* 1570, 1r. *Regiſtre des Déliberations, fol.* 67 *& ſuivans.* Item, *même Regiſtr. fol.* 29 *&* 165 *v°. &c. & les Regiſtres mêmes des Recommandations conſervez dans nos Archives.*

# TITRE VIII.

## *Du Privilege & des Devoirs des Veuves de Maîtres & Marchands Orfévres-Joyailliers.*

### ARTICLE PREMIER.

*Privilege des Veuves.*

Les Veuves desdits Maîtres & Marchands Orfévres-Joyailliers de la Ville de Paris; pourront exercer l'Etat d'Orfévrerie - Joyaillerie, tant qu'elles demeureront en viduité; & en conséquence, continuer le Commerce & même le Travail d'Orfévrerie & de Joyaillerie, en gardant par elles les Statuts & Reglemens dudit Etat.

### *AUTORITEZ.*

Le Privilege de Viduité paroît aussi ancien que celui de la Maitrise dans l'Orfévrerie de Paris. Tous nos Titres & autres enseignemens qui font quelque mention des Veuves d'Orfévres, en parlent toujours comme tenant Boutique ouverte, & exerçant l'Etat d'Orfévrerie dans cette Ville, comme auroient pû faire leurs Maris : Et c'est dans la jouissance non interrompue de cet ancien Privilege que le Reglement general du 30 Décembre 1679 les maintient, quoiqu'en les privant desormais d'une de ses anciennes facultez, comme on le dira dans un moment. „ Pourront néanmoins les Veuves " de Maîtres Orfévres [ de Paris, " dit l'Article V. de ce Reglement ] continuer le Commerce des Mar- " chandises d'Orfévrerie & Joyaille- " rie en Boutique ouverte, & faire " travailler, &c. " *Layette 3, cotte* 42. Item, *Rec. p* 181.

Mais pour jouir de ce Privilege, les Veuves ont aussi toujours été tenues de se conformer aux Reglemens à proportion comme les Maîtres, en tout ce qui concerne le Travail & le Commerce. Elles étoient même assujetties autrefois à plusieurs devoirs ausquels celles d'aujourd'hui ne sont plus tenues. Comme elles avoient, outre la faculté de faire travailler, celle de marquer leurs Ouvrages d'un Poinçon qui étoit propre à chacune d'elles en sa qualité de Veuve, on exigeoit de toutes celles qui vouloient continuer le Travail après la mort de leurs Maris, à peu près les mêmes formalitez qui s'observoient à l'égard des Maîtres, tant pour le bon usage de ce Poinçon, que pour la sureté publique. Avant toutes choses, ces Veuves étoient tenues de se presenter en la Maison commune, & là de subir une espece d'Examen sur leurs devoirs devant les Gardes; de prêter même le Serment entre leurs mains de garder les Reglemens; de faire insculper leurs Poinçons sur la Table de cuivre dans le Bureau; d'y presenter des Cautions & Certificateurs, & de les faire agréer & enregistrer par les Gardes: ensuite de quoi ces mêmes Veuves étoient presentées à la Chambre des Monoyes où elles étoient admises par une espece de Reception peu differente de celle des Maîtres. *Voyez le Registre des Receptions de Maîtres, cotté 2, aux années* 1462, 1499, 1503, 1544, &c.

## ARTICLE II.

### *Veuves feront biffer le Poinçon de leurs Maris.*

APRE'S le décès de chaque Maître, & dans un mois au plûtard, sa Veuve ou ses Enfans, ou Heritiers, remettront le Poinçon du Défunt entre les mains des Gardes, pour être rompu & biffé; dont sera dressé Acte sur le Registre par lesdits Gardes.

### *AUTORITEZ.*

Cette précaution qui prévient l'abus qu'on pourroit faire du Poinçon d'un Maître après sa mort, n'a pas été prise dès les commencemens. Il paroît qu'alors une Veuve ne faisoit point biffer le Poinçon de son Mari, & qu'elle continuoit de s'en servir tel qu'il lui avoit laissé, sans y faire aucun changement qui pût servir à distinguer les Ouvrages qui auroient été faits durant son Veuvage. On trouve même que lorsqu'il survenoit quelqu'accident à ce Poinçon, en sorte qu'il en fallût faire un autre, la Veuve faisoit graver le nouveau tout semblable à l'ancien; comme il arriva encore en 1462, où l'on voit que le Poinçon d'un Maître ne s'étant plus trouvé après sa mort, *il en fut baillé un tout pareil* à la

Veuve, ayant le même Contreseing, qui étoit *une Veronique.* Mais cet usage qui pouvoit avoir des suites préjudiciables à la réputation des Maîtres après leur mort, changea bientôt après. Les Veuves furent obligées de prendre de nouveaux Poinçons; d'y inserer quelque difference; & par la suite cette difference fut d'y mettre la lettre V. en forme de Devise, pour designer leur qualité de Veuve. Non-seulement celles qui vouloient continuer le Travail, mais toutes sans exception furent desormais tenues de faire biffer les Poinçons de leurs Maris dans le délai d'un mois après le décès. C'est ce qui se voit par nos Registres & par divers Arrêts de la Cour des Monoyes. 2^e^. *Reg. des Réceptions, ann.* 1462, *& suiv.* Item, *Archiv. Sac. n°.* 12.

Il paroît qu'avant le Reglement general du 30 Décembre 1679, les Veuves devoient faire biffer les Poinçons de leurs Maris au Greffe de la Cour des Monoyes. C'est du moins ce qui leur fut ordonné dans les derniers tems par un Arrêt de cette Cour du 4 Octobre 1678. *Sac, suprà.* Mais le Reglement ayant ordonné la réforme generale des Poinçons, & enjoint, Art. xv. Que les anciens seroient *rapportez aux Gardes pour être rompus en leur presence*; la rupture de ceux des Maîtres qui sont venus à déceder depuis, s'est toujours faite en la Maison commune: Et voici ce qui s'observe pour la constater.

La Veuve ou les Heritiers du Défunt ayant rapporté son Poinçon, les Gardes le rengrennent premierement dans l'Empreinte originale de son Insculpation sur la Table de cuivre, pour s'assurer d'abord, si le Poinçon representé est veritablement celui qui a été donné au Maître lors de sa Réception. Puis ils le réinsculpent de nouveau sur la même Table à côté de la premiere Empreinte. Ils l'impriment ensuite sur le Registre au noir de la fumée d'une chandelle; puis l'ayant fait difformer en leur presence de telle sorte qu'il n'en puisse jamais être fait aucun usage, ils dressent Acte du tout sur le même Registre en forme de Procès verbal, qu'ils font signer par la Veuve presente, ou par celui qui a rapporté le Poinçon, & assisté à la rupture. *Voyez nos Registres servans à cet usage.*

## ARTICLE III.

### *Veuves n'auront Poinçon, & feront marquer leurs Ouvrages par des Maîtres.*

NE pourront lesdites Veuves avoir de Poinçon qui leur soit propre; & les Ouvrages qu'elles feront faire dans leurs Boutiques, seront marquez du Poinçon d'un Maître tenant aussi Boutique ouverte, lequel demeurera responsable des abus qui pourront s'y trouver, tant au Titre, qu'autrement.

## *AUTORITEZ.*

L'ancienne faculté aux Veuves d'avoir un Poinçon pour marquer les Ouvrages qui se faisoient dans leurs Boutiques, a été supprimée par le Reglement general de 1679; & les motifs que le Reglement donne de cette suppression en la faisant, nous montrent que les précautions anciennement prises à l'égard des Veuves, pour le bon usage de leurs Poinçons, se trouvoient oubliées; & qu'il étoit necessaire de pourvoir par d'autres moyens à la sureté publique, & même à celle des Veuves en ce qui concerne la marque de leurs Ouvrages. Or c'est ce qui fut fait en leur conservant en même tems la faculté de faire continuer le Travail d'Orfévrerie chez elles, en la maniere qui s'ensuit:

*Reglement general du 30 Décembre 1679.* ART. V. „ Et d'autant que „ les Veuves de Maîtres Orfévres „ n'ont aucune connoissance du Titre & de l'Aloy, & que ne pouvant conduire le Travail, elles " dépendent des Compagnons qu'elles employent; en quoi le Public " peut recevoir un notable préjudice " aussi-bien que lesdites Veuves, " qui se trouvent par ce moyen exposées à des condamnations d'amende, & autres peines considerables : ne pourront lesdites Veuves " avoir de Poinçons à l'avenir. A elles " enjoint de les rapporter dans quinzaine au Bureau des Orfévres, " pour y être rompus. Pourront néanmoins lesdites Veuves de Maîtres " Orfévres continuer le Commerce " des Marchandises d'Orfévrerie & " Joyaillerie en Boutiques ouvertes, " & [y] faire travailler sous le Poinçon d'un Maître Orfévre tenant " actuellement Boutique, lequel Maître sera obligé de les marquer de " son Poinçon, & de les faire contremarquer; & demeurera aussi responsable des abus qui s'y pourront " trouver, tant au Titre, qu'autrement." *Lay.* 3, *cotte* 42. Item, *Rec. p.* 181.

# TITRE IX.

## *De l'Election des Maîtres & Gardes de l'Orféverie, & de leur Serment à la Police.*

### ARTICLE PREMIER.

*Nombre & Qualitez des Sujets à élire tous les ans, & durée de leur Exercice.*

IL sera procedé au premier de Juillet chaque année à l'Election de trois Maîtres & Gardes de l'Orféverie-Joyaillerie de Paris, dont l'Exercice sera de deux ans: Et seront élus, sçavoir, un Ancien, qui aura déja passé la Charge, & deux Jeunes, pour remplacer ceux qui auront fini leur tems, & faire avec les Trois de l'Election précedente, le nombre de Six Gardes en Charge.

### *AUTORITEZ.*

Selon nos anciennes Coutumes écrites sous S. Louis, il n'y avoit alors que trois Gardes ou Prudhommes pour administrer le Corps; & nous avons vû que dès le tems de Philippe-le-Bel leur nombre fut porté à Six, comme il a toujours été depuis. Leur Election se faisoit immédiatement après la S. Eloi d'hyver, & pour l'ordinaire le 5 Décembre. Mais ils n'exerçoient qu'un an, après quoi ils étoient tous renouvellez par une seule & même Election. Or cet usage suivant lequel aucun Garde ne restoit en place d'un Exercice à l'autre pour instruire les nouveaux Elus, avoit de grands inconveniens, & qui ne pouvoient manquer d'être préjudiciables à la bonne Administration. Les affaires commencées par les uns, n'étoient souvent pas poursuivies par les autres, & périssoient faute de connoissance pour n'avoir pas été transmises par un canal moins interrompu: Et d'ailleurs, un Exercice si court ne suffisoit pas pour terminer des entreprises un peu considérables pour le bien des Affaires communes.

Toutefois plusieurs siécles se sont écoulez, sans qu'il paroisse qu'on se soit mis en devoir de remedier à ces inconveniens; & ce ne fut qu'en 1659 qu'on y pensa sérieusement. Les Anciens s'étant assemblez pour cela le 14 Octobre, il fut resolu que l'on changeroit à cet égard l'ancienne forme de l'Election des Gardes, & qu'il en resteroit desormais quelques-uns d'un Exercice à l'autre: Et ce préalable ainsi arrêté, la même Déliberation nomma six Anciens avec les Gardes pour aviser aux moyens de l'executer. 3e. *Regist. Déliber. fol.* 124.

Ces Députez ayant travaillé, firent leur Rapport dans l'Assemblée qui se tint le 17, & dirent: Qu'après avoir discuté la Matiere, leur avis étoit que l'Exercice des Gardes devoit desormais être de deux années; que trois seulement sortiroient de Charge tous les ans, à la place desquels il en seroit élu trois autres, dont l'un auroit déja été Garde, & les deux autres n'auroient point encore passé la Charge. *Ibidem v°.*

Cet Avis ayant été suivi de tous les Anciens, on convoqua l'Assemblée generale du Corps les 5 & 19 du mois de Novembre suivant, où il passa à la totalité des voix, excepté trois seulement. On regla en même tems qu'à l'Election prochaine du 5 Décembre on mettroit encore pour cette fois six Sujets en Place, deux Anciens & quatre Jeunes: que des six de cette Election un Ancien & deux Jeunes exerceroient deux ans, & que les trois autres sortiroient de Charge à la fin de la premiere année pour laisser la Place à un pareil nombre à élire; & ainsi établir le nouvel ordre. *Ib. fol.* 125. It. *Rec. p.* 251.

Pour donner force de Loi à ce Résultat, les Gardes presenterent leur Requête au Roi en son Conseil, & obtinrent l'Arrêt dont la teneur s'ensuit:

*Arrêt du Conseil Privé du Roi du 29 Novembre* 1659. „ Le Roi en son Conseil, ayant égard à lad. Requête en conséquence des Déliberations des anciens Maîtres & Gardes de l'Orfévrerie de Paris & de toute la Communauté, des 14 & 17 Octobre, 5 & 19 Novembre derniers, a ordonné & ordonne qu'au 5e. Décembre prochain sera fait Election de six Gardes, sçavoir, de trois qui exerceront ladite Charge de Garde deux années, dont un aura été une fois Garde, & les deux autres qui n'auront encore exercé lad. Charge, & les trois autres pour un an seulement. Et que doresnavant, à commencer au 5e. Décembre 1660, il sera fait tous les ans aud. jour Election de trois Gardes; sçavoir, d'un qui aura été une fois Garde, & les deux autres qui n'auront encore exercé ladite Charge: lesquels exerceront deux ans.... & sans que l'ordre ci dessus puisse être changé pour quelque cause que ce soit. Enjoint Sa Majesté au Prevôt de Paris & à tous autres Juges qu'il appartiendra de tenir la main à l'execution du present Arrêt, &c. " *Archiv. Layette* 13, *cot.* 20. Item, *Rec. p.* 254, 255.

Cependant cet ordre si sagement

établi pour le bien des Affaires communes, fut changé bien-tôt après; mais ce ne fut pas pour long-tems. Quoiqu'il eût été consenti presque de tous nos Orfévres, la plûpart néanmoins demandérent le rétablissement de l'ancien usage, effrayez des deux années d'Exercice qu'ils regardoient comme un tems trop long, & pendant lequel un Garde en Charge est obligé d'abandonner presqu'entierement ses propres affaires. Les choses en vinrent effectivement au point qu'en 1663, il y eut Arrêt du Conseil qui ordonna qu'à l'avenir il n'y auroit que l'ancien des six Gardes en Charge qui exerceroit deux ans. *Layette* idem, *cotte* 23, & *Rec. pag.* 265.

Il arriva encore un autre changement à l'occasion de cet Arrêt. Comme il ne fut donné que le 5 Juin 1663, & que l'Instance avoit empêché l'Election au 5 Décembre précedent, on y proceda aussi-tôt après: ensorte que l'Election qui s'étoit toujours faite vers la S. Eloi d'hyver commença pour lors de se faire aux environs de celle d'Eté. Mais c'est tout ce qui est resté du nouvel arrangement pris par cet Arrêt qui n'a subsisté que 17 ans; celui de 1659 ayant été rétabli par le Reglement general dont la Disposition forme notre Article, & fixe le tems de l'Election des Gardes, en ces termes:

*Reglement general du 30 Décembre 1679.* ART. VII. „ Ordonne Sa Majesté, sans s'arrêter à l'Arrêt du Conseil du 5 Juin 1663, que celui du 29 Novembre 1659 sera executé: & conformément à icelui, sera par chacun an, à commencer du 1 Juillet 1680, procedé à l'Election de trois Gardes seulement; sçavoir, un Ancien & deux Jeunes, pour, avec trois de ceux qui sont à present en Charge, faire le nombre de six Gardes; & ainsi continuer à l'avenir par chacun an. „ *Layette* 3, *cotte* 42. Item, *Rec. p.* 182.

## ARTICLE II.

### *Choix & Presentation des Sujets à élire dans l'Assemblée.*

POUR parvenir à ladite Election, les Six Gardes en Charge appelleront avec eux les Six derniers sortis de Charge, & aviseront ensemble de trois Sujets capables & de bonnes mœurs; lesquels seront ensuite par eux proposez à l'Assemblée, qui pour ce sujet sera convoquée en la Maison commune.

### *AUTORITEZ.*

Ce moyen, qui a toujours été reconnu propre à procurer l'Election des

des meilleurs Sujets, & à leur concilier les suffrages de l'Assemblée, fut jugé tel dès le milieu du xv^e. siécle qu'il commença d'être mis en usage dans notre Corps. Le Prevôt de Paris qui en voyoit l'utilité, l'établit alors par un Reglement que le Parlement confirma ensuite, & dont l'Arrêt qui suit, rapporte les Dispositions.

*Arrêt du Parlement du 2 Avril 1406 avant Pâque.* „ Les six Jurez „ [& Gardes] qui devront se retirer „ de la Garde, appellez avec eux „ les Six de l'an immédiatement pré- „ cedent, s'ils sont vivans & de- „ meurans à Paris, ou au lieu des „ décedez ou absens, d'autres qui „ auront aussi été Jurez & Gardes „ l'autre année précedente, ensorte „ qu'ils soient au nombre de Douze; „ aviseront de six Prudhommes, [c'est-à-dire, de six Maîtres suffisans „ & capables] les noms desquels „ ils seront tenus de presenter & pre- „ senteront au Prevôt de Paris & „ ses Successeurs, ou leurs Lieute- „ nans, à certain jour auquel la „ Communauté sera ajournée & as- „ semblée en Chastelet pour faire l'E- „ lection des nouveaux Maîtres Ju- „ rez & Gardes [de l'Orfévrerie] „ pour par ledit Prevôt, instituer „ comme il appartiendra par raison, „ ceux qui auront été ainsi avisez & „ presentez, ou autres qui seront „ élus par ladite Communauté.“ *Lay.* 13, *cotte* 1. Item, *Rec. p.* 206.

Ces dernieres paroles du Reglement, *ou autres qui seront élus*, font voir que la Presentation des Sujets choisis par les Douze que nous appellons communément *Electeurs*, n'influoit en rien sur la liberté des Suffrages, & que la Communauté ainsi assemblée en pouvoit toujours élire d'autres. La pluralité des voix faisoit seule l'Election, comme il paroît plus clairement par la Disposition suivante, qui confirme cet ancien Reglement.

*Arrêt du Conseil d'Etat du Roi, du 3 Décembre* 1609. „Le Roi en son " Conseil.... ordonne que suivant " l'Arrêt de la Cour de Parlement du " 2 Avril 1456, Douze Jurez & Gar- " des de l'Orfévrerie de cette Ville " de Paris; sçavoir, ceux qui sor- " tent de la Jurande, & ceux de l'an- " née derniere; & s'ils sont décedez " ou absens, les Six de l'année pré- " cedente, seront tenus presenter six " Maîtres Orfévres.... suffisans & " capables, à la Communauté des " Maîtres Orfévres assemblée en Châ- " telet pardevant les Lieutenant Ci- " vil & Procureur du Roi audit Châ- " telet, pour être lesdits six Orfé- " vres ou autres.... esleus Jurez & " Gardes à la pluralité des voix. "*Lay.* 13, *cotte* 14. Item, *Rec. p.* 214.

Le même Reglement a encore été confirmé depuis par Arrêt du Parlement du 25 Janvier 1648. *Rec. p.* 249, car il est toujours demeuré en vigueur, & nous le suivons encore, à deux legeres circonstances près. L'une, qu'il ne se presente plus six Sujets à élire, mais seulement trois: l'autre, que l'Election ne se fait plus au Châtelet où le Reglement l'indique, mais dans la Maison commune où l'on est revenu depuis le milieu du siécle passé. Je dis qu'on y est revenu, car anciennement, & jusqu'au Reglement de 1456, l'Election des Gardes s'y étoit toujours faite. Un Titre de l'an 1453 prouve qu'on l'y faisoit encore, & que l'on proceda à celle de cette année-là *en l'Hôtel & Chapelle des Orfévres*, où la Communauté fut *ajournée* à l'ordinaire. On y voit de plus, que la Messe fut celebrée dans la Chapelle avant que l'on montât à la Salle pour tenir l'Assemblée & donner les Suffrages. *Layette* 13, *cotte* 1, *fol.* 1, *v°.* 2 & *suiv.* Il faut peut-être aussi faire remonter jusqu'à ces temslà, l'ancien & pieux usage où nous sommes de faire célebrer une Messe solemnelle du S. Esprit tous les ans, immediatement avant que de proceder à l'Election des Gardes.

## ARTICLE III.

### *Assemblée pour l'Election.*

L'ASSEMBLÉE se tiendra en presence du Prevôt de Paris, ou son Lieutenant General de Police, & du Procureur du Roi au Châtelet; & sera composée des Gardes en Charge, de tous les anciens Gardes, & de Trente autres Maîtres & Marchands du Corps, qui n'auront pas passé ladite Charge: sçavoir, Dix Anciens, Dix Modernes & Dix Jeunes.

### *AUTORITEZ.*

Cette Assemblée n'étoit originairement presidée d'aucun Juge; & elle étoit beaucoup plus nombreuse: Ainsi les deux Dispositions de cet Article ne sont pas de l'ancien usage.

A l'égard de la premiere, on ne voit pas qu'il soit fait aucune mention du Prevôt de Paris à nos Elections, avant les dernieres années du XIV^e^. siécle. Il paroît qu'on se contentoit de mener les nouveaux Elus à ce Magistrat après leur Election pour prêter le Serment devant lui, & prendre sa Commission: Et tel étoit apparemment aussi l'usage des autres Corps & Communautez.

Or nous croyons que la presence du Prevôt de Paris n'a commencé d'être necessaire à nos Elections pour les valider, que depuis la sédition excitée dans Paris par des gens du menu peuple que l'Histoire appelle *Maillotins*. Car alors, c'est-à-dire en 1382, Charles VI. irrité des violences ausquelles ils s'étoient portez, donna un Edit fulminant contre les Privileges des Bourgeois de Paris; & cet Edit ordonne entr'autres choses, que l'Election des *Prudhommes* ou Gardes & Jurez en chaque *Mestier*, comme de *Change*, d'*Orfévre-*

*rie*, de *Draperie*, de *Mercerie*, *&c.* sans en excepter aucun, sera faite à l'avenir *par le Prevôt de Paris.* Voyez *Livre rouge de l'Hôtel de Ville, fol.* 233. En effet, nous trouvons sur notre Registre que la premiere Election qui se fit dans notre Maison commune après cet Edit, fut faite *de par le Prevost de Paris*; formule qui ne s'employoit point auparavant en écrivant les Elections sur le Registre, & qui fait connoître que la presence & l'autorité de ce Magistrat y étoient devenues necessaires, comme elles l'ont toujours été depuis.

Le Reglement intervenu ensuite sur la forme de l'Election le 2 Avril 1456, marque bien cette necessité en ordonnant que les noms des Sujets à élire, seront presentez dans l'Assemblée *au Prevost de Paris & à ses Successeurs, ou leurs Lieutenans, pour, par ledit Prevost instituer ceux qui seront élus par la Communauté.* Rec. p. 206. L'Arrêt du Conseil du 3 Décembre 1609, qui prononce en conformité, veut aussi que cette Presentation des Sujets soit faite à la Communauté assemblée *pardevant le Lieutenant Civil & le Procureur du Roi au Châtelet.* Ibid. *pag.* 214. Et c'est ainsi que depuis l'Edit de 1382 l'Election des Gardes de l'Orfévrerie a toujours été presidée par le Prevost de Paris en la personne de ses Lieutenans; d'abord, par le Lieutenant Civil jusqu'à ce qu'il ait cessé de connoître de la Police; ensuite, comme aujourd'hui, par le Lieutenaut General de Police, & successivement l'un & l'autre, accompagné du Procureur du Roi au Châtelet.

Quant à ceux qui doivent composer l'Assemblée, & donner leurs suffrages pour l'Election, il paroît que le premier usage a été d'y appeller toute la Communauté: du moins en inscrivant les nouveaux Gardes sur le Registre on mettoit presque toujours qu'ils avoient été élus *par l'Assentement de tout le Commun du Mestier*, Voyez *Ancien Regist. des Elect. fol.* 1 & *suivans.*

Toutefois la convocation n'étoit jamais si generale, qu'il ne restât toujours un nombre de Particuliers qu'on n'appelloit point. On en usoit ainsi en conséquence du XIV^e. Article des Statuts de l'an 1260, qui porte que les Prudhommes ou Gardes de l'Orfévrerie sont élus *par les Prudhommes du Mestier*; ce qu'on entendoit seulement des anciens Gardes & des autres Notables du Corps, dont la suffisance étoit connue. D'où il s'ensuit qu'on négligeoit tous ceux en qui on ne trouvoit pas encore ce degré de suffisance qu'emporte la signification du mot de Prudhomme.

Cependant, ces Particuliers négligez, souffroient pour la plûpart assez impatiemment cette distinction qui leur paroissoit odieuse, & dont en effet il étoit facile d'abuser en l'étendant arbitrairement au-delà de ses justes bornes. Plusieurs d'entr'eux ne laissoient donc pas souvent de se trouver à l'Assemblée pour concourir à l'Election, encore qu'ils n'y fussent pas mandez. Il est vrai qu'on ne prenoit point leur voix; mais ils s'en plaignoient toujours, quelquefois même avec éclat; & c'est ce qui a causé à diverses reprises des dissensions dans le Corps qui n'ont été parfaitement assoupies qu'en 1648, en restraignant le nombre, & marquant la classe des Personnes qui doivent former l'Assemblée, par un

Reglement notable que nous suivons encore, & dont voici la teneur.

*Arrêt de la Cour de Parlement, du 25 Janvier* 1648. « Conclusions de » notre Procureur General, tout » consideré, Notredite Cour faisant » droit..... a ordonné & ordonne » qu'à l'avenir les Six Gardes de » l'Orfévrerie qui doivent être élus » d'année en année, seront presentez, tant par les Six Gardes « sortans de Charge, que par les « Six de l'année précedente, aux An- « ciens qui auront passé par les Char- « ges de Gardes, & à Trente au- « tres Maîtres Orfévres de leur Corps « seulement : Sçavoir, Dix Anciens, « Dix Modernes & Dix Jeunes.... « qui n'auront pas passé par lesdites « Charges. « *Layet*, 13, *cot.* 18. Item, *Recueil*, *p.* 249.

## ARTICLE IV.

### *Ordre des Mandez pour l'Election.*

ET afin que ceux qui n'auront pas passé la Charge puissent tous être successivement appellez pour concourir aux Elections des Gardes, il sera fait un Catalogue de leurs noms selon l'ordre de leur Réception, suivant lequel, & dans l'ordre ci-dessus prescrit, ils seront mandez chacun à leur tour d'année en année aufdites Elections.

### *AUTORITEZ.*

La distinction, souvent litigieuse, qui se faisoit autrefois de ceux qui devoient ou ne devoient pas être appellez à l'Election des Gardes, ne subsiste plus. Comme tous sont également obligez de reconnoître les nouveaux Elus pour Gardes, & de leur obéïr en cette qualité, tous aussi ont droit de concourir, chacun à son tour à leur Election; & ce tour en chacune des trois classes, d'Anciens, de Modernes & de Jeunes, ne sçauroit être mieux reglé qu'en suivant l'ordre de la Réception de ceux qui les composent. C'est la suite du Texte que nous venons de rapporter, & qui continue ainsi :

*Arrêt de la Cour de Parlement du 25 Janvier* 1648. « Notredite « Cour a ordonné & ordonne .... « qu'à cette fin il sera dressé un Ta- « bleau desdits Maîtres Orfévres, « suivant l'ordre de leur Réception, « qui n'auront passé par lesd. Char- « ges de Gardes, pour être appellez « chacun à leur tour d'année en an- « née, suivant l'ordre ci-dessus ordon- « né, à l'Election desdits Gardes. « *Lay.* 13, *cotte* 18. Item, *Rec.p.* 249.

## ARTICLE V.

*Gardes non continuez, ni replacez qu'après ſix ans.*

LES Gardes en Charge, qui auront achevé le tems de leur Exercice, ne pourront être continuez, ni aucun d'eux, en ladite Charge : comme auſſi, il ne pourra être élû aucun Sujet pour la Place d'Ancien, qu'il n'y ait au moins ſix ans qu'il ſoit ſorti de Charge.

## *AUTORITEZ.*

Nous avons la Liſte ſuivie ſans aucune interruption de tous ceux qui ont adminiſtré le Corps en qualité de Gardes depuis quatre cens ans ; & à peine s'y en trouve-t-il quelques-uns qui ayent été continuez dans la Charge après leur Exercice fini. Il n'y avoit cependant d'abord aucun Reglement qui le défendît : mais le beſoin que chacun avoit de retourner le plûtôt qu'il étoit poſſible à ſes propres affaires, après avoir vacqué à celles du Corps, tenoit naturellement lieu de Défenſe. C'eſt pour cette raiſon que nos plus anciens Statuts veulent que lorſque les Gardes *ont finé leur Service li commun du Meſtier ne les puiſſe mès remettre à garder le Meſtier*, comme Anciens, *devant trois ans, ſe ils n'y veulent entrer de leur bonne volenté* : de ſorte que ſuppoſé qu'ils y conſentiſſent, ils pouvoient non-ſeulement être replacez plutôt, mais même continuez dans la Charge ſans déplacer. Toutefois encore que les exemples en fuſſent très-rares, il a été jugé plus à propos dans la ſuite de défendre poſitivement la continuation, & de preſcrire un plus long délai aux Anciens avant que de pouvoir rentrer en Charge : & c'eſt ce qui a été fait au commencement du ſiécle paſſé, en ces termes :

*Arrêt du Conſeil d'Etat du Roi, rendu en forme de Reglement, le 3 Décembre* 1609., „ Le Roi en ſon Con- „ ſeil.... ordonne.... que ceux qui au- „ ront ci-devant été Jurez & Gardes „ [ de l'Orfévrerie de Paris ] ne pour- „ ront être continuez [ dans la Char- „ ge ] ou Elus de nouveau, qu'il n'y „ ait au moins intervalle de ſix ans. „ *Layette* 13, *cotte* 4. Item, *Recueil de nos Ordonn. p.* 214.

## ARTICLE VI.

### *Gardes Elûs accepteront la Charge.*

LEs Sujets qui auront eû la pluralité des Voix, demeureront élûs Gardes, & seront tenus d'accepter la Charge pour en faire les Fonctions ; si mieux n'aiment renoncer à l'Etat d'Orfévrerie, & rapporter leurs Poinçons au Bureau pour être biffez : auquel cas il sera incessamment procedé à l'Election d'autres Sujets à leur place en la forme ci-dessus prescrite.

## *AUTORITEZ.*

Le motif de cette contrainte est fondé sur ce principe incontestable du Droit de la Societé civile, que tout membre d'une Communauté ne peut lui refuser ses services, lorsqu'il est appellé à les lui rendre, & qu'il en est jugé capable par une Election faite dans les formes.

C'est ainsi qu'en 1581 Jacques Benoise ayant été élû Garde de l'Orfévrerie, fut contraint d'accepter la Charge, encore qu'il alléguât pour s'en dispenser, qu'il lui étoit impossible d'en faire les Fonctions ; attendu, disoit-il, qu'il se trouvoit actuellement chargé de celles de Commissaire des Pauvres du Quartier du Palais. La contrainte alla même jusqu'à l'emprisonnement de sa Personne : mais voyant que ses Collegues offroient volontiers de le décharger du travail les jours qu'il seroit occupé au grand Bureau des Pauvres, il se soumit, & prêta le Serment. *Layette* 13, *cotte* 2.

Un autre Exemple, non moins marqué, & plus dans les termes de notre Article, est celui de Charles de la Haye, élû en 1653, lequel, refusant de prêter le Serment accoutumé au Châtelet, prit le parti de renoncer à l'Etat d'Orfévrerie, & de rendre son Poinçon pour être dispensé d'accepter la Charge ; comme il paroît par le Jugement qui s'ensuit.

*Sentence du Prevôt de Paris, du* 10 *Décembre* 1653. » Parties ouies en « leur Plaidoyer & Remontrances, & « oui noble homme M^e^. Brigallier « Advocat du Roy, Nous avons don- « né Lettres audit de la Haye de la « Renonciation qu'il fait à la Maitrise, « & de ce qu'il offre de rendre son « Poinçon entre les mains des Gardes: « En consequence de ce, avons.... « ledit de la Haye déchargé, & le « déchargeons de la Charge de Maî- « tre & Garde de l'Orfévrerie en la- « quelle il a été élu ; & ordonnons « que les cinq autres Gardes élus prê- « teront le Serment, &c. « *Lay.* id. *cot.* 20.

Nous rapporterons encore un Exemple à ce ſujet qui eſt de ces dernieres années. L'un des Gardes élûs en 1728, & qui avoit prêté le Serment, ayant jugé à propos, pour le bien de ſes affaires, de ſe retirer de la Charge dès l'année ſuivante, & avant que la premiere de ſon exercice fût expirée, prit auſſi l'unique parti qu'il y avoit à prendre en ce cas. Il renonça à la Charge de Garde & à l'Etat & Marchandiſe d'Orfévrerie, par Acte du 13 Avril 1729, dépoſé pour minute chez un Notaire, & ſignifié au Bureau le 14, en rendant ſon Poinçon pour être biffé : Et le 7 May ſuivant on proceda à l'Election d'un autre Garde avec les mêmes formalitez que s'il y en avoit eu trois à élire. On avoit fait la même choſe dans un cas à peu près ſemblable en 1709.

Il faut toutefois obſerver que l'obligation d'accepter la Charge, ou de renoncer à ſon Etat, ne doit regarder que les Jeunes qui ſont élus pour la premiere fois. Car nous eſtimons qu'un Ancien ayant déja rempli la Charge, & rendu ſes ſervices au Corps, peut legitimement s'excuſer de les lui rendre une ſeconde fois, ſans pouvoir y être contraint; puiſqu'il a ſatisfait au devoir qu'exige le Principe que nous avons poſé, & qui eſt l'unique fondement de la contrainte.

## ARTICLE VII.

### *Serment & Inſtitution des nouveaux Gardes à la Police.*

LES nouveaux Elûs prêteront le Serment requis & accoutumé devant le Prevôt de Paris, ou ſon Lieutenant General de Police; & ſeront établis & inſtituez Maîtres & Gardes de la Marchandiſe d'Orfévrerie-Joyaillerie à Paris par ce Magiſtrat, pour exercer ſous ſon autorité & en vertu de ſa Commiſſion, celles des Fonctions de leur Charge dont la connoiſſance lui appartient.

### *AUTORITEZ.*

Les Gardes de l'Orfévrerie nouvellement élus ont toujours prêté le Serment devant le Prevôt de Paris: *Li Prudhommes*, diſent nos Coutumes écrites en 1260, & confirmées en 1355, *jurent que ils garderont le Meſtier bien & loyaulment aux Us & aux Couſtumes d'icelui, ſi comme bien & loyaulment tout tems eſt accoutumé de faire.* Layette 1, cotte 1, Art. 15. *Item*, cotte 1, *bis*, Art. 27, & *Rec.* p. 7.

Ce qui se faisoit *de tout tems* pour lors, s'est toujours fait de même dans toute la suite. Et sans en déduire ici une longue suite de preuves qui certainement seroient superflues, il suffira de dire que le Prevôt de Paris, *comme seul Juge Réformateur general sur le Fait de la Police & gouvernement de tous les Arts & Mêtiers de la Ville de Paris*, a toujours continué par son Lieutenant Civil ou de Police, de prendre le Serment de nos nouveaux Elûs, à l'effet par eux *de s'acquitter bien & diligemment des devoirs de leur Charge, &c.* De les *créer, ordonner & établir Maîtres & Gardes de la Marchandise d'Orfévrerie* en cette Ville; & de les munir de sa Commission pour exercer sous son autorité toutes les Fonctions de leur Charge, qui regardent le Fait de Police, & dont la connoissance lui est reservée. *Voyez vos Commissions de Gardes.*

TITRE

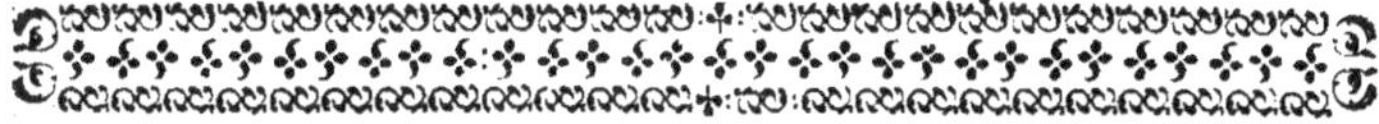

# TITRE X.

## *Du Serment des Maîtres & Gardes à la Cour des Monoyes ; & de ce qui concerne les nouveaux Poinçons de Contre-marque, &c.*

### ARTICLE PREMIER.

*Fabrication des Matrices & Poinçons de Contre-marque.*

AUSSI-TÔT après leur Election, les nouveaux Gardes feront fabriquer les Matrices, & ſur icelles fraper les Poinçons qui doivent ſervir à Contre-marquer les Ouvrages d'or & d'argent pendant le cours de la premiere année de leur Exercice : Et feront leſdits Poinçons ainſi que leurs Matrices, fabriquez & trempez, dans la Maiſon commune, en la preſence deſdits Gardes, & en celle du Fermier des Droits de la Marque ſur l'or & l'argent.

*AUTORITEZ.*

*Code Henry*, *Liv.* XV. *Tit.* XLI. *Art.* IX. „ Leſdits Gardes auront un „ Contre-poinçon pardevers eux „ pour marquer les Ouvrages d'Or- „ févrerie qui feront trouvez bons „ par l'eſſay qu'ils en feront. " C'eſt ainſi qu'ils en ont toujours eu depuis l'Etabliſſement de ces Poinçons de Contre-marque.

Les motifs qu'on déduira ci-après du changement de ces mêmes Poinçons à chaque mutation de Gardes, ſont les mêmes qui obligent les nouveaux Elus à faire fabriquer ainſi ſous leurs yeux dans la Maiſon commune, ceux dont ils doivent uſer; & à ne les point perdre de vûe juſqu'à ce qu'ils ſoient inſculpez & remis en leur pouvoir : de crainte qu'il n'en soit clandestinement fait quelqu'usage à leur préjudice. *Voyez l'Article* III. *ci-dessous.*

Les mêmes raisons de précaution, mais pour une fin differente, donnent droit au Fermier du Contrôle sur l'or & l'argent, d'être present à la fabrication des nouveaux Poinçons de Contre-marque. C'est ce qui lui fut accordé en 1685 pour la fureté des Droits de sa Ferme ; par l'une des Dispositions d'un Arrêt contradictoirement rendu avec les Gardes ; ainsi qu'il ensuit :

*Arrêt du Conseil d'Etat du Roy du 7 Août* 1685. „ Ordonne Sa Majesté, qu'à l'avenir lesdits Jurez Maîtres & Gardes de l'Orfévrerie seront tenus d'appeller le Fermier du Droit de Marque sur l'or & l'argent lors de la fabrication de la Matrice & frapement du nouveau Poinçon de la Maison commune &c. " *Archives de l'Orfévrerie, Lay.* 26, *cotte* 21.

## ARTICLE II.

### *Nombre & grandeurs des Poinçons de Contre-marque.*

LESDITS Poinçons seront au nombre de quatre, & fabriquez des grandeurs convenables à leur destination ; sçavoir : un pour contre-marquer les gros Ouvrages d'or & d'argent, dont l'Empreinte aura deux lignes en hauteur sur une ligne un quart de largeur : Deux autres de moitié moins d'étendue d'Empreinte ; l'un pour les menus Ouvrages d'or, l'autre pour les menus Ouvrages d'argent ; & le quatriéme aussi petit d'Empreinte qu'il sera possible, pour contre-marquer les plus menus Ouvrages d'or, qui par leur petitesse ne peuvent être essayez qu'aux Touchaux.

### *AUTORITEZ.*

Jusqu'à ces derniers tems il n'y avoit toujours eu qu'un seul Poinçon de Contre-marque dans notre Maison commune pour tous les Ouvrages d'or & d'argent. Ce Poinçon autrefois trop grand, & par cette raison, peu propre à être appliqué sur quantité de Pieces qui le devoient porter, fut réduit à une étendue plus convenable en 1679,

& fixé aux dimentions aufquelles nous nous conformons encore; & prefcrites par cette Difpofition:

*Reglement general du* 30 *Décembre* 1679. ART. XIV. „ Sera fait pour le „ Bureau [ de l'Orfévrerie de Paris ] „ un Poinçon commun..... l'Em- „ preinte duquel Poinçon, compris „ le champ, ne pourra en tout être „ que de deux lignes en hauteur, & „ d'une ligne un quart de largeur." *Archiv. Layet.* 3, *cotte* 42. Item, *Recueil*, *pag.* 184.

La Déclaration du 23 Novembre 1721, ayant ordonné que tous les petits Ouvrages d'or qui ne fe contre-marquoient pas auparavant, le feroient à l'avenir, n'ordonna cependant point qu'il feroit fabriqué des Poinçons convenables à ces fortes d'Ouvrages. Mais comme nous ne pouvions y employer l'unique Poinçon qu'il y avoit encore pour lors en la Maifon commune & deftiné aux gros Ouvrages, nous fûmes contraints d'en introduire deux nouveaux: l'un qu'on peut appeller moyen, pour contre-marquer les Tabatieres, Boucles, Etuis & autres Bijoux d'or qui peuvent être effayez par voye de diffolution à l'Eau-forte; & l'autre extrêmement petit, pour les plus menus Ouvrages d'or qui ne peuvent être effayez qu'aux Touchaux.

A l'égard du Poinçon qui nous fert à contre-marquer les petits Ouvrages d'argent, & qu'on peut auffi appeller moyen, il a été introduit l'année derniere par le Titre même qui ordonne que ces fortes d'Ouvrages feront deformais effayez & contre-marquez au Bureau.

*Lettres Patentes du* 12 *Novembre* 1733, *fur Arrêt du* 8 *Septembre précedent.* „ Nous avons par ces prefentes fignées de notre main...." ordonné & ordonnons, que tous" Maîtres & Marchands Orfévres" &c. feront tenus de porter à la" Maifon commune de l'Orfévrerie" pour y être effayez & marquez" d'un Poinçon à ce deftiné, les" Manches de Couteaux, Cuillieres" à Caffé, Boucles, &c. Ce faifant," permettons aux Maîtres, Gardes" & Communauté de l'Orfévrerie" & Joyaillerie de faire faire un Poinçon particulier pour marquer lefdits Ouvrages. *Lay.* 3, bis, *cot.* 29, *n°.* 3.

## ARTICLE III.

### *Forme & mutation des Poinçons de Contre-marque.*

LEs trois premiers de ces Poinçons reprefenteront une même Lettre de l'Alphabet couronnée, laquelle changera annuellement, felon la fuite ordinale des Lettres à chaque mutation de Gardes, afin que chacun réponde de l'ouvrage contre-marqué de fon tems:

Et attendu l'extrême petitesse du quatriéme desdits Poinçons, il representera seulement un petit caractere, arbitrairement choisi, lequel changera aussi tous les ans.

## *AUTORITEZ.*

L'on a choisi les Lettres de l'Alphabet pour sujet de nos Poinçons de Contre-marque, tant pour garder une sorte d'égalité dans leur forme successive, que pour y établir en même tems une difference sensible en passant d'une Lettre à l'autre tous les ans: & la raison de ce changement de Poinçons qui se fait régulierement à chaque mutation de Gardes, est afin que chaque Exercice ayant ses propres Poinçons, ceux qui se trouvent successivement chargez de cet important Dépôt répondent, chacun en son année, de l'usage qui en aura été fait. C'est ce qui paroît par cette Disposition de Louis XII.

*Ordonnance de Louis XII. à Blois le 22 Novembre* 1506. Ce Prince ayant ordonné par l'ART. X. que tous les Orféves du Royaume auroient de nouveaux Poinçons, ajoute, ART. XI. & XII. „ Qu'il y ait [aussi] un „ autre Contre-poinçon ès mains „ des Maîtres [& Gardes] dudit „ Mestier... dont ils marqueront „ les Ouvrages desdits Orféves... „ & quand lesdits Maîtres [& Gar- „ des] changeront, qu'on change „ ledit Contre-poinçon, afin que „ chacun réponde de l'Ouvrage de „ son tems. " *Layet.* I, *cot.* 5, & *Recueil*, *pag.* 24.

Ce changement du Poinçon de Contre-marque se pratiquoit depuis long-tems, & pour la même raison, dans l'Orfévrerie de Paris, lorsque Louis XII. en fit ainsi une Loi à toutes les Villes du Royaume, *où le Mestier d'Orfévrerie étoit Juré.* D'anciennes Editions imprimées du Catalogue de nos Gardes, marquent chaque année la Lettre qui formoit le Poinçon dont se servoient ceux qui étoient en Charge. Ces Lettres ne remontent toutefois que jusqu'à l'an 1472. On voit qu'alors c'étoit l'M. l'année suivante l'N. celle d'après l'O. & ainsi successivement de toutes les Lettres selon leur suite ordinale; en recommençant un nouvel Alphabet lorsque le précedent étoit fini, comme il s'est toujours pratiqué jusqu'à present.

Or, il est visible que la Lettre M. étant employée en 1472, ce n'étoit alors que la continuation d'une Coutume plus ancienne; puisqu'il n'y a pas d'apparence qu'elle ait commencé par une Lettre prise du milieu de l'Alphabet. D'ailleurs le motif du changement annuel du Poinçon de Contre-marque, a dû avoir lieu dans tous les tems. Mais nous ne pouvons dire que ce changement ait été pratiqué dès l'Etablissement de ce Poinçon en 1275, parce que les Monumens qui pourroient mieux nous en instruire, je veux dire, les Planches de Cuivre qui avoient pû servir à l'Insculper en la Maison commune avant l'année 1472, nous manquent, comme elles ont manqué aux premiers Editeurs de notre Catalogue.

Au reste, les Lettres qui formoient nos anciens Poinçons de Contre-marque, étoient non-seulement Gotiques selon les tems, mais Minuscules de ce caractere : Et elles sont toujours demeurées telles jusqu'en 1621, encore que le Gotique ne fût plus d'usage depuis longtems. Mais alors un Alphabet se trouvant achevé, il fut arrêté dans une Assemblée d'Anciens tenue le 12 Août, que le nouveau seroit recommencé en Lettres Romaines & Majuscules, comme elles ont toujours été depuis. 2e. *Registre des Déliberations, fol. 6.*

## ARTICLE IV.

### *Serment des Gardes, & Insculpation des nouveaux Poinçons à la Cour des Monoyes.*

LESDITS nouveaux Gardes prêteront le Serment en la Cour des Monoyes, de bien & duement exercer les Fonctions de leur Charge ; & feront Insculper les nouveaux Poinçons de Contre-marque sur la Table de Cuivre étant au Greffe de ladite Cour : A laquelle Insculpation sera le Fermier du Droit de Marque sur l'or & l'argent, duement appellé.

### *AUTORITEZ.*

Nos Titres ne nous fournissent aucune mention de cette Insculpation en la Chambre des Monoyes avant le commencement du XVIe. siécle ; ni du Serment des nouveaux Gardes en cette Chambre, que près de cinquante ans après. Cependant nos Aspirans prêtoient le Serment de Maître en cette même Chambre dès l'Ordonnance de Charles V. de l'an 1378, qui lui attribue d'ailleurs la connoissance du Fait de nos Poinçons. Quoiqu'il en soit, voici ce que nous trouvons de plus ancien à l'égard de l'Insculpation dont il s'agit.

*Ordonnance de Louis XII. à Blois, le 22 Novembre 1506.* ART. XII. „ Que lesdits Contre-poinçons " [des Maîtres & Gardes] soient " enregistrez en la Chambre des Mo- " noyes, & Empreints à la Table " de Cuivre, quant à ceux de Paris; " & des autres, en la Jurisdiction " ordinaire des Lieux. " *Layette 1, cotte 5.* Item, *Recueil des Ordonnances, pag. 24.*

C'est ce qui s'est toujours regulierement executé dans toute la suite. Nous citerons seulement encore une Autorité là-dessus, suivant laquelle l'Insculpation doit être faite lorsque les Gardes prêtent le Serment.

*Code Henry, Liv.* XV. *Tit.* XLI. *Art.* IX. „ Lesdits Gardes auront un „ Contre-poinçon pardevers eux „ pour marquer les Ouvrages d'Or- „ févrerie qui seront trouvez bons „ par l'Essai qu'ils en feront : Lequel „ [ Contre-poinçon ] ils feront fra- „ per en la Table de Cuivre, lors- „ qu'ils prêteront le Serment : A „ sçavoir, ceux de Paris, en la „ Chambre des Monoyes, &c. "

Pour ce qui est du Serment des nouveaux Gardes, la Chambre des Monoyes ayant été érigée en Cour Souveraine en 1551, nous trouvons qu'à l'Election d'ensuite le Serment fut retardé de huit jours ; parce que la nouvelle Cour se croyoit en droit de le recevoir seule. Mais l'Arrêt qui jugea la Contestation le 12 Décembre 1552, maintint le Prevôt de Paris dans son ancien droit à cet égard. *Voyez ancien Registre, fol.* 55, *& Recueil, pag.* 212. Toutefois deux ans après Henry II. ne laissa pas d'ordonner par l'ART. VI. de son Edit du mois de Mars 1554, que nos Gardes feroient le Serment en la Cour des Monoyes nonobstant leur Coutume jusque-là observée de faire ce Serment au Châtelet, *Rec. p.* 66. au moyen de quoi il n'auroit plus été question du Serment des Gardes à la Police. Mais sans en venir là, l'Edit qui fut donné au mois de May de l'année suivante, corrigea cette Disposition & concilia la difficulté, en laissant les choses dans l'état où elles avoient toujours été au Châtelet à cet égard, & ordonnant seulement que les Gardes de l'Orfévrerie prêteroient aussi le Serment en la Cour des Monoyes. *Rec. pag.* 76. ART. V. En effet, leurs fonctions étant mixtes, il convenoit d'établir ce double Serment : Aussi l'ont-ils toujours prêté par la suite à la Cour des Monoyes, comme à la Police : Et c'est ainsi que sur quelques difficultez survenues depuis à ce sujet, le droit établi a été maintenu par les Reglemens posterieurs, comme il s'ensuit :

*Arrêt du Conseil d'Etat du Roy, rendu en forme de Reglement, le* 3 *Décembre* 1609. „ Le Roy en son « Conseil .... a ordonné & ordon- « ne .... que les nouveaux Elûs Ju- « rez & Gardes [ de l'Orfévrerie de « Paris ] seront tenus faire le Ser- « ment en la Cour des Monoyes & « au Châtelet. " *Layette* 13, *cot.* 4. Item, *Rec. p.* 214. Un autre Reglement fait au Conseil le 19 Janvier 1641, après avoir maintenu à cet égard, le droit des Officiers du Châtelet, ordonne pareillement, que ceux qui seront élûs Maîtres & Gardes de l'Orfévrerie, *prêteront le Serment en la Cour des Monoyes.* Recueil des Ordonn. *pag.* 1069.

Quant à la presence du Fermier de la Marque sur l'or & l'argent requise à l'Insculpation des nouveaux Poinçons de Contre-marque au Greffe de la Cour des Monoyes, elle a été ordonnée pour la même raison, & par le même Arrêt, qui ordonne que ce Fermier sera present à la fabrication des mêmes Poinçons.

*Arrêt du Conseil d'Etat du Roy, du 7 Août* 1685. „ Ordonne, Sa Ma- „ jesté, que les Jurez Maîtres & „ Gardes [de l'Orfévrerie de Pa- „ ris] seront tenus d'appeller le Fermier du droit de Marque sur l'or « & l'argent..... à l'Insculpation « du nouveau Poinçon de la Mai- « son commune au Greffe de la Cour « des Monoyes, &c. " *Lay.* 26, *cot.* 2.

## ARTICLE V.

### *Bissement des vieux Poinçons à la Cour des Monoyes.*

LEs Poinçons qui auront servi à contre-marquer les Ouvrages pendant le cours de l'année finissante, seront en même tems representez à la Cour des Monoyes par les trois Gardes sortant de Charge ; lesquels Poinçons ayant été préalablement Rengrenez & reconnus dans leurs Empreintes d'Insculpation, seront, ainsi que leurs Matrices, rompus & difformez en presence de ladite Cour.

### *AUTORITEZ.*

La rupture des vieux Poinçons se fait, non-seulement parce qu'ils ne doivent plus subsister après l'Insculpation des nouveaux, attendu le changement de Gardes, mais principalement pour la décharge des Gardes sortans, lesquels ont interêt que les Poinçons, dont la garde & l'usage leur avoient été confiez sous leur Serment, soient difformez à l'instant qu'eux-mêmes cessent d'en faire usage, & que, dégagez de leur Serment, ils se retirent de la Charge.

C'est aussi principalement pour operer cette Décharge que le Bissement qui se fait toujours à leur réquisition & en leur presence, ne manque jamais d'être solemnellement constaté dans les Arrêts mêmes de la Cour des Monoyes qui ordonnent l'Insculpation des nouveaux Poinçons. Voici la Formule des Arrêts qui se rendent à cet effet.

„ La Cour a ordonné & ordonne « que les anciens Poinçons de la Let- « tre [telle] qui ont été rengrenez « sur les Empreintes étant sur la Ta- « ble de Cuivre au Greffe de la « Cour, & qui se sont trouvez les « mêmes avec lesquels lesdites Em- « preintes ont été faites, seront dif- « formez, & les Matrices d'iceux ; « & les nouveaux Poinçons où est «

» la Lettre [ telle ] couronnée, Insculpez sur ladite Table.... & à » l'instant, lesdits anciens Poinçons ont été difformez, ensemble les « Matrices d'iceux; & les nouveaux « Insculpez. «

## ARTICLE VI.

### *Insculpation & Dépôt des nouveaux Poinçons en la Maison commune.*

SERONT ensuite les nouveaux Poinçons de Contre-marque pareillement Insculpez au Bureau de la Maison commune, & à l'instant mis, avec leurs Matrices, dans une Cassette dont les Gardes en Charge auront seuls les Clefs: Et sera ladite Cassette enfermée dans un Coffre fermant à plusieurs Serrûres dans ledit Bureau, de l'une desquelles le susdit Fermier aura la Clef.

### *AUTORITEZ.*

On a de tous tems Insculpé les Poinçons de Contre-marque en notre Bureau, comme les Poinçons particuliers des Maîtres, & pour les mêmes raisons de Verification qu'on peut revoir ci-dessus sous le VII^e. Article du Titre V. On a toujours aussi gravé les noms des nouveaux Gardes, comme ceux des nouveaux Maîtres, sur les Tables de Cuivre du Bureau à côté des Empreintes d'Insculpation. Celle qui se fait des Poinçons de Contre-marque, a de plus pour motif de mettre journellement les Gardes en état de juger du déperissement qui pourroit survenir à ces Poinçons dans le cours de leur année de Service par la mauvaise qualité de l'acier ou de la trempe, en les confrontant avec leurs Empreintes: Afin qu'au cas que ce déperissement devint sensible, ils les fissent bisser, & en fissent Insculper incessamment d'autres en la Cour des Monoyes, frapez sur les mêmes Matrices: Et c'est la raison pourquoi ces Matrices sont enfermées avec les Poinçons, & conservées autant de tems qu'ils doivent subsister.

Depuis l'origine de ces Poinçons, le Dépôt en a été perpetuellement confié aux seuls Gardes de l'Orfévrerie en Charge, *ut custodietur per probos Homines ad hoc eligendos*, dit Philippe-le-Bel dans son Ordonnance du mois de Juin 1313. Dans celle du 22 Novembre 1506, Louis XII. veut en conformité que cet important Dépôt soit *entre les mains desdits Maîtres* & Gardes *du Mêtier d'Orfévrerie*: Et quoique l'une des Clefs

Clefs du Coffre où ces Poinçons ont toujours été enfermez dans la Maison commune, doive maintenant être entre les mains du Fermier de la Marque d'or & d'argent, comme il est ordonné par les Autoritez que nous allons rapporter; les Gardes n'en sont pas moins demeurez les seuls & uniques Dépositaires, comme il resulte des termes mêmes de ces Autoritez.

*Ordonnance de Louis XIV. du 22 Juillet 1681. Titre des Droits de Marque sur l'or & l'argent.* ART. IX. ,, Sera ,, le Poinçon des Jurez-Gardes [de ,, l'Orfevrerie] déposé dans le Bu- ,, reau commun en un Coffre fer- ,, mant à plusieurs Serrures; de ,, l'une desquelles le Fermier de nos ,, Droits aura la Clef. "

*Arrêt du Conseil d'Etat du Roy contradictoirement rendu entre les Gardes de l'Orfévrerie & le Fermier, du 7 Août 1685.* ,, Le Roy en son Con- ,, seil a ordonné & ordonne que la ,, Matrice & le Poinçon [de Con- ,, tre-marque] seront déposez dans ,, la Cassette où ils ont accoutumé ,, d'être gardez; de laquelle lesdits ,, Maîtres Jurez & Gardes auront ,, les Clefs; & ensuite elle sera re- ,, mise & enfermée dans le Coffre ,, ordinaire, dont le Fermier aura ,, pareillement une des Clefs. " *Lay. 26, cotte 21.*

Nous avons déja cité deux fois cet Arrêt de 1685, & nous le citerons encore: Mais nous devons observer ici, qu'en établissant avec tant de précaution & à tous égards la sureté des Droits du Fermier, par rapport à la Fabrication, à l'Insculpation, au Dépôt, &, comme on le verra, à l'usage des Poinçons de la Maison commune; ce même Arrêt prescrivit aussi à l'égard des Poinçons & Cachets de la Ferme, certaines précautions pour la fureté réciproque de nos Orfévres. Voici ce qu'il porte là-dessus.

,, Ordonne, Sa Majesté, en " outre, qu'aux frais desdits Jurez " Maîtres & Gardes, les Poinçons " & Cachets insculpez & imprimez " au Greffe de l'Election de Paris, " dont ledit ... [Fermier] se sert à " la Marque des Ouvrages d'or & " d'argent pour la sureté & conser- " vation des Droits de ladite Ferme, " seront rengrenez & reconnus, & " de nouveau insculpez & imprimez, " tant sur une Table de cuivre, que " sur du Papier qui sera fourni par " lesdits Jurez Maîtres & Gardes; " & ladite Table & Papier contenant " lesdites Insculpations & Emprein- " tes, déposez dans la Cassette avec " le Poinçon de la Maison com- " mune, & sous les mêmes Clefs; " pour servir ausdits Orfévres ce que " de raison. " *Ibid.*

## ARTICLE VII.

### *Doyen annuel élû par les Gardes en Charge.*

L'Insculpation des Poinçons étant faite, les trois nouveaux Gardes se joindront aux trois restans qui auront encore un an de leur Exercice à faire, & éliront ensemble pour Doyen, l'un des Anciens qui aura passé deux fois par la Charge de Garde ; à l'effet, par l'Elû, de joüir durant l'année de son Décanat, des Prérogatives du rang, & d'autres semblables déferences attachées à ce Titre honoraire ; & d'aider les Gardes en Charge de ses conseils, lorsqu'il en sera requis.

## *AUTORITEZ.*

L'usage d'élire un Doyen parmi nous, s'est introduit au milieu du XIV^e^. siécle : Et l'utilité de cet Etablissement étoit évidente pour la conduite des Affaires du Corps, eû égard à la maniere dont il étoit administré. Nous avons déja observé que les Gardes ne servoient qu'un an ; & qu'étant tous renouvellez à chaque Election, il ne restoit personne en place de qui les Entrans pussent apprendre l'état des affaires commencées sous l'Exercice précedent. Or, le meilleur moyen de remedier à cet inconvenient, qui étoit capable de faire perir les Affaires, faute d'une connoissance suffisante, auroit été sans doute d'en venir dès-lors à ce qui ne s'est vû que plus de trois cens ans après, en faisant rester trois des Six Gardes tous les ans, pour servir une seconde année avec les trois nouveaux qui remplacent les Sortans. Mais c'est à quoi il ne paroît pas même qu'on ait pensé. On se contenta de resoudre seulement qu'à l'avenir l'un des Anciens des Six Gardes sortans de Charge, ou comme l'on disoit, l'un des *Viez* ou Vieux, seroit choisi chaque année pour rester en quelque façon en Place avec ceux qui y entroient ; afin qu'il leur communiquât ses lumieres sur les affaires commencées de son tems, & qu'il les aidât de ses conseils dans l'exercice de leurs Fonctions.

Cette Déliberation prise en 1351, on commença à l'executer immédiatement après l'Election des nouveaux Gardes qui se fit le 9 Décemb. de la même année : *Ancien Regist. des Elect. fol.* 3 v°. Et le premier que l'on choisit ainsi, fut *Pierre le Blond*, le plus ancien de ceux qui sortoient de Charge, ou comme nous disons aujourd'hui, le Grand-Garde. Ce choix a toujours été fait depuis, comme cette premiere fois, c'est-à-dire, par les seuls Gardes à leur entrée en Charge, sans que le Corps, ni même les Anciens Gardes y ayent jamais concouru. Aussi appelle-t-on communément le sujet qu'ils ont élû *le Doyen des Gardes* ; ou *le Doyen de l'année*, parce que son Décanat ne dure qu'un an. Le Blond, que nous regardons comme le premier, ne porta cependant pas encore le Titre de Doyen, non-plus que ceux qui succedérent à sa Place pendant plus de 80 ans : Et *Phelizot Garnier* est celui auquel il fut donné pour la premiere fois en 1438. *Ibidem, fol.* 36 v°.

Cet Etabliſſement a ſubſiſté juſqu'en 1659 par l'unique motif qui l'avoit attiré. Mais ce motif ceſſant alors au moyen du Reglement qui fut fait, ſuivant lequel il reſta des Gardes en Place d'une année à l'autre, il auroit ſemblé que dès-là le Doyen devenoit inutile. Toutefois ſon Etabliſſement, affermi par un uſage ſi ancien, fut continué & autoriſé par le Reglement même, en ces termes:

*Arrêt du Conſeil Privé du Roy, du 29 Novembre* 1659. „ Le Roy en ſon » Conſeil... a ordonné & ordonne... » que les Six Gardes [ de l'Orféyre» rie de Paris ] éliront pour Doyen » en la maniere accoutumée, l'un de » ceux qui auront paſſé deux fois par » les Charges de Garde, &c. « *Lay.* 13, *cot.* 2. Item, *Rec. p.* 252.

C'eſt ainſi que la Place de Doyen s'eſt perpetuée juſqu'à nous. Mais aucun de ceux qui l'ont ſucceſſivement remplie depuis le commencement, ne s'eſt attribué l'autorité de Garde; parce qu'aucun d'eux n'a jamais eû Serment à Juſtice pour l'exercice d'aucune fonction de Police dans le Corps. Le Titre de Doyen y eſt purement honoraire. Il donne ſeulement à celui qui le porte, la faculté d'entrer plus intimement que les autres Anciens dans l'interieur de l'Adminiſtration par ſes conſeils, dont il doit aider les Gardes toutes les fois qu'il en eſt requis: de porter la Robbe comme eux, & de les préceder tant au Chœur, que dans les Viſites generales & en certaines Ceremonies; de tenir auſſi la premiere Place aux Aſſemblées; de les ouvrir par l'expoſition ſommaire du ſujet de la convocation; & ainſi de quelques autres marques d'honneur qui lui ſont déferées par l'uſage, & dont il jouit durant l'année de ſon Décanat.

On peut ajouter ici, qu'outre ce Doyen *annuel* & électif d'ancienne inſtitution, nous reconnoiſſons encore un Doyen *perpetuel* dans le Corps: Mais ce n'eſt que par un ſimple uſage, même aſſez récent, & qui n'eſt autoriſé d'aucun Reglement public. On ne pourvoit point à cette Place par voye d'Election: Elle eſt dévolue de droit à celui qui ſe trouve à la tête du College des anciens Gardes par le rang d'ancienneté dans l'ordre de leurs Elections; & ainſi, ſa primauté ſeule lui donne cette Place pour l'occuper juſqu'à ce que par ſon décès il la laiſſe à celui qui le ſuit immédiatement dans le même ordre.

Ce Doyen perpetuel, auquel on donne auſſi le nom de *Grand-Doyen*, influe encore moins dans l'Adminiſtration que le Doyen annuel. Ses Prérogatives ſont de même nature, c'eſt-à-dire, purement honoraires, mais plus bornées. Elles conſiſtent ſeulement en ce qu'il a droit de prendre ſéance au-deſſus des Anciens au Chœur, & dans les Aſſemblées; d'opiner le premier dans toutes les Déliberations; de ſigner le premier, celles qui ſont priſes, même de les ſigner ſeul lorſqu'il ne s'y agit que d'affaires courantes & de Diſcipline ordinaire, comme faiſoit avant lui le Doyen annuel; enfin d'être appellé & preſent à la Clôture du Compte, rendu par les Gardes ſortans de Charge, & d'en ſigner l'Arrêté avant les autres Anciens.

# TITRE XI.

## *Des Essais & de la Contre-marque des Ouvrages d'or & d'argent, par les Gardes, dans la Maison commune.*

### ARTICLE PREMIER.

*Assiduité des Gardes au Bureau.*

LES Six Gardes en Charge se rendront assidûment chaque Semaine au Bureau de la Maison commune, & autant de fois qu'il en sera besoin, pour Essayer & Contre-marquer les Ouvrages d'or & d'argent qui se fabriquent à Paris : comme aussi, pour vacquer aux autres Fonctions de leur Charge & Affaires communes du Corps.

### *AUTORITEZ.*

Cette assiduité qui n'est litteralement prescrite par aucun de nos Reglemens, est necessairement supposée par tous ; puisque c'est un devoir que les Gardes ne sçauroient négliger, sans negliger en même tems les plus importantes Fonctions dont ils sont chargez par les mêmes Reglemens, & qui ne peuvent, ni ne doivent, pour la plûpart, être exercées ailleurs que dans la Maison commune. Telles sont celles qui interessent davantage le Public, & qui peuvent moins souffrir de délai, comme l'Essai & la Contre-marque des Ouvrages; & tant d'autres qui se succedent si continuellement dans l'Administration d'un Corps comme le nôtre, qu'on peut bien dire, que la premiere disposition de quiconque est appellé à la Charge, & y veut faire son devoir, doit être de sacrifier le soin de ses propres affaires, pour se livrer tout entier à celles de la Maison commune.

## ARTICLE II.

### *Ouvrages d'or & d'argent essayez en la Maison commune.*

ILs feront les Essais des Ouvrages d'or & d'argent en la Maison commune ; sçavoir : de ceux d'or, à l'Eau forte ; & de ceux d'argent, à la Coupelle, & non autrement : Pourront néanmoins lesdits Gardes, essayer les plus menus Ouvrages d'or aux Touchaux seulement ; attendu que par la délicatesse desdits Ouvrages, & la légereté de leur Poids , ils ne pourroient être essayez autrement.

### *AUTORITEZ.*

Dans les premiers tems on n'avoit pas d'autres moyens pour juger du Titre de l'or & de l'argent, que la *Touche* pour l'un, & la *Rature* pour l'autre. C'étoit de quoi toute l'Antiquité, même la plus éclairée, s'étoit servie. Mais à ces moyens imparfaits il est succedé d'autres Epreuves, dont la certitude & la précision sont infiniment superieures : Sçavoir; la *Coupelle*, pour essayer l'argent par voye d'Affinage avec le Plomb au feu de reverbere ; & l'*Eau forte*, pour essayer l'or par voye de Dissolution ou de Départ. L'une & l'autre Epreuve ayant pour principe de son operation la Fixité de l'or & de l'argent , a pour effet d'emporter tout l'Alliage qui se trouve dans ces Métaux ; & en laissant ainsi leur substance parfaitement épurée, de mettre en état de juger par ce qui resulte de la portion de Matiere mise à ces violentes Epreuves, combien au juste elle tenoit d'Alliage par le Déchet qui y est survenu. Or c'est en effet ce que nous distinguons jusqu'à un quart de Grain de Fin pour l'argent , & un Trente-deuxiéme de Karat de Fin pour l'or : Précision dont la Rature & la Touche n'ont jamais approché.

L'Essai à la Coupelle fut inventé sous Philippe-le-Bel, vers l'an 1300, peu après que le Titre de nos Ouvrages d'argent eut été amélioré, & porté où il est toujours demeuré depuis dans l'Orfévrerie de Paris. Cette excellente maniere d'essayer l'argent, paroît avoir été portée d'abord à sa perfection. Car on voit par nos Registres du même siécle, que dans les Rapports des Essais que les Gardes faisoient en notre Maison commune, ils distinguoient comme nous, non-seulement les Deniers , les Grains & Demi-Grains de Fin , mais qu'ils portoient en effet la précision, jusqu'à distinguer aussi le Quart de Grain de Fin, qui est le dernier degré où nous ayions moralement pû jusqu'ici descendre. *Anc. Regist. fol.* 3, 12, *v°.* 23, *&c.*

Il y avoit donc long-tems que la pratique d'essayer ainsi les Ouvrages d'argent, étoit introduite dans l'Orfévrerie de Paris, lorsque Louis XII. en fit une Loi pour tous les Orfévres du Royaume par le VIII^e. ART. de son Ordonnance du 22 Novembre 1506. *Feront*, dit-il, *les Essais desdits Ouvrages à la Coupelle, & non autrement. Layet.* 1, *cott.* 5, *& Rec. pag.* 24. Mais ce n'est pas le seul point de Police, qui étant d'abord pratiqué par les Orfévres de Paris, ait passé ensuite chez ceux des autres Villes.

Si l'or ne tenoit jamais que de cuivre, on auroit fait aussi-tôt usage de la Coupelle pour l'or, comme pour l'argent, puisqu'elle exhâle infailliblement cet Alliage volatil par son operation d'affinage au plomb. Mais comme l'or est presque toujours allayé d'argent, qui de sa nature est fixe comme lui, cette operation n'a jamais suffi pour essayer l'or. Il a fallu découvrir le moyen d'en séparer l'argent par voye de Départ ou de Dissolution sans le dissoudre lui-même, en sorte que la portion d'or mise au Départ demeurât en son entier, tandis que son alliage d'argent se précipiteroit. Or, c'est ce que l'Eau-forte fait excellemment; mais c'est ce qui ne fut découvert, ou du moins mis en usage que plus de deux cens ans après la Coupelle : Car les premieres experiences que nous trouvions en avoir été faites à Paris, ne sont que de l'an 1518, sous François I. & nous observerons encore, que ce fut précisément en ce tems-là, que le Titre de nos Ouvrages d'or fut porté à vingt-deux Karats de Fin, au lieu de Dix-neuf Karats un Quint qu'il étoit auparavant. De sorte qu'il semble que les deux excellentes manieres d'essayer l'or & l'argent, successivement découvertes, ayent été en leur tems, ou la cause, ou l'effet de l'amélioration des Titres de nos Ouvrages.

On continua toutefois encore assez long-tems à se servir de l'Essai à la Touche, même dans notre Maison commune, où il y avoit toujours eû bon nombre de Touchaux, de tous Titres allayez, tant sur le Blanc, que sur le Rouge, de huitiéme en huitiéme de Karat, pour juger, par comparaison au Titre connu de ces Touchaux, de celui des Ouvrages Touchez : *Voyez le compte rendu en* 1502, *& autres*, & nous trouvons que cette operation se faisoit dans une Chambre particuliere, qui s'appelloit le *Touchouer*, differente de celle *des Essais* à la Coupelle.

On n'usoit donc encore qu'assez rarement de l'Essai à l'Eau-forte, sans doute à cause des frais qu'il attire : Car ce fut la raison pourquoi François I. dans son Edit du mois de Septembre 1543, voulut qu'on ne s'en servît que lorsqu'il surviendroit du differend sur le Titre des Ouvrages d'or essayez à la Touche. Le XII^e. ART. de cet Edit, porte : *Et pour connoître l'Alloy desdits Ouvrages, ordonnons que l'Essai s'en fera à la Touche : & s'il se trouve aucun differend, ledit Essai se pourra faire à l'Eau-forte. Lay.* 1, *cot.* 10, *& Rec. p.* 47.

Mais ce qui fut peu en usage pour lors, & même pendant assez long-tems après, est devenu fort frequent par la suite ; en sorte qu'il ne nous est plus permis aujourd'ui de nous servir du Touchau, sinon pour les menus Ouvrages qui ne peuvent être essayez à l'Eau-forte. C'est la Disposition du VII^e^. ART. de la Déclaration du Roy du 23 Novembre 1721, où après avoir ordonné que tous les Ouvrages d'or, sans exception, seront essayez au Bureau, comme il se pratique pour ceux d'argent, il est dit : *Et quant aux menus Ouvrages d'or qui ne pourront souffrir les Essais à la Coupelle* [ *& à l'Eau-forte* ] *ils seront* seulement *essayez aux Touchaux. Layette* 3, bis, *cot.* 12.

Tels sont les differens Essais que les Gardes de l'Orfévrerie sont chargez de faire par les Ordonnances. Ils ont de tout tems vacqué à cette operation en certains jours de la Semaine dans la Maison commune : Et depuis plus de deux cens ans, c'est le Mardy & le Vendredy, à moins que cet ordre ne soit empêché par l'échéance des Fêtes ; auquel cas ils indiquent d'autres jours, dont la Communauté est avertie par le Clerc.

Dans les dernieres Guerres du Regne de Louis XIV. la fonction d'essayer ainsi les Ouvrages d'or & d'argent en notre Bureau, fut érigée en Titre d'Office : Mais ces Offices furent aussi-tôt réunis au Corps ; & dans l'Edit qui les supprime, ce Prince en marque les motifs, & confirme nos Gardes dans leur ancienne possession, en ces termes :

*Edit de Louis XIV. à Versailles, au mois de Janvier* 1708. „ Etant informez que les Maîtres & Gardes [ de l'Orfévrerie de Paris ] sont en possession depuis plus de trois cens ans [ on auroit bien pû dire davantage ] de faire les Essais de tous les Ouvrages d'Orfévrerie qui se frabriquent par les Maîtres de leur Communauté ; qu'ainsi s'en étant toujours acquitez avec beaucoup d'exactitude & de fidelité, l'on ne pourroit pas confier en des mains plus sûres des fonctions aussi importantes, Nous avons crû qu'il étoit de notre interêt, & de celui du Public, de supprimer lesdits Offices d'Essayeurs ... & de maintenir les Maîtres & Gardes de la Communauté des Orfévres de Paris, dans les Fonctions d'Essayeurs telles qu'ils les ont [ toujours ] exercées .... A ces causes, & autres, à ce Nous mouvans ... Nous avons par le present Edit, perpetuel & irrévocable, éteint & supprimé, ... en tant que besoin seroit les deux Offices de nos Conseillers Essayeurs, créez par notre Edit du mois de Janvier 1705, pour la Maison commune des Orfévres de notre bonne Ville de Paris, & réunis par l'Edit du mois de Juin de ladite année à leur Corps & Communauté .... Maintenons les Maîtres & Gardes de ladite Communauté des Orfévres de notre bonne Ville de Paris, dans les Fonctions de faire l'Essai des Ouvrages d'or & d'argent qui seront fabriquez par les Maîtres de leur Communauté, ainsi qu'ils avoient coutume de faire avant l'Edit du mois de Janvier 1705, &c. « Ils furent de nouveau confirmez dans les mêmes Fonctions par Déclaration du 26 May 1714. *Archiv. de l'Orf.*

## ARTICLE III.

### *Ouvrages jugez hors des Remedes, rompus.*

DANS l'operation des Essais, & le jugement des Titres, lesdits Gardes apporteront toute l'exactitude & la rigueur que l'importance de cette Fonction demande d'eux : En conséquence, tous les Ouvrages qu'ils trouveront hors des Remedes portez par les Ordonnances, seront cizaillez & rompus.

### *AUTORITEZ.*

C'est cette exactitude & cette rigueur qui ont établi d'abord, & maintenu ensuite dans tous les tems, la réputation des Ouvrages d'Orfévrerie du Poinçon de Paris. *De tout tems & ancienneté*, disoit Charles IX. dans des Lettres Patentes du 16 Avril 1564, *les Ouvrages d'Orfévrerie qui se font en cette Ville de Paris, ont toujours eu le bruit & réputation, comme il ont encore de present, d'être loyaux & marchands, au moyen de la bonne police observée & gardée par les Maîtres & Gardes de ladite Orfévrerie : De façon*, ajoute-t-il, *que beaucoup d'Etrangers sont fort curieux de venir recouvrer desdits Ouvrages.* Lay. 1, cot. 15. *Item*, Rec. p. 81.

On doit, sans doute, à la religion du Serment & aux sentimens d'honneur des Gardes, cette exactitude qui ne s'est jamais démentie, & cette *bonne Police* qu'ils ont toujours gardée dans l'operation de l'Essai & le jugement du Titre des Ouvrages d'Orfévrerie. Mais leur interêt personnel & leur propre sureté, y ont aussi toujours concouru.

Louis XII. dans son Ordonnance du 22 Novembre 1506, ART. XII. veut, comme nous l'avons vû, que chacun d'eux *réponde de l'Ouvrage de son tems*, c'est-à-dire, de la bonté du Titre des Ouvrages qu'ils contremarquent dans le cours de leur Exercice ; & c'est la raison pourquoi il ordonne en même tems, que leur Contre-poinçon sera changé à mesure qu'ils seront changez eux-mêmes pour laisser la Place à d'autres. *Recueil, pag.* 24.

De plus, par l'ART. VII. de l'Edit du mois de Mars 1554, Henry II. *enjoint très-expressément à tous Gardes & Jurez de l'Orfévrerie*, en faisant leurs Essais, *de ne laisser passer aucun Ouvrage d'or ou d'argent, s'il n'est à la Loi prescrite ;* les menaçant même en ce cas, *de punition corporelle & d'amende arbitraire.* Ibid. p. 67.

Il ne leur reste donc d'autre parti à prendre lorsqu'ils trouvent des Ouvrages

vrages hors des Remedes, sinon de les rompre. *En cas qu'il s'y en trouve qui ne soient point au Titre*, dit un Edit de Louis XIV. du mois de Janvier 1708, *ils seront tenus de cizailler* & rompre *lesdites Vaisselles*, *& autres Ouvrages d'or & d'argent*. La même chose leur est ordonnée par la Déclaration du 23 Novembre 1721, à l'égard même des plus menus Ouvrages d'or qui ne peuvent être essayez qu'aux Touchaux, lorsqu'ils ne seront pas jugez être au Titre. *Layette* 3, bis, *cotte* 12.

Telles ont toujours été & les obligations & la pratique des Gardes de l'Orfévrerie dans l'operation de l'Essai & le jugement du Titre des Ouvrages d'or & d'argent pour la conservation de la pureté de ce Titre dans tous les tems. C'est ce que le Roy a résumé dans le Préambule de sa Déclaration du 4 Janvier 1724, en ces termes: „ Les Rois „ nos Prédecesseurs .... ont toujours „ porté une attention particuliere à „ regler par leurs Ordonnances, une „ bonne Police sur le fait des Ou„ vrages d'or & d'argent qui se fa„ briquent dans notre Royaume. Ils „ ont établi des Maîtres & Gardes „ des Marchands Orfévres dans „ toutes les Villes où il y a Jurande, „ pour veiller à ce que ces Ouvra„ ges fussent au degré de bonté [ ne„ cessaire ] par les Epreuves à la „ Coupelle [ & à l'Eau-forte ] de „ chacune Piece [ d'Ouvrage ] d'or „ & d'argent qui se fabrique, parti„ culierement en notre bonne Ville „ de Paris; le Poinçon appellé de la „ Maison commune, ne s'appliquant „ que sur les Matieres qui se trouvent „ au Titre & dans les Remedes prescrits par les Ordonnances: Et lorsque les Ouvrages ne se trouvent " pas avoir le degré de perfection " [ du Titre requis, ] les Maîtres & " Gardes, après en avoir fait l'Essai " en leur Maison commune, les rompent & les difforment, &c. " *Archiv. de l'Orf. Layette* 3, bis, *cotte* 19.

Nous n'en venons toutefois à cette Rupture des Ouvrages, toujours dommageable aux Maîtres à qui ils appartiennent, qu'après avoir préalablement pris les mesures necessaires pour se convaincre du foiblage réel de leur Titre. Or, nous employons pour cela deux moyens; l'un general & propre à s'assurer si l'operation des Essais de toute la Fournée, a été bien faite; l'autre est particulier, & regarde seulement ceux des Essais, dont le Rapport se trouve hors des Remedes.

Comme l'activité du feu peut devenir plus ou moins grande à raison des diverses dispositions de l'air, & que cette varieté feroit douter de l'exactitude des Essais à la Coupelle; nous avons toujours dans le Bureau, une lame d'argent, dont le Titre est parfaitement connu pour avoir été essayée à plusieurs reprises; de laquelle on coupe & trebuche un nombre d'Essais qu'on dispose de distance en distance parmi les autres dans le Fourneau. Et c'est par le Rapport, different ou unanime, du Titre connu de ces Essais ausquels nous donnons le nom de Guides, que nous jugeons après l'operation, si le feu a, ou n'a point varié, & si l'on peut compter sur l'exactitude de la Fournée.

Ce premier moyen employé, il sembleroit que ceux des Essais d'argent qui sont trouvez hors des Remedes pourroient être jugez en cet état. Mais nous en avons toujours employé un second que nous appellons Reprise, tant pour les Ouvrages d'or, que pour ceux d'argent; c'est-à-dire, que nous réiterons une seconde operation, soit à l'Eau-forte, soit à la Coupelle à l'égard de ces Essais douteux ; après quoi, s'ils ne reviennent point, leur Foiblage est constaté, & les Ouvrages sont rompus.

## ARTICLE IV.

### *Ouvrages jugez au Titre, Contre-marquez.*

Les Ouvrages jugez au Titre par lesdits Gardes, seront par eux Contre-marquez en lieu visible, & le plus près que faire se pourra, de l'Empreinte du Poinçon du Maître étant sur lesdits Ouvrages : Et ce, en la presence du Fermier des droits de Marque sur l'or & l'argent; lequel representera à cet effet, toutes & quantes fois, sa Clef du Coffre qui renferme la Cassette où les Poinçons de Contre-marque sont déposez.

### *AUTORITEZ.*

Les Gardes de l'Orfévrerie qui ont toujours été les seuls Dépositaires du Poinçon de Contre-marque depuis l'origine de ce Poinçon, ont aussi toujours été seuls en droit d'en Contre-marquer les Ouvrages d'Orfévrerie dans toute la suite des tems, comme il paroît par les Autoritez suivantes qui reglent la maniere dont ils doivent s'acquitter de cette Fonction.

*Ordonnance de Louis XII. à Blois, le 22 Novembre 1506.* Art. xi. „ Les Maîtres [ & Gardes ] du Mê„ tier d'Orfévrerie, marqueront de „ leur Contre-poinçon, les Ou„ vrages des Orfévres devant qu'ils soient délivrez, après qu'ils en au-" ront fait Essai, & qu'ils auront été " Poinçonnez de l'Orfévre particu-" lier. " *Layette* 1, *cotte* 5. Item, *Recueil des Ord. pag.* 24.

*Déclaration de Louis XII. à Lyon, le 14 Juin 1510.* „ Toute maniere " de Vaisselle d'argent.... avant que " d'en faire la délivrance, sera mar-" quée par les Maîtres Jurez [ & " Gardes de l'Orfévrerie ] des deux " Poinçons, puis aucun tems cor-" rigez, [ c'est-à-dire, le Poinçon " du Maître & le Poinçon de Contremarque, l'un & l'autre renouvellez depuis peu en 1506 ] en en-" suivant l'Ordonnance sur ce der-"

„niereement faite. “ *Layette* idem, *cotte* 6, *& Rec. page* 29.

*Reglement general du* 30 *Décembre* 1679. ART. XII. „Les Maîtres Orfé-„ vres [de la Ville de Paris] feront te-„ nus de marquer de leurs Poinçons „ & de faire Contre-marquer [par „ les Gardes] du Poinçon commun „ en lieu visible, le plus près l'un „ de l'autre que faire se pourra, tous „ les Ouvrages d'or & d'argent; & „ ce tant au corps, qu'aux princi-„ pales Pieces d'applique, &c. “ *Layette* idem, *cotte* 42, *& Recueil des Ordonn. pag.* 183, 184.

*Ordonnance de Louis XIV. du* 22 *Juillet* 1681, *Titre des droits de Marque sur l'or & l'argent.* ART. IV. „ Défendons aux Jurez & Gardes „ [de l'Orfévrerie] ...... d'ap-„ pliquer leur Poinçon sur aucun „ Ouvrage, qu'en presence du Fer-„ mier de nos Droits; à peine de „ tous dépens, dommages & in-„ terêts, &c. “

*Arrêt du Conseil d'Etat du Roy, du* 7 *Août* 1685. „ Le Roy étant en « son Conseil a ordonné & ordonne “ que les Clefs [du Coffre qui ren- “ ferme la Cassette où sont les Poin-çons de Contre-marque dans la Maison commune] seront repre- “ sentées par ledit Fermier, tous les “ jours de Marque, ainsi que par le “ passé. “ *Layette* 26, *cotte* 21.

*Déclaration du Roy, du* 23 *Novembre* 1721. ART. VII. „ Tous les “ Ouvrages d'or seront marquez du “ Poinçon du Maître qui les aura fa- “ briquez; & essayez & marquez “ par les Jurez Gardes aux Bureaux “ des Maisons communes des Orfé- “ vres, ainsi qu'il se pratique pour “ les Ouvrages d'argent. “ *Layette* 3, bis, *cotte* 12.

*Même Déclaration.* ART. IX. „ Défendons aux Jurez-Gardes ... « d'appliquer aucuns Poinçons sur « lesdits Ouvrages d'or... qu'en pre- « sence du Fermier de nos droits ... « à peine de tous dépens, domma- « ges & interêts, &c. “ *Layette* 3, bis, *cotte* 12.

## ARTICLE V.

### *Ouvrages prohibez ne seront Contre-marquez.*

NE pourront lesdits Maîtres & Gardes de l'Orfévrerie apposer leur Poinçon de Contre-marque sur aucuns des Ouvrages d'or & d'argent, dont la Fabrication est défendue : Et ce, sur les peines portées par les Edits & Déclaration du Roy qui défendent la Fabrication desdits Ouvrages.

## *AUTORITEZ.*

*Edit de Louis XIV. à Verſailles, au mois de Mars* 1700. „ Défendons „ aux Maîtres & Gardes des Orfé- „ vres, Eſſayeurs, & à notre Fer- „ mier de la Marque de l'or & de „ l'argent, d'appoſer auſdits Ou- „ vrages [ dont la Fabrication eſt „ prohibée par le preſent Edit ] au- „ cuns de leurs Poinçons ; à peine „ d'être condamnez ſolidairement „ en l'amende de trois mille livres ; „ & en outre à l'égard deſdits Or- „ févres, d'être déchus de la Mai- „ triſe. " *Archiv. de l'Orfév. Layet.* 3, bis, *cotte* 3.

*Déclaration du Roy, du* 23 *Novembre* 1721. ART. III. „ Defen- „ dons aux Maîtres & Gardes des „ Orfévres, & à notre Fermier de „ la Marque d'or & d'argent, d'ap- poſer aux Ouvrages excedans leſ- „ dits poids [ fixez par la preſente „ Déclaration ] aucuns de leurs Poin- „ çons ; à peine d'être condamnez „ ſolidairement en l'amende de trois „ mille livres, & de déchéance de „ la Maitriſe à l'égard deſdits Maîtres „ & Gardes des Orfévres. „ Ibidem, *cotte* 12.

Lors donc qu'il ſe fabrique quelques-uns de ces Ouvrages prohibez, ce ne peut jamais être qu'en vertu d'une Permiſſion expreſſe du Roy : Alors ils ſont eſſayez & Contre-marquez ſans difficulté. Mais pour cela, il faut préalablement repreſenter aux Gardes la Permiſſion, & leur en laiſſer Copie collationnée en bonne forme ; laquelle eſt gardée dans le Bureau pour leur décharge.

## ARTICLE VI.

### *Fermier ne déchargera Ouvrages non Contre-marquez.*

INHIBITIONS & défenſes ſont faites au Fermier de la Marque ſur l'or & l'argent, ſes Commis & Prépoſez, d'appliquer ſon Poinçon, appellé de Décharge, ſur aucuns Ouvrages, que préalablement le Poinçon de Contre-marque de la Maiſon commune n'y ait été appoſé par les Gardes ; à peine de trois mille livres d'amende pour chacune contravention.

## *AUTORITEZ.*

La bonté du Titre des Ouvrages d'or & d'argent, n'eſt ni annoncée, ni garantie par l'Empreinte du Poinçon de la Ferme. Il n'y a que celle du Poinçon de la Maison commune qui fasse cet effet ; & telle est la différence entre ce Poinçon de Contrôle & le Poinçon de Paris. Or, le Public, qui n'est pas toujours à portée de distinguer ces Poinçons, pourroit prendre l'un pour l'autre, s'il étoit permis au Fermier d'appliquer le sien sur un Ouvrage, indépendemment de celui qui en doit constater la bonté. Mais cet inconvenient ne peut avoir lieu en gardant les défenses que le Roy a faites là-dessus, en ces termes :

*Lettres Patentes du 3 Juin 1723, sur Arrêt du 3 May précedent.* ,, Par ,, ces Presentes signées de notre ,, main, faisons très-expresses inhi- ,, bitions & défenses à notre Fermier du droit de la Marque sur l'or & " l'argent, ses Commis & Prépofez, " d'apposer aux Ouvrages qui leur se- " ront presentez, le Poinçon appellé " le Poinçon de Décharge, que celui " de la Maison commune des Orfé- " vres n'ait été préalablement appo- " sé ; à peine de trois mille livres " d'amende pour chaque contraven- " tion, applicable, moitié à notre " profit, & l'autre moitié au profit " de l'Hôpital general. " *Layette* 3, bis, *cotte* 17.

Il n'est parlé ici que du Poinçon de *Décharge* du Fermier, & non de celui de *Charge*, parce que c'est ce Poinçon qui se met le dernier sur les Ouvrages lorsqu'on en paye les Droits, & que sans lui ils ne peuvent être exposez en vente.

## ARTICLE VII.

### *Poinçon de Contre-marque constate le Titre des Ouvrages.*

LEs vieux Ouvrages marquez dudit Poinçon de la Maison commune qui pour défaut de payement du droit de revente d'iceux, viendroient à être saisis par ledit Fermier, ne pourront être portez en la Cour des Monoyes, ni leur Titre y être jugé ; attendu que le Titre desdits Ouvrages est connu & constaté par l'Empreinte dudit Poinçon.

### *AUTORITEZ.*

L'Article XI. de la Déclaration du Roy du 23 Novembre 1721, avoit ordonné que tous les Ouvrages saisis en contravention des droits de la Ferme, seroient portez à la Cour des Monoyes pour y être essayez, & le Titre jugé suivant l'Ordonnance. Mais comme cette Disposition n'exceptoit point les vieux Ouvrages saisis qui se trouveroient marquez du Poinçon de la Maiſon commune, il fut repreſenté que le Titre de ces Ouvrages étant certain par l'eſſai que les Gardes en avoient fait, & garenti par l'Empreinte de ce Poinçon, il étoit *abſolument inutile* que leur Titre fût de nouveau jugé en la Cour des Monoyes. Surquoi le Conſeil donna Arrêt pour l'execution duquel des Lettres Patentes de cette teneur furent expediées, & enſuite regiſtrées en la Cour des Monoyes.

*Lettres Patentes du* 28 *Juin* 1722, *ſur Arrêt du* 15 *May précedent.* „ Nous avons déclaré, & par ces Preſentes ſignées de notre main, déclarons n'avoir entendu comprendre dans l'ART. XI. de notre Déclaration du mois de Novembre dernier, les Ouvrages marquez du Poinçon de la Maiſon commune des Orfévres.... ce faiſant, ordonnons, en interprêtant en tant que beſoin ledit Article, que les ſeuls Ouvrages ſaiſis, qui ne ſe trouveront pas marquez du Poinçon de la Maiſon commune.... ſeront ſujets à être portez au Greffe de la Cour des Monoyes." *Layette* 3, bis, *cotte* 14.

## ARTICLE VIII.

### *Poinçon de Contre-marque inviolable.*

ET d'autant que ce Poinçon de Contre-marque établit la foi publique, & qu'il eſt le garant de la bonté du Titre des Ouvrages qui portent ſon Empreinte, ceux & celles qui calqueront, contretireront, ou autrement contre-feront ledit Poinçon, ou qui s'en ſerviront pour une fauſſe Marque, ſeront condamnez à faire amende honorable, & à être pendus & étranglez.

### *AUTORITEZ.*

Les motifs de cette formidable Loi, ſont diſertement exprimez par le Titre même qui la fulmine, en ces termes, dont partie a déja été rapportée en parlant de la neceſſité de rompre les Ouvrages trouvez hors des Remedes.

*Déclaration du Roy, du* 4 *Janvier* 1724, *regiſtrée en la Cour des Monoyes & en celle des Aydes : PRÉAMBULE.* „ Les Rois nos Prédeceſſeurs ont voulu que le crime de Faux fût puni de mort; & ils ont toujours porté une attention particuliere à regler par leurs Ordonnances une bonne Police ſur le fait des Ouvrages d'or & d'argent qui

„ se fabriquent dans notre Royaume. „ Ils ont établi des Maîtres & Gardes des Marchands Orfévres dans „ toutes les Villes où il y a Jurande, „ pour veiller à ce que ces Ouvrages „ fussent au degré de bonté par les „ épreuves à la Coupelle de chacune „ des Pieces [ d'ouvrage ] d'or ou „ d'argent qui se fabrique, particu- „ lierement dans notre bonne Ville „ de Paris ; le POINÇON, appellé „ DE LA MAISON COMMUNE, ne „ s'appliquant que sur les Matieres „ qui se trouvent au Titre & dans les „ Remedes prescrits par les Ordon- „ nances ; & lorsque les Ouvrages „ ne se trouvent pas avoir le degré „ de perfection [ requis ], les Maî- „ tres & Gardes, après en avoir fait „ l'essai en leur Maison commune, „ les rompent & les difforment : En „ sorte que, C'EST CE POINÇON QUI „ E'TABLIT LA FOI PUBLIQUE, ET „ QUI EST LE GARANT DE LA BON- „ TE' INTERIEURE DES MATIERES.

„ Une Police si sagement établie, „ *continuë Sa Majesté*, Nous oblige „ pour l'interêt de nos Sujets, & „ de ceux des Princes & Etats qui „ commercent dans notre Royau- „ me, non-seulement de la maintenir, mais encore d'ajouter de « nouvelles précautions pour préve- « nir les abus qui pourroient s'in- « troduire sur cette matiere, en im- « posant contre ceux & celles qui se- « ront convaincus d'avoir contrefait « en quelque maniere que ce soit, « tant le Poinçon de Paris, que celui « des autres Villes de notre Royau- « me .... ou de s'être servis desdits « Poinçons ..... contrefaits, & en « avoir marqué les Ouvrages, des « mêmes peines prononcées par nos « Ordonnances contre les Faux-Mo- « noyeurs ... A ces causes &c. Nous « avons dit & déclaré, & par ces Pre- » sentes signées de notre main, di- « sons, déclarons, voulons & Nous « plaît :

*ARTICLE I.* » Que tous ceux « & celles qui calqueront, contre- « tireront, ou autrement contrefe- « ront le Poinçon de Paris, celui de « Lyon, &c. ou qui s'en serviront « pour une fausse Marque, soient « condamnez à faire amende hono- « rable aux Portes de la principale « Eglise & de la Jurisdiction du lieu « où la fausseté aura été découverte, « & [ à ] être pendus & étranglez. « *Layette* 3, bis, *cotte* 19.

# TITRE XII.

## *De la Visite & Inspection des Maîtres & Gardes de l'Orfévrerie-Joyaillerie de Paris.*

### ARTICLE PREMIER.

*Visite des Gardes dans le Corps.*

LEs Maîtres & Gardes feront leurs Visites ès Maisons & Boutiques de tous les Maîtres & Marchands du Corps, & leurs Veuves, sans exception, pour le maintien de la Police & l'observation des Reglemens : Et pourront lesdits Gardes, prendre & emporter en leur Bureau, toutes les Pieces ou Garnisons d'Ouvrages qu'ils jugeront à propos, pour en être fait Essai; à l'effet d'être rendues ou saisies selon la bonté ou défectuosité de leur Titre : lequel Essai sera fait dans trois jours après la prise, s'il n'y a empêchement légitime.

### *AUTORITEZ.*

*Ordonnance de Charles V. à Paris, au mois de Mars* 1378. „Les Prudhommes [ou Gardes de l'Orfévrerie de Paris] visiteront les Oeuvres dudit Mestier, & en feront „comme ils ont accoutumé duement „en tems passé. " *Layette* 1, *cotte* 2. Item, *Recueil*, *pag.* 13.

*Edit de François I. à Sainte Menehoud, au mois de Septembre* 1543. Art. v. „Laquelle Visitation sera " faite, quant aux Orfévres [de Paris].... par les Maîtres Jurez [& " Gardes] du fait d'Orfévrerie en " icelle notredite Ville en la maniere " accoutumée. " Ibid. *cotte* 10, *& Recueil des Ord. pag.* 45.

*Lettres en forme de Déclaration de Henry*

*Henry II. à Fontainebleau, le* 14 *Janvier* 1549. „ Lesdits Maîtres Ju„ rez & Gardes dudit Mestier de „ l'Orfévrerie de la Ville de Paris, „ feront leurs Visitations en la ma„ niere accoutumée. " Ibidem, *cotte* 12, *& Recueil, pag.* 59.

Cette *maniere accoutumée* de proceder par les Gardes à la Visite chez les Orfévres, & à laquelle la suite des Ordonnances rappelle toujours, se voit clairement dans nos Registres du tems. Elle consistoit alors, comme aujourd'hui, principalement en ce que, sans assistance d'Officiers de Justice, les Gardes se transportoient chez leurs Confreres aussi souvent qu'ils le jugeoient à propos, pour visiter leurs Marchandises & Ouvrages; & que là, sans dresser aucun Procès verbal de leurs Prises, ils emportoient celles des Pieces ou Garnisons d'Ouvrages qu'ils pouvoient soupçonner de malversation au Titre; ou même sans aucun soupçon, & simplement pour s'assurer si la fidelité étoit gardée dans l'emploi des Matieres. C'est dequoi ils jugeoient à leur retour au Bureau par l'Essai qu'ils faisoient de ces Prises ou *Gages*, comme nous les appellons encore; & selon le Rapport, bon ou mauvais qui en resultoit, elles étoient ou rendues, ou saisies: En quoi l'on voit la raison pourquoi il ne se dresse point de Procès verbal lors de la Prise de ces sortes de Gages, mais seulement après que le foiblage de leur Titre a été reconnu par l'Essai; puisque ce foiblage ne peut se découvrir à l'œil, & que d'ailleurs, de vingt Prises qui se feront en une Visite, il ne s'en trouve souvent pas une seule qui soit reprehensible & dans le cas d'être saisie.

Comme les Gardes ont toujours été dans l'usage de ne prendre gueres qu'une, ou peu de Pieces de Garnisons d'une même espece en chaque Boutique, & seulement pour éprouver si chacun est exact à son devoir; leur coutume étoit aussi de se faire representer tout ce qu'ils en avoient laissé lorsque le Gage ou échantillon, enlevé d'abord, étoit jugé défectueux & dans le cas d'être déferé en Justice: Mais souvent il ne se trouvoit plus rien, lorsqu'ils retournoient: Tout étoit détourné; ou on leur disoit que l'Ouvrage étoit fini & livré. C'est de quoi ils commencerent à s'appercevoir plus frequemment en 1570. Ils s'en plaignirent à la Cour des Monoyes, laquelle, sur les Conclusions du Procureur General du Roy, leur accorda l'Arrêt, dont la teneur s'ensuit:

*Arrêt de la Cour des Monoyes rendu en forme de Reglement, le* 17 *Avril* 1570. „ La Cour a permis & per- " met ausdits Maîtres Jurez & Gardes " de l'Orfévrerie de cette Ville de " Paris, en faisant leurs Visitations, " tant ordinaires qu'extraordinaires, " de saisir & arrêter entre les mains " des Orfévres qu'ils trouveront be- " songnant, tout l'Ouvrage qu'ils " trouveront commencé ou fait, jus- " qu'à ce qu'ils ayent fait essai de la " Prise qu'ils en font; & feront dé- " fenses ausdits Orfévres qui seront " trouvez saisis, de rendre lesdits " Ouvrages, & eux en dessaisir jus- " qu'après ledit Essai fait, & que les- " dits Jurez seront retournez par de- " vers eux, ou qu'ils les auront man- " dez venir en l'Hôtel du Mestier " pour entendre d'eux s'ils sont bons "

» ou mauvais ; sur peine de confiscation &c. Et néanmoins ladite Cour » enjoint ausdits Jurez & Gardes de » faire leurs Essais le plutôt qu'il leur » sera possible, & dedans trois jours » pour le plûtard, s'il n'y avoit empêchement légitime. Et ordonne » la Cour que lesdits Jurez feront » assembler en leurdit Hôtel du Mestier par leur Clerc, tous les Maîtres Orfévres de cette Ville de Paris, ausquels ils feront entendre » le present Arrêt, à ce qu'ils n'en » prétendent cause d'ignorance; dont » ils certifieront ladite Cour dans un » mois &c. *Layette* 23, *cotte* 10, & *Recueil*, *pag.* 1037.

Nous ne trouvons pas qu'on ait fait grand usage de cette Permission de saisir & arrêter ainsi entre les mains du Maître, les Pieces qui lui restoient jusqu'à ce que l'Essai de celles qu'on lui avoit prises fût fait. Mais cet Arrêt fait voir d'ailleurs, ce que nous avons dit d'après nos Registres, que dans les Visites des Gardes chez les Orfévres, ils faisoient toujours leurs Prises sans aucune formalité ; & qu'ils ne commençoient d'en observer qu'après avoir préalablement constaté par l'Essai la défectuosité du Titre. Car ce n'étoit qu'alors qu'ils dressoient leur Procès verbal de la contravention pour en être fait rapport en Justice : Et tel est encore aujourd'hui notre Usage.

Les mêmes Registres font voir que cette Visite des Gardes dans le Corps a toujours dû être faite chez tous les Maîtres & les Veuves sans exception. Quelques plaintes ayant été portées dans une Assemblée tenue le 29 Août 1598, que les anciens Gardes n'étoient pas visitez comme les autres, on pourvut aussi-tôt à cet abus, & il fut unanimement arrêté que les Gardes les visiteroient sans distinction. 1r. *Regist. des Délib. fol.* 110. Ce Resultat fut si bien observé par la suite, que nous trouvons des anciens Gardes, non-seulement Visitez, mais saisis, & dont les saisies ont été portées à la Cour des Monoyes. *Recueil MS. to.* 2, *fol.* 713 v°. Cette Visite sans exception, toujours sousentendue, sans doute, dans toutes les Ordonnances, mais non exprimées dans aucune, le fut en 1679, comme il s'ensuit.

*Reglement general du* 30 *Décembre* 1679. Art. xxi. » Continueront « lesdits Gardes de l'Orfévrerie leurs « Visites ès Maisons & Boutiques de « tous les Maîtres Orfévres, & leurs « Veuves, sans exception, en la maniere, & ainsi qu'il leur est enjoint « par les Reglemens. « *Layette* 1, *cotte* 42. Item, *Rec. impr. p.* 186.

C'est dans cette fonction, si essentiellement necessaire au maintien de la Police dans le Corps, que nos Gardes ont été confirmez depuis en ces termes :

*Lettres Patentes de Louis XIV. du* 26 *May* 1714. » Par ces Presentes « signées de notre main.... confirmons les Gardes de l'Orfévrerie « [de Paris] dans les Fonctions de « Visites generales & particulieres « sur leur Corps & Communauté, « pour y faire observer par chaque « Maître les Ordonnances & Reglemens de l'Orfévrerie dans lesquels « Nous les maintenons. « *Archiv.*

Nous ne devons pas omettre ici

que Louis XIII. ayant créé un Prevôt General des Monoyes en 1636, cet Officier se crut en droit de faire des Visites chez les Orfévres de Paris. Mais ses prétentions ayant d'abord été sursises par un Arrêt du Conseil en 1637, il en a été totalement déchu depuis, comme il paroît par les Autoritez suivantes.

*Arrêt du Conseil d'Etat du Roy, du 19 Janvier 1641.* » Veut & entend » Sa Majesté que le Prevôt des Mo- » noyes créé & établi par son Edit » du mois de Juin 1635 ne puisse en- » treprendre de faire Visite, ni re- » cherche ès Maisons des particuliers » Orfévres, à peine d'en répondre » en son propre & privé nom, & de » tous dommages & interêts des Par- » ties, & de plus grande s'il y échet.« *Layette 3, cotte* 41. Item, *Rec. p.* 1069.

*Arrêt de la Cour des Monoyes, du 19 Novembre 1696.* » La Cour fait défenses aux Officiers de la Pre- « vôté generale des Monoyes de « faire aucunes Visites chez les Mar- « chands & Ouvriers travaillans en « or & en argent dans la Ville & « Fauxbourgs de Paris; à peine d'in- « terdiction, de nullité, de mille li- « vres d'amende, & de tous dépens, « dommages & interêts. « *Layette 24, cotte* 63.

La raison de ces Défenses est que le Prevôt, ni aucun autre Officier de la Prevôté generale des Monoyes, n'a nulle Jurisdiction dans Paris, à cause de la presence de la Cour; laquelle a l'inspection & Jurisdiction immediate sur les Orfévres de cette Ville en tout ce qui est de sa compétence.

## ARTICLE II.

### *Visites des Gardes hors du Corps.*

VEILLERONT en outre lesdits Gardes à ce que nul n'entreprenne sur les Droits du Corps: Et à cet effet, ils Visiteront diligemment les Marchands Merciers-Joyailliers; les Maîtres Lapidaires, Fourbisseurs, Fondeurs, Boutonniers & autres, qui de droit, ou sans qualité, trafiquent ou fabriquent quelques Ouvrages d'Orfévrerie & de Joyaillerie dans la Ville de Paris.

### *AUTORITEZ.*

Le droit de visiter ainsi tous ceux qui, sans être du Corps, font néanmoins, soit légitimement, ou par entreprise, quelque portion de son Art ou de son Commerce dans Paris, est une des plus anciennes facultez des Gardes de l'Orfévrerie; & c'est le principal objet de la Commission qui leur est délivrée par le Magistrat de Police; afin de contenir dans les bornes de leurs attributions ceux qui ont quelque droit à cet égard, & d'empêcher les entreprises des Gens sans qualité. Nous allons d'abord déduire les Autoritez qui attribuent cette Visite generalement sur tous sans distinction: puis nous viendrons à celles qui l'établissent sur chaque Profession qui se trouve avoir quelque droit en particulier.

### *Visite des Gardes sur tous ceux qui de droit ou par entreprise se meslent d'Orfévrerie dans Paris.*

*Arrêt du Parlement du* 8 *Février* 1328. Cet Arrêt fut rendu entre le Prevôt de Paris joint aux Gardes de l'Orfévrerie d'une part, & les Gardes de la Mercerie d'autre, lesquels refusoient de souffrir dans leur Corps la Visite des Gardes du nôtre, quoique ceux-ci ne la fissent qu'étant munis à cet effet de la Commission de ce Magistrat. L'Arrêt juge par provision, & en attendant la fin du Procès, qu'avec la Commission du Prevôt de Paris les Gardes ou *Maîtres* des Orfévres de cette Ville pourront visiter & examiner les Ouvrages d'Orfévrerie dans Paris, non-seulement chez les Marchands Merciers, mais generalement PAR TOUT AILLEURS en cette Ville; avec pouvoir de saisir & enlever tous ceux de ces Ouvrages qu'ils trouveront défectueux ou suspects de contravention, dont ils feront leur Rapport au Prevôt de Paris. Voici le Texte même de cet ancien Arrêt:

» Philippus, Dei gratiâ Francorum Rex, Præposito Paris. aut ejus Locumtenent. Salutem. Cùm debato moto in Curia nostra inter te, & Magistros Aurifabrorum Paris. ex una parte; & Magistros Merceriorum Villæ Parisius ex altera: Et Partibus super hoc auditis, ipsa Curia nostra ordinaverit, quod dicti Magistri Aurifabrorum Paris. per Commissionem tuam, eis per te super hoc concedendam per manum nostram, tanquam superiorem, possint videre & visitare UBICUMQUE in Villa Parisius, in Merceriis ET ALIBI quemcumque Opera Aurifabrorum; & capere Opera hujusmodi suspecta reperta, & tibi quid inde fecerint & invenerint, reportare, debato durante predicto. Mandamus & constituimus tibi quatinus premissa fieri & compleri facias, & firmiter observari juxta præsent. Ordinat. tenorem. Datum Parisius in Parlamento nostro, &c. « *Livre vert-neuf, Registre du Châtelet, fol.* 47.

Nous ne trouvons point l'Arrêt qui a dû terminer cette Affaire: mais elle fut sans doute jugée définitivement au profit de notre Corps; puisqu'on voit par nos Registres que presqu'aussi-tôt après les Gardes de l'Orfévrerie visitoient des Particuliers de differentez Communautez sans qu'il paroisse aucune resistance de leur part à souffrir cette Visite. *Voyez ancien Registre de l'Orf. fol.* 2, *r°.* 3 *r°. & v°. ann.* 1345. 1348, 1349. Aussi ne s'est-il jamais agi depuis d'obtenir ce Droit contr'eux, mais seulement de le maintenir & de le faire confirmer; comme nos Gardes firent à la fin du regne de Philippe de Valois en 1350, par des Lettres du 12 Août, dont il ne nous reste que la mention qui en fut portée sur le Registre en ces termes: *Par lesquelles Lettres appert que les Maîtres* & Gardes *dudit Mestier d'Orfaverie ont puissance de visiter* PARTOUT *en la Ville de Paris sur* TOUS *ceux qui vendent Orfaverie*; même *sans appeller nul Sergent, ne autres Gens de Justice*, ibidem, *fol.* 35. Mais cette derniere circonstance n'a pas subsisté.

Constans, dans son *Traité de la Cour des Monoyes*, rapporte des Lettres en forme d'Arrêt rendu en la Chambre des Comptes le 23 Avril 1384, après un mûr examen tant *de l'ancien usage*, que par rapport *au bien de la chose publique* touchant ce pouvoir de nos Gardes de visiter indistinctement tous ceux qui se mêlent d'Orfévrerie dans Paris. Cet Arrêt porte expressément: *Que lesdits Orfévres Visiteront & pourront Visiter* dans Paris, *toute Vaisselle d'or & d'argent, & Pierrerie touchant ledit Mestier d'Orfévrerie*, &c. Constans, *Traité, page* 35.

C'est ainsi en effet, que nos Gardes ont toujours Visité les Ouvrages & Marchandises d'Orfévrerie & de Joyaillerie chez tous ceux qui n'appartenant point au Corps, ne laissent pas de faire quelque portion de son Art ou de son Commerce, soit qu'ils ayent qualité pour le faire ou non; & c'est ce qui est justifié d'ailleurs par toute la suite de nos Registres. Mais après les Autoritez qui attribuent ce Droit sur tous indéfiniment, venons à celles qui l'établissent specialement sur ceux des Marchands ou Artisans qui de Droit trafiquent quelques Marchandises ou fabriquent quelques Ouvrages d'Orfévrerie.

*VISITE SUR LES MARCHANDS MERCIERS-JOYAILLIERS.*

L'Arrêt du Parlement du 8 Février 1328 qu'on vient de rapporter, & qui a été contradictoirement rendu entre le Corps de l'Orfévrerie & celui de la Mercerie, soumet provisoirement, comme on l'a vû, & nommément les Marchands Merciers à la Visite de nos Gardes pour les Ouvrages d'Orfévrerie dont il leur étoit permis de faire Commerce: *Ipsa Curia nostra ordinaverit, quod dicti Magistri Aurifabrorum.... possint videre & visitare.... in Merceriis.... opera Aurifabrorum, &c.* Et l'on a vû aussi que cet Arrêt provisoire a été suivi de Confirmations absolues de ce Droit à l'égard des Marchands Merciers comme à l'égard de tous autres.

Dans le siécle suivant les Gardes de l'Orfévrerie tâcherent de se dispenser de l'assistance du Bailli du Palais à laquelle ils étoient assujettis pour les Visites qu'ils faisoient chez les Marchands Merciers qui avoient leurs Boutiques dans les Salles, & leurs Maisons dans l'Enclos du Palais; & il semble que le motif qui les fit agir, fut qu'il dépendoit en quelque façon de cet Officier que ces Visites fussent, ou ne fussent pas faites, selon qu'il agréoit ou refusoit d'assister dans l'occasion. Quoiqu'il en soit, par une Requête presentée au Parlement le 22 Avril 1488, ils demanderent qu'ils pussent desormais faire ces Visites, ayant seulement un

Huissier de la Cour avec eux: Mais l'Arrêt qui intervint, en nous montrant que les Marchands Merciers du Palais étoient visitez comme les autres par nos Gardes, n'accorda point la dispense demandée ; & se contenta d'ordonner seulement que le Bailli seroit tenu d'octroyer son assistance, comme elle nous est encore necessaire aujourd'hui en pareil cas. Voici l'Arrêt :

*Arrêt du Parlement du dernier d'Avril* 1488. „ Vû par la Cour ladite „ Requête ; & oui sur ce le Procu„ reur [ General ] du Roy ; & tout „ consideré, la Cour a permis & per„ met ausdits Demandeurs de visiter, „ appellé avec eux l'un des Huissiers „ de ladite Cour, la Vaisselle & au„ tre œuvre d'Orféverie étant ès „ mains desdits Merciers ès Galle„ ries d'icelui Palais & ailleurs, & „ en leurs Maisons, en demandant „ assistance audit Bailli du Palais, la„ quelle il sera tenu d'octroyer : Et „ des fautes qu'ils trouveront esdites „ Orfévreries, en faire leur Rapport, „ &c. " *Layette* 16, *cotte* 1. Item, *Recueil*, p. 681.

*Edit de François I. à Sainte-Menehoult en Septembre* 1543. Art. v. & vi. „ La Visitation sera faite quant „ aux.... Merciers de notre Ville de „ Paris, pour le regard de l'Orfé„ vrerie qu'ils auront, par lesd. Maî„ tres Jurez [ & Gardes ] du Fait „ d'Orfévrerie en icelle notredite „ Ville, en la maniere accoutumée : „ c'est à sçavoir, en la Compagnie „ de l'un des Commissaires & aucuns „ des Sergens de notre Châtelet à „ Paris, quand il en sera besoin. " Ainsi, comme il falloit l'assistance du Bailli du Palais pour ceux du Palais, il falloit celle d'un Commissaire au Châtelet pour ceux de la Ville : & telle étoit dès-lors *la maniere accoutumée*, comme nous l'avons toujours observée depuis. *Layette* 1, *cotte* 10. Item, *Rec. p.* 45.

*Lettres Patentes en forme de Déclaration de Henry II. du* 14 *Janvier* 1549. » Lesdits Maîtres Jurez & " Gardes dudit Mestier de l'Orfévre- " rie de ladite Ville de Paris feront " leurs Visitations en la maniere ac- " coutumée, & d'icelles feront leurs " Rapports.... sur ce qu'ils auront " trouvé, tant contre les... Mer- " ciers ... que autres. " *Layette* 1, *cotte* 12. Item, *Rec. p.* 59.

*Edit de Henry II. à Fontainebleau en Mars* 1554. Art. xii. „ Et afin que ladite [ presente ] Ordonnance " soit mieux gardée, Nous enjoi- " gnons ausdits Maîtres & Gardes " Jurez dudit Mestier d'Orfévrerie, " iceux [ Merciers ] visiter comme " les autres [ c'est-à-dire comme les ] " Orfévres ; car cet Article est re- " latif au précedent où il s'agit de " *Merciers qui s'entremettent de ven-* " *dre Vaisselles, Ceintures, Bagues &* " *autres Joyaux d'or & d'argent.* " Layette, *idem*, cotte 13, & Rec. p. 68 & 67.

*Arrêt du Parlement contradictoirement rendu en forme de Reglement entre les Gardes de la Mercerie joints à un de leurs Marchands du Palais saisi, & les Gardes de l'Orféverie, le* 3 *Septembre* 1583. „ La Cour ... faisant " droit sur les demandes, fins & con- " clusions prises respectivement par " lesdites Parties à fin de Reglement, "

„ a permis & permet ausdits Maîtres & Gardes de l'Orfévrerie, „ faire Visitation toutefois & quantes que besoin sera, sur lesdits „ Merciers-Joyailliers & Grossiers, „ même sur ceux qui sont demeurans „ dans l'enclos & pourpris du Palais, „ de ce qui sera trouvé en leurs Bou- „ tiques & Maisons, de Vaisselle „ d'argent & ceintures, bagues, „ joyaux & autres manufactures d'or „ & d'argent; appellé avec eux „ l'un des Commissaires ou Sergens „ du Châtelet de Paris; [ & ] après „ avoir demandé par lesdits Maîtres „ & Gardes de l'Orfévrerie, assistan- „ ce du Bailly du Palais pour le re- „ gard desdits Merciers-Joyailliers „ & Grossiers, demeurans dans l'en- „ clos d'icelui: pour de ladite Visita- „ tion être fait leur Rapport, &c. „ sans que lesdits Merciers-Joyail- „ liers, Grossiers les puissent contre- „ dire ni faire aucun refus & empê- „ cher ladite Visitation: A la char- „ ge de se comporter modestement „ par lesdits Maîtres & Gardes de „ l'Orfévrerie, sur peine d'amende „ arbitraire & de tous dépens, dom- „ mages & interêts en leurs propres „ & privez noms. " *Layette* 16, *cotte* 17, *& Recueil des Ord. p.* 687.

*Reglement general du 30 Décembre* 1679. ART. X. „ Fait Sa Majesté défenses ausdits Marchands Merciers " d'exposer en vente lesdites Pieces " d'Orfévrerie [ de fabrique étran- " gere ] avant qu'elles aient été mar- " quées [ d'un Poinçon particulier " au Bureau de l'Orfévrerie. ] Et " en cas de contravention, permis " aux Gardes des Marchands Orfé- " vres de les faire saisir; & à cet " effet, de faire transporter un Com- " missaire du Châtelet. " *Layette* 3, *cotte* 42. Item, *Rec. p.* 183.

Au surplus, quant à l'usage réel que les Gardes de l'Orfévrerie ont toujours fait de leur droit de Visiter ainsi les Marchands Merciers pour le fait d'Orfévrerie, voyez d'abord nos Registres du XIV^e^. siecle depuis l'Arrêt du Parlement de 1328, mais principalement les Layettes 16 & 17 de nos Archives. Ces deux Boëtes sont pleines d'Arrêts & de Sentences qui ont jugé les Saisies faites sur ces Marchands depuis environ deux cens ans, tant au Palais que dans la Ville, & à la Foire Saint-Germain.

## *VISITE SUR LES MAISTRES LAPIDAIRES.*

Les Lapidaires reconnoissent la Visite des Gardes de l'Orfévrerie dès ces tems où, avant que d'être connus sous ce nom, & n'étant point encore érigez en Communauté jurée, quelques-uns d'eux commençoient à tailler la Pierrerie en leur particulier & pour leur propre compte, tandis que les autres continuoient encore à exercer ce Talent chez nos Orféves *Pierriers* en qualité de Compagnons.

En 1382 un de ces Ouvriers, nommé Jean Boulle, Allemand de nation, taillant ainsi des Diamans en son particulier, refusa d'ouvrir son laboratoire aux Gardes qui vouloient le visiter, & leur dit que la Taille des Diamans n'étoit pas sujette à leur Visitation. Ils dénoncerent sa résistance au Prevôt de Paris, qui le fit venir aussi-tôt: *Et alors*, dit notre Registre, *le Prevost lui fit commandement & enjoignit sur quanques il se pouvoit meffaire envers le Roy, que quand lesdits Gardes y vouldroient aller, que il leur ouvrist l'huis & tous les lieux de son Hostel : où se ainsi estoit qu'il en oyst plus de plainte, que il le pugniroit en telle maniere, que tous les autres y prendroient exemple.* Ancien Regiftre de l'Orf. *folio* 16.

Leur nombre croiffant par la fuite avec la liberté d'exercer leur Talent concurremment avec nos Orfévres, on s'accoutuma infenfiblement à les diftinguer par le nom de *Lapidaires*, & à les regarder comme formans un Etat particulier, quoique non encore autorifé. Il eft même parlé d'eux dans un Titre du 27 Novembre 1529, comme faifant dès-lors un affez grand commerce de la Pierrerie nuë & hors d'œuvre, encore que *leur Mêtier ne fût pas juré.* Layette 16, *cotte* 2. Et ils étoient dans cette fituation vingt ans après lorfque Henry II. les foumit de nouveau, ou plutôt, les regarda comme foumis de droit, ainfi que les Marchands Merciers & les Orfévres mêmes à la vifite des Maîtres & Gardes de l'Orfévrerie, par cette Difpofition :

*Déclaration de Henry II. à Fontainebleau, le 14 Janvier 1549.* Lefdits Maîtres Jurez & Gardes « dudit Meftier de l'Orfévrerie de « ladite Ville de Paris, feront leurs « Vifitations en la maniere accou- « tumée ; & d'icelles feront leurs « Rapports. . . . fur ce qu'ils auront « trouvé, tant contre les Orfévres, « Joyailliers, Merciers, LAPIDAI- « RES, que autres, pour en être fait « Jugement, &c. « *Layette* 1, *cotte* 12, *& Recueil*, *p.* 59.

Ces Vifites ont été continuées fur les Maîtres Lapidaires après leur érection en Communauté jurée, comme auparavant. Vous en trouverez les preuves en bon nombre ; & de tous les tems dans les Layettes 14 & 15 de nos Archives.

## *VISITE SUR LES MAISTRES FOURBISSEURS.*

Avant l'année 1627. les Maîtres Fourbiffeurs ne fabriquant point encore de Gardes & Poignées d'or ni d'argent, notre Corps n'avoit rien à démêler avec eux. Mais pour lors, ayant fait joindre à leurs anciens Statuts quelques nouveaux Articles, où la faculté d'employer ces Metaux à leurs ouvrages leur eft attribuée, & même celle de ne pouvoir être vifitez que par leurs quatre Maîtres Jurez ; les Gardes de l'Orfévrerie formerent leur oppofition à la Verification des Lettres au Parlement : mais ils furent déboutez par Arrêts des 14 Août & 20 Décembre 1632. Et toutefois nous voyons *Layette* 18, que de même qu'ils avoient vifité les Fourbiffeurs depuis l'obtention, & avant l'enregiftrement de leurs nouveaux Articles, ils continuerent à les vifiter affez frequemment par la fuite jufqu'en 1679 que leur Droit fut ainfi rétabli.

*Reglement general du 30 Décembre 1679.* ART. XVII. » Enjoint à tous Artifans employez à travail- « ler la Vaiffelle & autres Ouvrages « d'or & d'argent, de travailler en « Boutique ;

„ Boutique ; & en cas de contraven- „ tion, seront les Gardes [ de l'Or- „ févrerie ] en Charge tenus d'en „ faire leurs Rapports en la maniere „ accoutumée : leur permettant à cet „ effet Sadite Majesté de faire les „ Visites chez lesdits FOURBISSEURS, assistez d'un des Officiers du Châ- “ telet, tout de même, & ainsi qu'ils “ faisoient auparavant les Arrets du “ Parlement des 14 Août & 20“ Décembre 1632.“ *Layette 3, cotte* 42. Item, *Recueil des Ordonnances, pag.* 185.

*VISITE SUR LES MAISTRES FONDEURS.*

Les Maîtres Fondeurs, ausquels nous confions des Matieres d'or ou d'argent pour fondre les parties de nos Ouvrages qui peuvent se mouler, ont toujours été, par cette raison, obligez de souffrir la Visite des Gardes de l'Orfévrerie. Ce droit fut mis en fait par les Gardes, & sans contradiction de la part des Fondeurs, devant le Prevôt de Paris en 1636, c'est-à-dire, dès le tems où nos Orfévres commençoient à se mettre dans l'usage de leur confier des Matieres : & en effet, ils ont toujours été Visitez, comme il se justifie par les Pieces qui se conservent dans la 20e. Layette de nos Archives. Ils se trouvent d'ailleurs compris dans le nombre de ceux qui employent les Matieres d'or & d'argent dans la disposition du XVII. Article du Reglement general qu'on vient de citer ; lesquels sont tous assujettis à la Visite des Gardes, puisque les Gardes sont tenus de faire le rapport de leurs Contraventions.

Il faut néanmoins observer qu'entre ceux qui ont droit d'employer ainsi les Matieres d'or & d'argent, les Maîtres Horlogers pour leurs Boëtes de Montres & ornemens d'Horlogerie, & les Maîtres Graveurs, pour leurs Sceaux & Cachets, ne sont point assujettis à la Visite des Gardes de l'Orfévrerie, & ne connoissent que celle de leurs propres Jurez. Ils en sont dispensez : sçavoir ; les Horlogers, par Arrêts du Conseil des 8 May 1643, & 5 May 1722. Et les Graveurs ; en vertu d'un Arrêt du Parlement du 22 May 1665. *Layette* 19, *cotte* 8, *& Rec. p.* 828. Item, *Layet.* 3, bis, *cotte* 13. Item, *Layette* 22, *cot.* 8, *& Rec. p.* 905, 906.

*VISITE SUR LES MAISTRES BOUTONNIERS.*

*Arrêt du Parlement portant Reglement entre le Corps de l'Orfévrerie & la Communauté des Maîtres Boutonniers, du 29 Juillet* 1711. “ La „ Cour.... permet aux Parties de „ Secousse [ les Gardes de l'Orfévre- „ rie ] d'aller en Visite chez les Par- „ ties de Gondouin & Macé [ les „ Maîtres Boutonniers ] pour raison „ desdites calottes d'or & d'argent, accompagnées d'un Commissaire “ au Châtelet. “ *Layett.* 3, bis, *cot.* 6.

C'est que sous cette condition & autres qu'on verra dans le titre suivant, l'Arrêt permet aux Maîtres Boutonniers de faire & vendre des boutons formez d'une coquille ou calotte d'or ou d'argent, estampée & appliquée sur un moule de bois.

## ARTICLE III.

### *Inspection des Gardes sur les Orfévres des environs de Paris.*

LEs Orfévres établis dans les Villes de la Prévôté & Vicomté de Paris où il n'y a point de forme établie pour la bonne administration de leur Etat, seront soumis à l'Inspection & Visite desdits Gardes, & à la discipline de la Maison commune de l'Orfévrerie de Paris; ainsi & de la même maniere que s'ils étoient membres de la Communauté des Orfévres de cette Ville.

### *AUTORITEZ.*

Nous trouvons sur nos Registres divers Exemples de ces Visites de nos Gardes chez les Orfévres des environs de Paris, même dès l'an 1410. *Ancien Regist. fol.* 28. *v°*. Et la raison de cette Inspection se tire de l'Ordre public qui ne souffre pas que des Particuliers restent jamais en situation de se soustraire aux Regles que ce même Ordre prescrit; surtout à l'égard d'un Etat comme celui d'Orfévrerie. Or de tels Orfévres n'ayant ni Maison commune, ni Administration établie dans les Lieux de leur Domicile pour les gouverner, à cause de leur petit nombre, il a toujours été nécessaire d'y pourvoir par ce moyen, sans lequel ils seroient demeurez sans Surveillans, & en quelque façon sans aucune Discipline; du moins par rapport à la Contre-marque qu'ils ne sont pas en état d'apposer sur leurs Ouvrages.

La Cour des Monoyes, toujours attentive au maintien de ce point important de notre Police pour la conservation de la pureté des Matieres, juge elle-même l'assujettissement de ces Orfévres à l'Inspection des Gardes de l'Orfévrerie de Paris, nécessaire, & elle l'autorise volontiers en ordonnant sur la requisition des Gardes que ceux qui poursuivent leur Reception à la Cour pour les Villes situées dans l'étenduë de la Prévôté de Paris, seront reçûs Maîtres Orfévres, à la charge par eux, s'il n'y a pas d'autre empêchement, de faire insculper leur Poinçon en la Maison commune; d'y apporter leurs Ouvrages pour être essayez & contre-marquez, & de souffrir la Visite des Gardes.

De-là vient encore, que par la Commission du Magistrat de Police, les Gardes, même leurs Aydes, desquels nous parlerons ci-après, sont toujours établis Visiteurs des

Marchandises d'Orfévrerie, non-seulement *dans la Ville & les Fauxbourgs*, mais encore dans *la Banlieue* & dans toute l'étenduë de *la Prevôté & Vicomté de Paris.* Voyez sur ce, *Recueil*, pp. 295, 296. Ainsi, les deux Tribunaux qui connoissent de notre Etat, concourent à autoriser l'Inspection de nos Gardes sur les Orfévres dont il s'agit.

## ARTICLE IV.

### *Officiers de Justice assisteront les Gardes dans leurs Visites.*

TOus Commissaires & Huissiers ou Sergens du Châtelet de Paris, assisteront les Gardes de l'Orfévrerie dans leurs Visites & recherches, tant de jour que de nuit, lorsqu'ils en seront requis; & leur donneront tout le confort & ayde que besoin sera pour le bien de la Justice.

### *AUTORITEZ.*

*Edit de Henry II. à Fontainebleau, en May* 1555, ART. V. » Enjoi-„ gnons aux Commissaires de notre „ Châtelet, & Sergens, assister quand „ requis en seront par lesdits Gardes „ [ de l'Orfévrerie ] ou Clerc de „ leurdit Etat; soit en faisant leurs „ Visitations & Recherches, ou au-„ trement, pour le bien de la Justice; „ & leur donner tout le confort & „ ayde que besoin sera. " *Layette* 1, *cott.* 14. Item, *Recueil des Ordonnances, page* 76.

*Extrait de la Commission que le Magistrat de Police donne aux nouveaux Gardes tous les ans.* „ Si donnons en „ Mandement au premier Commissai-„ re Examinateur & à tous Sergens „ du Châtelet, qu'ausdits Gardes élûs, „ faisant leurs Charges & Commissions, ils donnent tous conseils, " conforts & aydes, si requis en sont, " même de faire faire ouverture, sai-" sies, contraintes & tout ce qui " sera nécessaire. " *Voyez votre Commission de Garde.*

Nous avons déja observé que lorsque les Gardes vont visiter les Marchands Merciers ou autres dans le territoire du Bailliage du Palais, ils doivent être assistez du Bailly du Palais ou de son Lieutenant General au Bailliage. Nous ajouterons qu'ils ne sçauroient même exercer leurs Visites chez leurs propres Confreres dans le même territoire, que préalablement & aux termes de l'Edit du mois d'Octobre 1712, leurs Commissions ne soient enregistrées au Greffe de ce Bailliage.

## ARTICLE V.

*Gardes ne seront contraints par corps à la representation des choses par eux saisies dans leurs Visites.*

NE seront prononcées en Justice aucunes condamnations par Corps contre lesdits Gardes, pour la representation & restitution des Marchandises qu'ils auront saisies dans leurs Visites; & ne pourront aucuns Huissiers ou autres, les y contraindre : sauf à prononcer & faire executer lesdites contraintes contre le Concierge de leur Bureau, Dépositaire des Marchandises saisies.

### *AUTORITEZ.*

Ce Privilege est commun aux Gardes des Six-Corps des Marchands de Paris, si ce n'est pas plutôt une justice qui leur est dûë. Car n'agissant dans leurs Visites que pour le maintien de l'Ordre public, & non pour le bien de leurs affaires particulieres, il est bien juste en effet qu'ils ne soient pas exposez à des Contraintes, toujours regardées comme deshonorantes, pour avoir fait le devoir de leur Charge; c'est dequoi ils furent mis à couvert par un Arrêt notable rendu au Conseil en 1694, où le Corps de la Mercerie étoit Partie principale, & les cinq autres, Intervenans, à l'occasion d'une pareille insulte qui avoit été faite à l'un des Gardes de ce Corps pour la representation des Marchandises par lui saisies en 1691 sur un Mercier sans qualité dans la ruë de l'Oursine. Voici les termes de l'Arrêt.

*Arrêt du Conseil Privé du Roi, du 24 Décembre 1694.* „ Déclare Sa Majesté l'Arrêt du Conseil du 5 Octobre 1691, commun avec les Intervenans; & conformément à icelui, fait défenses à tous Juges de prononcer aucunes condamnations par Corps contre les Maîtres & Gardes des Six-Corps des Marchands de Paris pour la representation & restitution des Marchandises qu'ils auront saisies dans leurs Visites; & à tous Huissiers & autres personnes, de les y contraindre : sauf à prononcer & à faire executer lesdites contraintes par corps, contre les Concierges de leurs Bureaux, Dépositaires des Marchandises saisies. "

# TITRE XIII.

## *Des Reglemens de l'Orféurerie à l'égard de ceux qui ne sont point Orféures.*

### ARTICLE PREMIER.

*Commerce des Marchandises d'Orféurerie du Poinçon de Paris, reservé aux Orféures.*

IL est défendu à tous Marchands & Artisans de quelque qualité ou condition qu'ils soient, autres que les Marchands Orféures & leurs Veuves, de faire aucun Commerce de Marchandises d'Orfévrerie du Poinçon de Paris ; à peine de confiscation, & de mille livres d'amende pour chacune contravention.

### *AUTORITEZ.*

*Reglement general du 30 Décembre 1679.* ART. IX. „ Fait Sa Majesté, „ défenses à tous Marchands & Ar- „ tisans de quelque qualité ou con- „ dition qu'ils soient, autres que les „ Maîtres Orféures & leurs Veuves, „ de faire aucun Commerce de Mar- „ chandises d'Orfévrerie du Poinçon „ de Paris ; à peine de confiscation, „ & d'amende de mille livres pour „ chacune contravention ; le tout „ applicable, un tiers au profit de „ Sadite Majesté ; un autre tiers à la Communauté desdits Maîtres " Orféures, & l'autre tiers au Dé- " nonciateur. " *Layette 3, cotte 42.* Item, *Recueil, pag.* 182, 183.

Le Reglement d'où cette Disposition est tirée, a été fait du propre mouvement du feu Roy Louis XIV. Les motifs pressans qui déterminerent ce Prince à le faire, & les mesures qu'il prit pour cela, sont ainsi exprimez dans le Préambule : *Le Roy s'étant fait representer en son Con-*

*joints les Statuts, Ordonnances, Edits, Arrêts & Reglemens concernant le Corps des Maîtres Marchands Orfévres-Joyailliers de la Ville & Fauxbourgs de Paris, & le Fait de l'Orfévrerie; ensemble les Reglemens faits pour les autres Corps de Marchands & Artisans de la même Ville, qui emploient les Matieres, ou qui font Commerce des Ouvrages d'or & d'argent. Et Sa Majesté voulant remedier aux abus qui s'y sont introduits par le nombre excessif des personnes qui s'y emploient; même ajouter de nouvelles précautions à celles qui ont été déja prises, afin que l'Etat ne reçoive aucun préjudice dans la fabrique & débit des Ouvrages d'Orfévrerie, & Commerce des Matieres d'or & d'argent: Et Sa Majesté s'étant pareillement fait representer les Procès Verbaux de Visites faits depuis le 1er. Juillet 1678, par les Gardes de present en Charge; oui le Rapport &c.*

Par des motifs si déterminans, & après des mesures prises avec tant de précautions pour connoître le veritable état des choses, & le droit d'un chacun, le Reglement statue d'abord sur plusieurs points de la Police propre du Corps, en ramenant le tout à la séverité des anciennes Ordonnances; même jusqu'à casser tous les Maîtres excedans le nombre prescrit de Trois cens, ou dont la Reception n'avoit pas été faite dans toutes les Regles; & de plus, jusqu'à priver les Veuves de leur ancienne faculté d'user d'un Poinçon en leur qualité de Veuves; sans compter plusieurs autres Dispositions, non moins séveres, que nous avons déja employées en divers Articles des Titres précedens.

La rigueur de cette Reforme étant ainsi ordonnée à l'égard des Orfévres mêmes, le Reglement l'étend ensuite sur ceux qui sans être de leur Corps, ne laissent pas de faire néanmoins une portion du Commerce & de l'Art d'Orfévrerie: tant pour reprimer leurs entreprises, que pour les contenir desormais dans une exacte Discipline à l'égard de ce qu'il leur est permis de fabriquer ou de vendre: Et le tout *pour remedier aux abus qui s'y sont introduits, & afin que l'Etat ne reçoive aucun préjudice dans la fabrique & débit des Ouvrages d'Orfévrerie & Commerce des Matieres d'or & d'argent.* Tel est le fameux Reglement du 30 Décembre 1679, lequel étant émané d'enhaut, & registré purement & simplement par tout où besoin a été, est une Loi souveraine & irréfragable pour nous, & pour les autres Marchands & Artisans qu'elle regarde.

Entre les Dispositions qui les concernent, & que l'on verra dans plusieurs des Articles de ce XIIIe. Titre, celle qui forme le present Article, est une des plus importantes. Elle leur défend à tous le Commerce des Marchandises d'Orfévrerie du Poinçon de Paris, & le reserve aux seuls Orfévres & à leurs Veuves. Toutefois cette Défense, quoique generale, ne peut regarder quelques-uns d'eux en certaines choses, comme les Fourbisseurs, par exemple, pour les Gardes & Poignées d'or & d'argent qu'ils peuvent fabriquer & vendre, puisque le Reglement même leur enjoint de les faire Contremarquer du Poinçon de la Maison commune, ainsi qu'il sera dit en son lieu. Mais cette même Défense a été principalement faite pour les Marchands Merciers-Joyailliers, lesquels, sans se contenter des Joyaux & Bijoux d'or & d'argent qu'ils avoient coutume de vendre en seconde main, s'étoient comme emparez du gros du Commerce des Marchandises d'Orfévrerie.

Or, cette usurpation méritoit d'autant mieux d'être reprimée que les autres Marchandises qu'ils peuvent vendre, doivent bien leur suffire, & dont en effet les especes sont en si grand nombre, qu'on ne peut quasi les compter : outre la faculté qu'ils ont encore de partager avec nous le Commerce de la Pierrerie nue, & mise en œuvre. C'étoit donc assurément la moindre chose que le Reglement pût faire pour nos Orfévres, que de leur reserver le Commerce de leurs propres Ouvrages en le défendant à tous autres. Mais les Titres & Enseignemens de nos Archives, ne font que trop voir par la maniere dont les choses s'étoient passées, que le motif du Bien public a eu du moins autant de part dans la Défense dont il s'agit, que la Justice qui étoit dûe à nos Orfévres.

Quelqu'équitable que fût cette Défense, plusieurs Particuliers néanmoins, ne s'y étoient point encore conformez six ans après la publication du Reglement, ou avoient recommencé le Commerce qu'il leur avoit interdit. Le feu Roy en étant informé, réitera ses Défenses en prescrivant de nouveaux moyens pour les faire observer, par un nouvel Arrêt de propre mouvement, dont voici ce qui regarde ce Point :

*Arrêt du Conseil d'Etat du Roy, du 29 Juin 1686.* „ Le Roy étant en son Conseil, a ordonné & ordonne que le Reglement du 30 Décembre 1679, sera executé selon sa forme & teneur : Ce faisant, & conformement à l'Article IX... dudit Reglement, fait Sa Majesté défense à tous Marchands & Artisans de quelque qualité ou condition qu'ils soient, autres que les Maîtres Orfévres & leurs Veuves, de faire aucun Commerce de Marchandises d'Orfévrerie du Poinçon de Paris ... à peine de confiscation & de mille livres d'amende ; le tout suivant & ainsi qu'il est porté par ledit Reglement. Enjoint Sa Majesté, au Sieur de la Reynie, Conseiller d'Etat ordinaire, & Lieutenant general de Police, de tenir la main à l'execution du present Arrêt, & de faire fermer les Boutiques des Marchands & Artisans qui seront trouvez en contravention au préjudice des Défenses portées par ledit Reglement & le present Arrêt; lesquels, & ce qui sera ordonné par ledit Sieur Lieutenant General de Police, seront executez nonobstant oppositions & autres empêchemens, & sans préjudice d'iceux. “ *Layette* 3, *cotte* 58. Item, *Recueil*, p. 199. *Vous trouverez au reste, l'execution de ce Reglement ordonnée en differens tems & jusqu'en la presente année* 1734, *par plusieurs Sentences & Arrêts rendus contre divers Marchands Merciers-Joyailliers saisis en contravention par nos Gardes*. Layet. 17, cot. 50, 53, 54, 55. *Item*, Layet. 3, *bis*, cot. 35, &c.

## ARTICLE II.

### *Marchands Merciers peuvent vendre Orfévrerie de fabrique étrangere.*

POURRONT seulement les Marchands Merciers de ladite Ville de Paris, vendre la Vaiſſelle & autres Pieces d'Orfévrerie venant d'Allemagne, & autres Pays étrangers; à la charge qu'après l'arrivée & reception deſdites Pieces d'Orfévrerie, ils ſeront tenus d'en faire leur Déclaration au Bureau des Marchands Orfévres qui les marqueront au Corps, ou en l'une des Pieces principales, d'un Poinçon particulier qui ne ſervira à autre uſage; en ſorte néanmoins qu'elles n'en puiſſent être difformées.

### *AUTORITEZ.*

*Reglement general du 30 Décembre 1679.* ART. X. „ Permet néanmoins „ Sadite Majeſté, aux Marchands „ Merciers de ladite Ville de Paris, „ de vendre la Vaiſſelle & autres „ Pieces d'Orfévrerie venant d'Allemagne & autres Pays étrangers „ ſeulement; à la charge qu'après „ l'arrivée & reception deſdites Pie„ ces d'Orfévrerie, leſdits Mar„ chands Merciers ſeront tenus d'en „ faire leur Déclaration au Bureau „ des Maîtres Orfévres qui les mar„ queront au Corps, ou en l'une des „ Pieces principales, d'un Poinçon „ particulier qui ne ſervira à autre „ uſage; en ſorte néanmoins, qu'„ elles n'en puiſſent être difformées.“ *Layet.* 3, *cot.* 42. Item, *Recueil des Ord. pag.* 183.

*Arrêt du Conſeil d'Etat du Roy, du 29 Juin 1686.* „ Sa Majeſté étant « en ſon Conſeil a ordonné & ordon- « ne que le Reglement du 30 Dé- « cembre 1679, ſera executé ſelon « ſa forme & teneur; ce faiſant, & « conformement à l'Article ... X. du- « dit Reglement, fait Sa Majeſté, « défenſes.... aux Marchands Mer- « ciers de la Ville de Paris, de ven- « dre autres Vaiſſelles & Pieces d'Or- « févrerie que celles venans d'Alle- « magne, & autres Pays étrangers ... « ſuivant & ainſi qu'il eſt porté par « ledit Reglement. “ *Layette idem, cotte* 58, *& Recueil, pag.* 199.

*Lettres Patentes du 28 Juin 1722, ſur Arrêt du 15 May précedent.* „ Par ces Preſentes ſignées de notre « „ main

„ main... Enjoignons aux Marchands „ Merciers & Joyailliers qui font „ commerce de Marchandises d'or & „ d'argent de fabriques étrangeres, „ de les déclarer & porter aux Bu- „ reaux, tant de la Maison com- „ mune [ des Marchands Orfévres ] „ que de notre Fermier, dans les 24 „ heures de leur arrivée, pour y „ être ... lesdits Ouvrages marquez „ des Poinçons de la Maison com- „ mune & de notre Fermier à ce des- „ tinez &c. " *Layette* 3, bis, *cot.* 14.

Nous appellons le Poinçon qui est destiné à cet usage dans notre Maison commune, *Poinçon de Reconnoissance.* Il est formé de ces deux Lettres ET. signifiant *Etranger*, & marquant sa destination. Comme il ne garantit point le Titre des Ouvrages qui en sont marquez, il ne change point aussi avec les Gardes: Et celui qui sert actuellement, n'est point different du premier qui fut insculpé au Greffe de la Cour des Monoyes, après la publication du Reglement general, le 24 May 1680. *Archives de l'Orfévrerie, Layette* idem, *cotte* 50.

## ARTICLE III.

*Orfévrerie étrangere ne sera exposée en vente sans la Marque des Gardes.*

IL est défendu ausdits Marchands Merciers d'exposer en vente lesdites Vaissellés & Pieces d'Orfévrerie de fabrique étrangere, avant qu'elles ayent été marquées dudit Poinçon particulier : Et en cas de contravention, permis aux Gardes des Marchands Orfévres de les faire saisir; & à cet effet, de faire transporter un Commissaire au Châtelet.

### *AUTORITEZ.*

*Reglement general du* 30 *Décembre* 1679. ART. X. „ Fait Sa Majesté, „ défense ausdits Marchands Mer- „ ciers d'exposer en vente lesdites „ Pieces d'Orfévrerie [ de fabrique „ étrangere ] avant qu'elles ayent été „ marquez: Et en cas de contraven- „ tion, permis aux Gardes des Mar- „ chands Orfévres de les faire saisir; & à cet effet, de faire transporter « un Commissaire du Châtelet. " *Lay.* 3, *cotte* 42, & *Rec. p.* 183.

L'exactitude prescrite ici & aux Marchands Merciers, & aux Gardes de l'Orfévrerie touchant la Marque des Ouvrages de fabrique étrangere, fait connoître la raison pourquoi cette Marque est ordonnée. C'est pour empêcher qu'en imitant le goût & la forme de ces sortes d'Ouvrages, il n'en soit illicitement fabriqué de semblables & à bas titre dans Paris ; lesquels pourroient être ensuite débitez, comme étant de fabrique étrangere, si le Reglement n'avoit pas pourvû à cet inconvenient, en ordonnant qu'ils seroient marquez d'un Poinçon particulier. De-là vient qu'avant que de les marquer, il faut que les Gardes y voyent l'Empreinte du Poinçon étranger, ou qu'on leur represente la Facture ou Lettre d'envoy du Pays d'où ils viennent ; à moins qu'ils ne les jugent d'ailleurs hors de tout soupçon à cet égard.

## ARTICLE IV.

*Etrangers ne feront entrer ni colporter Orfévrerie dans Paris.*

IL est pareillement défendu à tous Etrangers de fabriquer ou faire fabriquer, ni apporter aucunes Marchandises d'Orfévrerie & de Joyaillerie à Paris, pour les y vendre & colporter ; si ce ne sont Pierres fines, nues & hors d'œuvre : Et à tous Revendeurs & Revenderesses, de s'entremettre pour la revente desdites Marchandises ; à peine de confiscation & d'amende arbitraire.

### *AUTORITEZ.*

*Sentence du Prevôt de Paris, du 26 Juin* 1630. „ Nous disons, oui sur „ ce le Procureur du Roy, que les „ Ordonnances & Reglemens con- „ cernant l'Orfévrerie seront gardez „ & entretenus ; & ce faisant, fai- „ sons défenses à tous Etrangers „ d'apporter aucune Marchandise „ d'Orfévrerie, de la fabriquer, ou „ faire fabriquer, pour la revendre, „ ou Colporter en cette Ville de Paris: „ même à tous Revendeurs & Re- „ venderesses, & autres Personnes „ de s'entremettre pour la revente de „ ladite Marchandise d'Orfévrerie, „ en quelque sorte & maniere que ce soit, excepté pour les Pierres « fines, nues & hors d'œuvre ; à « peine de confiscation & d'amende « arbitraire. “ *Lay. intitulée* des Aydes à Gardes, *cotte* I. Item, *Recueil*, *pag.* 277.

*Arrêt de la Cour de Parlement, du 7 Septembre* 1630. „ Notredite « Cour... ordonne que les Regle- « mens concernant le fait de l'Orfé- « vrerie seront gardez & observez se- « lon leur forme & teneur. Fait dé- « fenses à tous Etrangers & autres « Personnes de quelque qualité & « condition qu'elles soient, d'ap- «

„ porter en notre Royaume aucune „ Marchandise d'Orfévrerie, si ce „ ne sont des Pierres fines, nues & „ hors d'œuvre ; de faire fabriquer „ pour revendre ou Colporter au- „ cunes Marchandises d'Orfévrerie; „ même à tous Revendeurs & Re- „ venderesses, & autres Personnes „ de s'entremettre de ladite revente, „ en quelque sorte & maniere que „ ce soit.... à peine de confiscation „ & d'amende arbitraire. " *Layette* idem, *cotte* 2. Item, *Recueil des Ord. pages* 280, 281.

*Arrêt de la Cour des Monoyes, du 29 Novembre* 1630. „ La Cour.... „ a fait & fait défenses à toutes Per- „ sonnes de quelque qualité & con- „ dition qu'elles soient, d'apporter ou faire apporter en ce Royaume " aucune Marchandise d'Orfévrerie, " fors des Pierres fines nues & hors " d'œuvre ; de faire vendre & Col- " porter aucunes desdites Marchan- " dises d'Orfévrerie : Et à tous Re- " vendeurs & Revenderesses, & au- " tres Personnes de s'entremettre de " ladite revente en quelque sorte & " maniere que ce soit... à peine de " confiscation & d'amende arbitraire. Ibid. *cot.* 4, & *Rec. p.* 285.

Ces défenses, non d'apporter des Matieres d'or & d'argent brutes, mais ouvrées dans Paris & dans le reste du Royaume, ont pour but d'y entretenir la Manufacture des Ouvrages d'Orfévrerie florissante, & d'y maintenir la pureté de leur Titre.

## ARTICLE V.

*Gens sans qualité ne feront le Courtage d'Orfévrerie.*

COmme aussi il est défendu à toutes Personnes sans qualité de l'un & de l'autre sexe, communement appellez COURTIERS, d'exposer en vente, colporter & débiter dans Paris aucuns Ouvrages ou Matieres d'or & d'argent, Pierreries, Bagues & Joyaux ; à peine d'être procedé extraordinairement contr'eux ; même de punition exemplaire.

### *AUTORITEZ.*

La Défense contenue dans l'Article précedent contre les Revendeurs, regarde le *Colportage* des Marchandises d'Orfévrerie de fabrique étrangere ou prohibée. Celle du present Article, a pour objet, le *Courtage* de celles qui sont d'ailleurs en regle ; mais qui seroit fait par des Gens sans qualité : Et la premiere des Autoritez suivantes, dont il est formé, nous apprend d'abord le motif de la Défense qu'il contient.

*Edit de Henri II. à Fontainebleau, le* 22 *May* 1555. Art. xi. „ Et à ce „ que l'or & l'argent ne puisse passer „ par tant de mains, & obvier aux „ abus qui sur ce souventefois se com„ mettent, défendons très-expresse„ ment à toutes Personnes de quelque „ état, qualité ou condition qu'ils „ soient, de faire fait de Courtier „ audit Etat d'Orfévrerie, ni vendre „ aucune Orfévrerie, sinon à ceux „ ausquels il est permis [ de faire ledit Courtage, c'est-à-dire, aux Orfévres mêmes & à leurs Veu„ ves; ] sur peine d'amende arbi„ traire &c. Enjoignant à cette fin „ aux Gardes d'Orfévrerie de faire „ garder & entretenir lesdites défen„ ses; & à cette fin, dénoncer ..... „ les Contrevenans & Infracteurs de „ notre Ordonnance, pour être pro„ cedé contr'eux ainsi qu'il appar„ tiendra. " *Layet.* 1, *cotte* 14. Item, *Recueil, pag.* 77.

*Arrêt de la Cour de Parlement, du* 7 *Septembre* 1630. „ Notredite „ Cour ... fait défenses ... aux Or„ févres & Joyailliers de bailler les„ dites Marchandises ausdits Reven„ deurs & Revenderesses pour les re„ vendre; à peine de confiscation & „ d'amende arbitraire. " *Layet. des Aydes à Gard. cot.* 2. Item, *Rec. p.* 280, 281. Même défense dans l'Arrêt de la Cour des Monoyes du 29 Novembre 1630, cité sous l'Article précedent.

*Sentence de Police, du* 13 *Octobre* 1722. „ Nous ordonnons que l'Edit „ du Roy Henry II. du 22 May 1555, &c. seront executez selon « leur forme & teneur; & en consé« quence, que défenses seront faites « à toutes Personnes sans qualité de « l'un & de l'autre sexe, commu« nement appellez Courtiers, d'ex« poser en vente, débiter, ni colpor« ter en cette Ville & Fauxbourgs « de Paris, même dans les Maisons, « aucuns Ouvrages & Matieres d'or « & d'argent, Pierreries, Bagues & « Joyaux; à peine d'être procedé « contr'eux extraordinairement, mê« me de punition exemplaire. Et en « cas de contravention, permettons « aux Maîtres & Gardes actuelle« ment en Charge, & à leurs Suc« cesseurs en ladite Charge de Gar« des du Corps des Marchands Or« févres-Joyailliers, de faire saisir & « arrêter lesdites Marchandises & « Matieres, & de faire conduire les « Contrevenans chez les Commis« saires du Châtelet; à l'effet de quoi « tous Officiers de Justice seront te« nus de prêter main-forte, lorsqu'ils « en seront requis; & sera notre pre« sente Sentence executée &c. & à « la diligence desdits Maîtres & Gar« des, imprimée, lûe, publiée & « affichée par tout où besoin sera. « Ce qui fut fait le 24 du même mois. *Layet.* 3, bis, *cotte.* 16.

C'est ainsi que depuis Henry II. le Courtage des Marchandises d'Orfévrerie & de Joyaillerie, n'a pû être légitimement fait dans le Corps par des Personnes *sans qualité.* Mais nous n'avons jamais regardé comme tels à cet égard, les Enfans des Maîtres, même après la mort de leurs Peres & Meres; & l'on a toujours crû qu'ils appartenoient d'assez près au Corps pour mériter sa confiance, & n'être pas indistinctement compris dans des Défenses, qui naturellement ne doivent regarder que des Personnes plus étrangeres à notre Etat.

## ARTICLE VI.

### *Contre les Crieurs de vieux Passemens d'argent.*

PAREILLES défenses sont faites à tous Particuliers de quelque état ou condition qu'ils soient, d'acheter, vendre, ni crier par les rues de Paris, des vieux Passemens d'or & d'argent; à peine d'amende, de confiscation & de prison.

### *AUTORITEZ.*

Jusqu'en 1616, nos Titres ne nous fournissent rien sur ces Crieurs de vieux Passemens d'or & d'argent dans les rues de Paris. Mais alors les Gardes de l'Orfévrerie donnant la chasse à ces sortes de Gens, leur firent défendre à tous ce petit trafic, par des Sentences du Prevôt de Paris, qu'ils obtinrent au mois d'Avril de la même année, contre plusieurs d'entr'eux; & prirent soin de faire publier ces Défenses à son de Trompe dans Paris, le 7 May suivant, en ces termes :

„ DE PAR LE ROY, & Monsieur le „ Prevôt de Paris, &c. On fait à „ sçavoir qu'à la requête des Maîtres „ & Gardes de la Marchandise d'Or- „ févrerie de cette Ville de Paris, „ par les Sentences données par mon- „ dit Sieur Prevôt de Paris, sur les „ Conclusions du Procureur du Roy, „ les 24 & 29 Avril dernier, à l'en- „ contre des nommez Martin Ferré, „ &c. Crieurs de vieux Passemens „ d'or & d'argent à vendre & acheter; défenses leur sont faites & à „ tous autres de quelque qualité ou „ condition qu'ils soient, d'aller par „ ladite Ville de Paris, crier à vendre „ & acheter à l'avenir aucun vieil „ Passement d'or & d'argent; sur „ peine d'amende, de confiscation & „ de punition corporelle. " *Archiv. de l'Orf. Sac*, N°. 13. Item, *Recueil imprimé*, *pag.* 562.

*Arrêt du Parlement, du dernier jour d'Août* 1630. „ La Cour a fait & „ fait défenses ausdits de Cherance „ &c. & à tous autres d'acheter, ven- „ dre, ni crier par les rues de cette „ Ville de Paris, des vieux Passemens „ d'or & d'argent, à peine de soixan- „ te livres d'amende & de prison. " Nos Gardes qui avoient obtenu cet Arrêt, en obtinrent un autre le 7 Septembre suivant, qui leur permit de le faire publier à son de Trompe, & afficher dans Paris : Ce qui fut fait le 18 du même mois. *Sac* idem, & *Rec. pag.* 565, 566.

Ils ont fait garder ces Défenses

dans la suite, même par emprisonnement des Contrevenans, & avec confiscations & amendes, par plusieurs Sentences & Arrêts que vous trouverez dans le même Sac, *n°*. 13, & au *Recueil*, *pag*. 568, 571, 573 & 574. En effet, il seroit de dangereuse consequence de laisser ce trafic, quoique peu important, entre les mains de tels Particuliers, lesquels n'étant astraints à aucune Regle de Police, & n'ayant pas même de domicile connu, pourroient, sous prétexte de ce petit Commerce, & sans précaution, s'émanciper à faire des achats plus considerables, au préjudice du recours & de la sureté publique à l'égard des choses volées. Nous observerons de plus, que dans ce cas, & pour procurer au Public ce recours & cette sureté, Charles IX. porte même la précaution beaucoup plus loin par des Lettres Patentes du 24 Avril 1568, qu'il fit publier à son de Trompe dans Paris. Il y défend séverement à tous Particuliers, quoique duement domiciliez & appartenans à divers Etats, comme Passementiers, Drappiers, Frippiers, Marchands de Soye & tous autres, *fors excepté*, dit-il, *à ceux auquels on fait les Recommendations des choses perdues, qui sont les Maîtres Orféves & Joyailliers tenant Boutique ouverte en cette Ville de Paris, d'acheter, ne trocquer contre leurs Marchandises, Or, Argent, Bagues, Joyaux, Pierreries, Drap d'or, Drap d'argent fondu ou à fondre, & toutes autres choses qui dépendent de l'Orféverie, sur peine de confiscation &c.* voulant que *le tout soit renvoyé ez Maisons desdits Maîtres Orféves & Joyailliers de cette Ville de Paris tenans Boutiques ouvertes, esquelles Maisons se font lesdites Recommendations, afin d'averer & découvrir icelles besongnes perdues & mal-prises, & soi saisir des Personnes qui les apportent à vendre.* Layette 1, cotte 16, & *Rec*. pag. 85.

## ARTICLE VII.

### *Affineurs & Changeurs n'entreprendront sur l'Etat d'Orféverie.*

LEs Affineurs & Départeurs d'or & d'argent, & les Changeurs, n'entreprendront directement, ni indirectement sur l'Etat & Commerce des Marchands Orféves; & en consequence, ils ne pourront vendre, ni exposer en vente aucuns Ouvrages d'Orféverie, à peine de confiscation desdits Ouvrages, & d'amende.

### *AUTORITEZ.*

*Arrêt de la Cour des Monoyes, du 8 Août 1553, portant Reglement entre les Orféves de Paris, & les Changeurs & Affineurs de cette Ville.* „ La Cour „

„ faisant droit, tant sur le Reglement „ requis par chacune des Parties, „ que sur les Conclusions du Procu- „ reur General du Roy ... a fait in- „ hibitions & défenses ausdits Chan- „ geurs & Affineurs de faire, ou faire „ faire Vaisselle d'or ou d'argent; en „ racheter & tenir en Boutique pour „ icelle publiquement exposer en „ vente. Pourront néanmoins lesdits „ Affineurs acheter Vaisselle d'or ou „ d'argent; à la charge qu'ils seront „ tenus la difformer & fondre, sans „ la tenir en sa forme & espece, pour „ icelle affiner, la vendre ou la porter „ en la plus prochaine Monoye. Pa- „ reillement lesdits Changeurs, pour- „ ront acheter toute sorte de Vaisselle „ d'or ou d'argent, à la charge aussi „ qu'ils ne la pourront exposer en „ vente; mais seront tenus la porter „ en la plus prochaine Monoye. Pour- „ ront toutefois lesdits Changeurs & „ Affineurs faire faire Vaisselle d'ar- „ gent pour eux seulement à leur usa- „ ge, & raisonnablement selon la „ capacité de leur Etat, sans qu'ils „ les puissent autrement exposer en „ vente ... ni tenir Montre d'Orfé- „ vrerie. “ *Layette* 21, *cotte* 1. Item, *Rec. pag.* 871, 872.

Le même Reglement fait voir que nos Orfévres entreprenoient réciproquement aussi sur l'Etat des Changeurs & sur celui des Affineurs: Ensorte que renfermant ceux-ci dans leurs justes bornes, comme on vient de le voir, il défend pareillement aux Orfévres de faire le Change, & d'affiner les Matieres. Mais depuis ce Reglement qui avoit été respectivement demandé par les Parties, il n'a plus gueres été question de ces entreprises réciproques. Nous rapporterons encore une Disposition là-dessus, quoique pour d'autres Articles beaucoup plus importans, l'Edit d'où elle est tirée, n'ait point été registré.

*Edit de Henry III. à Paris, au mois de Septembre* 1579. „ Défendons à tous les Changeurs, ensemble aux Affineurs & Départeurs d'or & d'argent, qu'ils n'entreprennent sur l'Etat desdits Orfévres & Joyailliers, & ne s'ingerent de vendre, ni tenir en leurs Montres & Boutiques, aucuns Ouvrages d'Orfévrerie; même sur peine de confiscation desdits Ouvrages, à quelque valeur & estimation qu'ils se puissent monter; & de cent écus d'amende pour chacune fois qu'ils seront trouvez faisant le contraire. “ *Layette* 2, *cotte* 24. Item, *Recueil, pag.* 133.

## ARTICLE VIII.

### *Commerce de la Pierrerie hors d'œuvre, libre aux Orfévres & Lapidaires.*

LE Commerce des Diamans & autres Pierres précieuses, brutes ou taillées, qui seront apportez par les Marchands Forains à Paris, sera & demeurera libre aux Marchands Orfévres-Joyailliers, & Maîtres Lapidaires; sans que lesdits Forains soient tenus de les faire visiter par lesdits Lapidaires, ni qu'iceux Lapidaires les puissent lottir entr'eux.

## *AUTORITEZ.*

Les Lapidaires érigez en Communauté Jurée dès l'an 1584, ne jouirent néanmoins paisiblement de leur Jurande qu'assez long-tems après, à cause de l'opposition que les Gardes de l'Orfévrerie avoient formée à ce nouvel Etablissement. Ils exerçoient cependant leur Profession en toute liberté, concurremment avec nos Orfévres; & ils étoient encore en cette situation, lorsqu'en 1613, ils obtinrent un Arrêt sur Requête au Conseil, le 4 May, qui défendoit à tous Marchands étrangers d'apporter, ni vendre dans le Royaume aucune Pierrerie taillée, sinon en Foire, à peine de mille livres d'amende & de confiscation. L'Arrêt ordonnoit de plus, qu'avant que la Pierrerie apportée en Foire pût être exposée en vente, elle seroit visitée *par les Jurez du Mêtier de Lapidaire suivant leurs Statuts.* Or, les Lapidaires prétendoient en vertu de ces mêmes Statuts, non-seulement visiter ces Marchandises, mais encore les Lottir entr'eux; ce qui étoit proprement vouloir s'emparer de tout le Commerce de la Pierrerie.

Mais pour maintenir la liberté de ce Commerce, nos Gardes s'opposerent à l'execution de l'Arrêt; & comme les Défenses qui y étoient portées, leur paroissoient d'ailleurs nuisibles à cette même liberté, ils demanderent aussi, qu'elles fussent levées. Surquoi intervint cet Arrêt qui forme notre Article:.

*Arrêt du Conseil d'Etat du Roy, rendu en forme de Reglement, entre le Corps de l'Orféverie & la Communauté des Lapidaires, le 16 Décembre 1614.*

„Le Roy en son Conseil, faisant droit sur ladite Instance, a ordonné que les Défenses portées par ledit Arrêt du 4 May 1613, tiendront sur les peines contenues en icelui; à la charge que le Commerce sera libre, tant ausdits Orfévres, que Lapidaires, desdits Diamans & autres Pierres fines, brutes & taillées, qui seront apportées en ladite Ville de Paris, par lesdits Marchands Forains, suivant ledit Arrêt; sans qu'ils soient tenus les faire visiter par lesdits Lapidaires, ni que lesdits Lapidaires les puissent Lottir entr'eux.“ (*Layette* 14, *cot.* 14 Item, *Recueil*, *pag.* 604.

ARTICLE

## ARTICLE IX.

*Lapidaires, ni Orfévres, ne seront Facteurs de Marchands étrangers.*

NE pourront, tant lesdits Lapidaires, qu'Orfévres-Joyailliers de la Ville de Paris, se rendre directement, ni indirectement Commissionnaires, ni Facteurs desdits Marchands étrangers; à peine de cinq cens livres d'amende.

### *AUTORITEZ.*

Cette disposition léve encore un autre moyen de gêner la liberté du Commerce de la Pierrerie apportée dans Paris par les Marchands étrangers. C'est la suite du Texte de l'Arrêt même qui déclare ce Commerce libre, & empêche la Visite & le Lotissement.

*Arrêt du Conseil d'Etat du Roy, du 16 Décembre* 1614. „Le Roy en son „Conseil... fait défenses respecti- „vement, tant ausdits Orfévres, que „Lapidaires, de se rendre Commis- „sionnaires desdits Marchands étran- „gers." *Layette* 14, *cotte* 14. Item, *Recueil, pag.* 604. L'Amende n'a été jointe à cette Défense que 17 ans après, par cet autre Arrêt:

*Arrêt du Parlement du 6 Septembre* 1631. „Défenses, tant ausdits Or- „févres, que Lapidaires, de se ren- „dre Facteurs, ni Commissionnaires „des Etrangers, directement ou in- „directement; à peine de cinq cens „livres d'amende." Ibid. *cotte* 20, *& Recueil, pag.* 628.

## ARTICLE X.

*Lapidaires ne vendront Pierrerie montée en œuvre.*

IL est défendu ausdits Lapidaires de vendre, ou exposer en vente, aucunes Pierreries montées & mises en œuvre; à peine d'amende & de confiscation: Et pourront seulement iceux Lapidaires, vendre les Pierres brutes ou taillées, & non-garnies.

## *AUTORITEZ.*

Voilà ce qui fut jugé en 1631, & à quoi se réduisit l'ancien Droit des Orfévres par l'évenement du Procès que le Corps soutenoit depuis environ cinquante ans, contre la nouvelle Communauté des Lapidaires.

Il est vrai que par la suite de cette longue Procédure, on voit que nos Orfévres se proposoient moins d'empêcher l'établissement de cette Communauté, que de se conserver leur ancienne faculté de tailler la Pierrerie, au moins concurremment avec les Lapidaires : Et c'est ce qui avoit été jugé par provision au Châtelet dès l'année 1605, en attendant le Jugement définitif de l'Instance au Parlement. Mais les Lapidaires se faisant un Principe du droit incontestable qu'ont les Orfévres de mettre seuls les Pierres en œuvre, argumentoient de cette faculté contre celle de les Tailler; & faisoient sonner bien haut dans leurs Ecritures l'interêt public qui, selon eux, ne souffroit pas qu'une Pierre pût être taillée & mise en œuvre d'une même main ; à cause, disoient-ils, des abus que ces deux Operations réunies pouvoient couvrir; & concluoient qu'en les divisant, il n'y auroit plus desormais rien de semblable à craindre.

D'ailleurs les Lapidaires prétendoient encore vendre la Pierrerie ainsi mise en œuvre par les Orfévres : Et le Prevôt de Paris le leur avoit même déjà permis dès l'année 1614, par une Sentence du 18 Juin, à l'occasion de saisies faites sur quelques Lapidaires par les Gardes de la Mercerie. Ceux-ci aussi interessez que nous à se pourvoir contre de telles prétentions, interjetterent appel de la Sentence, dans lequel les Gardes de l'Orfévrerie ne manquérent pas de se rendre Parties intervenantes : Et le Procès se trouvant enfin instruit après plusieurs années, le Parlement prononça définitivement sur le tout en 1631. La Taille des Pierres précieuses fut ôtée aux Orfévres & donnée aux seuls Lapidaires; dont l'Etablissement fut maintenu conformement à son érection : Et à l'égard de la faculté de vendre la Pierrerie en œuvre, & autrement, la Cour statua ce qui s'ensuit, & qui forme notre Article.

*Arrêt de la Cour de Parlement, contradictoirement rendu en la Chambre de l'Edit, le 6 Septembre 1631.* „ Notredite Cour... faisant droit, tant sur le Procès par écrit, qu'Intervention, a mis & met l'appellation & Sentence de laquelle a été appellé au néant, en ce que l'on [y] auroit permis aux Lapidaires d'exposer en vente toutes sortes de Pierreries garnies & mises en œuvre : En émendant quant à ce, a fait inhibitions & défenses ausdits Lapidaires d'exposer en vente aucunes Pierres garnies & mises en œuvre; ains seulement pourront vendre des Pierres brutes, taillées & non-garnies; à peine d'amende & de confiscation d'icelles. " *Layette* 14, *cotte* 20. Item, *Recueil, page* 628. *Du reste, voyez les Titres & Procedures de cette longue Affaire dans les Layettes* 14 *&* 15, *& dans le Sac n°.* 19 *de nos Archives.*

## ARTICLE XI.

### *Lapidaires ne mettront Pierrerie en œuvre.*

PAREILLES défenses sont faites ausdits Lapidaires de garnir, ou monter & mettre en œuvre, aucunes Pierreries en or & en argent; & ensemble à tous autres qu'ausdits Orféves-Joyailliers de le faire : à peine de trois mille livres d'amende, & de tous dépens, dommages & interêts.

### *AUTORITEZ.*

Les Lapidaires ne se souvenant plus qu'ils avoient fait ôter aux Orféves la faculté de tailler les Pierres précieuses, principalement à cause que les Orféves ont privativement à tous autres celle de les monter, ne laisserent pas de vouloir réunir en eux-mêmes ces deux Operations qu'ils avoient jugées si incompatibles dans les Orféves : Et le motif du Bien-public, dont ils s'étoient couverts pour argumenter ainsi lors de l'Arrêt de 1631, disparut bien-tôt pour faire place à leur interêt particulier. La faculté de mettre les Pierres en œuvre d'or & d'argent, ne leur sembla donc plus appartenir si absolument aux seuls Orféves, qu'ils ne crussent pouvoir en jouir aussi : Et quelques-uns d'entr'eux ayant été trouvez par nos Gardes, mettant effectivement de la Pierrerie en œuvre, non-seulement leurs Jurez soutinrent qu'ils avoient ce droit, mais prétendirent même s'y faire maintenir au Conseil où la contestation fut portée, & où elle fut ainsi contradictoirement jugée :

*Arrêt du Conseil d'Etat du Roy, rendu entre les Orféves & les Lapidaires, le 28 Janvier 1673.* „ Le « Roy en son Conseil, faisant droit « sur l'Instance, sans s'arrêter .... « aux Requêtes desdits Lapidaires, « afin d'être maintenus en la faculté « de mettre en œuvre les Pierreries... « a fait inhibitions & défenses ausdits « Lapidaires de garnir & mettre en « œuvre aucunes Pierreries en or & « en argent, & à tous autres qu'aux « Orféves; à peine de trois mille « livres d'amende, & de tous dépens, « dommages & interêts : Et en cas « de contravention, les Parties se « pourvoîront pardevant le Prevôt « de Paris, & par appel au Parlement « &c. " *Layette* 15, *cotte* 32. Item, *Recueil, pag.* 650. *Voyez sur cette affaire les cottes depuis* 24, *jusqu'à* 32 *de cette Layette ; & les Mémoires & Procedures dans le Sac, n°.* 19.

## ARTICLE XII.

*Facultez des Fourbisseurs dans l'emploi des Matieres d'or & d'argent.*

LEs Maîtres Fourbisseurs de la Ville de Paris, pourront faire & façonner en or & en argent des Gardes d'Epées & de Poignards; à la charge par eux d'acheter des Marchands Orfévres l'or & l'argent massif qu'ils voudront employer à leurs Ouvrages; & sans qu'ils se puissent servir de Compagnons Orfévres.

### AUTORITEZ.

Nous avons déjà observé que la Communauté des Maîtres Fourbisseurs ayant obtenu des Lettres Patentes en 1627, qui leur donnoient le droit d'employer l'or & l'argent à leurs Ouvrages, nos Gardes furent déboutez de leur opposition à la verification de ces Lettres au Parlement en 1632. Or, l'Arrêt qui intervint, permit donc aux Fourbisseurs de jouir de la faculté portée en leurs nouveaux Statuts; mais sous certaines conditions, ainsi qu'il ensuit :

*Arrêt de la Cour du Parlement, rendu entre les Orfévres & les Fourbisseurs, le 14 Août 1632.* „ La Cour... faisant droit sur l'Instance d'opposition desdits Maîtres & Gardes de l'Orfévrerie à la verification des Lettres Patentes du mois d'Avril 1627... a débouté & déboute lesdits Maîtres & Gardes de l'Orfévrerie de leur susdite opposition... A permis & permet ausdits Fourbisseurs de faire & façonner les Gardes d'Epées & Poignards, en la forme portée par leurs nouveaux Statuts : A la charge toutefois que lesdits Fourbisseurs seront tenus d'acheter des Orfévres l'or & l'argent massif qu'ils voudront employer à leurs Ouvrages; & sans que lesdits Fourbisseurs se puissent servir de Compagnons Orfévres. " *Layette* 18, *cotte* 7. Item, *Recueil imprimé, page* 796.

## ARTICLE XIII.

*Devoirs des Fourbisseurs dans l'usage de leurs facultez.*

LESDITS Fourbisseurs seront tenus d'employer l'or & l'argent aux Titres & dans les Remedes portez par les Ordonnances : d'avoir un Poinçon pour marquer leurs Ouvrages ; & d'envoyer leursdits Ouvrages au Bureau des Marchands Orfévres pour y être essayez & Contremarquez par les Gardes de l'Orfévrerie.

## *AUTORITEZ.*

Les nouveaux Statuts des Fourbisseurs, ni l'Arrêt du 14 Août 1632, ne marquent pas précisément à quels Titres les Fourbisseurs devoient employer l'or & l'argent à leurs Ouvrages. Il est vrai que l'Arrêt les obligeant de prendre ces Matieres chez les Orfévres, sembloit assez en dénoter la qualité : Mais comme ils ne marquoient point encore leurs Ouvrages, le Titre pouvoit facilement en être alteré : Et en effet, le Foiblage que nos Gardes y trouvoient assez frequemment dans leurs Visites, demandoit qu'il fût statué plus précisément sur ce point. C'est ce que la Cour des Monoyes fit en 1670, par cette Disposition :

*Arrêt de la Cour des Monoyes du 13 Décembre 1670.* „ La Cour..... „ faisant droit sur les conclusions du „ Procureur General, fait défenses à „ tous Fourbisseurs de tenir en leurs „ Boutiques, ni vendre aucuns Ou- „ vrages d'or ou d'argent qu'ils ne „ soient au Titre porté par l'Or- „ donnance : sçavoir ; l'or, à vingt-un „ karats trois quarts au moins ; & „ l'argent, à onze deniers dix grains „ au moins, dont ils demeureront „ responsables. " *Layette 18, cotte 12.* Item, *Recueil, p. 806.*

Le meilleur moyen de faire garder ces Défenses auroit été d'ordonner en même tems que les Ouvrages des Fourbisseurs seroient desormais marquez ; & c'est toutefois ce que l'Arrêt ne fit point. Mais huit ans après, les Fourbisseurs se portérent d'eux-mêmes à l'établissement de ce moyen. En 1678, ils demandérent à la Cour des Monoyes, qu'il leur fût permis d'avoir un Poinçon commun dont leurs Ouvrages en particulier pussent être Contremarquez. Mais la Cour, qui étoit bien éloignée d'introduire un second Poinçon de Contre-marque pour quelques especes d'ouvrages d'or & d'argent que ce pût être dans Paris, jugea qu'il falloit que ceux des Fourbisseurs fussent portez au Bureau de l'Orfévrerie : & en ayant fait faire aussi-tôt la proposition à nos Gardes, il fut arrêté dans une Assemblée des Anciens, tenue à ce sujet le 10 Septembre, que les Ouvrages des Fourbisseurs seroient essayez & Contremarquez dans la Maison commune ; à condition que pour cet effet chaque Fourbisseur auroit son Poinçon particulier, ou Poinçon de Maître, different de celui des Orfévres. 5. *Regist. des Déliber. fol. 5.* Et c'est ce qui fut statué par le Reglement general, l'année suivante, en ces termes :

*Reglement general du 30 Décembre 1679.* ART. XVII. „ Seront les

„ Arrêts & Reglemens concernant „ l'Orfévrerie executez de point en „ point, selon leur forme & teneur ; „ & en ce faisant, seront.... lesdits „ Fourbisseurs..... qui employent „ les Matieres d'or & d'argent, te- „ nus de faire leurs Ouvrages au Ti- „ tre & dans les Remedes portez par „ les Ordonnances.... lesquels Four- „ bisseurs seront aussi tenus d'en- „ voyer leurs Ouvrages à la Mar- „ que [ au Bureau des Orfévres.] Et „ seront les Délinquans tant au Titre „ que pour le défaut de Marque & „ de la Contre-marque, condamnez „ en cinquante livres d'amende pour „ la premiere fois, outre la confis- „ cation des Ouvrages: en cent livres „ pour la seconde fois ; & seront in- „ terdits de la Maîtrise à la troisiéme „ fois : sans que lesdites peines puis- „ sent être remises ni moderées sous „ quelque prétexte que ce soit. “ *Layet.* 3, *cot.* 42. Item, *Rec. p.* 185.

Au-reste les Poinçons particuliers que les Fourbisseurs prirent pour marquer leurs Ouvrages furent distinguez de ceux des Orfévres en ce qu'ils n'ont point de Grains de Remede. Cette difference, ou quelqu'autre, se doit trouver aussi dans les Poinçons qui ont été pareillement ordonnez aux Graveurs & aux Horlogers, desquels nous allons parler : & cette difference doit être mise, afin que l'on puisse connoître par l'empreinte de ces divers Poinçons de Maîtres, si ceux qui ont droit de s'en servir, se contiennent dans les bornes qui leur sont prescrites, & s'ils ne s'émancipent point à faire d'autres Ouvrages que ceux qu'il leur est permis de fabriquer. Il faut d'ailleurs que tous ces Poinçons soient Insculpez en notre Bureau, comme ceux des Orfévres mêmes ; puisqu'ils doivent être également connus des Gardes, & qu'autrement, les Ouvrages de ceux à qui ils appartiennent, pourroient être legitimément refusez à la Marque.

## ARTICLE XIV.

### *Facultez & Devoirs des Graveurs dans l'employ des Matieres d'or & d'argent.*

IL sera permis aux Maîtres Graveurs de la Ville de Paris de fabriquer en or & en argent des Sceaux & Cachets seulement : à la charge par eux d'en acheter la Matiere chez les Marchands Orfévres ; de l'employer aux Titres portez par les Ordonnances, & d'avoir un Poinçon particulier pour marquer leurs Ouvrages.

## *AUTORITEZ.*

Jusque dans les commencemens du siecle dernier, il n'avoit point encore été question de Particuliers établis & autorisez sous le Titre de *Graveurs* dans Paris; & l'on n'en connoissoit de tels que ceux qui étoient employez dans l'Hôtel des Monoyes à graver les Matrices & Quarrez d'acier pour la fabrique des Especes, Medailles & Jettons. Du reste, le Talent de la Gravûre sur l'or & l'argent étoit essentiellement dépendant de l'Art d'Orfévrerie; comme celui de tailler les Pierres précieuses avoit toujours été uni à cette autre partie du même Art qui concerne la Joyaillerie: Et de même que nos Orfévres avoient occupé des Compagnons à la Taille de la Pierrerie, ils en occupoient aussi à la Gravûre de leurs Ouvrages.

Mais ceux-ci encouragez peut-être par le succès des autres, songérent à se faire ériger aussi-bien qu'eux, en Communauté, avec Maîtrise & Jurande à Paris. Ayant formé ce dessein en 1629, ils se rassemblérent au nombre de vingt, & commencérent par se dresser des Statuts où ils prirent le Titre de *Tailleurs-Graveurs en or, argent & tous autres Métaux;* & noubliérent pas d'y mettre, qu'il ne seroit permis qu'à eux de Graver *Sceaux*, *Cachets*, *Chiffres*, & generalement tous autres Ouvrages concernant leur Art: comme aussi de s'attribuer la faculté de fondre & fabriquer des *Sceaux & Cachets en or & en argent;* avec défenses à tous autres qu'eux de mettre *étalage de Graveur, ni Tableaux où il y eut Empreintes de Sceaux & Cachets:* Ce qui étoit en effet, l'Etalage de ceux de nos Orfévres qui s'adonnoient uniquement à la Gravûre des Sceaux & Cachets. *Layette* 22, *cot.* 1. Item, *Recueil*, *p.* 888 *& suivantes.*

Leurs Statuts ainsi dressez, furent autorisez par des Lettres Patentes d'Erection expediées au mois de May 1631, & adressées à la Cour des Monoyes. Les Gardes de l'Orfévrerie en ayant eu communication, formérent leur opposition à la Verification des Lettres; & en appointant les Parties sur l'Opposition, la Cour des Monoyes ne laissa pas de donner la Provision aux nouveaux Graveurs. Mais comme l'Erection de leur Communauté ne pouvoit être régulierement faite sans l'autorité du Parlement, ils furent obligez d'obtenir de nouvelles Lettres au mois de Juin 1660, adressées à ce Tribunal, où nos Gardes les suivirent. Mais il en arriva à l'égard des Graveurs, comme à l'égard des Lapidaires. Leur Etablissement fut définitivement maintenu en 1665, en y apposant seulement quelques conditions, ainsi qu'il ensuit:

*Arrêt du Parlement du 22 May 1665, entre les Orfévres & les Graveurs.* „ Dit a été que la Cour, faisant droit sur le tout; sur les oppositions à l'Enrégistrement desdites Lettres & Statuts desdits Graveurs, a mis & met les Parties hors de Cour & de Procès: Pourront néanmoins lesdits Orfévres graver &c. " [comme on le va dire dans l'Article suivant.] Fait défenses ausdits " Graveurs de fabriquer autres Ou-

„ vrages [d'or & d'argent] que „ Sceaux & Cachets; & de fondre „ ailleurs qu'en Boutique ouverte, „ conformement aux Ordonnances & „ Reglemens: & enjoint à eux de „ prendre la Matiere pour la fabrique „ de leurs Ouvrages chez les Orfé- „ vres, & de l'employer au Titre de „ Paris &c. " *Layette* 22, *cotte* 8. Item, *Recueil*, *pag.* 905.

A l'égard des Poinçons de Maîtres, ce n'a été qu'en 1722 que la Cour des Monoyes a permis ou ordonné aux Graveurs d'en avoir pour marquer leurs Ouvrages, par cet Arrêt.

*Arrêt de la Cour des Monoyes, du 6 Juin* 1722. „ La Cour a permis " & permet aux Maîtres de la Com- " munauté des Graveurs de cette " Ville de Paris, d'avoir un Poin- " çon pour marquer les Ouvrages " d'or & d'argent qu'ils fabrique- " ront; à la charge par eux de les " faire insculper sur une Table de " cuivre qui sera à cet effet dépo- " sée au Greffe de la Cour. "

## ARTICLE XV.

### *Facultez conservées aux Orféures en fait de Gravûre.*

POURRONT les Maîtres & Marchands Orfévres continuer de Graver les Sceaux & Cachets, & toutes sortes d'Ouvrages d'Orfévrerie qu'ils auront faits; comme aussi de faire & Graver en creux & de relief, toutes sortes de Poinçons & Lames d'acier, à droit ou autrement, qui leur seront necessaires pour la Fabrique & Ornemens de leurs Ouvrages.

### *AUTORITEZ.*

Le Talent de Graver est si essentiel à l'Art d'Orfévrerie, qu'avec tous leurs efforts les nouveaux Graveurs ne purent l'enlever aux Orfévres, comme les Lapidaires avoient fait de celui de la Taille des Pierres; mais seulement le partager avec eux. Ce partage, quoique moins favorable d'abord à nos Orfévres, fut fait par l'Arrêt même qui mit les Graveurs en jouissance de leurs Statuts.

*Arrêt du Parlement, du 22 May* 1665. „ La Cour faisant droit sur " les oppositions à l'enregistrement " desdites Lettres & Statuts desdits " Graveurs, a mis & met les Parties " hors de Cour & de Procès; pour- " ront néanmoins lesdits Orfévres, " Graver toutes sortes d'Ouvrages " d'Orfévrerie qu'ils auront faits; " même des Sceaux & Cachets, sans " qu'ils puissent toutefois employer à "

„ leur

„ leur Gravûre des Compagnons „ Graveurs, & avoir Etalages & „ Tableaux d'Empreintes concernans la Gravûre, ni graver Poinçons d'acier autres que ceux qui „ portent leur Marque ou le Titre de „ Paris. « *Layette* 22, *cotte* 8. Item, *Recueil, pag.* 905.

Cet Arrêt qui en matiere de Gravûre sur l'acier, réduisoit les Orfévres à graver seulement leurs Poinçons de Maîtres & celui de la Contre-marque ; leur ôtoit la faculté qu'ils avoient toujours eue de Graver eux-mêmes les autres Poinçons & Quarrez necessaires pour frapper & estamper les Ornemens convenables à la perfection de leurs Ouvrages. Cette faculté étoit si naturelle aux Orfévres, que l'un d'eux nommé de Laon, croyant pouvoir continuer d'en jouir depuis l'Arrêt, se mit à graver l'année suivante une Feuille sur un Quarré d'acier, dont il avoit besoin. Les Jurez Graveurs ne manquérent pas de saisir cet Outil : Et quoiqu'ensuite la saisie eût été déclaré injurieuse & tortionnaire par Sentence du Prevôt de Paris, du 4 Novembre 1670, laquelle maintînt les Orfévres en la possession où ils avoient toujours été de graver ces sortes d'Ouvrages ; elle fut néanmoins cassée par Arrêt du Parlement, du 4 Août 1676. *Layette* 22, *cotte* 17 & 19. Mais trois ans après, le Reglement general rétablit disertement cette faculté aux Orfévres, en statuant de nouveau sur celle qui leur est conservée en fait de Gravûre.

*Reglement general du* 30 *Decembre* 1679. ART. XVI. „ Pourront lesdits Orfévres, continuer de graver « toutes sortes d'Ouvrages d'Orfévrerie, Sceaux & Cachets ; faire « & graver en creux & de relief, toutes sortes de Poinçons & Lames « d'acier, à droit ou autrement, « qui leur seront necessaires pour la « fabrique & Ornemens de leurs Ouvrages ; le tout sans s'arrêter aux « Arrêts du Parlement, des 22 May « 1665, & 4 Août 1676. " *Layette* 3, *cotte* 42. Item, *Rec. p.* 185.

En vertu de la premiere partie de cet Article, nos Orfévres crurent n'être plus restraints à la Gravûre seulement des Ouvrages d'Orfévrerie qu'ils auroient faits eux-mêmes ; & qu'ils pouvoient réciproquement graver & Armoirier les Ouvrages les uns des autres : Cependant les Jurez Graveurs se prévalant de la Disposition de l'Arrêt de 1665 là-dessus, à laquelle ils prétendoient que celle du Reglement ne donnoit aucune atteinte, ils obtinrent en effet, une Sentence de Police, le 25 Octobre 1686, laquelle défendit à tous Orfévres de graver *autres Ouvrages que ceux qu'ils auroient faits, & qui seroient marquez à leurs Poinçons.* Et la Sentence fut contradictoirement confirmée par Arrêt du Parlement, le 6 Août de l'année suivante. *Layette* 22, *cotte* 17 & 21. Item, *Recueil*, *pages* 920 & 929.

## ARTICLE XVI.

### *Facultez des Horlogers dans l'emploi des Matieres d'or & d'argent.*

IL sera permis aux Maîtres Horlogers de ladite Ville de Paris, de fabriquer des Boëtes, ainsi que toutes sortes d'Ornemens d'or & d'argent, pour leurs Montres & Horloges : & ne pourront néanmoins employer des Compagnons Orfévres, ni enrichir de Pierrerie aucune de leursdites Boëtes ; à peine de confiscation & d'amende.

### *AUTORITEZ.*

Les Statuts donnez aux Maîtres Horlogers de Paris en 1544, ne marquoient pas clairement qu'ils pussent employer l'or & l'argent à leurs Boëtes de Montres & autres Ornemens de leurs Ouvrages d'Horlogerie : Cependant ils le firent tout communément par la suite ; & nous ne trouvons pas que les Gardes de l'Orfévrerie ayent voulu les en empêcher avant l'an 1624. L'ayant donc tenté pour lors, en saisissant un nombre de Boëtes de Montres d'or & d'argent chez des Horlogers, le Prevôt de Paris jugea en faveur de ceux-ci : Et sur l'appel de la Sentence, le Parlement donna cet Arrêt en forme de Reglement.

*Arrêt de la Cour de Parlement, du 15 May 1627.* „ Notredite Cour ... „ faisant droit... a maintenu & gardé, maintient & garde lesdits Maîtres Horlogers au droit de pouvoir faire toutes sortes de Boëtes d'or & d'argent pour les Montres sonnantes & autres de leurs Ouvrages .... Fait défenses ausdits Horlogers d'user de la Fonte & du Fourneau, & d'employer des Compagnons Orfévres pour faire lesdites Boëtes; ni d'en faire d'or émaillé, & d'exposer en vente Montres sonnantes ou autres à Boëtes enrichies de Pierreries; à peine de confiscation, & de quarante livres Parisis d'amende. " *Lay. 19, cotte* 4.

Comme il étoit difficile de concilier la faculté de travailler en or & en argent, dans laquelle ce premier Reglement maintenoit les Horlogers, avec la défense qui leur y étoit faite de se servir de Fourneaux si necessaires pour cela, ils firent lever cette défense, & même celle de faire des Boëtes émaillées & gravées, par un nouveau Reglement qu'ils obtinrent contradictoirement au Conseil, en 1643.

*Arrêt du Conseil Privé du Roy, du 8 May* 1643. „ Le Roy en son Con-„ seil faisant droit sur l'Instance, a „ maintenu & gardé, maintient & „ garde lesdits Horlogers, au pou-„ voir & faculté de faire, vendre & „ débiter toutes sortes de Boëtes „ d'or & d'argent émaillées & gra-„ vées, avec toutes sortes d'Orne-„ mens pour leurs Montres & Hor-„ loges... Pourront lesdits Horlo-„ gers avoir Fourneaux en leurs „ Boutiques seulement, & en lieu „ public pour leurs Ouvrages." *Lay.* 19, *cotte* 4. Item, *Recueil, pages* 827, 828.

A l'égard des défenses faites aux Horlogers par le Reglement de 1627, d'employer des Compagnons Orfévres, elles ont été réiterées en 1671, en ces termes :

*Arrêt du Conseil Privé du Roy, du* 11 *Septembre* 1671, *entre les Horlogers & les Orfévres.* „ Le Roy en " son Conseil... fait défense ausdits " Maîtres Horlogers de se servir " d'autres que de Compagnons Hor- " logers pour la fabrique de leurs " Boëtes; sous les peines portées " par l'Arrêt du 15 May 1627." *Lay.* idem, *cotte* 11, *& Rec. pag.* 840.

## ARTICLE XVII.

### *Devoirs des Horlogers dans l'usage de leurs Facultez.*

SERONT lesdits Horlogers de Paris, tenus d'acheter des Orfévres de ladite Ville, & non d'autres, les Matieres d'or & d'argent pour la fabrique de leurs Ouvrages; d'employer lesdites Matieres aux Titres prescrits par les Ordonnances; d'avoir chacun leur Poinçon particulier, dont ils marqueront leursdits Ouvrages, & d'envoyer iceux Ouvrages au Bureau de l'Orfévrerie, pour y être Essayez & Contre-marquez.

### *AUTORITEZ.*

Ces differens devoirs des Horlogers ne leur ont été prescrits que successivement par les Reglemens qui suivent, & dont les Dispositions de quelques-uns viennent d'être citées à d'autres égards.

*Arrêt de la Cour de Parlement, du* 15 *May* 1627. „ Seront lesdits " Maîtres Horlogers [ de Paris ] te- " nus acheter des Orfévres de notre- " dite Ville, & non d'autres, l'or & " l'argent en plaques pour faire les- " dites Boëtes. " *Layet.* 19, *cotte* 4.

*Arrêt du Conseil Privé du Roy, du*

8 *May* 1643. „ Le Roy en son Conseil ... maintient & garde lesdits „ Horlogers au pouvoir & faculté „ &c. à la charge qu'ils ne pourront „ acheter l'or & l'argent pour travailler que desdits Orfévres, & non „ d'autres ; & qu'ils travailleront au „ même Titre que sont obligez les „ Maîtres Orfévres, sur les peines „ portées par les Ordonnances : Et „ à cette fin seront tenus de mettre „ leur nom sur leurs Boëtes & Ouvrages pour en répondre en leur „ propre & privé nom." *Layette* idem, *cotte* 8, & *Rec. p.* 827.

*Arrêt de la Cour des Monoyes, du* 8 *Juillet* 1643. „ La Cour a ordonné „ & ordonne que ... jusqu'à ce qu'il „ soit plus amplement pourvû à la sureté publique, si faire se doit, lesdits Horlogers auront chacun un „ Poinçon portant telle marque qu'ils „ voudront choisir, dont ils seront „ tenus marquer les Boëtes de leurs „ Ouvrages ; lesquels Poinçons ils „ insculperont à une Table de cuivre „ qui sera mise au Greffe de ladite „ Cour. " *Layette & cotte* idem, & *Rec. pag.* 830.

*Reglement general du* 30 *Décembre* 1679. ART. XVII. „ Seront les Arrêts & Reglemens, concernant l'Orfévrerie, executez de point en point " selon leur forme & teneur ; & en ce " faisant, seront lesdits ... Horlogers ... qui employent les Matieres d'or & d'argent, tenus de faire " leurs Ouvrages au Titre & dans les " Remedes portez par les Ordonnances ... Et seront les Délinquans, " tant au Titre, que pour le défaut " de Marque &c. " [ mêmes peines que ci-dessus à l'égard des Fourbisseurs, *Article* 13 de ce Titre. ] *Lay.* 3, *cotte* 42. Item, *Rec. pag.* 185.

*Arrêt du Conseil d'Etat du Roy, du* 5 *May* 1722. „ Le Roy en son " Conseil, faisant droit ... a ordonné " & ordonne que les Maîtres Horlogers seront tenus de porter leurs " Ouvrages d'or & d'argent au Bureau de la Maison commune des " Orfévres, pour y être les Essais " faits par lesdits Orfévres ... pour " après lesdits Essais faits, & reconnus au Titre, être les Ouvrages " marquez du Poinçon de la Maison " commune &c. " *Layet.* 3, bis, *cot.* 13.

## ARTICLE XVIII.

### *Devoirs des Fondeurs à l'égard des Matieres d'or & d'argent qui leur sont données à Fondre.*

LEs Maîtres Fondeurs ne fondront aucuns Ouvrages d'or & d'argent qui ne soient au Titre, & seulement pour les Orfévres & autres qui ont droit d'employer ces Matieres ; à l'effet de quoi ne pourront lesdits Fondeurs recevoir lesdites Matieres, sinon en masse ou Lingot, duement marquées du Poinçon de celui qui les aura données: Et seront en outre iceux Fondeurs, tenus de conserver l'Empreinte dudit Poinçon pendant dix jours, pour être representée en cas de saisie des Ouvrages fondus; à peine de confiscation & d'amende.

## *AUTORITEZ.*

Quoique les Maîtres Fondeurs en cuivre n'ayent jamais eu aucun droit de fondre en or & en argent, il paroît néanmoins que les Gardes de l'Orfévrerie ont toujours souffert qu'ils le fissent; mais seulement pour les Orfévres, & pour les autres qui ont la faculté d'employer ces Matieres: Et delà vient le Droit que les Gardes ont aussi toujours eu de Visiter leurs Fonderies & Ouvrages: Droit dautant plus naturel, qu'en l'exerçant ainsi chez les Fondeurs, ils ne font que suivre les Matieres & Ouvrages de leurs propres Confreres, & d'autres, également sujets à leur inspection, quelque part que ces Ouvrages se trouvent.

Toutefois en 1645, ils parûrent vouloir priver les Fondeurs d'une faculté qu'ils n'exerçoient que par tolerance, comme ils font encore aujourd'hui. Car ayant saisi alors chez un Fondeur trois à quatre marcs d'argent qu'un de nos Orfévres lui avoit confiez pour fondre quelques Pieces de Garnisons, ce fut à quoi ils conclûrent en faisant leur Rapport de la saisie au Châtelet. En effet, la Sentence qui intervint, fit défense au Fondeur de plus fondre en or & en argent; & à l'Orfévre, de lui confier des Matieres, ni à aucun autre Fondeur à l'avenir; à peine d'amende arbitraire. *Layette* 20, *cotte* 2. Item, *Rec. p.* 845.

Mais ces Défenses qui n'étoient pas prononcées en forme de Reglement, ni d'une maniere assez generale avec toutes les Parties interessées, pour pouvoir être gardées, ne le furent point en effet. D'ailleurs, comme il n'y avoit apparemment aucun Orfévre dans le Corps qui voulût se mettre à Mouler pour ses Confreres, & qu'il a toujours été utile à tous que quelqu'un le fit pour accelerer le travail des Ouvrages d'Orfévrerie; on crut qu'il n'y auroit pas d'inconvenient à continuer d'employer les Fondeurs, en prenant toutefois là-dessus les mesures qui seroient jugées convenables au bien de notre Police.

L'occasion s'en presenta dès l'année suivante 1646. Un Fondeur qui demeuroit dans l'enclos du Palais, ayant été dénoncé aux Gardes, comme fondant des Ouvrages à bas Titre, & pour toutes sortes de personnes indistinctement, ils le saisirent; & conclurent devant le Bailly du Palais à ce qu'il fût défendu à ce Fondeur de se mêler de fondre en or & en argent, sinon seulement pour ceux qui ont droit d'employer ces Matieres; que pour connoître s'il ne le feroit point pour d'autres à l'avenir, il lui fût ordonné de tenir Regiſtre exact de toutes ſes Fontes & livraiſons, pour être repreſenté de mois en mois aux Gardes de l'Orfévrerie; & qu'il fût tenu de ne fondre deſormais que des Matieres au Titre de l'Ordonnance. Or, c'eſt ſur quoi le Bailly du Palais prononça par ſa Sentence du 9 Juin: Et tels furent les premiers veſtiges des devoirs impoſez aux Fondeurs en les tolerant dans l'uſage de fondre les Matieres d'or & d'argent. *Lay.* 20, *cot.* 3; *& Rec. p.* 846.

On n'obtint rien de plus general, ni de mieux autoriſé juſqu'en 1670, que la Cour des Monoyes ſtatua ſur cette matiere en forme de Reglement, à l'occaſion de certaines Gardes d'Epées à bas Titre, ſaiſies par les Gardes de l'Orfévrerie chez un Fondeur; & par lequel Reglement la Cour preſcrivit un moyen éficace de garder la pureté du Titre des Matieres dans les Ouvrages jettez en fonte.

*Arrêt de la Cour des Monoyes, du* 13 *Décembre* 1670. „ La Cour faiſant droit ſur les Concluſions du „ Procureur General, fait défenſes... „ aux Fondeurs de fondre aucunes „ Matieres d'or ou d'argent pour les „ Ouvrages deſdits Fourbiſſeurs, „ Orfévres & autres, qu'elles ne „ ſoient en maſſe ou lingot, marquées „ du Poinçon de l'Orfevre, Affineur ou autres qui les auront ven„ dues; laquelle Marque ſera con„ ſervée par leſdits Fondeurs pen„ dant ſix mois, pour être par eux „ repreſentée, en cas de ſaiſie des „ Ouvrages provenus deſdites Fon„ tes: Autrement & à faute de ce, „ que leſdits Fondeurs demeureront „ reſponſables du Titre deſdits Ou„ vrages. Ordonne que ... le preſent Arrêt ſera lû & publié dans les " Chambres communes deſdits Maî- " tres Orfévres & Fondeurs, en pre- " ſence du Conſeiller Rapporteur. " *Layette* 20, *cotte* 4. Item, *Recueil, page* 850.

Le Reglement general ſurvenu depuis, aſſujettit nommément les Fondeurs, comme tous ceux qui ont droit d'employer les Matieres d'or & d'argent, à faire leurs Ouvrages au Titre & dans les Remedes portez par les Ordonnances. ART. XVII.

Mais un nouvel Arrêt de la Cour des Monoyes prononçant en conformité de celui du 13 Décembre 1670, a réduit à dix jours le délai trop long de ſix mois, pendant lequel les Fondeurs devoient garder le Poinçon des Matieres qui leur ſont confiées; & a également défendu aux Orfévres & autres, de les leur donner, comme à eux de les recevoir, qu'elles ne ſoient ainſi en lingot & duement Poinçonnées, & ſous de nouvelles peines, en ces termes:

*Arrêt de la Cour des Monoyes, du* 21 *May* 1704. „ La Cour, fai- " ſant droit ſur le Requiſitoire du " Procureur General, ordonne que " les Arrêts de la Cour des 13 " Décembre 1670, 18 Décem- " bre 1679, & 22 Décembre " 1698, [ qui tous avoient ſtatué " ſur cette Matiere ] ſeront exe- " cutez; & en conſequence, fait " défenſes aux Maîtres Orfévres & " autres de donner aucunes Matieres " d'or & d'argent aux Maîtres Fon- " deurs, & auſdits Fondeurs de les " recevoir, qu'en maſſe & en lingot, " qui ſera marqué du Poinçon deſ- "

„ dits Orfévres ou autres : laquelle „ Marque leſdits Fondeurs ſeront „ tenus de conſerver pendant dix „ jours, pour être repreſentée en cas „ de ſaiſie ; à peine de confiſcation „ deſdites Matieres d'or & d'argent, & de cinquante livres d'amende. " Ordonne que le preſent Arrêt ſera " lû & publié en la Chambre commune des Orfévres, & [en celle] " des Fondeurs. " *Archives, Layette* 3, bis, *cotte* 5.

## ARTICLE XIX.

### *Lieux & Heures du travail de tous ceux qui employent les Matieres d'or & d'argent.*

SERONT leſdits Fondeurs, Fourbiſſeurs, Horlogers & Graveurs, tenus d'avoir, comme les Orfévres, leurs Forges & Fourneaux ſcellez en plâtre dans leurs Boutiques & ſur rue publique : Et défenſes à eux, à peine de punition exemplaire, de fondre, ni travailler ailleurs qu'en leurſdites Boutiques, ſous quelque prétexte que ce ſoit, & hors les heures portées par les Ordonnances.

### *AUTORITEZ.*

Ces devoirs leur ſont preſcrits à tous également, comme aux Orfévres, & par les mêmes motifs de précaution & d'interêt du Bien-public que vous pouvez relire, ſous les Articles II. & III. du Titre VI. ci-deſſus. Nous avons déjà vû que l'Arrêt du Conſeil du 8 May 1643, en permettant aux Horlogers d'avoir des Fourneaux pour leurs Ouvrages, veut qu'ils ſoient *en leurs Boutiques ſeulement, & en lieu public* : Et que l'Arrêt du Parlement du 22 May 1665, fait défenſes aux Graveurs de *fondre* leurs Sceaux & Cachets *ailleurs qu'en Boutique ouverte, conformement aux Ordonnances.* Mais le Reglement general a ſtatué de nouveau là-deſſus, à l'égard de tous ceux qui employent les Matieres d'or & d'argent, en les aſſujettiſſant aux mêmes devoirs que les Orfévres, par cette Diſpoſition qui forme notre Article.

*Reglement general du* 30 *Décembre* 1679. ART. XVIII. „ Seront leſ- " dits Orfévres, Horlogers, Fon- " deurs, Fourbiſſeurs & autres, qui " employent leſdites Matieres, te- " nus ſuivant l'Article VIII. de l'Or- " donnance de 1506, & l'Article X. " du Reglement du mois de Mars " 1554, d'avoir leurs Forges & " Fourneaux ſcellez en plâtre dans " leur Boutique, & ſur rue, Défen- "

„ ies à eux, à peine de punition exemplaire, de fondre & de travailler „ ailleurs qu'en leursdites Boutiques, „ sous quelque prétexte que ce soit, & aux heures portées par les Ordonnances. " *Layette* 3, *cotte* 42. Item, *Recueil des Ordonnances*, *pag.* 186.

## ARTICLE XX.

### *Facultez & Devoirs des Boutonniers en ce qui concerne les Boutons d'Orfévrerie sur moule de bois.*

LEs Maîtres Passementiers-Boutonniers auront la faculté de vendre, concurremment avec les Marchands Orfévres, des Boutons formez d'une calotte d'or ou d'argent, estampée & soutenue d'un moule de bois, & même d'appliquer ces calottes sur lesdits moules; à la charge par eux d'acheter des Orfévres lesdites calottes toutes estampées, perfectionnées & marquées, s'il est possible, du Poinçon de l'Orféve qui les aura vendues: Comme réciproquement les Orfévres acheteront des Boutonniers ou autres, les moules de bois, dont ils auront besoin pour la fabrique desdits Boutons; & sera tenu Registre de part & d'autre desdites ventes & achats.

### *AUTORITEZ.*

Les Passementiers - Boutonniers de Paris, sont les derniers qui ayent obtenu la faculté de faire aussi quelque portion, sinon de l'Art d'Orfévrerie, comme ils le prétendoient, du moins, de son Commerce. Les Boutons dont il s'agit, étant devenus fort en vogue dans les premieres années de ce siécle, ils se crurent seuls en droit d'en faire, encore que ce ne soit point Ouvrage de Passementerie, & qu'ils puissent être censez Boutons d'Orfévrerie, à cause de la calotte solide d'or ou d'argent, dont ils sont formez. Par cette raison, nos Orfévres se mirent aussi à en faire, quoique le moule de bois sur lequel la calotte s'applique, dépende du fait des Boutonniers. Or, ces prétentions & ces entreprises respectives, attirérent bien-tôt des Visites & saisies réciproques des uns sur les autres: Mais sur l'appel des Sentences rendues entre les Parties, le Parlement

lement termina leurs contestations par Arrêt rendu en forme de Reglement, dont la teneur s'ensuit :

*Arrêt de la Cour de Parlement, du 29 Juillet 1711, entre les Gardes de l'Orfévrerie ; les Jurez Boutonniers, & divers Particuliers saisis, Orféves & Boutonniers.* „ Notredite Cour, „ ayant aucunement égard aux Re- „ quêtes des Parties, a mis & met les „ appellations, & ce dont a été ap- „ pellé, au néant ; émendant, permet „ aux Parties de Secousse [les Gardes „ de l'Orfévrerie] & de Gin [les „ Orféves saisis par les Jurez Bou- „ tonniers] de fabriquer, appliquer „ & vendre les Boutons à calotte d'or „ & d'argent, soutenus d'un moule „ de bois ; à la charge d'acheter les- „ dits moules de bois chez les Parties „ de Gondouin & de Macé [la Com- „ munauté des Boutonniers, & Particuliers de cette Communauté saisis " par nos Gardes] ou autres ayant " droit de vendre lesdits moules : " Permet pareillement aux Parties de " Gondouin & de Macé d'appliquer " & vendre lesdits Boutons ; à la " charge aussi d'acheter des Parties de " Secousse & de Gin, les calottes " d'or & d'argent toutes estampées, " perfectionnées & marquées des " Marques des Orféves, si lesdites " Marques y peuvent être mises sans " endommager l'Ouvrage : Permet " aux Parties de Secousse d'aller en " Visite chez les Parties de Gon- " douin &c. [comme nous l'avons dit " ci-dessus, Titre XII. Article II.] Or- " donne que les Parties de Secousse, " Gin, Gondouin & Macé, seront " tenues d'avoir chacune un Registre " des achats & ventes qu'elles feront " respectivement desdites calottes & " moules. " *Layette* 3, bis, *cotte* 6.

# TITRE XIV.

## *Des Aydes à Gardes, & de leurs Fonctions & Devoirs.*

### ARTICLE PREMIER.

*Election des Aydes à Gardes.*

IL sera procedé tous les ans à l'Election de quatre Maîtres & Marchands du Corps de l'Orfévrerie-Joyaillerie, sous le titre D'AYDES A GARDES; lesquels, sans qu'il soit besoin de suivre l'ordre de leur Reception, seront élus à la pluralité des voix par les Gardes en Charge & les anciens Gardes, assemblez à cet effet dans la Maison commune.

### *AUTORITEZ.*

On ne connoissoit point encore d'Aydes à Gardes dans le Corps avant l'année 1630. Jusque-là les Gardes s'étoient toujours passez de ce secours, & avoient suffi seuls au maintien de la Police, même à l'égard de cette partie pour laquelle il leur est donné; sçavoir, la recherche des contraventions de la part des Faux-ouvriers & Gens sans qualité. Mais alors les frequens abus qui se commîrent plus que jamais par ces sortes de gens, rendîrent cet établissement néceſsaire. C'étoient des Compagnons qui travailloient clandestinement; des Etrangers qui leur faisoient faire, ou apportoient du dehors, des Ouvrages défectueux de Titre, dont ils trompoient journellement le Public; & des Revendeurs & Revenderesses qui se mêloient de colporter toutes sortes de Marchandises d'Orfévrerie & de Joyaillerie dans Paris.

Des Particuliers du Corps bien intentionnez pour le maintien de sa

Police démontrérent d'abord par un Memoire qu'ils dresférent en 1629, l'utilité & la necessité de l'établissement des Aydes: & le demandérent ensuite par une Requête au Prevôt de Paris, à l'effet de reprimer ces sortes d'abus; reconnoissant que les Gardes continuellement occupez aux fonctions ordinaires & plus importantes de leur Charge, ne pouvoient ni ne devoient les négliger, pour y vaquer par eux-mêmes. La Requête fut signée de la plupart des anciens Gardes; & trois de ceux qui étoient en Charge y adherérent. A l'égard des trois autres, ils ne fûrent pas de cet avis. Regardant ce Projet comme une nouveauté qui, selon eux, tendoit à affoiblir l'autorité des Gardes en la partageant ainsi avec des Aydes, ils s'y opposérent. Mais leur exercice étant fini, ceux qui fûrent mis en Place se déclarérent pour la Requête; & le nouvel établissement fut fait par les Autoritez que nous allons rapporter, & dont les differentes Dispositions forment la suite des Articles du present Titre; en commençant par ce qui concerne l'Election de nos Aydes.

*Sentence du Prevôt de Paris en forme de Reglement, du 26 Juin 1630.* „Nous... faisant droit sur l'augmentation des Personnes requises „pour assister lesdits Maîtres & Gardes [ de l'Orfévrerie de Paris. ] „Disons que quatre Maîtres Orfévres du Corps de ladite Communauté, seront élus par chacun an à la „pluralité des voix, &c. " *Layette intitulée* des Aydes à Gardes, *cotte* 1. Item, *Recueil*, *pag.* 277, 278.

*Arrêt de la Cour de Parlement, du 7 Septembre 1630, confirmatif du précedent Reglement.* „Notredite Cour " par Jugement & Arrêt.... a ordonné que dans huitaine après la " prononciation du present Arrêt les " Gardes de l'Orfévrerie assembleront en la Maison commune de " leur Corps les Anciens qui ont " passé par lesdites Charges de Gardes, pour être procedé à la pluralité des voix à l'Election de quatre Maîtres Orfévres du Corps de " ladite Communauté, qui seront " nommez AYDES desdits Gardes, " & renouvellez d'année en année " comme iceux Gardes; sans qu'il " soit besoin de les prendre selon l'ordre du Tableau, ni du jour de " leur Reception.... Ordonne que " le present Arrêt sera lû en la Chambre de la Communauté desdits Orfévres, eux à cette fin assemblez. " Cette Lecture fut faite en l'Assemblée generale du Corps le 16 du même mois. *Layette*, idem, *cotte* 2, & *Recueil*, *pag.* 281.

*Arrêt de la Cour des Monoyes, du 29 Novembre 1630.* „La Cour, a " ordonné & ordonne qu'Assemblée " sera faite des Gardes & Anciens " dudit Art [ d'Orfévrerie ] par chacun an, pour être par eux procedé " à l'élection de quatre Maîtres Orfévres de cette Ville de Paris, qui " seront nommez AYDES desdits Gardes. " *Ibid. cotte* 4, & *Rec. p.* 285.

La Publication du nouvel Etablissement ayant donc été faite dans l'Assemblée generale du Corps, les Anciens procedérent incessamment à l'Election des quatre premiers Aydes en la forme prescrite ici, & qui a toujours été la même jusqu'à present.

Mais comme le tems auquel cette Election devoit se faire tous les ans ne se trouvoit pas précisement marqué, il fut fixé en 1635 à la veille de la S. Eloy d'hyver : & l'année d'après le Parlement ordonna que des quatre Aydes, deux seroient élus de six mois en six mois, afin qu'il y en eût toujours deux anciens & deux nouveaux en Charge. *Ibid. cot. 6 & 7.*

Toutefois nous les plaçons maintenant tous par une seule Election; laquelle se fait dans le mois de Février, avec celle de quatre autres de nos Marchands, que nous élisons aussi tous les ans sous le nom de *Conseillers des Consuls* ; & que le Corps fournit au Consulat, pour aider de leurs conseils les Juge & Consuls au Siege.

## ARTICLE II.

### *Serment des Aydes.*

LES Aydes élus prêteront le Serment de bien & fidelement exercer la Charge pendant un an ; & sera ledit Serment par eux fait tant pardevant le Prevôt de Paris, ou son Lieutenant General de Police, qu'en la Cour des Monoyes.

### *AUTORITEZ.*

*Sentence du Prevôt de Paris, du 26 Juin* 1630. [Les Aydes élus] „ prêteront le Serment lors de l'élection „ des Maîtres & Gardes, pardevant „ Nous en la presence du Procureur „ du Roy [ au Châtelet. ] “ *Ibid. cot.* 1, & *Rec. pag.* 277, 278.

*Arrêt du Parlement du 7 Septembre* 1630. „ Lesdits quatre Aydes prêteront le Serment, tant pardevant „ notredit Prevôt [ de Paris ] qu'en „ la Cour des Monoyes, de bien „ & fidelement exercer lesdites Charges pendant le tems & espace d'un „ an. “ Ibidem, *cotte* 2, & *Recueil, page* 281.

*Arrêt de la Cour des Monoyes, du 29 Novembre* 1630. „ .... Seront “ nommez Aydes desdits Gardes, “ pour servir en ladite Charge pendant un an ... & être iceux Aydes “ presentez à ladite Cour par lesdits “ Gardes pour prêter le Serment de “ bien & fidelement exhiber lesdites “ Charges durant une année. “ Ibid. *cotte* 4, & *Rec. pag.* 285, 286.

Les Aydes ont ainsi double Serment en Justice, comme les Gardes mêmes, pour l'exercice de leurs Fonctions, quoiqu'ils ne partagent avec eux, que celles qui regardent la Police du dehors, & qu'ils ne puissent s'immiscer en rien autre chose, comme on le va dire.

## ARTICLE III.

### *Fonctions des Aydes.*

LESDITS Aydes, assistez des Officiers de Justice accoutumez, Visiteront diligemment tant de jour que de nuit les Marchandises d'Orfévrerie & de Joyaillerie dans la Ville, Fauxbourgs, Banlieue, Prevôté & Vicomté de Paris, & par tout où besoin sera; excepté dans les Maisons & Boutiques des Maîtres & Marchands du Corps & de leurs Veuves.

### *AUTORITEZ.*

Les mêmes Reglemens qui créent & instituent nos Aydes, renouvellent premierement toutes les défenses portées par les Ordonnances contre les Faux Ouvriers & Gens sans qualité qui entreprennent sur les droits du Corps; comme pour préparer & designer d'abord l'objet de leurs Fonctions. Ensuite ils sont établis en effet, *pour faire la recherche des Contraventions ausdites Ordonnances*, comme porte l'Arrêt du Parlement qui les établit: & tel est le district qui leur est donné. La Police du dehors, est leur unique objet, sans aucune Inspection au dedans du Corps. Ces bornes prescrites à leurs Fonctions sont toujours marquées dans le Titre même qui leur donne le pouvoir de Visiter par tout ailleurs, & qui est la Loi & la Regle de leur conduite: Je veux dire, la Commission qu'ils reçoivent du Magistrat de Police pour l'exercice de leurs Fonctions. Voici ce qu'elle porte à cet égard:

*Formule de la Commission du Magistrat de Police, qui se délivre aux Aydes à Gardes élûs chaque année.* „ A tous " ceux qui ces Presentes Lettres ver- " ront &c. Sçavoir faisons que &c. " Avons lesdits [ tels & tels ] ordon- " né, créé & établi, ordonnons, " créons & établissons par ces Pre- " sentes, Aydes des Gardes de la " Marchandise d'Orfévrerie en cette " Ville, Fauxbourgs, Banlieue, Pre- " voté & Vicomté de Paris.... les- " quels, pour ce presens en Personnes, " ont pris & accepté lesdites Char- " ges; fait le Serment & promis que " bien & diligemment, & de tout leur " pouvoir, tant de jour que de nuit, " ils verront, regarderont & Visite- " ront les Marchandises d'Orfévre- " rie par tout où besoin sera, FORS ET " EXCEPTE' CHEZ LES MAISTRES " ORFE'VRES ET LES VEUVES DE " MAISTRES, & aux malversations " qui se pourroient commettre, en- " semble aux entreprises qu'ils sçau- " ront être commises audit Etat, &c. "

„ Si donnons en Mandement au „ premier Commissaire Examinateur „ & Sergent au Châtelet, qu'auf- „ dits,... faisans & exerçans leurs Charges d'Aydes, ils donnent tout « confort & ayde, si requis en sont « &c. « *Recueil des Ordonnances*, *pages* 295, 296.

## ARTICLE IV.

### *Aydes remettront leurs Saisies aux Gardes.*

ILs seront tenus de remettre les choses par eux saisies, & les Procès verbaux d'icelles Saisies, entre les mains des Gardes en Charge, ou de l'un d'eux, dans vingt-quatre heures après la Saisie; pour en être par lesdits Gardes fait leur Rapport, ainsi qu'iceux Gardes ont accoutumé de faire, & qu'il sera dit ci-après.

### *AUTORITEZ.*

*Sentence du Prevôt de Paris*, *du* 26 *Juin* 1630. „ Lesquels [Aydes] se- „ ront tenus faire lesdites recherches, „ & mettre les Procès verbaux des „ Saisies qu'ils feront, entre les mains „ desdits Maîtres & Gardes pour en „ faire Rapport. " *Layette des Aydes*, *cotte* 1. Item, *Rec. pag.* 278.

*Arrêt du Parlement*, *du* 7 *Septembre* 1630. „ Lesquels quatre Aydes „ [seront tenus]... de faire les re- „ cherches des contraventions à nos- „ dites Ordonnances & Reglemens, „ & de mettre les choses par eux sai- „ sies, & Procès verbaux d'icelles, „ si aucune y a, entre les mains des- „ dits Maîtres & Gardes, ou de l'un „ d'eux, dans vingt-quatre heures „ après ladite saisie; pour ce fait en „ être par lesdits Gardes fait leur „ Rapport, ainsi qu'ils ont accoutumé faire. " Ibid. *cotte* 2, *& Recueil*, *pag.* 281.

*Arrêt de la Cour des Monoyes*, *du* 29 *Novembre* 1630. „ Ils feront la « recherche des contraventions qui « seront faites audit Art d'Orfévre- « rie contre les Ordonnances, Arrêts « & Reglemens de ladite Cour, & « mettront les Ouvrages qu'ils saisi- « ront, & les Procès verbaux, si au- « cuns ils font, ès mains desdits Gar- « des en Charge, ou de l'un d'eux, « dans vingt-quatre heures après « icelles Saisies faites, pour être par « iceux Gardes incontinent apportées « au Greffe de ladite Cour, pour être « jugées par icelle suivant lesdites « Ordonnances. " Ibidem, *cotte* 4, *& Recueil*, *pag.* 286.

*Formule de la Commission donnée à*

*nos Aydes*. „ Et feront tenus mettre „ les choſes par eux ſaiſies & les Pro- „ cès verbaux, ſi aucun y a, entre les „ mains des Maîtres & Gardes de la- „ dite Marchandiſe [d'Orfévrerie] ou „ de l'un d'iceux, vingt-quatre heures „ après ; pour en faire par eux Rap- „ port en la maniere accoutumée, & y être pourvû ainſi que de raiſon. " *Recueil des Ord. pag.* 296.

Nous verrons dans le Titre ſuivant ce qui concerne le Rapport des Gardes en Juſtice, tant de leurs propres Saiſies, que de celles de leurs Aydes.

## ARTICLE V.

### *Décharge délivrée par les Gardes à leurs Aydes.*

LEs Gardes recevront les Procès verbaux & Saiſies de leurs Aydes à la premiere dénonciation ; & feront iceux Gardes tenus de les enregiſtrer ſur un Regiſtre à ce deſtiné, dont Extrait ſigné d'eux, ou de l'un d'eux, ſera délivré auſdits Aydes, pour leur ſervir de Décharge.

### *AUTORITEZ.*

La remiſe des Procès verbaux & Saiſies des Aydes entre les mains des Gardes, preſcrite par l'Article précedent, ne fit d'abord aucune difficulté : mais il en ſurvint par la ſuite. Les Aydes ne refuſoient pas de les remettre, comme il leur étoit ordonné ; mais en s'acquittant de ce devoir, ils demandérent des Décharges pour leur ſureté, que les Gardes ne ſe croyoient pas obligez de leur donner ; attendu qu'il n'en étoit fait aucune mention dans les premiers Reglemens : Et cette conteſtation donna lieu à l'Arrêt du Parlement qui regla les choſes en cette maniere :

*Arrêt de la Cour de Parlement, du 28 Février* 1659. „ La Cour ... faiſant droit ... a ordonné & ordonne « que les Arrêts ſeront executez. En- « joint auſdits Aydes des Gardes de « les obſerver, & de mettre entre les « mains des Parties de Clement [les « Gardes] toutes les ſaiſies qu'ils au- « ront fait faire, vingt-quatre heures « après qu'elles auront été faites : « Qu'iceux Gardes ſeront tenus de « les recevoir à la premiere dénon- « ciation ; les regiſtrer ſur Regiſtres, « dont ils ſeront tenus de donner Ex- « trait ſigné d'eux, ou de l'un d'eux « [auſdits Aydes,] à la charge qu'il « vaudra, comme s'il étoit ſigné de « tous. " *Layette des Aydes, cotte* 10, Item, *Rec. p.* 293, 294.

## ARTICLE VI.

*Aydes ne prétendront Salaire de leur Service.*

NE pourront lesdits Aydes prétendre aucun Droit, ni Salaire, à cause des Services qu'ils rendront au Corps dans l'exercice de leur Charge : Mais seront remboursez par les Gardes de tous les frais par eux faits ou soufferts pour raison dudit exercice; lesquels frais seront accordez entr'eux & lesdits Gardes, à l'amiable : Et en cas de contestation, ils seront reglez sans frais, par le Procureur du Roy au Châtelet.

### *AUTORITEZ.*

*Arrêt du Parlement, du 7 Septembre 1630.* „...... Et sans que lesdits „ quatre Aydes puissent prétendre „ aucun Salaire." *Layette des Aydes, cotte* 2. Item, *Rec. pag.* 281.

*Arrêt de la Cour des Monoyes, du 29 Novembre* 1630. „.... Et sans „ que pour ce faire lesdits Aydes „ puissent prétendre ni prendre aucun „ Salaire." Ibid. *cot.* 4, *& Rec. p.* 286.

Tel est le desintereßement avec lequel notre Corps doit être servi de la part des Aydes, aussi-bien que de celle des Gardes. Cependant par un esprit d'économie sans doute, mais peu équitable, les Gardes en vînrent par la suite jusqu'à ne pas rendre assez de justice à leurs Aydes sur les déboursez qu'ils faisoient pour leurs Visites & Recherches. Mais ce fut à quoi le Parlement pourvut en même tems qu'il regla ce qui regardoit les Décharges dont on vient de parler. Et voici ce qui fut prononcé là-dessus :

*Arrêt du Parlement, du 28 Février 1659.* „ La Cour .... a ordonné « & ordonne... qu'iceux Gardes se- « ront tenus... payer & rembourser « [ausdits Aydes] tous les frais qu'ils « auront faits ou soufferts, lesquels « [frais] seront accordez entr'eux à « l'amiable ; & en cas de contesta- « tion, par le Substitut du Procureur « general du Roy au Châtelet, sans « frais. « Ibidem, *cotte* 10, *& Recueil*, *pag.* 293, 294.

ARTICLE

## ARTICLE VII.

### *Aydes ne s'immiſceront des Affaires du Corps.*

LESDITS Aydes ſe renfermeront uniquement dans le fait des Viſites & Devoirs dont ils ſont chargez, ſans pouvoir s'immiſcer en aucune autre choſe des Affaires de la Communauté ; & ſans que ſous prétexte de l'Etabliſſement d'iceux Aydes, les Maîtres & Gardes puiſſent ſe diſpenſer de faire toutes les Viſites auſquelles ils ſont tenus ſuivant le dû de leur Charge.

### *AUTORITEZ.*

*Sentence du Prevôt de Paris, du 26 Juin* 1630. „.... Sans que [ leſdits „ Aydes ] puiſſent s'immiſcer en au„ tres choſes des Affaires de ladite „ Communauté ; ni que pour ce leſ„ dits Maîtres & Gardes puiſſent „ être exempts des Viſitations ordi„ naires auſquelles ils ſont obligez „ par le deub de leurs Charges." *Lay. des Aydes, cotte* 1. Item, *Recueil, page* 278.

*Arrêt du Parlement, du 7 Septembre* 1630. „.... Et ſans que leſdits „ quatre Aydes puiſſent.... s'im„ miſcer en autres choſes des Affaires „ de ladite Communauté ; & que „ pour ce leſdits Maîtres & Gardes „ puiſſent être exempts des Viſita„ tions ordinaires auſquelles ils ſont „ obligez ſuivant le deub de leur „ Charge." *Lay.* idem, *cot.* 2, & *Rec. p.* 281.

Ces *Viſitations ordinaires*, dont les Gardes ne peuvent ſe diſpenſer, ſous prétexte qu'ils ont des Aydes pour les ſoulager, ne ſont point celles qu'ils ſont tenus de faire dans le Corps ; puiſque ces Viſites du dedans étant interdites aux Aydes, ne peuvent être ſuppléées par eux. Ce ſont de celles du dehors dont il s'agit ici ; c'eſt-à-dire, des Viſites ſur les Faux Ouvriers & Gens ſans qualité : Leſquelles, quoique ſpecialement attribuées aux Aydes, ne doivent néanmoins pas leur être tellement abandonnées, que les Gardes ne les faſſent auſſi *ſuivant le deub de leur Charge* ; non-ſeulement au cas que leurs Aydes vinſſent à les negliger, mais auſſi concurremment avec eux toutes les fois qu'ils le jugent à propos pour le bien de la Police.

Quant à ce qu'il eſt défendu aux Aydes de *s'immiſcer* en rien autre choſe que de leurs Fonctions dans l'Administration du Corps ou Affaires de la Communauté, cette défense leur est encore faite par l'Arrêt de la Cour des Monoyes, du 29 Novembre 1630, *Recueil*, *page* 286: & réiterée par un second Arrêt du Parlement, du 23 Août 1646. Ibid. *pag.* 289. Et la raison en est que l'Administration principale ne peut être partagée qu'il n'en resulte de la confusion. Toutefois la Charge d'Ayde ne laisse pas d'être regardée parmi nous, comme une espece de Noviciat qui conduit à celle de Garde: Et en effet, les Sujets qui se comportent avec discretion, & qui montrent du zele pour les interêts du Corps dans l'une, parviennent ordinairement à l'autre. On en peut dire à proportion autant de nos Conseillers aux Consuls: lesquels, aussi bien que nos Aydes, sont toujours pris, moitié d'entre les Fils de Marchands, & moitié d'entre ceux qui sont parvenus à l'Etat d'Orfévrerie par la voye de l'Apprentissage.

# TITRE XV.

## *Des Rapports faits en Justice par les Maîtres & Gardes de l'Orfévrerie.*

### ARTICLE PREMIER.

*Procès verbaux des Contraventions.*

LESDITS Maîtres & Gardes faisant, comme dit est, leurs Visites & Recherches, tant au-dedans qu'au dehors du Corps, pour la manutention des Ordonnances & Reglemens de l'Etat d'Orfévrerie-Joyaillerie, dresseront bons & loyaux Procès verbaux des Contraventions par eux trouvées ausdits Reglemens; pour être desdites Contraventions & des Procès verbaux d'icelles, incessamment par eux fait leur dénonciation & Rapport en Justice.

*AUTORITEZ.*

Les Gardes de l'Orfévrerie ont toujours été tenus de dresser des Procès verbaux, & de faire ainsi leur Rapport des Contraventions en Justice. Mais c'est ce qui arrivoit très-rarement autrefois, lorsque le Prevôt de Paris connoissoit encore seul de toute notre Police. Car on ne voit pas qu'ils fussent obligez de dénoncer à ce Magistrat toutes les fautes qui pouvoient se commettre contre nos Reglemens; mais seulement celles qui par leur gravité méritoient d'être reprimées par des peines telles que le bannissement; comme il paroît par l'Article XVII. de nos anciens Statuts écrits sous S. Louis, & par le XXVI^e. Article de l'Edit de 1355, qui confirme ces même Statuts. Toutes les fautes plus legeres étoient laissées à la correction des Gardes: Et voici en peu de mots ce que nos

Regiſtres nous apprennent de la maniere dont ils ſe comportoient dans l'exercice de cette Correction ſommaire.

Lorſqu'ils avoient pris quelques Ouvrages défectueux chez un Particulier, ils l'appelloient au Bureau; & là ils le ſommoient de leur déclarer s'il ne lui en reſtoit plus aucun autre de la même qualité. Au cas qu'il n'en eût point, c'étoit dequoi il étoit obligé de ſe purger par ferment ſur les SS. Evangiles qui lui étoient preſentez à cet effet : Autrement ils l'obligeoient d'apporter ce qu'il en pouvoit avoir, ou ſe tranſportoient une ſeconde fois chez lui pour s'en ſaiſir.

Si après avoir eſſayé l'Ouvrage, la faute ſe trouvoit legere, les Gardes ſeuls pourvoyoient au remede, & faiſoient juſtice en la maniere qu'ils eſtimoient la plus convenable. Mais ſi elle méritoit plus d'attention, leur coutume étoit d'aſſembler les Anciens pour juger avec eux de quelle peine elle devoit être reprimée. Car il ne ſe faiſoit rien de tant ſoit peu important ſans conſulter les Anciens, qui dans tous les tems ont toujours été regardez, comme le Conſeil né du Corps.

Nous ne voyons pour l'ordinaire, que ces trois ſortes de peines, proportionnées aux dégrez qu'ils diſtinguoient communément dans les fautes. Premierement, la ſimple Rupture de l'Ouvrage, lorſque la contravention n'étoit pas conſiderable, ou que c'étoit une premiere faute : Mais nous trouvons qu'en ce cas ils portoient l'exactitude juſqu'à rompre pour deux Grains d'empirance, même les menus Ouvrages non-ſujets à la Marque. En ſecond lieu, lorſque la contravention étoit plus notable, ou que c'étoit une rechute, ils ajoutoient à la Rupture de l'Ouvrage, de quelque prix d'ailleurs qu'en pût être la façon, une forte reprimende au Délinquant mandé, & même une eſpece de blâme en pleine Aſſemblée; outre qu'il étoit toujours condamné à reparer le dommage au Proprietaire de l'Ouvrage, ſuppoſé qu'il ne fût plus à lui. La derniere peine plus rare, & dont il ſe trouve beaucoup moins d'exemples, conſiſtoit enfin à traduire le Contrevenant devant le Prevôt de Paris, *chargé de ſon fait*; c'eſt-à-dire, avec la dénonciation de ſa faute portée dans le Procès verbal qui pour lors étoit dreſſé & rapporté par les Gardes au Magiſtrat : Et c'eſt ce qui étoit préalablement arrêté par l'Aſſemblée, lorſque le Délit ſe trouvoit dans le cas d'être puni des peines portées par les Statuts, & que la confiſcation des choſes ſaiſies devoit s'en enſuivre. *Parcourez les 30 ou 40 premieres feuilles de l'anc. Regiſt. de l'Orfévrerie, où vous trouverez les Preuves de tout ceci, avec pluſieurs Exemples particuliers de cette Correction exercée par les Gardes ſous les yeux du Prevôt de Paris, & même reconnue de ce Magiſtrat en diverſes occaſions.*

Cette ancienne Diſcipline a ſubſiſté à peu près ſur le même pied juſque vers le milieu du XVI^e. ſiécle, principalement en ce qui concerne les Procès verbaux de ſaiſies dont il s'agit uniquement ici. Mais alors les choſes commençant à ſe traiter d'une maniere plus juridique à cet égard, nos anciens Uſages là-deſſus, commencérent auſſi à prendre une forme plus réguliere; ſur tout depuis ces Diſpoſitions de Henry II.

*Edit de Henry II. à Fontainebleau, au mois de Mars* 1554. ART. VI. „ Les Gardes Jurez dudit Mestier „ [ d'Orféyrerie ] à Paris.... feront „ leurs Visitations à la mode accou-„ tumée, desquelles feront, suivant „ nos Ordonnances, bons & loyaux „ Procès verbaux &c. pour en être „ ordonné ce que de raison. " *Layette* I, *cotte* 13. Item, *Rec.p.* 66, 67.

Toutefois cet Article ne put passer de la maniere dont il est conçû. En effet, il semble ordonner aux Gardes de faire des Procès verbaux de toutes leurs Visites indistinctement. Mais ç'auroit été peine superflue à l'égard de celles où ils n'auroient rien trouvé d'assez reprehensible pour mériter qu'ils en fissent leur Rapport. Aussi cette obligation imposée à nos Gardes, de dresser desormais des Procès verbaux de leurs Visites, fut-elle interprêtée dans un Edit de l'année suivante, en ces termes:

*Edit de Henry II. à Fontainebleau, en May* 1555. ART. V. „ Lesquels „ Gardes, pour ne demeurer chargez „ de peine inutile & superflue, fe-„ ront Procès verbaux des fautes no-„ tables qu'ils auront trouvées, si au-„ cunes en trouvent seulement: Et „ où ne s'en trouvera, feront men-„ tion en leur Procès verbal vers eux „ [ c'est-à-dire, sur leur Registre ], „ que faisant ladite Visitation, ne s'est „ trouvé faute aucune, sans plus am-„ plement déclarer leursdites Visita-„ tions. " [ c'est-à-dire, sans être obligé d'en faire aucun Rapport en Justice.] Ibid. *cotte* 14, & *Recueil*, *pag.* 76.

La suite nous montre quelles étoient les Contraventions qui pouvoient être ou n'être pas censées *notables* aux termes de l'Edit. Plusieurs saisies d'Ouvrages plus ou moins défectueux, ayant été faites au mois de Janvier 1568, particulierement chez des Marchands Merciers, les Gardes assemblérent les Anciens, le 19, pour sçavoir d'eux, comment ils devoient se comporter à ce sujet. Il fut arrêté que doresnavant tous Ouvrages saisis hors des Remedes, & néanmoins au-dessus de vingt-un Karats pour l'or, & de onze Deniers pour l'argent, seroient seulement rompus & rendus à ceux à qui ils appartiennent: Mais que Procès verbal seroit dressé, & Rapport fait de tout ce qui seroit trouvé au-dessous de ces Titres. 1r. *Regist. Délib. fol.* 25 *v°*. La même Conclusion fut encore prise depuis dans l'Assemblée du 12 Septembre 1582. Ibid. *fol.* 78 *v°*. Et il paroît que tel étoit l'usage, & que c'étoit ainsi que la Disposition de l'Edit de 1555 étoit entendue.

Mais il y a long-tems que nous ne croyons plus devoir suivre cet Usage: Car il ne nous paroît pas qu'une Contravention aussi marquée que celle qui s'écarteroit des Remedes jusqu'à trois quarts de Karat, ou dix Grains de fin, fût toujours assez sévement reprimée par la simple rupture de l'Ouvrage. Le plus sûr est pour nous d'en rapporter la décision aux Juges qui en doivent connoître: Et telle est notre Regle, surtout depuis le Reglement general de 1679, lequel statuant de nouveau sur la forme de nos Rapports en Justice en la maniere que nous le dirons incontinent, ne fait desormais nulle distinction de *fautes notables* ou non, par rapport aux Procès verbaux qu'il nous prescrit de faire.

## ARTICLE II.

*Saisies cachetées du Sceau de la Maison commune.*

LEs Saisies d'Ouvrages qui pour défaut de Titre ou autrement doivent être Rapportées en la Cour des Monoyes, seront par lesdits Gardes cachetées du Sceau de la Maison commune, avant que de les remettre au Greffe de ladite Cour : Et seront iceux Gardes tenus de mettre sous ledit Sceau, un Billet contenant la qualité & le poids de l'Ouvrage, avec le nom du Particulier saisi ; pour en être fait mention par le Greffier, en enregistrant la Reception desdites Saisies & Procès verbaux d'icelles.

### *AUTORITEZ.*

Nous avons déjà observé qu'au moins dès le tems de S. Louis, notre Corps a toujours eu le droit d'user d'un Sceau commun pour constater les Actes de son Administration ; & qu'entre ces divers Actes, les Rapports faits en Justice, en étoient toujours scellez ; surtout dans ces tems où la faculté d'Ecrire, même de Signer, étoit rare chez les Particuliers. Mais en scellant ainsi les Procès verbaux ou Rapports des saisies, nous ne voyons pas que le Sceau fût mis aussi sur les choses mêmes qui étoient saisies & rapportées. Un incident survenu en 1627, donna lieu à cette formalité.

Les Gardes ayant alors saisi un certain Ouvrage d'or qu'il ne trouvérent qu'à dix-neuf Karats de Fin, en firent leur rapport à la Cour des Monoyes, & remîrent l'Ouvrage défectueux au Greffe, comme à l'ordinaire. Mais pendant le séjour qu'il y fit, il arriva que par l'inadvertence du Dépositaire, il en fut substitué furtivement un autre à la place, dont le Particulier saisi ne manqua pas de demander à la Cour, que nouvel Essai fût fait par l'Essayeur de la Monoye. Et en effet, les mesures étoient si bien prises, qu'il se trouva à XXI Karats $\frac{31}{32}$. En sorte que la religion des Juges ayant été ainsi trompée, la Contravention demeura impunie.

Pour éviter donc un pareil inconvenient à l'avenir, l'Assemblée des Anciens, tenue le 2 Décembre de la même année, arrêta que dorénavant les Gardes ne porteroient aucune saisie d'or ou d'argent au Greffe de la Cour des Monoyes, sans être préalablement munie du Sceau de la Communauté. 2^e^. *Regist. des Délib. fol.* 29.

Mais cette précaution leur fut bientôt après ordonnée, comme un Devoir duquel ils ne peuvent se dispenser : Et ce fut par un Arrêt de la même Cour rendu sur le Requisitoire du Procureur General, & ensuite publié dans la Maison commune à la premiere Assemblée, en ces termes:

*Arrêt de la Cour des Monoyes en forme de Reglement, du 23 Janvier* 1634. „ La Cour faisant droit sur „ le Requisitoire du Procureur General du Roy, enjoint aux Maîtres & Gardes de l'Orfévrerie de „ Paris, de present en Charge „ & à leurs successeurs à l'avenir, d'apposer & marquer deux „ [ Empreintes ] de leur Sceau „ & Cachet sur tous les Ouvrages „ d'Orfévrerie d'or & d'argent qu'ils „ auront saisis faisant leurs Visites „ chez les Maîtres Orfévres & autres; & d'attacher sous lesdits „ Sceaux un Billet contenant le nom „ du Saisi, qualité & poids de l'Ouvrage, avant que les porter au „ Greffe de la Cour : Afin d'en être „ fait mention par l'enregistrement „ d'iceux & de leurs Procès verbaux „ &c. Et sera le present Arrêt lû & „ publié en la Chambre commune „ desdits Orfévres à la premiere Assemblée; à ce qu'aucun n'en prétende cause d'ignorance.“ *Constans, Traité de la Cour des Monoyes, pag.* 392.

C'est ainsi que la Cour des Monoyes fit un Devoir à notre Corps d'user de son ancien Droit. Mais il y avoit long-tems pour lors que son Sceau n'étoit plus celui dont nous avons parlé : c'est-à-dire, l'Image de S. Eloy & l'ancienne Légende. Il n'en paroît plus rien depuis le milieu du XVI^e. siécle : Et la derniere Empreinte, je pense, qui s'en trouve dans nos Archives, est à la clôture du Compte rendu en 1549. On substitua depuis à ce premier Sceau, celui qui represente les Armoiries du Corps, lesquelles lui avoient long-tems servi seulement d'Emblême & d'Ornement avant que de passer dans son Sceau. Elles sont de Gueules, à la Croix dentelée d'or: Au premier & quatriéme Quart, une Couronne d'or; & au second & troisiéme, une Coupe de même Métal; ayant un Chef d'azur semé de Fleurs-de-lis d'or sans nombre : Et pour Devise ou Légende, ces mots: IN SACRA INQUE CORONAS. La Concession en est ancienne & honorable; & semble mériter que nous en disions ici un mot en passant.

Une Tradition conservée d'ancienneté parmi nous, regarde le Roy Philippe de Valois, comme ayant concedé ces Armoiries à notre Corps; & en fixe l'époque à l'an 1330. Elle porte que ce Prince l'honora de ce Don par une bienveillance singuliere, & pour témoigner publiquement par-là combien il étoit satisfait du zele & de la fidelité des Orfévres de sa Capitale, ausquels il confioit la Garde des Vases précieux & Joyaux de la Couronne. Les *Couronnes* & les *Coupes*, qui sont les principales Pieces du Blazon de ces Armoiries, sont peut-être allusion à l'objet de ce Dépôt, en marquant d'ailleurs que notre Art est specialement destiné à fournir aux Rois, les marques de leur Dignité; & aux Autels les Vases du Sacrifice. C'est ce qu'exprime la Légende que nous y voyons, mais qui n'a pas la même antiquité. Il est vrai que pour l'ordinaire il y a fort peu à compter ſur de telles Traditions; mais celle-ci n'eſt pas ſans fondement en ce qu'elle rapporte la Conceſſion, & comme Royale, & comme Ancienne.

Le Chef de Fleurs-de-lys ſans nombre, qui certainement étoit alors les Armes de France en plein, ſemble montrer premierement, que les Orfévres de Paris ne peuvent tenir les leurs, honorées comme elles ſont de ce Chef, qu'à titre de Don de Roy. Sans une telle Conceſſion, il n'y a nulle apparence que de ſimples Particuliers comme eux, euſſent oſé arborer publiquement, ainſi qu'ils ont toujours fait, ce Simbole de l'autorité Royale. On ſçait quelle a été la ſéverité des Ordonnances generales d'Orleans en 1560, *Art.* 100, & de Moulins en 1566, *Art.* 257, à l'égard de ceux qui auroient pris ſans droit, non pas des Fleurs-de-lys, mais ſeulement des Armes ſimplement timbrées. Et toutefois nous ne voyons pas que nos Orfévres ayent jamais été inquietez à ce ſujet. Au contraire, ce fut préciſément dans le tems de la publication de ces mêmes Ordonnances, & ſous les yeux de Charles IX. qu'ils firent ſculpter ces mêmes Armoiries alternativement avec celles de France dans la Moſaïque de la Voute & ſur le Portail de leur nouvelle Chapelle qu'ils bâtiſſoient alors, & où nous les voyons encore. Rien ne prouve mieux ce ſemble, que la Conceſſion Royale dont nous parlons, étoit publiquement reconnue & inconteſtable.

Pour ce qui eſt du tems auquel elle a été faite, ſi nous ne voyons pas clairement qu'il remonte juſqu'à celui où notre Tradition la place, il y a cependant quelque lieu de le préſumer. Car dès le ſiécle ſuivant, & plus de cent ans avant que les Armoiries concedées euſſent été ſculptées, comme on le vient de dire, on en uſoit déja tout communément dans le Corps. Nos Comptes rendus en ces tems-là, nous apprennent qu'on les arboroit publiquement ſur la *Banniere* qui ſervoit aux *Montres* ou Revues *du Meſtier* qui ſe faiſoient alors; & que même elles étoient gravées juſque ſur la Vaiſſelle d'Etain de la Maiſon commune. Nous voyons encore à l'encoignûre d'un ancien Bâtiment dépendant de notre Bureau, attenant la Chapelle, un vieux morceau de ſculpture Gothique du même tems qui les repreſente, même avec les Supports des Armes de France: Ce qui mérite encore d'être remarqué par rapport à la Conceſſion Royale. Or, une poſſeſſion ſi bien établie & un uſage ſi public dans le Corps durant le XVe. ſiécle, pouvoit bien venir du XIVe. où notre Tradition en fait rémonter l'origine.

Quoiqu'il en ſoit, ces anciennes Armoiries étant paſſées enſuite dans le Sceau de la Maiſon commune au lieu de l'Image de S. Eloy, comme nous l'avons dit, elles y ſont toujours reſtées depuis; & c'étoit de ce nouveau Sceau dont on uſoit, lorſque l'Arrêt de la Cour des Monoyes, du 23 Janvier 1634, ordonna qu'il ſeroit appoſé ſur toutes les ſaiſies d'Ouvrages défectueux avant que de les porter au Greffe de la Cour: Ce qui s'eſt toujours régulierement obſervé juſqu'à preſent.

Notre uſage pour cela eſt, de percer celles des Pieces ſaiſies qui ne peuvent être liées enſemble autrement: de les enfiler toutes d'un ruban

ruban de soye rouge, dont les deux bouts rejoints & nouez portent l'Empreinte du Sceau sur une carte, au dos de laquelle est écrit le nom du Saisi, avec la qualité, le nombre, le Poids & le Titre des Pieces : Et en remettant ainsi la Saisie avec le Procès verbal au Greffe de la Cour des Monoyes, le Greffier donne son Recepissé du tout au pied d'une Copie du même Procès verbal, qui est transcrite ensuite avec le Recepissé sur un Registre particulier, destiné à cet usage dans la Maison commune.

## ARTICLE III.

### *Rapports des Contraventions.*

LEs Rapports des Contraventions aux Ordonnances & Reglemens de l'Etat d'Orfévrerie-Joyaillerie, trouvées, tant par les Gardes, que par leurs Aydes, seront faits, & les Procès verbaux d'icelles representez par lesdits Gardes : sçavoir ; pour tout ce qui concerne le Titre des Matieres, bonté & alliage d'icelles, la Marque & le Poinçon, en la Cour des Monoyes : Et pour le surplus, pardevant le Prevôt de Paris, ou son Lieutenant General de Police.

### *AUTORITEZ.*

La Jurisdiction & connoissance du Fait d'Orfévrerie & Police de notre Corps, est partagée entre la Cour des Monoyes & le Châtelet, c'est ce qu'on a vû jusqu'ici par toute la suite de nos Reglemens. Or, c'est ainsi que dans ce partage la Competence de chacun des deux Tribunaux, est marquée au sujet des Rapports. Nos Gardes doivent les faire en l'un ou en l'autre, selon la nature des Contraventions par eux trouvées, ou par leurs Aydes ; & c'est ce qui a été reglé à diverses reprises par les Autoritez suivantes :

*Arrêt du Conseil d'Etat du Roy, du 19 Janvier 1641.* „ Ordonne Sa Majesté, que ... les Maîtres & Gardes [de l'Orfévrerie de Paris] feront leurs Rapports des fautes, abus, crimes & malversations qu'ils découvriront au Titre, bonté, Alliage, Poids, Marques, Poinçons & façons de tous les Ouvrages dudit Etat d'Orfévrerie, & pour tous autres délits & contraventions aux Ordonnances concernant le fait des Monoyes, leurs Matieres & ce qui en dépend, dont à ladite Cour appartient la connois- «

„ sance privativement à tous autres „ Juges. Et au surplus, se pourvoi- „ ront lesdits Maîtres & Gardes, & „ Particuliers de ladite Communauté „ pour le fait de Police, actions & „ délits ordinaires, pardevant les „ Officiers du Châtelet, & y répon- „ dre en premiere Instance, ainsi que „ les autres Corps & Bourgeois de „ la Ville de Paris, suivant l'ordre „ ancien & accoutumé, porté par les „ Ordonnances, & Arrêts du Con- „ seil. " *Layette* 3, *cotte* 41. Item, *Recueil*, *pag.* 1069.

*Reglement general du* 30 *Décembre* 1679. ART. XXI. „ Continueront „ lesdits Gardes de l'Orfévrerie, leurs „ Visites ès Maisons & Boutiques de „ tous les Maîtres Orfévres & leurs „ Veuves, sans exception, en la ma- „ niere & ainsi qu'il leur est enjoint „ par les Reglemens; dont ils dres- „ seront leurs Procès verbaux, dans „ lesquels ils déclareront si les Maî- „ tres sont en Boutique ou non, & „ donneront leurs Rapports, sça- „ voir: pour tout ce qui concerne „ le Titre des Matieres, bonté & „ alliage d'icelles, la Marque & le „ Poinçon, en la Cour des Mo- „ noyes: Et pour le surplus, par- „ devant le Prevôt de Paris, ou son „ Lieutenant General de Police. " *Layette* idem, *cotte* 42, *& Recueil*, *pages* 186, 187.

*Arrêt du Conseil Privé du Roy*, *du* 15 *Juin* 1701. „ Sa Majesté ... ordonne que l'Article XXI. du Reglement de mil six cent soixante-dix-neuf, sera executé: Et en conséquence, que lesdits Gardes de l'Orfévrerie porteront à la Cour des Monoyes leurs Procès verbaux de Visite, en cas de Contravention concernant le Titre & alliage des Matieres, Marque & Poinçon seulement, pour y être statué ainsi qu'il appartiendra; & que le Lieutenant General de Police connoîtra des autres Contraventions, & generalement de toute la Police entre lesdits Orfévres. " *Layette* 24, *cotte* 57.

*Arrêt du Conseil d'Etat du Roy*, *du* 23 *Avril* 1730. » Veut & entend Sa Majesté, que conformément à l'Article XXI. du Reglement general sur le fait de l'Orfévrerie, rendu le trente Décembre mil six cent soixante-dix-neuf, ladite Cour des Monoyes ne connoisse que de ce qui concerne le Titre, bonté & alliage des Matieres, la Marque & le Poinçon; & ce, sur les Rapports qui lui seront donnez par lesdits Gardes de l'Orfévrerie: Et que la connoissance du surplus appartienne au Sieur Lieutenant General de Police. " *Layette* 3, *bis*, *cotte* 25.

# TITRE XVI.

## ET DERNIER.

## *Du Compte annuel des Gardes ſortans de Charge.*

### ARTICLE UNIQUE.

*Tems, Lieu, & Forme de la Reddition de ce Compte.*

LEs Gardes de l'Orfévrerie ayant achevé le tems de leur Exercice, rendront inceſſamment après leur ſortie de Charge, aux Entrans, bon & fidel Compte & Reliqua, des Recette & Dépenſe par eux faites, comme ayant eu l'Adminiſtration, régie & gouvernement des Biens & Affaires du Corps; de la Chapelle de S. Eloy, & du Logement & Subſiſtance des Pauvres de la Communauté: Et ſera ledit Compte rendu tous les ans dans la Maiſon commune en la forme & maniere uſitée de tems immemorial.

### *AUTORITEZ.*

Voilà le dernier Devoir que notre Police exige des Gardes, en achevant leur Exercice; & c'eſt celui par lequel nous finiſſons auſſi cette Collection d'Articles en forme de Statuts.

Les Gardes ſortant de Charge, doivent rendre le Compte de leur Adminiſtration en la forme & maniere uſitée de tems immémorial dans le Corps. Or, cette forme eſt conſtatée, au moins depuis près de trois cens ans, par toute la ſuite de ceux qui ont été rendus, & qui tous ſont conſervez dans nos Archives. On y voit que régulierement chaque année les Gardes en ſortant de Charge, ou très-peu de tems après, ont rendu leur Compte à ceux qui leur ſuccedoient en la Charge ; que l'audition & la clôture de ce Compte ont toujours été faites dans la Maiſon commune ; & que l'on n'en a jamais examiné & arrêté aucun, qu'en la preſence des anciens Gardes, ou du moins, de pluſieurs d'entr'eux.

Or, c'eſt de cette même forme invariablement obſervée depuis ſi long-tems, & que nous obſervons encore, dont le feu Roy Louis XIV. a ordonné la continuation par ſes Lettres Patentes du vingt-ſeptiéme jour de Mars mil ſix cent quatre-vingt-ſeize, leſquelles ſont communes aux cinq autres Corps des Marchands. *Ordonnons*, dit ce Prince, *que les Comptes* des Six Corps des Marchands de Paris, *ſeront rendus* à l'avenir, *en la forme & maniere qu'ils ſe rendoient avant notre Edit du mois de Mars mil ſix cent quatre-vingt-quatorze.* C'eſt qu'il avoit été créé par cet Edit des Auditeurs & Examinateurs de ces Comptes ; mais dont les Offices avoient été réunis à notre Corps, comme à chacun des cinq autres. *Archives de l'Orfévrerie-Joyaillerie de Paris*, *Layette* 33, *cotte* 7.

FIN.

*Reſpicite, quoniam non mihi ſoli laboravi, ſed omnibus exquirentibus Diſciplinam.* Eccli. Cap. 33. ℣. 18.

# TABLE DES MATIERES.

## A

## D

## E



## F



Chef

## N



## O

## Q



## R

*Fin de la Table des Matieres.*

# CATALOGUE

## DES MARCHANDS

# ORFE'VRES-JOYAILLIERS

## DE LA VILLE DE PARIS,

QUI ont rempli les Charges Municipales & Consulaires de cette Ville, depuis le Regne d'Henry II. jusqu'à present.

*Extrait des Archives de la Maison commune ; des Registres de l'Hôtel de Ville, & de ceux du Consulat.*

I.

CLAUDE MARCEL, Garde de l'Orfévrerie pour la premiere fois en 1553, est élu *Echevin* de la Ville de Paris en 1557.

II.

NICOLAS LANGLOIS, Grand-Garde en 1558, est reçu *Quartenier* de Ville en 1560.

III.

CLAUDE MARCEL, Grand-Garde en 1559, est élu une seconde fois *Echevin* en 1562.

IV.

CLAUDE MARCEL, en Charge de Grand-Garde pour la seconde fois, & ancien Echevin, est reçu *Conseiller* de Ville en 1564.

V.

CLAUDE MARCEL, Doyen de l'Orfévrerie, Conseiller de Ville, & ancien Echevin, est élu JUGE *du Consulat* de Paris en 1566.

VI.

PIERRE HAUTEMENT, Grand-Garde en 1560, est élu JUGE *du Consulat* en 1568.

[ *Il se fit décharger par Arrêt du Parlement & Lettres Patentes.* ]

VII.

CLAUDE MARCEL, ancien Doyen de l'Orfévrerie, Conseiller de Ville, ancien Echevin & ancien Juge-Consul, est élu PREVÔT DES MARCHANDS de la Ville de Paris en 1570.

VIII.

JEAN BEAUCOUSIN, en Charge de Grand-Garde, est élu *Consul* en 1577.

IX.

RICHARD TOUTIN, Grand-Garde en 1574, est élu *Consul* en l'année 1578.

X.

PIERRE NICOLAS, Garde pour la premiere fois en 1581, est reçu *Quartenier* de Ville en l'année 1591.

XI.

JEAN DE LA HAYE, Garde pour la premiere fois en 1587, est élu *Consul* en 1599.

XII.

PIERRE NICOLAS, Grand-Garde de l'Orfévrerie en 1597, & Quartenier de Ville, est élu *Consul* en 1600.

XIII.

SIMON MARCE'S, Garde pour la premiere fois en 1598, est reçu *Quartenier* de Ville en 1601.

XIV.

JEAN DE LA HAYE, Grand-Garde en 1601, & ancien Consul, est élu *Echevin* en 1604.

XV.

JEAN BEAUCOUSIN, Second Garde en 1605, est élu *Consul* en 1607.

XVI.

SIMON MARCE'S, Garde pour la seconde fois en 1603, & Quartenier de Ville, est élu *Consul* en 1608.

XVII.

JACQUES BENOISE, Garde pour la premiere fois en 1596, est élu *Consul* en 1609.

XVIII.

PIERRE PELLETIER, Second Garde en 1608, est élu *Consul* en 1613.

XIX.

CHARLES AVELINE, Second Garde en 1613, est élu *Consul* en 1615.

XX.

GUILLAUME LE CAMUS, Grand-Garde en 1611, est élu *Consul* en 1618.

XXI.

JEAN BEAUCOUSIN, Grand-Garde en 1612, & ancien Consul, est élu JUGE en 1622.

XXII.

PIERRE TOUZET, Grand-Garde en 1618, est élu *Consul* en 1623.

XXIII.

SIMON MARCE'S, Garde pour la troisiéme fois en 1607, Quartenier de Ville & ancien Consul, est élu *Echevin* en 1624.

XXIV.

JACQUES BENOISE, Grand-Garde en 1614, & ancien Consul, est élu JUGE en 1625.

XXV.

PIERRE PINCEBOURDE, Grand-Garde en 1623, est élu *Consul* en 1626.

XXVI.

SIMON MARCE'S, Grand-Garde en 1619, Quartenier, ancien Echevin & ancien Consul, est élu JUGE en 1627.

XXVII.

PIERRE FILASSIER, Grand-Garde en 1625, est élu *Consul* en 1628.

XXVIII.

CLAUDE DE LANOUE, Second Garde en 1624, est élu *Consul* en 1629.

XXIX.

RENE' DE LA HAYE, Troisiéme Garde en 1629, est élu *Consul* en 1634.

XXX.

NICOLAS CHARPENTIER, Grand-Garde en 1627, est élu *Consul* en 1639.

XXXI.

RAIMOND LESCOT, Garde en 1631, est reçu *Conseiller* de Ville en 1639.

XXXII.

RAIMOND LESCOT, ancien Garde, & Conseiller de Ville, est élu *Consul* en 1641.

XXXIII.

RENE' DE LA HAYE, Grand-Garde en 1638, & ancien Consul, est élu *Echevin* en 1645.

XXXIV.

CHARLES MARCADE', Grand-Garde en 1643, est élu *Consul* en 1646.

XXXV.

PIERRE DE HEMANT, en Charge de Grand-Garde, est élu *Consul* en 1648.

XXXVI.

RAIMOND LESCOT, ancien Garde, Conseiller de Ville & ancien Consul, est élu *Echevin* en 1648.

XXXVII.

RENE' DE LA HAYE, Doyen de l'Orfévrerie en 1639, ancien Echevin & ancien Consul, est élu JUGE en 1649.

XXXVIII.

CLAUDE MARCADE', Grand-Garde en 1649, est élu *Consul* en 1651.

XXXIX.

PAUL LE FE'VRE, Garde pour la premiere fois en 1639, est élu *Consul* en 1655.

XL.

RAIMOND LESCOT, ancien Garde, Conseiller de Ville, ancien Echevin & ancien Consul, est élu JUGE en 1656.

XLI.

JACQUES COTTART, Garde pour la premiere fois en 1641, est élu *Consul* en 1660.

XLII.

PHILIPPES LE FE'VRE, Grand-Garde en 1661, est élu *Consul* en 1664.

XLIII.

JEAN DE ROSNEL, Second Garde en 1656, est élu *Consul* en 1667.

XLIV.

PAUL LE FE'VRE, Grand-Garde en 1659, & ancien Consul, est élu JUGE en 1672.

XLV.

CLAUDE BALLIN, Grand-Garde en 1667, est élu *Consul* en l'année 1672.

XLVI.

JACQUES COTTART, Doyen de l'Orfévrerie & ancien Consul, est élu JUGE en 1675.

XLVII.

PHILIPPES PIJART, Grand-Garde en 1669, est élu *Consul* en 1675.

XLVIII.

CHARLES PIJART, Grand-Garde en 1668, est élu *Consul* en 1678.

XLIX.

JEAN CROCHET, Grand-Garde en 1670, est élu *Consul* en l'année 1681.

L.

ESTIENNE BOUQUIN, Grand-Garde en 1677, est élu *Consul* en 1684.

LI.

JEAN MOREAU, Grand-Garde en 1683, est élu *Consul* en l'année 1688.

LII.

JEAN COUVERT, Grand-Garde en 1686, est élu *Consul* en l'année 1691.

LIII.

JEAN HALLE', Garde pour la premiere fois en 1683, est élu *Consul* en 1696.

LIV.

ALEXIS LOIR, Grand-Garde en 1698, est élu *Consul* en l'année 1699.

LV.

JEAN HALLE', Grand-Garde en 1695, & ancien Consul, est élu *Echevin* en 1699.

LVI.

JEAN HALLE', ancien Consul & Echevin en Charge, est reçu *Conseiller* de Ville en l'année 1699.

LVII.

GUILLAUME LUCAS, Grand-Garde en 1701, est élu *Consul* en 1702.

LVIII.

CLAUDE DE LOUAN, Grand-Garde en 1697, est élu *Consul* en 1705.

LIX.

JACQUES PIJART, Garde pour la premiere fois en 1702, est élu *Echevin* en 1707.

LX.

GUILLAUME JACOB, Grand-Garde en 1700, est élu *Consul* en 1709.

LXI.

FRANÇOIS DE LENS, Grand-Garde en 1708, est élu *Consul* en 1712.

LXII.

MATHURIN-LAMBERT PAYEN, Grand-Garde en 1710, eſt élu *Conſul* en 1717.

LXIII.

PHILIPPES VANDIVES, Grand-Garde en 1717, eſt élu *Conſul* en 1721.

LXIV.

JEAN-BAPTISTE TRIPART, Marchand Orfévre-Joyaillier, eſt reçu *Conſeiller* de Ville en 1721.

LXV.

JACQUES PIJART, Grand-Garde en 1718, ancien Echevin, eſt élu *Conſul* en 1726.

LXVI.

NICOLAS BESNIER, en Charge de Garde pour la premiere fois, eſt reçu *Conſeiller* de Ville en 1726.

LXVII.

THOMAS-LEONOR LAGNEAU, Marchand Orfévre-Joyaillier, eſt reçu *Quartenier* de Ville en 1726.

LXVIII.

NICOLAS BESNIER, ancien Garde & Conſeiller de Ville, eſt élu *Echevin* en 1729.

LXIX.

JACQUES PREVOST, Grand-Garde en 1723, eſt élu *Conſul* en 1730.

LXX.

LEONOR LAGNEAU, Garde pour la premiere fois en 1720, eſt élu *Echevin* en 1730.

LXXI.

JACQUES GARNIER, en Charge de Grand-Garde, eſt élu *Conſul* en 1732.

LXXII.

CHARLES LEVESQUE, en Charge de Grand-Garde, eſt élu *Conſul* en 1734.

LXXIII.

DENIS LEMPEREUR, Garde en 1716, eſt reçu *Quartenier* de Ville en 1735.

LXXIV.

www.ingramcontent.com/pod-product-compliance
Lightning Source LLC
LaVergne TN
LVHW010942180726
843502LV00004B/1054
*9782329494869*